MILTON WILLIAM COOPER

"HEUS AQUÍ UN CAVALL PÀLLID"

OMNIA VERITAS

Milton William Cooper

Heus aquí
un
cavall pàllid

Primera edició: "*Behold a pale horse*", Flagstaff, AZ – EUA - 1991.

Publicado por

Omnia Veritas Ltd

www.omnia-veritas.com

"I vaig veure

que hi havia un cavall pàl·lid.

El seu genet s'anomenava Mort,

i anava acompanyat del seu reialme.

Li van donar potestat

sobre una quarta part de la terra,

perquè matés amb l'espasa,

la fam, la pesta

i les bèsties ferotges."

Sagrada Bíblia
Apocalipsi
Capítol 6
Versicle 8

Les idees i conclusions expressades en aquest treball són només meves. És possible que una o més conclusions puguin ser errònies. El propòsit d'aquest llibre és el de convèncer-vos (lectors) que alguna cosa va terriblement malament. Tinc l'esperança que aquest treball us inspiri per començar una recerca sincera de la veritat. Les vostres conclusions poden ser diferents però junts potser puguem construir un món millor.

Una
veritat
bàsica es
pot utilitzar
com base per una
muntanya de mentides,
i si aprofundim prou dins la
muntanya de mentides, i fem sortir
aquesta veritat, per posar-la al cim de la
muntanya de mentides; la muntanya de mentides
sencera s'ensorrarà sota el pes d'aquesta veritat, i no hi
ha res més devastador per a una estructura de mentides
que la revelació de la veritat sobre la qual s'ha construït
l'estructura de mentides, ja que les ones de xoc de la
revelació de la veritat reverberen, i continuen
reverberant per tota la Terra durant
generacions, despertant
fins i tot a la gent
que no tenien
cap desig de
despertar a
la veritat.

Delamer Duverus

INTRODUCCIÓ

Fa algun temps vaig tenir l'oportunitat de conèixer a William Cooper i la seva esposa Annie. Formava part del meu treball el verificar si aquest home, efectivament, deia la veritat o només era una altra persona a la recerca de fama i fortuna. El que vaig trobar va ser un robust buldog, darrere un individu, que era amable, atent i tendre. Estava realment preocupat per vosaltres i el vostre benestar.

Bill sabia que la gent estava mal informada per una societat que alimenta l'engany a cullerades fins que no hi ha distinció entre ficció i realitat. Ell veu què passa com ho veuen molts d'altres, i no té por de fer-hi alguna cosa.

Hi ha molts que no volen que sapigueu el que Bill us ha de dir. Moltes vegades han tractat d'impedir que ho digui. Les cicatrius a la cara i la pèrdua d'una cama són les insígnies de la seva sinceritat que el protegeixen.

Ningú es fa popular dient-li a la gent la veritat. La història registra el que els succeeix als veritables profetes del passat. No obstant això, alguns han escoltat les seves advertències i no els han enxampat desprevinguts. Altres han ficat el cap a la sorra i s'han negat a escoltar.

Bill ho ha recopilat, i ho ha ajuntat per a vosaltres ja que també podeu ser alguns dels informats del món. Algú ben informat pot prendre la decisió correcta. William Cooper té el meu vot d'aprovació, perquè m'importava prou saber quina mena d'home és. Ara és la vostra oportunitat.

(Barbara Ann)

Hi ha hagut moltes coincidències seqüencials relacionades, sobretot al llarg de la meva vida, incidents que per si sols no haurien conduït enlloc. Estadísticament, les probabilitats en contra de que el mateix o una seqüència relacionada d'esdeveniments li succeeixin a un individu són astronòmicament altes. Són aquesta sèrie d'incidents els que m'han convençut que Déu ha posat una mà en la meva vida. No crec en el destí. No crec en els accidents.

Ni puc ni vull acceptar la teoria de que llargues seqüències d'accidents no relacionats determinen els esdeveniments mundials. És inconcebible que els que tenen el poder i la riquesa no puguin unir-se amb un llaç comú, un interès comú i un pla a llarg termini per decidir i dirigir el futur del món. Per a aquells amb recursos, fer el contrari seria totalment irresponsable. Sé que jo seria el primer en organitzar una conspiració per controlar el resultat del futur, si fos una persona i una conspiració que encara no existís. Ho faria intentant assegurar la supervivència dels principis en què crec, la supervivència de la meva família, la meva pròpia supervivència, i la supervivència de la raça humana, i no per cap altra raó.

Crec, doncs, que s'està jugant una gran partida d'escacs a uns nivells que amb prou feines podem imaginar, i nosaltres som els peons. Els peons només són valuosos en determinades circumstàncies i sovint se sacrifiquen per obtenir un avantatge. Qualsevol que hagi estudiat estratègia militar està familiaritzat amb el concepte del sacrifici. Els que hagin estudiat seriosament la història probablement hauran descobert la veritable raó per la qual fem la guerra de forma regular.

Abans de llegir aquest llibre, us aconsello que jugueu almenys dues partides senceres d'escacs. Heu d'aprendre les normes amb les que ELLS juguen. Us heu de donar compte de manera objectiva que algunes peces són més valuoses que d'altres, i que el rei és la més valuosa de totes. No podreu copsar la realitat si us enxampen amb la fantasia que "això no és just." Heu d'arribar a saber que el resultat final del joc és l'únic que compta. Us van mentir quan us van dir que "no importa si guanyeu o perdeu, sinó com jugueu." Al món de l'elit guanyar ho és tot. De fet, no hi ha res més. L'elit al poder intenta guanyar.

La meva recerca ha demostrat, en aquest punt, que el futur que ens han dibuixat gairebé pot ser impossible de canviar. No estic d'acord amb els mitjans que uns quants poderosos han triat per a acabar amb nosaltres. No estic en absolut d'acord que l'extermini sigui el nostre final. Però si no podem fer despertar a la gent del seu somni, només una guerra civil aturarà el resultat previst. No baso aquesta afirmació en el derrotisme, sinó en l'apatia de la majoria del poble nord-americà. Fa vint-i-cinc anys hagués cregut el contrari - però vint-i-cinc anys enrere jo també estava profundament adormit.

Se'ns han ensenyat mentides. La realitat no és en absolut el que percebem.

No podem sobreviure més temps aferrant-nos a les falsedats del passat. La realitat ha de ser discernida de totes totes si volem formar part del futur. La veritat ha de prevaler en tots els casos, sense importar a qui li faci mal o a qui ajudi, si volem seguir vivint en aquesta terra. En aquest punt, el que volem pot ja no importar. És què hem de fer per tal de garantir la nostra supervivència el que compta. Les antigues maneres estan certament en procés de destrucció i un Nou Ordre Mundial està trucant a la porta.

Aferrar-se al passat és garantia de suïcidi. Romandre apàtics és assegurar l'esclavitud. Conèixer la veritat i actuar després en conseqüència és l'únic mitjà de supervivència en aquest moment. Fer cas omís de la informació continguda en aquest llibre i fer cas omís de la seva advertència comportarà la completa destrucció de la República dels Estats Units d'Amèrica. No tindreu mai una segona advertència ni una segona oportunitat. Ens agradi o no, és com és, la crua realitat. Ja no podeu girar el cap, ignorar, fingir si és o no cert, dir "a mi no em passarà," ni córrer ni amagar-vos. El llop és a la porta.

Temo pels més petits, els innocents, que ja estan pagant pels nostres errors. Hi ha un gran exèrcit de nens que han quedat laboralment orfes. Van a guarderies controlades pel govern. I nens abandonats que corren salvatges pels carrers. I els fills de mares solteres benestants, desequilibrats, emocionalment ferits, nascuts només pel benefici de tenir més diners en el xec mensual. Obriu els ulls i mireu-los, perquè ells són el futur. En ells veig la segura i certa destrucció d'aquesta nació en altres temps orgullosa. Als seus ulls buits hi veig la mort de la llibertat. Porten amb ells un gran buit i algú segurament pagarà un preu molt alt pel seu patiment.

Si no actuem de comú acord amb els altres i ens assegurem que el futur sigui tal com nosaltres necessitem que sigui, llavors segurament mereixerem el que el destí ens depari.

Crec de tot cor que Déu m'ha fet estar als llocs i en les posicions durant la meva vida perquè jo sigui capaç de lliurar aquesta advertència al Seu poble. Prego a Déu haver estat digne i haver fet la meva feina.

AQUEST ÉS EL MEU CREDO

Primer de tot crec en Déu, el mateix Déu en el qual creien els meus avantpassats. Crec en Jesucrist, i que ell és el meu salvador. En segon lloc, crec en la Constitució de la República dels Estats Units d'Amèrica, sense cap interpretació, tal com va ser escrita i pot funcionar. He fet el jurament sagrat "de protegir i defensar la Constitució dels Estats Units d'Amèrica contra tots els enemics estrangers i nacionals." Tinc la intenció de complir aquest jurament. En tercer lloc, crec en la unitat familiar i en particular, en la meva unitat familiar. He jurat que donaré la vida, si cal, en defensa de Déu, la Constitució, o la meva família. En quart lloc, crec que qualsevol home mancat de principis que estigui a punt i disposat a morir en un moment donat ja és mort i no té cap utilitat ni conseqüència.

William Cooper
3 d'Agost de 1990
Camp Verde, Arizona

PRÒLEG

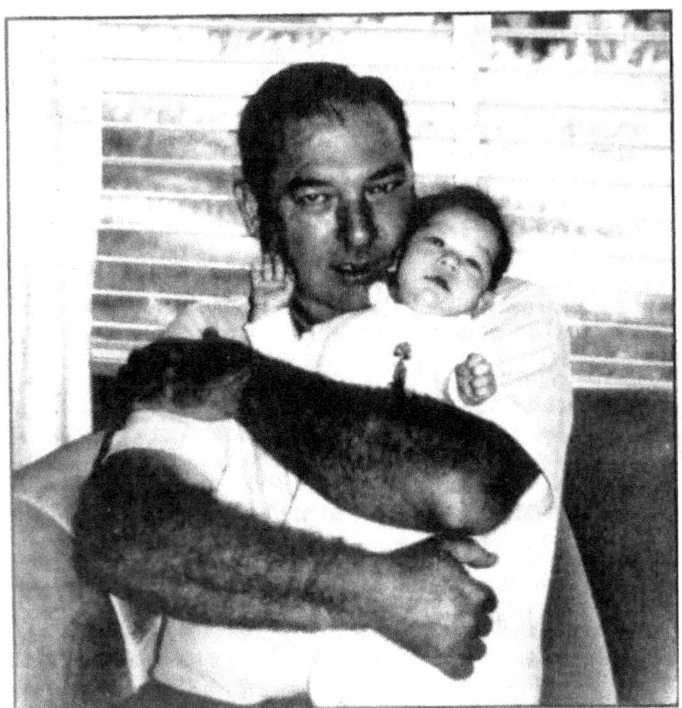

William Cooper i la seva filla Dorothy

L'única cosa que trobo prou difícil és escriure sobre mi mateix. És difícil entendre per què algunes persones volen saber de mi. Mai ha estat la meva intenció ser l'heroi de ningú. Certament no sóc cap gran exemple en el que algú basi la seva vida. Em considero un tipus normal, una persona molt normal. Tinc alguns punts força bons; Tinc algunes falles humanes. Estic orgullós d'alguns dels meus èxits, i hi ha coses que m'agradaria no haver fet. No sóc perfecte, i no estic segur d'haver-ho volgut ser mai. Però la veritat és que no pertanyo al pedestal de ningú. Sóc un home amb un missatge. I el missatge serà acceptat només per uns quants. Per als pocs que m'entenguin, sóc germà vostre. Potser... puguem canviar el futur per a millor.

William Moore, a la seva desinformació publicada amb el títol "Focus", deia que sóc un predicador fonamentalista. Fa vint anys això hauria estat un compliment, però avui en dia implica mesquinesa. Per això ho va dir. Ni sóc, ni mai he estat cap mena de predicador. No estic començant cap església. No estic desenvolupant cap religió. No pertanyo a cap organització. No tinc cap seguici. No hi ha cap culte i no sóc cap líder de culte. No n'hi ha cap acampada envoltant casa meva.

Hi ha gent que truca a programes de ràdio dient que saben de primera mà que sóc un conegut radical d'extrema dreta. Altres diuen que tenen proves de que pertanyo a una organització racista blanca. Algú ha dit que havia trobat el meu nom en una llista de membres del partit comunista. Un home de Los Angeles, sempre la mateixa veu, truca quan sóc a la ràdio dient que sóc alcohòlic. La veritat és que la majoria dels meus amics més propers i coneguts es consideren a si mateixos demòcrates liberals. La meva única postura política és Constitucional. La meva dona és xinesa. Això elimina la propaganda racista. Vaig lluitar contra els comunistes a Vietnam. Lluitaré de nou, si cal, però només en territori nord-americà. Solia beure molt alcohol els meus dies de joventut. Tal com he anat envellint la beguda s'ha reduït a un degoteig. Ara no bec gaire. La majoria dels meus amics no m'han vist mai prendre una copa. A l'Annie i a mi ens agrada fer servir el vi a la cuina. Les mentides, sens dubte, continuaran.

Per tal de mantenir-ho tot en perspectiva, hem d'entendre que els intents d'assassinar al meu personatge continuaran i amb tota probabilitat acabarà sent alguna cosa pitjor. En comptes de deixar que s'interposin en el camí, m'agradaria que creguéssiu tot allò de dolent que heu sentit de mi. Vegem si això canvia res del que he estat tractant de dir-vos. Vegem si fa desaparèixer alguna de les proves. Crec que és la manera més fàcil de respondre a aquests atacs. Els que esteu interessats sincerament en el coneixement em buscareu o als que estan íntimament a prop meu. Els que ho facin seran els únics que sempre sabran realment qui i què sóc.

Els meus avantpassats venien d'Anglaterra, Escòcia i Irlanda. Parents meus van lluitar en ambdós bàndols a la Guerra Civil. I alguns d'ells van lluitar a les guerres índies. Un dels meus avantpassats va ser un lladre de cavalls a Texas. No ho sé del cert, però crec que el van acabar penjant. Quan era petit vaig sentir rumors que hi havia una mica de sang Cherokee a la família. Cada cop que ho preguntava em deien que callés. Mai vaig poder entendre per què tothom tenia por de parlar de la sang índia. Pensava, i ho segueixo pensant, que és una cosa de la qual estar-ne orgullós. Des de llavors he descobert que la gent gran de la meva família, igual que els vells de gairebé totes les famílies, creuen que hi ha algun estigma associat a tenir una part Índia. Antigament a la frontera americana, la gent vivia amb normes rígides. Si no eres acceptat pels teus veïns el més que probable era que acabessis mort.

La família de la meva àvia paterna, anomenats Vance, va anar a Texas en carro amb sostre de lona i van ser uns dels primers pobladors de la zona d'Odessa. El meu besavi Vance era un vaquer dels de veritat que amb el temps va esdevenir un dels primers treballadors dels camps petroliers. La meva besàvia Vance em va dir que una de les seves primeres cases havia estat una caseta a la prada. La germana de la meva tia àvia tenia una foto del seu pare, el meu besavi Vance, dempeus davant d'un "saloon" al costat d'un amic. Els dos homes portaven revòlvers penjant del cinturó.

Quan ja tindria uns 84 anys em va dir que el meu besavi Vance va anar a fer un treball per a un ranxer. Va coincidir amb un aixecament indígena molt perillós. La meva besàvia en aquells moments era jove i s'acabava de casar. Un matí es va aixecar d'hora i va veure que sortia fum en direcció on vivia un dels seus veïns. Al cap d'un moment, cinc valents joves guerrers cavalcaven fins a la seva caseta. Em va dir que estava morta de por, però que sabia que si ho demostrava, de ben segur la matarien. Els indis estaven famolencs. La besàvia Vance els va fer baixar dels cavalls, els va arrossegar dins i els va donar de menjar. No li van fer cap mal. Després d'omplir-se els estómacs es van allunyar en la direcció on encara veia sortir fum aquella mateixa tarda. Em va dir que més tard es va assabentar que havia estat l'única a la zona que no havia estat cremada o morta. Era una dona molt valenta.

La besàvia Vance va morir en un accident de trànsit poc temps després d'explicar-me aquesta història. Vaig pensar que, per a ella, havia estat una forma molt estranya de morir. Havia passat dels carros amb sostre de lona als Ford i als Boeing 707. L'àvia Vance, durant la seva vida, va veure gairebé tot el que ha passat en aquest món que hagi sigut important en algun moment.

La família del meu avi patern també va recórrer tot el país muntat en un carro amb sostre de lona. Es van desviar una mica cap al nord, però, i van acabar al territori Indi conegut ara com Oklahoma. Eren a primera línia durant la febre de la terra d'Oklahoma i van tenir èxit senyalitzant amb estaques 320 acres a Big Bear Creek, a prop del que ara seria Enid. No gaire lluny es va aixecar un petit poble, anomenat Garber. Van criar un munt de nens. Recordo que la meva besàvia feia l'esmorzar més gran que mai hagi vist. Dormíem en autentics matalassos de plomes que ens acabàvem empassant. Corríem fins la latrina enmig de la nit perquè ens feia vergonya utilitzar l'orinal que la besàvia deixava sota de cada llit perquè els tinguéssim a mà. Al matí, tothom s'arraulia al voltant de l'estufa de llenya de la cuina o a l'estufa de carbó de la sala intentant entrar en calor.

El meu pare, per Nadal, m'havia regalat un rifle del calibre 22 i la granja de la besàvia va ser el primer lloc on vaig anar a caçar. Un matí em vaig aixecar abans que sortís el sol, vaig baixar les escales de puntetes, i vaig sortir a fora dirigint-me cap a la riera. Unes dues hores més tard vaig tenir la meva oportunitat i vaig disparar a una guatlla que era dalt d'un arbre. M'exhibia orgullós anant cap la granja portant la guatlla ben amunt perquè tots la veiessin. Per sort, el peó de la granja va ser el primer en veure'm. Es va posar a riure i em va preguntar on anava amb aquell pardal. Vaig sortir corrent i vaig enterrar aquell ocell i mai vaig dir-ne ni una paraula a ningú. Més tard vaig saber que les guatlles no s'enfilaven als arbres. Per als que puguin pensar que això va ser una cosa terrible, els he de dir que llavors a tots els nens se'ls donava un fusell i se'ls ensenyava a caçar. Durant la temporada de caça més d'una família se les manegava per estalviar una mica de diners extra, perquè els nois portaven la carn a casa després d'anar de caça. Aquests diners estalviats eren molt necessaris. Es considerava un deure ciutadà el posseir una arma de foc per tal de dur a terme el propòsit de la segona esmena de la Constitució. Mentre els ciutadans posseïssin armes, el govern mai podria arribar a ser opressor.

La família de la meva mare provenia d'Escòcia i es va instal·lar a Carolina del Nord. Eren gent treballadora i estalviadora. La majoria eren pobres. Mai vaig saber gaire cosa més sobre la família de la meva mare. Ni tan sols recordo que ningú parlés gaire sobre ells. Sé que l'àvia Nellie Woodside, es va veure obligada a renunciar a alguns dels seus fills en morir el seu marit. No hi havia prou diners per alimentar-los a tots. La meva mare va ser una de les escollides per anar a viure a una llar d'infants fins que les coses milloressin. Ningú parlava del pare de la meva mare. Quan li vaig preguntar sobre l'avi em va dir, "En Red no era bo, i tu estigues per les teves coses." Em va fer la sensació que no agradava a ningú. Va morir abans que jo arribés a aquest món.

Vaig néixer el 6 de maig de 1943. Em vaig criar en una família de militars. El meu pare és el Tinent Coronel de la USAF (Ret.) Milton V. Cooper. Ell s'estima més que li diguin Jack, el sobrenom que li va posar la família quan era petit. El pare va començar la carrera a la Força Aèria com un jove cadet fent volar biplans i es va retirar sent pilot comandant amb milers d'hores al seu haver. Tinc una foto on surt ell dempeus davant d'un vell biplà amb la seva jaqueta de cuir i la gorra amb orelleres vestit com l'Snoopy.

La mare i el pare

Recordo als pilots reunits al voltant de la taula de la cuina parlant d'avions i explicant històries. De vegades discutien de coses estranyes anomenades foo fighters o OVNIS. Quan estàvem de sort baixaven el projector i passaven diapositives Kodachrome. Això era un regal especial. Jo tindria uns vuit anys, crec que ja havia vist i havia estat a l'interior de tots els avions que havia tingut la Força Aèria (que solia ser la força aèria de l'exèrcit). Hi havia volat en uns quants. Havia vist estavellar-se a molts d'ells i tenia amics que havien perdut als seus pares.

Recordo una nit a les Açores a la Lajes Field. Érem al cinema de la base veient una pel·lícula, quan es va aturar el projector, es van encendre els llums i van fer una crida per donar sang. Sabíem que hi havia hagut un desastre. Tothom va sortir al carrer i va mirar turó avall cap a la pista d'aterratge. Literalment s'estava consumint en flames. Vam poder veure homes en flames corrent de nit. S'havia estavellat un B-29. He oblidat si s'estava enlairant o si aterrava; però mai oblidaré l'escena que tenia al meu davant aquella nit. Ningú va tornar a veure acabar la pel·lícula tot i que només n'havíem vist la meitat. Jo tenia nou anys, però em vaig sentir molt més gran. Ja havia vist molts accidents, i encara n'hauria de veure molts més durant els propers anys. Però mai vaig veure res que pogués comparar-se amb les restes de l'avió, el foc, la devastació, o la pèrdua de vides causada per l'accident d'aquell B-29. Un any després marxàvem de les Açores. A mesura que ens enlairàvem cel amunt vaig mirar per la finestreta de l'avió. Encara vaig poder veure peces de les restes de l'avió que havien arrossegat fora de les pistes. Va ser aquest incident el que em va donar una apreciació dels perills als quals el meu pare s'enfrontava diàriament. Llavors vaig saber la sort que teníem de veure'l entrar per la porta. L'aviació no era segura aleshores, especialment per als pilots militars. Tots coneixíem famílies que havien perdut a algú en un accident.

El meu pare no m'agradava sempre. Era partidari d'una disciplina estricta. El meu pare no creia en "no fer servir el bastó" i el cinturó s'utilitzava amb freqüència a la nostra família. Jo era un nen molt sensible, però voluntariós. Les regles no significaven gaire per a mi fins que em vaig veure embolicat en trencar-les. Moltes vegades jo era el focus de la seva ira. Com la majoria dels nens, jo no ho entenia. Pensava que era un tirà. Ara aprecio la seva criança. Sé, sense cap mena de dubte, que sense la seva estricta disciplina, molt probablement, hauríem acabat malament.

Ara estimo al meu pare. És el meu amic. És independent, gregari, un lluitador tenaç, confiat, aventurer, arrogant de vegades, ben plantat, un gran guardià. La meva mare em va dir que es va enamorar d'ell, perquè s'assemblava a John Wayne, i així és. He vist el progrés d'algú que menyspreava tota demostració pública d'afecte vers un home a que sigui igual de probable que t'abraci com que t'estrenyi la mà. D'altra banda, de vegades m'ha fet enfadar tant que podria haver-li donat un cop de puny a la boca, però mai ho he fet. Pot ser molt dur amb qualsevol persona que no li agradi. Sempre està ficat en alguna entremaliadura, i puc garantir-vos que ningú que sigui al voltant del meu pare s'avorreix.

La meva mare és una veritable dama del Sud. Ells l'anomenaven una mena de bellesa del Sud. És una de les últimes d'una raça en extinció. Dovie Nell (Woodside) Cooper és del tipus de dona amb qui els homes els agrada somiar quan estan sols. És la dona més amable, la més gentil, que he conegut. No faig aquesta afirmació només perquè sigui la meva mare. És cert. Era bella quan era una dona jove i és bella ara. La meva mare és una d'aquelles persones que, un cop li agrades, no et pot fer fora. És lleial en excés. L'he vist als bons i als mals temps. Ni s'immuta, tant se val què passi. Sempre m'ha sorprès que pugui ser tan dura i tan amable, gentil i amorosa, tot al mateix temps. Ai d'aquell que gosi fer mal al meu pare o a un dels seus fills en presència seva. És la millor cuinera que mai ha posat un peu en cap cuina que mai s'hagi construït. Estimo la meva mare, probablement més que a ningú en aquest món.

Tinc un germà, en Ronnie i una germana, la Connie. Són bessons dos anys menors que jo. Estàvem més a prop que la majoria dels germans quan érem nens perquè vam passar gran part de la nostra vida a l'estranger, on moltes vegades érem incapaços de comunicar-nos excepte entre nosaltres mateixos. Teníem amics a l'escola, però l'escola sovint estava a molts quilòmetres d'on vivíem. Teníem algunes joguines. La majoria eren coses que la mare ens donava com ara bobines, caixes de cigars, cadenes o qualsevol altra cosa que pogués trobar per mantenir-nos ocupats. Cada Nadal era una delícia perquè sempre ens donaven algunes joguines REALS. Ronnie i jo érem propensos a mirar com funcionaven les coses, però, de manera que mai duraven gaire. Tot el que portàvem, incloent les sabates, s'encarregava a partir del catàleg del Sears. Era el llibre dels desitjos, i mai ens cansàvem de fullejar-lo. Alternativament, ens estimàvem, ens odiàvem, ens enfrontàvem entre nosaltres, i ens defensàvem mútuament, com suposo que fan tots els nens.

En Ronnie, la seva esposa Suzie i la seva filla Jennifer viuen a Garber, Oklahoma, on Ron ven maquinària agrícola de la John Deere. En Ron i la Suzie van construir casa seva amb les seves pròpies mans. Pel que sé, tenen la intenció de viure en aquesta casa fins que morin. Ronnie va servir com oficial en l'Exèrcit. A Vietnam es va guanyar l'Estrella de Plata. No ens hem vist des del 1976 quan va venir a visitar-me a l'hospital quan vaig perdre la cama. No obstant això, jo l'estimo i l'estranyo molt. Cap de nosaltres es pot donar el luxe de viatjar molt si no és per negocis, però aviat un d'aquests dies aniré a donar-li una sorpresa encara que només sigui una visita. La Connie m'ha ensenyat fotos i en Ron s'assembla al besavi. Gairebé totes les fotos que he vist en Ron porta barret, un Stetson, botes, i o be està a prop o damunt d'un cavall. Suposo que és com ha de ser, ja que en Ronnie, de petit, sempre havia volgut ser un vaquer. La Connie, en realitat, ha acabat sent una bona dona. Quan era petita de vegades m'agradava i de vegades no. Els nens petits no solen necessitar gaire a les nenes. De fet només ens teníem els uns als altres per jugar, no obstant això, en Ronnie i jo ens l'estimàvem molt; però els nens petits no admeten mai una cosa així. Recordo que la Connie sempre em seguia a tot arreu que anava. No podia desfer-me d' ella, sense importar com ho intentés. La seva devoció i lleialtat em van fer estimar-la encara més. Per descomptat, que jo fingia que ella era com tenir un gra al cul. A mesura que anàvem creixent, i començàvem a adonar-nos que hi havia una gran diferència entre els nens i les nenes, la

Connie va començar a adquirir un aire de misteri. A partir d'aquest moment i fins que vaig tenir 18 anys em va desconcertar completament. Recordo que quan tenia uns 13 anys o així li agafaven rebequeries quan s'enfadava. Picava de peus, cridava, sortia corrent cap a la seva habitació i tancava la porta. En Ronnie i jo pensàvem que era un gran espectacle, però no podíem de cap manera entendre per què ho feia. Quan li preguntàvem a la mare ella acaba sacsejant el cap i dient: "les hormones".

William Cooper, el seu germà Ronnie i la seva germana Connie.

La Connie va créixer fins ser una dona bonica i amb el temps es va casar amb el seu nuvi de l'institut, en Gus Deaton. Van tenir dues boniques filles, la Janice i la Chrissie. La Janice és molt semblant a la Connie, afectuosa i lleial. La Chrissie és diferent. És una pèl-roja que li encanta anar de festa. Suposo que la Chrissie representa la llibertat de l'esperit més que qualsevol altra cosa.

El matrimoni de la Connie es va deteriorar i ningú podia entendre què estava passant fins que al Gus li van diagnosticar un tumor cerebral. Va ser tràgic. A tothom li encantava en Gus. A mesura que la malaltia progressava i es va posar a fer bogeries, la gent simplement es van anar allunyant. Sempre he sentit un amor molt especial per la Chrissie. No va abandonar mai al seu pare. Quan ningú més podia suportar estar a prop seu, la Chrissie va optar per anar-se'n a viure amb ell, "per què no estigui sol," va dir. Fins i tot ara se'm fa un nus a la gola quan penso en aquella petita nena pèl-roja que se'n va anar a viure amb el seu pare malalt, "per que no estigués sol." El seu comportament era tal que ningú més podia suportar estar a prop seu. Almenys això és el que em deien. No va ser culpa d'en Gus que emmalaltís i sempre he pensat que no era just per a la Connie, els fills, o en Gus. Des de llavors he après que la vida poques vegades és justa.

La Connie finalment es va tornar a casar i se'n va anar a Austin, Texas, on s'ha establert com una valuosa empleada d'un gran banc. El seu marit és un executiu de McGraw Hill. Es diu, per casualitat, Ron. A tots ens agrada molt en Ron McClure, sobretot el pare, que ha fet amb ell una estreta amistat. La meva germana realment s'ha convertit en una dona meravellosa. S'ha convertit en una de les meves amigues més estimades i properes. S'ha convertit en una part tan important de mi que fins i tot ara de tant en tant tinc la sensació de mirar cap enrere per veure si aquella nena encara és allà. Sento una gran pena quan veig que només hi ha el Sugarbear, el meu fidel gos; però llavors, l'estimo també a ell, així que no puc queixar-me.

Em vaig graduar el 1961 a la Yamato High School al Japó. Aquella tardor em vaig allistar a la Força Aèria. Tenia moltes ganes d'anar a la Marina, però sempre he tingut tendència a marejar-me. Vaig fer la bàsica a la Base Aèria Lackland, Texas, i a després a l'Escola Tècnica d'Aeronaus i Míssils Pneudraulics a la Base Amarillo de la Força Aèria.

En acabar em van ordenar que anés al 495è Comando de Bombarders Estratègics Aeris de la Força Aèria de la Base Sheppard als afores de Wichita. Posteriorment li van canviar el nom pel de 4245è de Bombarders - no em pregunteu el per què. En molt poc temps vaig passar de ser un noi prim que no sabia gairebé res de res, tot i que creia que ho sabia, a un aviador que tenia una autorització de seguretat Secreta (!) i que treballava amb bombarders B-52, avions nodrissa KC-135, i míssils Minuteman.

Vaig veure bombes atòmiques REALS. Hi treballava cada dia. Per això havia de portar un dosímetre per si de cas quedava exposat a la radiació. Aleshores érem l'elit de la Força Aèria i ho sabíem. Vaig rebre una carta de recomanació pel meu treball. Al seu degut temps se'm va concedir la Medalla a la Defensa Nacional i la Medalla a la bona conducta de la Força Aèria. (En realitat, crec que la Medalla de la Defensa Nacional la van concedir a tothom per què ningú se sentís avergonyit de ser a la formació sense cap medalla al pit.)

Va ser llavors quan em vaig trobar amb un parell de sergents que, d'alguna manera, em van adoptar. Anàvem junts als clubs i generalment acabàvem perseguint dones i bevent molta cervesa. Em van explicar diverses històries sobre estar connectat a una unitat especial que recuperava plats voladors que s'havien estavellat. El sergent Meese em deia que havia estat en una operació que transportava un plat tan gran que un equip especial anava davant d'ells, rebaixant tots els pals de telèfon i els pals de les tanques. Un altre equip els seguia i els va reemplaçar. Només es movien de nit. Durant el dia es quedaven quiets i a cobert en algun lloc de la carretera. Totes aquestes històries no sortien fins que havíem begut suficientment, jo mai me'ls vaig creure - els sergents eren coneguts per explicar contes xinesos a nois més joves com jo.

El 22 de novembre del 1963, estava de servei com CQ (Encarregat de Quarter) per al Manteniment de Camp de l'Esquadró. La majoria dels homes estaven fora treballant a la pista d'aterratge, els ordenances de les casernes els havien assignats les seves tasques, el sergent se'n havia anat a algun lloc, i jo estava sol. Vaig encendre la televisió de la sala de comandament per veure la transmissió en viu de la caravana del president a Dallas. No estava preparat per el que vaig veure. Vaig veure amb incredulitat com els esdeveniments es desplegaven davant dels meus ulls. Sabia que alguna cosa havia passat, però què? Havia vist i escoltat l'assassinat, però la meva ment no ho estava acceptant. Vaig seguir rebutjant-ho en conjunt intentant descobrir què havia passat quan lentament la comprensió es va apoderar de mi. Un entumiment es estendre per els meus braços i cames. Havia vist el que havia passat! Se'm va eriçar el pèl del darrere el coll i un calfred em va recórrer l'espina dorsal. El president Kennedy havia rebut un tret just davant dels meus ulls!

Llàgrimes enormes em van començar a rodar, en aquell moment, per la cara. Onades d'emoció van recórrer el meu cos. Sentia que havia de fer alguna cosa, així que vaig posar-me en línia directa amb el centre de comandament. Em vaig empassar les llàgrimes. Quan l'oficial de guàrdia al comandament va contestar, li vaig dir que el president acabava de rebre un tret a Dallas. Hi va haver una pausa, i em va preguntar: "Com ho saps que li han disparat?" Li vaig dir que ho havia vist a la televisió i en acabat va penjar el telèfon. Estava paralitzat.

Uns minuts més tard l'oficial de servei del sistema va trucar i em va ordenar una alerta roja DEFCON DOS (La Condició de Defensa Dos vol dir que la guerra és imminent). El rugit dels motors a reacció ja se sentien mentre les tripulacions de guàrdia enfilaven els avions cap a la pista. Estava acollonit mentre corria de caserna en caserna traient-ne el torn de nit i dient-los que tenien el dia lliure. Ens havien dit que teníem uns 15 minuts per posar en marxa tots els nostres avions abans que la primera bomba atòmica ens colpegés en cas que els russos llancessin un atac.

Ni tan sols havia tancat la sala de comandament. Vaig saltar al primer cotxe que vaig veure, vaig anar al recinte del SAC i em vaig presentar al meu lloc de destinació d'alerta roja. Durant els següents tres dies vaig dormir sota el ventre d'un bombarder B-52 mirant l'Armagedón que ocultava just dins del compartiment de les bombes amb les portes tancades. Pensàvem que finalment la merda havia anat a parar al ventilador. Va ser un gran alleujament quan es va posar fi a l'alerta. Vaig deixar la Força Aèria amb una baixa honorable al 1965.

Al desembre d'aquell mateix any me'n vaig anar a la Marina. Sempre m'havia agradat l'oceà. Volia ser mariner des que era un nen petit. Marejat o no em vaig fer a la idea de seguir el meu somni. Em van enviar al Centre d'Entrenament Naval de San Diego per a fer el campament d'entrenament. A causa de la meva experiència anterior a la Força Aèria em van fer Comandant en Cap de la Companyia de Reclutament. Se'm va permetre mantenir el mateix rang i el grau de pagament. Teníem un bon grup de nois a la meva companyia i teníem un comandant de companyia genial. El cap Campbell, primer oficial d'electricistes. Va deixar la companyia al meu càrrec. El cap era un bon home. Només estava interessat en ensenyar-nos el que ens calia saber i en mantenir-nos allunyats dels problemes. A diferència de la majoria dels instructors del campament d'entrenament, el cap Campbell no tenia cap interès personal i no tractava de demostrar res ni a ell ni a ningú. Era realment el nostre amic.

Mentre era al campament d'entrenament em vaig oferir voluntari per anar a submarins (el meu sentit de l'aventura era molt fort). Em van acceptar, i en acabar l'entrenament bàsic, em van enviar a l'USS Tiru (SS -416) a la base de submarins de Pearl Harbor, Hawaii. Tocat i enfonsat, ningú podia tenir tanta sort! No podia creure el que veia mentre llegia el meu destí. Allà estava complint el meu somni d'estar a la Marina. M'havien donat a la primera exactament el que havia demanat, cosa que era extremadament rara en qualsevol branca del servei militar. I a sobre, m'enviaven a Hawaii, el paradís tropical a la terra. Estava al setè cel.

Vaig aterrar a Hawaii curt de temps i vaig agafar un taxi directament cap a la sub base. No trobava el meu submarí per enlloc. Vaig seguir preguntant a la gent fins que vaig trobar a algú que em va dir que el meu vaixell (als submarins els anomenen vaixells a l'Armada) no era a la sub base, sinó al dic sec de la drassana naval de Pearl Harbor. Vaig agafar un altre taxi.

El taxista em va portar fins un moll que semblava que no l'haguessin netejat des de que els japonesos havien bombardejat Pearl Harbor. Estava ple del que semblaven enormes mànegues, cables elèctrics, restes de metall rovellat de totes les mides que es puguin imaginar. L'aire feia el típic olor a dièsel, fums de soldadura, pintura i acer. Si hi hagués un infern a la terra, vaig pensar, hauria de ser això. Vaig caminar fins al moll, al llarg de la riba, i vaig mirar cap avall al dic sec. Allà, despullat de tota dignitat, nu i tallat netament per la meitat, estava el meu vaixell, l'USS Tiru. Els homes anaven atrafegats per tot arreu. Semblaven formigues pul·lulant sobre el fetge d'una llagosta morta. Brillants flashos de llum més brillants que el sol aixecaven espurnes en l'aire i després queien en un bell flux a la part de baix de la base. No podia creure el que estava veient. Algú realment esperava que em fes a la mar, i després em submergís, amb el que ami em va semblar un munt de trossos de ferralla rovellada rescatada d'algun satànic dipòsit de ferralla, soldats per dimonis amb bufadors. Senzillament la sort se m'havia esgotat.

Em vaig presentar a la caserna-barcassa amarrada a l'aigua a l'altra banda del moll i em van donar una hamaca per quan em toqués fer el torn; després em van enviar a la caserna de la sub base, on em van assignar un prestatge i un armari. Jo volia anar a Honolulú però ràpidament vaig descobrir quin era el preu de la llibertat. La cosa estava empitjorant.

Els següents mesos els vaig gastar polint, pintant, millorant, i coneixent el vaixell. Els homes de la tripulació, a excepció del cap de cuina, eren molt bona gent. El cap de cuina s'emborratxava a cada minut fos de dia o de nit. Jo no li agradava, així que no tenia gaire menjar. La seva aversió provenia del meu primer matí quan vaig entrar a la cuina i vaig veure com els altres membres de la tripulació demanaven l'esmorzar. Quan va quedar un forat em vaig acostar i vaig demanar ous frescos. Va ser llavors quan el cap de cuina va aixecar el cap i va jurar que mai tornaria a menjar un àpat al seu menjador. No feia broma, tampoc. Després d'aquell matí l'única vegada que em van donar menjar en aquella galera era quan el cap de cuina era a terra.

A dia d'avui encara no sé què vaig fer malament. Podia haver anat al capità, però si ho hagués fet també podia al mateix temps demanar el trasllat. No va passar gaire temps, però, abans que jo fos capaç d'esbrinar el lloc on amagava la beguda. A partir d'aquell moment li vaig fer la vida impossible. No us diré què hi vaig posar al vodka, però era una cosa que vosaltres mai voldríeu beure, creieu-me. El vaig posar tan malalt que va ser traslladat fora del vaixell per raons mèdiques. Jo no volia fer-li mal, però era ben bé o desfer-se d'ell o morir de fam. Em vaig fer a la idea que amb cap de cuina o sense, no sortiria a la mar en un vaixell que no m'alimentés.

No em divertia gens fer-me a la mar amb un cap borratxo que era l'encarregat de tancar la vàlvula d'admissió principal quan el vaixell es disposa a fer una immersió. Quan un submarí es submergeix certes vàlvules submarines HAN d'estar tancades o el vaixell s'inundarà amb l'aigua i tothom s'ofegarà. La d'admisió principal és la MÉS IMPORTANT d'aquestes vàlvules. El deure del cuiner era tancar-la, ja que a bord del USS Tiru la vàlvula era a la cuina.

Vaig fer dos amics, molt propers, mentre vaig ser al Tiru. Un mariner negre anomenat Lincoln Loving i un mariner indi americà que es deia Jerónimo. Tos tres érem inseparables. El Lincoln va ser el padrí del meu primer matrimoni. Dels tres el Jerónimo era el mariner més experimentat, així que ell ens ensenyava al Lincoln i a mi. Sabia tot el que calia saber sobre el vaixell, cordes, pintura, i un munt d'altres coses que un home havia de saber per sobreviure a la Marina. Jo sabia com aconseguir tenir bones relacions amb els militars, de manera que ho ensenyava al Jerónimo i al Lincoln. El Lincoln coneixia tots els llocs realment bons de l'illa on podíem passar una bona estona, així que ell comandava la festa.

Hi ha tres coses que realment destaquen en la meva ment sobre el temps que vaig passar al Tiru. La primera va ser un incident que va ocórrer durant una immersió de prova mentre navegàvem a uns 3 o 4 nusos a una profunditat de 600 peus prop de l'illa d'Oahu. El Lincoln i jo acabàvem de ser rellevats de fer guàrdia i érem a la bateria posterior parlant quan vam perdre l'equilibri. Vam sentir un fort SOROLL i una sotragada a bavor. Llavors vam sentir un so que va fer que se'ns gelés la sang. Literalment, notava com la sang em fugia del rostre mentre escoltava el que fos que colpejava fregant al llarg del costat d'estribord del casc. En Lincoln i jo ens vam quedar gelats. Vam contenir la respiració mentre el metall grinyolava sobre el metall. Vaig pensar que no s'acabava mai. Ningú es va moure, enlloc.

Finalment, després del que va semblar tota una vida, el vaixell es va sacsejar i el soroll va desaparèixer per la popa. Si s'hagués perforat el casc cap de nosaltres estaria viu avui. Mai vam saber què va ser. Quan vam tornar a Pearl, els bussos van baixar a fer una ullada. Quan van sortir a la superfície van informar que la bolina d'estribord s'havia fet malbé i que el casc havia estat esgarrapat del costat d'estribord de proa a popa. Vam anar a reparar-ho. En un parell de dies havia quedat com a nou, però jo sens dubte tenia una perspectiva totalment diferent de la vida.

La segona cosa a destacar li va passar a un altre vaixell que participava en uns exercicis d'atac amb torpede amb un altre submarí. Recordo haver vist el vaixell entrar al port amb una gran lona sobre la torreta. Vaig poder veure alguna cosa que sostenia la lona a cada costat de la torre, però no vaig poder veure què era. Més tard, Jerónimo, Lincoln i jo caminàvem pel lloc on estava atracat el vaixell i vam mirar sota de la lona. L'altre vaixell de l'exercici havia rebut un cop directe! El que vam veure va ser un torpede completament clavat darrere la vela. Ens vam posar a riure. Llavors ens vam mirar i vam decidir que ben mirat no era tan divertit. Aquest negoci dels submarins no era tan atractiu com jo havia pensat.

La tercera va succeir durant un trànsit entre l'àrea de Portland-Seattle i Pearl Harbor. Jo estava de guaita al port durant la guàrdia de tarda (entre les 12.00-16.00 hores). Jerónimo era al lloc d'observació d'estribord. L'Ensign Ball era l'OOD (oficial de coberta). Navegàvem a 10 nusos en superfície i tots tres estàvem al pont de la torre de comandament. Feia un dia brillant, però el sol es va enfosquir degut a una capa de núvols baixos. Feia fresca. Ens vam divertir una mica quan algú dels de baix va sol·licitar permís per fer pujar un home a la coberta de proa perquè anés a buscar alguna cosa que es necessitava de l'armari impermeable de coberta. L'armari estava sota la placa de la coberta damunt l'arc prop de la sortida de la sala de torpedes. Jerónimo i jo vam riure quan l'Ensign Ball va donar la seva aprovació. En realitat, no l'hauria d'haver donat, perquè estàvem navegant amb una onada de pressió sobre la proa. Quan vam veure qui era el que havien enviat a la coberta vam riure a més no poder. Vam mirar avall cap al costat de la vela a la porta a nivell de la coberta quan es va obrir de cop i va treure el cap el mariner Lincoln Loving. No se'l veia content.

En Lincoln va agafar la corretja de seguretat i la va fer passar per la guia de coberta, es va col·locar el cinturó de seguretat al voltant de la cintura i agafat a la barana, va sortir a coberta. Va aixecar la vista cap a nosaltres amb un "no us rigueu de mi" mireu que bé que ho faig. Li va costar uns minuts aconseguir el valor per deixar de banda el passamans i començar a tirar cap endavant contra el vent i les estrebades de la coberta. Amb cautela, es va arrossegar cap endavant fins que va estar just en el punt on l'onada de pressió roda sobre la coberta on l'arc queda lliure d'aigua a la fase ascendent del cicle.

Vaig poder veure que Lincoln estava tractant de mesurar el temps per emprendre la carrera quan l'arc estigués fora de l'aigua. Va fer un parell de sortides en fals, després va relliscar per la coberta mullada, desapareixent per l'orifici de l'escotilla de proa que dona accés a la sala de torpedes. La proa es va enfonsar sota l'aigua i em vaig trobar xuclant aire mentre m'imaginava el remolí d'aigua salada freda al meu voltant. No era jo, sinó que, era el Lincoln. Em vaig agafar la part de dalt de la vela mentre esperava que l'arc es mogués cap amunt, amb l'esperança que al Lincoln no li agafés pànic.

El que vam veure tot seguit podria haver estat un clip d'una d'aquestes velles pel·lícules dels Keystone Cops. En Lincoln s'agitava a l'aigua amb tanta força que semblava que tenia 40 braços i 40 cames. Llavors em vaig adonar que Lincoln havia ingressat a l'Armada, però no sabia nedar. Quan per fi va aconseguir trobar un punt de suport, el mariner mig ofegat va sortir disparat d'aquell forat com un míssil Polaris i va córrer de tornada a la torre de comandament tan ràpid com les seves soles de cuir mullat l'hi van permetre.

L'Ensign Ball, Jerónimo, i jo vam riure durant uns deu minuts. De fet, cada vegada que vèiem al Lincoln els següents dos dies esclatàvem a riure. Lincoln no creia que fos divertit i no deixava passar l'oportunitat de pegar-nos cada vegada que rèiem.

Lincoln se'n va anar cap avall. Jerónimo i jo vam començar la interminable tasca d'escombrar l'horitzó de proa a popa, primer del cel de l'horitzó al zenit, i després un altre cop de l'horitzó de proa a popa. Una vegada i una altra, i després una pausa per deixar descansar els ulls i xerrar durant uns minuts. Li vaig preguntar a l'Ensign Ball si demanàvem una mica de cafè calent. Quan es va inclinar sobre el IMC, em vaig girar, em vaig col·locar els binoculars als ulls just a temps per veure com un disc enorme sorgia de sota l'oceà, s'enlairava deixant anar estels d'aigua al seu voltant mentre girava mandrosament sobre el seu eix, i desapareixia entre els núvols. El meu cor bategava amb força. Vaig tractar de parlar, però no vaig poder; després vaig canviar d'opinió i vaig decidir que no volia parlar-ne, de cap manera. Acabava de veure un plat volador de la mida d'un portaavions sortir rabent de l'oceà i volar entre els núvols. Ràpidament vaig mirar al meu voltant per veure si algú més l'havia vist. L'Ensign Ball encara estava inclinat sobre l'IMC. Estava demanant cafè. Jerónimo mirava cap avall del costat d'estribord de popa.

Em debatia entre el meu deure d'informar del que havia vist i el convenciment de que si ho feia ningú em creuria. En mirar cap a l'oceà només veia el cel, els núvols i l'aigua.

Era com si no hagués passat res. Gairebé vaig arribar a pensar que ho havia somiat. L'Ensign Ball es va redreçar, es va girar cap a Jerónimo i va dir que el cafè era de camí.

Vaig mirar de nou cap al lloc, a uns 15 graus de babord, i prop de 2-1/2 milles nàutiques de distància. Res, ni tan sols un indici del que havia succeït. "Ensign Ball," vaig dir, "m'ha semblat veure alguna cosa a uns 15 graus a proa, però ho he perdut. Pots ajudar-me a buscar per aquesta àrea?" L'Ensign Ball es va girar, alçant les ulleres fins a nivell dels ulls. Jo no ho sabia en aquell moment, però Jerónimo m'havia sentit i es va girar per mirar. Estava content de que alguna cosa hagués trencat la monotonia.

Tot just estava aixecant els prismàtics del meu pit quan el vaig veure. La forma de plat gegant va aparèixer entre els núvols, es va desplomar i empenyent abans l'aigua, va obrir un forat a l'oceà i va desaparèixer de la vista. Va ser increïble. Aquesta vegada ho havia vist amb els meus propis ulls, i la seva grandària en comparació amb la visió total era ni més ni menys que sorprenent. L'Ensign Ball va entrar en estat de xoc, amb els prismàtics a les mans, la boca oberta. Jerónimo va cridar: "Merda! Què coi - ei! Heu vist això?" L'Ensign Ball es va girar i mirant cap a mi i amb una mirada d'incredulitat a la cara, va dir en veu baixa: "Això havia de passar en el meu torn!" Es va donar la volta, va prémer ràpidament el botó de l'IMC i va cridar: "Capità al pont, capità al pont." En l'últim moment va prémer de nou l'interruptor i va cridar: "Que algú porti una càmera cap aquí."

El capità va pujar l'escala amb l'intendent trepitjant-li els talons.

El cap de intendència Quintero portava penjada al coll una càmera de 35 mm de la nau. El capità va esperar pacientment mentre l'Ensign Ball tractava de descriure el que havia vist. Ens va mirar a nosaltres i tots dos vam fer un gest d'afirmació.

Això va ser suficient per al capità. Va parlar amb el sonar, que durant l'excitació havia informat d'un contacte sota l'aigua amb la mateixa demora. El capità va anunciar per l'IMC, "Sóc el Capità. Tinc el control." la resposta va tornar a l'instant des del timó, "A les seves ordres, senyor." Jo sabia que el timoner passava la veu a la sala de control de que el capità havia pres personalment el control de l'embarcació. També sabia que els rumors probablement ja volaven per tot el vaixell.

El capità va trucar abaix i va ordenar a algú que vigilés de prop el radar. La seva ordre va ser immediatament reconeguda. Com tots cinc ens havíem quedat mirant cap al mar, la mateixa nau o una exactament igual es va enlairar lentament, va fer un gir a l'aire, inclinat-se en angle i en acabat va desaparèixer. Vaig veure de cua d'ull com el cap feia fotos.

Aquesta vegada tenia tres imatges de les quals extreure'n conclusions. Era una màquina de metall, d'això no hi havia dubte. Estava controlada intel·ligentment, d'això n'estava igual de segur. Era d'un color opac, una mena d'estany. No hi havia llums. No hi havia cap resplendor. Vaig pensar que havia vist una filera del que semblaven ulls de bou, però no podia estar-ne segur. El radar havia informat d'un contacte amb la mateixa demora i ens havia donat un rang de 3 milles nàutiques. El rang era encertat, en la mesura que la nau s'havia mogut cap allà on nosaltres ens dirigíem. Vam veure en diverses ocasions com l'estranya nau tornava a entrar a l'aigua i després s'enlairava cap als núvols una i altra vegada fins que finalment vam saber que se'n havia anat del tot. L'episodi va durar uns 10 minuts.

Abans de deixar el pont el capità va agafar la càmera del cap i ens va donar instruccions a cada un de nosaltres de que no parlés amb ningú del que havíem vist. Ens va dir que l'incident estava classificat i no havíem de discutir-ho, ni tan sols entre nosaltres. Vam acatar l'ordre. El capità i el cap van marxar del pont. L'Ensign Ball va agafar l'IMC i prement l'interruptor, va anunciar, "Sóc l'Ensign Ball. El capità ha abandonat el pont. Tinc el control." La resposta: "A les seves ordres, senyor", tot seguit ràpidament.

Als que havien presenciat l'OVNI no se'ls va permetre baixar a terra després d'haver atracat a Pearl. Fins i tot als que no teníem cap deure ens van dir que havíem de romandre a bord. Passades dues hores va pujar a bord un comandant de l'Oficina d'Intel·ligència Naval. Va anar directament a la cabina del capità. No va passar gaire estona abans que vam ser cridats perquè esperéssim al passadís davant la porta del capità. L'Ensign Ball va ser el primer en ser cridat. Després d'uns 10 minuts va sortir i va entrar a la sala d'oficials. Se'l veia neguitós. Jo estava al seu costat.

Quan vaig entrar a la cabina, el Comandant tenia a les mans el meu full de servei. Volia saber per què havia deixat la Força Aèria per anar a la Marina. Li vaig explicar tota la història i va riure quan li vaig dir que després de descartar l'Armada per por del mareig crònic, encara no m'havia marejat. Tot d'una, va caure una màscara sobre el seu rostre, i mirant-me directament als ulls em va preguntar:

"Què has vist per aquí fora?"

"Crec que era un plat volador, senyor", li vaig respondre.

L'home va començar a tremolar visiblement i va començar a cridar dient-me obscenitats. Em va amenaçar amb ficar-me al calabós el que em quedava de vida. Vaig pensar que no deixaria de cridar, però tan sobtadament com havia començat, es va aturar.

Jo estava confós. Havia respost a la seva pregunta amb sinceritat; però ell m'amenaçava amb la presó. No tenia por, però tampoc n'estava gaire segur. Vaig creure que seria millor agafar un altre rumb. Divuit anys amb el meu pare i quatre anys a la Força Aèria m'havien ensenyat alguna cosa. La número u era que els oficials simplement no perden el control d'aquesta manera, mai. La número dos era que si la meva resposta havia provocat l'explosió, llavors el següent que sortís de la meva boca millor que fos una cosa totalment diferent. La número tres era, que la seva resposta havia estat un acte de bondat perquè jo arribés exactament a aquesta conclusió.

"Tornem a començar de nou", va dir. "Què has vist per aquí fora?"

"Res, senyor", vaig respondre. "No he vist absolutament res, i m'agradaria sortir d'aquí tan aviat com sigui possible."

Li va aparèixer un somriure a la cara i el capità semblava alleujat. "Estàs segur, Cooper?", va preguntar.

"Sí, senyor", li vaig respondre, "n'estic segur."

"Ets un bon mariner, Cooper," va dir. "L'Armada necessita homes com tu, arribaràs lluny a l'Armada." Després em va demanar que llegís diversos trossos de paper on a tots hi deia el mateix només que amb diferents paraules. Vaig llegir que si mai parlava sobre què era el que no havia vist, podria ser multat amb fins a 10,000 dòlars i empresonat fins a 10 anys o ambdues coses a l'hora. A més podria perdre qualsevol paga i els complements pendents o els que quedessin pendents. Em va demanar que signés un tros de paper que deia que entenia les lleis i reglaments que acabava de llegir que regien la salvaguarda de la informació classificada relativa a la seguretat nacional. En signar, estava d'acord en que mai comunicaria a ningú de cap manera cap informació sobre l'incident. Vaig ser acomiadat, i nois, em vaig alegrar de sortir d'allà.

No gaire temps després d'aquest incident vaig deixar de ser voluntari a submarins. Em van transferir a l'USS Tombigbee (AOG -11).

El Tombigbee era una cisterna de gasolina. Era més perillós que el submarí. El capità estava boig i l'equip era una combinació d'idiotes i inadaptats. Un cop vaig haver de treure la pistola mentre estava de suboficial de guàrdia per evitar que un oficial fos atacat per un mariner.

El Tombigbee va xocar enmig de la foscor de la nit amb un destructor al canal de Molokai i diversos homes van morir quan el destructor va quedar gairebé partit per la meitat. Cada dia a bord d'aquesta nau era exactament calcada a una escena del senyor Roberts. Vaig arribar a ser intendent (especialista en navegació) i vaig aconseguir avançar fins al rang de suboficial de segona classe malgrat els obstacles obvis.

Vaig fer dues excursions del WESTPAC a bord del Tombigbee. Això incloïa un total de 12 mesos prop de la costa del Vietnam. Vam arribar sota foc de metralladora mentre ancoràvem a Chu Lai. Havíem de fer una sortida d'emergència i deixar el port. Tot el que necessitàvem era una bala traçadora en un dels tancs, i KA-BOOM, ja hauria estat tot. L'artiller del Viet Cong probablement seria arrestat perquè l'idiota estúpid els hauria fet perdre tot el maleït vaixell. COM POTS FER PERDRE UN VAIXELL SENCER?

L'única vegada que em vaig sentir amenaçat va ser quan ens van fer pujar a un petit lloc d'avançada a la DMZ *(Zona Desmilitaritzada)* anomenat Cua Viet. Era una visió perfecta de l'infern. Cua Viet estava assegut a la riba sud de la desembocadura del riu Han Thack. Vam llançar l'àncora i vam bombejar el combustible a terra a través d'una línia principal estesa. Cada nit podíem veure les bales traçadores dels combats enrabiades amunt i avall del riu i al llarg de la DMZ. Era un punt de conflicte real. De tant en tant els coets del Viet Cong o del NVA podien xocar contra el campament.

Volíem fer una sortida d'emergència i fer-nos a la mar en quant tinguéssim llum verda.

Tot va anar bé fins que el nostre demencial Capità va decidir que aniríem a la desembocadura del riu. Algun cop has tractat d'enfilar un llapis pel forat d'una agulla? Això és el més semblant al que vam fer. Mai sabré com vam fer passar aquella gran nau a través de l'estreta boca d'aquell riu sense cap mena de referències internacionals de navegació. Vam deixar caure l'àncora al mig del canal i el Capità va acular la nau fins a la platja i vam llançar l'àncora de popa a la sorra. Allà estàvem asseguts, un objectiu enorme ple de gasolina. Estàvem indefensos a la desembocadura d'un riu estret, amb tres àncores fora, al bell mig d'una de les zones de combat més populars al Vietnam. Aquella nit uns quants homes de la tripulació van escriure cartes al Cap d'Operacions Navals demanant un trasllat immediat. Ningú va dormir. No sé per què l'enemic no ens va engegar coets, però no ho va fer. Llavors vaig saber que Déu deu mantenir una vigilància especial sobre els necis. L'endemà vam sortir a mar obert i vam anar cap a Pearl. Més tard aquell mateix any el capità va ser rellevat per incompetència. Després em van traslladar a l'escola.

No sabia quina escola m'havia triat. Va resultar ser l'Escola Naval de Seguretat i Intel·ligència d'Especialistes en Seguretat Interna (NEC 9545). La formació general em va preparar per establir perímetres de seguretat, assegurar instal·lacions i edificis, i salvaguardar informació classificada. La meva formació incloïa armes especials, identificació i desactivació d'armes trampa, detecció d'errors, escoltes telefòniques, transmissors i moltes altres coses. Vaig ser entrenat específicament per preparar i dur a terme reunions d'informació de serveis d'intel·ligència a l'àrea del Pacífic. Des del dia que em vaig presentar a l'escola el 1968, fins que vaig sortir de la Marina vaig treballar de tant en tant per a la Seguretat i els serveis d'Intel·ligència Naval.

Després de graduar-me, em van traslladar al Vietnam. M'hi havia ofert voluntàriament més d'un any abans, perquè m'havia adonat que tindria més possibilitats de millorar a la guerra que no pas en aquella fotuda cisterna de gasolina. Aquesta era la primera bona notícia que tenia des que havia abandonat el campament d'entrenament. Tenia moltes ganes de lluitar pel meu país. No vaig esbrinar com de ximple n'era en realitat fins uns anys més tard.

Vaig aterrar a Da Nang i em van portar en bus al Campament Carter, la seu de la Seguretat i la Intel·ligència Naval al Cos I. Vaig ser entrevistat pel capità Carter, l'oficial al comandament. Els noms van resultar ser una coincidència. El capità Carter em va preguntar si pensava que seria un bon capità de vaixell de patrulla, i jo li vaig dir que ho seria. Quina altra cosa podia dir? Vaig pensar que feia broma quan em va dir que tindria el comandament d'un vaixell i la seva tripulació. No feia broma, i el vaig tenir. El tinent Duey de la patrulla del port, una divisió de la Intel·ligència Naval, em va permetre seleccionar una tripulació. Primer em va donar a escollir entre quatre vaixells de vigilància de 45 peus que acabaven de ser descarregats de la coberta d'un vaixell de càrrega. La meva nova tripulació i jo vam passar tres dies revisant cada centímetre d'aquell vaixell. Ajustant-ho i afinant-ho tot. Vam polir i pintar. Un dels mariners fins i tot hi va penjar cortines a la cabina de popa. Vam revisar i tornar a revisar els motors. El meu company d'artilleria, GMG3 Robert G. Barron, va comprovar l'armament i vam començar a armar la nostra nau. Us he de dir la veritat - només veure tots aquells canons feia que m'escagarrinés. Em vaig prometre en aquell mateix moment que seria el millor maleït capità que mai havia menat una nau de combat en temps de guerra. Vaig aprendre a existir només dormint 2 o 3 hores de les 24 i mai menjava fins que sabia que el meu equip havia menjat.

Vam passar moltes nits fantasmagòriques patrullant pel port de Da Nang i pel riu. Una nit, un coet va caure al dipòsit de municions a la vora del riu, prop del pont de Da Nang, i realment va semblar que s'acabés el món. Una altra vegada vam atacar l'enemic a la cala Isabella Point prop del magatzem de combustible marí i probablement els vam salvar els culs. D'aquest fet se'n va informar a The Stars and Stripes, el diari de les forces armades al Vietnam.

Els pitjors moments van ser, però, no pel Charley, sinó per la mare natura. Un tifó en tota regla rugia travessant el Golf de Tonkin. Per salvar els vaixells ens vam fer a la mar. Els àngels deurien fer-se un tip de riure. L'espectacle que deuríem donar! Jo maniobrava el nostre vaixell enmig de dos vaixells de càrrega gegants ancorats a Red Beach i ràpidament ho vaig aprendre tot sobre el que és realment tenir por. El vent bufava tan fort que cap de nosaltres podia pujar a coberta. Això significava que dos de nosaltres havíem quedat atrapats a la cabina del pilot, vigilant i entre els homes atrapats a l'altra cabana hi havia el que portava les granades de mà. Les finestres de la cabina del pilot van sortir volant i sentíem la pluja com ganivets sobre la pell. Estava entrant aigua, i jo resava perquè els homes que feien anar les bombes no acabessin exhausts. Amb prou feines podia distingir els dos vaixells. Em vaig adonar que tenien més problemes que nosaltres. Quan érem a la cresta d'ones com muntanyes miràvem cap avall al capdamunt de les naus. Mentre ho estàvem passant semblava que tot se'ns ensorrés a sobre. A un dels vaixells de càrrega se li va trencar un cable i lentament va començar a sortir del port.

L'endemà es va calmar la tempesta i vam anar cap al riu. Suraven tot de restes riu avall i vam haver de jugar a esquivar troncs d'arbres fins que vam veure un moll protegit davant del Club de Premsa. Vam aturar acuradament el vaixell al costat, ràpidament el vam amarrar al moll, després vam defallir d'esgotament. Després d'una estona ens vam jugar a sorts qui faria la guàrdia amb mi. La resta se'n va anar al Club de Premsa. La tripulació va tornar després d'un parell d'hores i vam marxar. A fora era com si res hagués passat. Els reporters eren asseguts per allà al voltant bevent o menjant. Per tot fluïa la conversa i es reia. Vam demanar un gran dinar, jo vaig signar el xec amb el nom del tinent Duey, després vam sortir cap a l'embarcació. No sé amb quins noms van signar als altres nois, però cap de nosaltres tenia gens de diners. Ni tan sols sé si el tinent Duey va rebre mai la factura. El que sí que sé es que va ser un de les millors maleïts àpats que mai vam fer en aquell país.

Els següents dos dies els vam passar reparant l'embarcació, netejant l'armament i fent un control total. Després anàvem al club, ens emborratxàvem a més no poder, i dormíem durant gairebé tot un altre maleït dia.

En Bob Barron es va oferir voluntari per anar a Cua Viet. Li vaig pregar que es quedés amb nosaltres. Potser podríem anar-hi tots junts més tard. No podia esperar; necessitava acció. Ens vam prometre que si un de nosaltres se'n anava a l'altre barri l'altre es beuria una ampolla de whisky a la seva memòria, i que després estamparia l'ampolla contra les roques. No em pregunteu de què anava tot allò. Els homes que pensen que poden morir en qualsevol moment fan coses estúpides i jo no era diferent que la majoria.

Unes tres setmanes més tard ens vam assabentar que el vaixell d'en Bob, una nit, se'n havia anat a TWO LIMA patrullant pel riu Han Thack i que no havia tornat. No es van tornar a sentir més transmissions de ràdio. I durant un temps tampoc es van trobar els cossos. Després un a un van anar pujant a la superfície al llarg de la riba. Va passar molt temps abans que trobéssim el vaixell. Quan ho vam fer estava tot retorçat. Dic "nosaltres", perquè després em vaig veure l'ampolla de whisky i la vaig llançar contra les roques, vaig forçar la situació i em van traslladar al Grup de Suport del riu Dong Ha a Cua Viet.

Ara era una guerra personal. Havien matat una part de mi. Bob havia estat el meu amic. El seu nom està al Vietnam Memorial. El meu vaixell s'enfrontava a l'enemic més vegades que qualsevol altre vaixell que mai hagués patrullat per aquell riu. Vam mantenir l'enemic fora del riu i mai vaig perdre cap altre home. Em van concedir la Medalla al Mèrit Naval al Valor en Combat, la Medalla Naval a l'Encomi al Valor en Combat, i la Cinta d'Acció en Combat. A tota la nostra organització ens van concedir la Menció Presidencial a la Unitat, la Menció Naval a la Unitat, i cada un de nosaltres va acumular uns quants premis menors, cintes i medalles.

Al patruller

Una cosa que no m'agradava del Vietnam era que era molt difícil mantenir la cohesió de la unitat i la moral quan constantment, en intervals escalonats, marxaven els homes que ja havies provat i en els que confiaves i arribaven homes inexperts que no havien demostrat res a ocupar el seu lloc. Em vaig adonar que em sentia com que estava desertant del meu equip quan me'n anava cap a casa. Vaig tractar de perllongar el meu període de servei, però ja havien decidit eliminar gradualment les nostres forces i passar la guerra als vietnamites. Si ho hagués perllongat un mes abans, em van dir, em podia haver quedat. La meva actitud en aquell moment va ser un ardent "FOTE'T!"

Tot el temps que vaig estar a Vietnam i especialment a la DMZ *(zona desmilitaritzada)* m'havia adonat que hi havia una gran quantitat d'activitat OVNI. Teníem fitxes individuals de codis encriptats de 24 hores que utilitzàvem per codificar missatges, però, degut al perill que alguna pogués ser capturada en algun moment, utilitzàvem paraules codificades especials per a la informació sensible. Em van dir que els Ovnis, sens dubte, eren informació sensible. Vaig saber què tan sensible eren exactament quan tota la gent d'un llogaret sencera va desaparèixer després de veure's ovnis flotant per sobre de les seves barraques. Em vaig assabentar que els dos bàndols havien disparat contra els Ovnis, i que s'havien defensat amb una misteriosa llum blava. Corrien rumors sobre que els ovnis havien segrestat i mutilat a dos soldats de l'exèrcit, després de baixar a la muntanya. Ningú sabia fins a quin punt era cert això, però el fet que els rumors persistissin m'inclinava a pensar que alguna cosa certa hi hauria. Més tard vaig saber que la majoria d'aquests rumors eren certs.

Finalment vaig tornar de nou a Hawaii. Aquesta vegada eren feines terrestres a la seu del Comandant en Cap de la Flota del Pacífic a Makalapa, un turó sobre Pearl Harbor.

Duia una autorització de seguretat Secreta de la Força Aèria i havia de ser Secreta per als submarins. Quan em vaig registrar a la Unitat d'Administració de la flota, em van demanar que omplís uns papers per a una altra autorització. Vaig fer el que em demanaven. Recordo que una de les preguntes era si alguna vegada havia pertangut a alguna organització fraternal. Vaig mirar la llista, vaig envoltar la Societat DeMolay, i vaig respondre afirmativament. Vaig ser assignat a l'Oficina d'Informes de Funcionament d'Operacions (OPSTAT) sota el comandament del Tinent Comandant Mercado mentre esperava els resultats de la meva investigació d'antecedents de l'FBI per tal actualitzar l'autorització.

Uns sis mesos després, em van cridar de l'oficina del Cap d'Estat Major d'Intel·ligència Naval. Se'm va demanar que llegís les normes sobre el Programa de Confiabilitat Personal que regeix al personal que té accés a armes nuclears, informació sobre armes nuclears, codis de llançament i diverses altres coses que tenien a veure amb armes nuclears o qualsevol cosa que estigués sota el HQ - CR 44. Se'm va demanar que llegís i després signés un jurament de seguretat, la qual cosa vaig fer. Després el Capità Caldwell em va dir que la meva autorització de seguretat havia estat actualitzat a Top Secret, Q, Informació Sensible Compartimentada amb accés autoritzat només a l'estricte necessitat de saber. Em va dir que em presentés a l'oficial encarregat de la Reunió Informativa de l'Equip d'Intel·ligència CINCPACFLT a les 4 de la matinada del dia següent. Ho vaig fer. El que vaig saber durant el temps que vaig passar amb aquest equip d'informació és el que em va portar a la meva recerca de 18 anys que ha culminat amb la redacció d'aquest llibre. Més tard em van donar una altra autorització millorada en la categoria de xifrat i vaig ser designat operador del SPECAT quan estava de servei al centre de comandament.

William Cooper is presented with Naval Commendation Medal with Combat V. CINCPACFLT Headquarters – 1970

El dia que vaig saber que l'Oficina d'Intel·ligència Naval havia participat en l'assassinat del president John F. Kennedy i que havia estat l'agent del servei secret que conduïa la limusina qui havia disparat a Kennedy al cap, vaig DESAPERÉIXER, sense cap mena d'intenció de tornar. El meu bon amic Bob Swan va ser qui em va convèncer perquè tornés. Més tard, l'1 de juny del 1972, la vigília del meu casament, li vaig dir a Bob tot el que sabia sobre els ovnis, l'assassinat de Kennedy, l'Armada, el Govern Secret, la propera edat de gel, les Alternatives 1, 2, i 3, el Projecte GALILEO, i el pla per al Nou Ordre Mundial. Llavors creia que tot era veritat i encara ara crec que és veritat.

Haig d'advertir, però, que he trobat evidències que les societats secretes ja planejaven en una data tan llunyana com 1917 inventar una amenaça artificial de l'espai exterior per tal d'unir la humanitat en un sol govern mundial que ells anomenen el Nou Ordre Mundial. Encara busco la veritat. Crec fermament que aquest llibre està més a prop de la veritat que qualsevol cosa que s'hagi escrit abans.

Vaig tractar de filtrar informació a un periodista després de la meva baixa. Una limusina negra em va llençar per un precipici als turons d'Oakland. Van sortir dos homes i van baixar fins on estava jo cobert de sang. Un es va ajupir i em va buscar el pols a la caròtida. L'altre va preguntar si era mort. L'home que tenia més a prop va dir: "No, però es morirà."

L'altre va respondre: "Bé, llavors no hem de fer res més." Van pujar i van marxar. Vaig aconseguir pujar al turó on vaig esperar fins que em van trobar. Un mes més tard em vaig veure involucrat en un altre accident amb la mateixa limusina. Aquest cop perdria una cama. Dos homes em van visitar a l'hospital. Només volien saber si callaria o si la propera vegada havia de ser la darrera. Els vaig dir que seria molt bon noi i que no havien de preocupar-se més per mi. Murmurant vaig jurar buidar el pap tan aviat com pogués trobar la manera de fer-ho sense acabar sent ferit novament. Em va costar 16 anys, 27.000 dòlars, un ordinador i una gran quantitat de sobres, però ara tothom ho sap.

Vaig tornar a l'escola després de deixar l'Armada i vaig obtenir un títol de fotografia, vaig treballar com Instructor en Cap de l'Escola de la Costa de busseig amb escafandre, Cap de la Comissió Mixta del Departament de Busseig de Profunditat amb Gas saturat i Professor de fotografia submarina al Col·legi Oceanogràfic, representant d'admissions a l'Institut Tècnic Airco, subdirector de l'Adelphi Business College, Director Executiu de l'Adelphi Business College, Coordinador Nacional de Màrqueting de la Unió d'Educació i Software, Director Executiu de l'Institut Tècnic de la Costa del Pacífic, i Director Executiu de la Universitat Tècnica Nacional. També he estat propietari i he dirigit l'Absolute Image Gallery and Studio of Fine Art Photography.

La primavera del 1988 vaig veure una revista que feia referència a un document descobert per l'equip d'investigadors Moore, Shandera i Friedman que descrivia que el govern coneixia l'existència d'un plat estavellat, de cossos d'extraterrestres morts i d'una operació anomenada Operació MAJESTIC DOTZE. Jo sabia que Moore i Friedman eren agents del govern i que el document era un frau. Mai havia sentit parlar de Shandera. Ho sabia perquè havia vist una llista d'agents que havien d'iniciar un pla de contingència anomenat MAJESTIC que donaria pistes falses als investigadors, quan en tinguessin necessitat.

Vaig decidir que era el moment d'entrar a la arena i exposar l'encobriment i la desinformació. Primer calia convèncer als coneguts agents que jo només era un sonat que en realitat no sabia res. Vaig preparar una mica d'informació falsa, barrejada amb una mica d'informació real, i la vaig passar a Moore i Friedman a través de Jim Spieser, l'operador d'una xarxa informàtica BBS anomenada Paranet. A Spieser se li va dir que la informació només havia d'arribar a Moore o a Friedman; ningú més l'havia de veure. Volia guanyar temps convencent a aquests agents per què diguessin als seus oficials del cas que jo era inofensiu, cosa que em permetria treure la informació real a l'opinió pública. Cap informació d'aquesta estava destinada a fer-se pública. Spieser va resultar que treballava amb Moore, però, i publicava els arxius en les xarxes informàtiques. Spieser després se'n va anar a Los Angeles, a consultar amb Moore durant tres dies, i quan va tornar em va prohibir entrar al sistema Paranet.

Friedman va trucar i va aconseguir la meva adreça, el nom i l'adreça de la meva empresa, i tot un munt d'informació personal. Jo sabia que estava sent observat per la xarxa dels serveis d'intel·ligència i els vaig seguir el joc. Aproximadament una setmana després de parlar amb Friedman dos agents del Servei d'Investigació de Defensa es van presentar a casa meva i van confiscar tots els meus disquets. L'únic que els impedia endur-se'n el meu equip era el fet que era una XT sense disc dur. Ja sabia que el meu pla havia funcionat, perquè a mi no se'm van emportar.

Amb l'ajuda d'Annie i d'alguns amics molt propers i de confiança, vaig preparar la informació real, veritable i correcta que podia recordar, i junts van fer un enviament per correu que, tot en conjunt, em va costar 27.000 dòlars. Vam enviar els paquets a gent d'arreu del món. Això és el que va impedir que el govern m'arrestés o em fes mal. Qualsevol moviment seu seria interpretat sens dubte com una confirmació de tot el que jo havia revelat. També vaig penjar la informació als taulers d'anuncis d'ordinadors en tot el país. Alhora vaig dir públicament que Moore, Shandera i Friedman eren agents del govern i que el document de la reunió d'Eisenhower era un frau. Tothom em va atacar. Insistien en que Moore, Shandera i Friedman eren irreprotxables.

La meva renuncia de la universitat on jo era director executiu, es va fer efectiva a partir del 15 d'abril del 1989, prèviament havien vist a Jaime Shandera furgant pel centre. Aquesta història s'inclou més endavant en aquest llibre. La pèrdua d'ingressos va ser un cop dur. Stan Barrington, el cap del departament de seguretat de la universitat, ens va ajudar. Stan ens va donar 5.000 dòlars d'ajuda. Em vaig sentir profundament commogut per la seva fe i confiança en mi, així que li vaig donar el 24 % del que sortís dels meus esforços més endavant. Cap de nosaltres n'esperàvem gaire, i fins ara no anàvem errats. Vaig, però, tronar-li a Stan els seus diners, i ara tot el que ell guanya és extra. Stan està a càrrec de la impressió de la informació i la venda dels meus papers i cintes. Stan Barrington és el meu únic representant autoritzat.

L'1 de juliol de 1989, Moore va demostrar ser un agent quan ho va admetre obertament, va declarar que havia participat espiant als seus companys d'investigació, havia canviat documents, havia fet pública desinformació, i havia ajudat a portar a terme una estafa sobre Paul

Bennowicz en la qual el Sr Bennowicz acabaria sent tancat en una institució mental. Moore va dir que havia estat reclutat per una agència d'intel·ligència i que sabia que havia estat reclutat. Era conscient de ser un agent. Ningú va reconèixer que jo havia tingut raó.

A partir d'aquí, la meva Annie i jo van ser perseguits i assetjats. Van començar a aparèixer amenaces de mort al nostre contestador automàtic. El telèfon sonava diverses vegades durant la nit, però ningú responia quan l'agafaves. A vegades un home feia alguna altra amenaça de mort. Cotxes del Govern paraven al davant i homes amb vestits vigilaven la casa. Gent estranya va començar a aparèixer a la porta, de vegades en mig de la nit. Vaig comprar una automàtica de 0,380 per a l'Annie i una de 9 mm per a mi. Vaig ensenyar a l'Annie com disparar, i no dubtarà en matar a qualsevol que intenti fer-me mal a mi, a ella, o a la nostra filla petita.

L'Annie i Pooh (sobrenom de Dorothy són les llums de la meva vida. L'Annie i jo ens vam casar el 4 de juliol del 1989. La Pooh va néixer el 30 de maig del 1990. El meu record més emotiu de l'Annie és quan després de 12 hores de treball estàvem finalment a la sala de parts. No havia pres cap droga. No s'havia fet cap punció lumbar. Ho va fer tot de manera natural. S'havia buidat d'energia i experimentava un gran dolor. Estava entumida. Després d'una empenta molt forta em va mirar amb tota la innocència i la confiança d'un nen petit i em va preguntar: "Ha vingut ja el nadó?" Per a mi va ser molt difícil dir-li que el nadó encara no havia nascut, però això és el que vaig fer. Per un moment va semblar vacil·lar, però només va ser un moment. L'Annie ràpidament va recuperar les seves maneres. Vaig poder veure l'amor als seus ulls quan em va mirar. Vaig prémer-li la mà. Va respirar fondo i va empènyer el caparró de la Pooh cap al món. El metge va aspirar la boca del nadó, llavors a l'Annie ho va donar tot, un impuls que semblava venir-li de l'ànima - i va sortir la petita Dorothy, anunciant la seva presència amb un gran crit. Estic tan orgullós de l'Annie. És la meva heroïna. I la Pooh és i serà per sempre més la meva amiga.

En un moment determinat em vaig sentir molt molest amb la intimidació. Vaig anar fins al cotxe del govern de la vorera. Li vaig ensenyar a l'home del cotxe la meva pistola de 9 mm i li vaig dir que estàvem farts de les seves tàctiques intimidatòries. Li vaig dir que si ell o qualsevol altra persona volia saber alguna cosa sobre mi, havien de venir a casa, seure, prendre una tassa de cafè, i jo estaria encantat de dir-los tot el que volguessin saber. El vaig informar que si es feia cap intent d'assetjar-me a mi o la meva família no dubtaria a utilitzar la meva pistola. Llavors vaig anar cap al darrere del cotxe i vaig agafar el número de la matrícula. Va engegar, va marxar, i no hem detectat cap signe manifest de vigilància des d'aquest dia.

No es van donar per vençuts amb nosaltres. Ningú sabia la ubicació de la nostra nova casa quan ens vam mudar a Arizona. No obstant això, quan anàvem cap a l'entrada, just darrere nostre va aparèixer un cotxe del govern. L' home va baixar i va dir que s'havia perdut i volia saber qui vivia allà. Li vaig preguntar per què ho volia saber. Va dir que era un empleat del cens. Va dir que era feina seva assegurar- se que ningú aquí, al país quedés fora del cens. Em va preguntar el meu nom. Jo li vaig dir que sortís de la propietat i que no tornis mai més. Va protestar, però se'n va anar quan va veure que parlava seriosament. (Simplement li vaig demanar a l'Annie que em donés la meva pistola immediatament.) Ara, molta gent dirà que estava paranoic en aquell moment - fins que descobreixin que els empleats dels cens NO UTILITZEN COTXES DEL GOVERN.

Un matí, mentre era a l'oficina de correus, un agent de l'agutzil del comtat va demanar a l'empleat de la finestra del costat a la que jo havia anat a comprar segells si "William Cooper" havia llogat un apartat. Vaig somriure mentre l'empleat li lliurava el meu contracte de lloguer i ell copiava la informació. No en va treure res, ja que vivíem al camp on no hi ha cap adreça. Al contracte només hi deia "Stolen Blvd." - un munt de gent vivien a Stolen Boulevard.

S'han aprofitat de nosaltres tots els estafadors retorçats, productors de televisió, guionistes, autors i experts sorneguers que hi ha en aquest país. He après que els reporters de la televisió i dels mitjans impresos i productors que he conegut són un munt de mentiders. No són objectius ni els importa un rave la veritat. L'únic mitjà de comunicació realment obert que li queda al públic és la ràdio, i fins i tot als programes de ràdio no es pot discutir sobre certs temes. El meu material ha estat copiat, canviat, i fins i tot plagiat. Una gran quantitat de persones han utilitzat el meu material per fer diners sense el meu coneixement o permís. Un productor de Hollywood volia comprar els drets exclusius de la meva història per UN DÒLAR!

L'Anne i la Dorothy

En Bill Hamilton em va pregar que li permetés incloure el meu material al seu llibre titulat Màgia Alien. Fingia ser amic meu i li ho vaig permetre. No li vaig demanar diners ni ell me'n va oferir. Tot el seu llibre consta de material d'altres persones. Ara m'acusa d'haver-li robat la "seva" informació. En Bill Hamilton ha resultat ser només un altre farsant OVNI. Des de llavors he sabut que no sóc l'única persona de la que s'ha aprofitat.

L'estafa més perjudicial va ser perpetrada per dos antics actors reconvertits en estafadors, anomenats Michael Callen i Douglas Deane. Dubto seriosament que ningú els recordi, Callen era un habitual a les pel·lícules d'estiu barates d'adolescents i Deane mai va arribar més enllà de petits papers i formar part del cor. Em vaig involucrar amb ells quan un altre actor anomenat Bruce Reed em va trucar i em va preguntar si volia donar el meu consentiment per reunir-me amb ell i un amic que preferia romandre en l'anonimat. Vaig estar d'acord en que podien venir a casa on podríem parlar en terreny conegut. No estava ansiós per reunir-me amb algú que no coneixia, i sobretot amb una persona anònima allunyada del meu entorn familiar.

Reed i el seu amic es van presentar a casa meva, i l'amic va resultar ser en Michael Callen. Em van dir que havien llegit el meu material i em volien ajudar. Quina broma va resultar ser aquesta declaració! Em van dir que sabien com posar-me al davant de milions de persones a les que podia lliurar el meu missatge. Callen estava molt atent; em deia que només estava interessat en ajudar-me a difondre la informació, però em va convèncer perquè signés un contracte de gestió de cinc anys que li donava un total del 20% dels ingressos bruts de tots els béns sense importar la font. Va jurar que si no aconseguia resultats abans de sis mesos trencaria el contracte.

La primera cosa que va fer Callen va ser fotre al seu company, Bruce Reed. Va deixar a Reed fora del tracte. Per evitar que m'assabentés que només l'havia fet fora per no donar-li a Reed la meitat del 20%, Callen em deia que Bruce era un traficant de drogues. Em deia que el públic amb el temps se'n adonaria, i que el consum de drogues de Reed em danyaria. Tot el que Callen em va dir de Reed va resultar ser mentida.

Després em va trucar Stan Barrington, volia saber per què estava tractant de fer-lo fora. No sabia de què parlava. Va resultar que Callen estava tractant de forçar a Stan a renunciar al seu 24% perquè així Callen podria formar una aliança amb mi del 50-50. Li vaig dir a Stan que no tenia cap intenció de fer-lo saltar. Li vaig dir que el seu 24% era seu, que podia conservar-lo, vendre'l o regalar-lo i que no li calia cap permís meu. Stan es va sentir molt millor després d'aquesta conversa i li va dir a Callen que se'n anés a fer volar estels. En aquest punt Callen va començar a treballar-me per tal de lliurar-se de Stan. M'hi vaig negar. També li vaig dir que ell no hi havia invertit res, de manera que no tenia res garantit. La seva feina consistia a fer gestions segons el nostre contracte.

Douglas Deane va entrar en escena el 7 de gener del 1989, en una conferència que vaig donar al Showboat Hotel and Casino de Las Vegas. Callen li va portar una cinta de vídeo de la conferència perquè poguéssim tenir una cinta per vendre als milers de persones que ens havien demanat que en féssim una cinta. L'acord va ser que es gravaria l'esdeveniment i que les cintes em pertanyerien exclusivament a mi. A canvi, si les cintes resultaven ser bones, Deane aconseguiria un contracte per produir futures cintes. Les cintes eren terribles i em van dir tant Deane com Callen que jo no voldria vendre cintes de mala qualitat a ningú. De totes maneres ho van fer a les meves esquenes i van començar a robar-me les cintes mestres de totes les meves altres conferències. Alhora Callen buidava tots els comptes de les empreses. Va demanar un préstec de 1,400 dòlars a Stan per produir les cintes i després es va quedar amb els diners i amb les cintes.

Un productor d'Alemanya em va fer una reserva per donar una conferència en aquell país. Per tal de garantir l'acord va enviar 3.000 dòlars que havien de ser utilitzats per comprar dos bitllets de primera classe i com garantia de que quan arribés allà no cancel·laria la conferència. El productor la va cancel·lar quan una vaga de correus a Alemanya li va impedir fer publicitat de l'esdeveniment. Callen es va quedar els 3,000 dòlars d'aquell home. D'això no me'n vaig adonar fins que vaig fer fora a Callen.

A la meva conferència a San Diego a la Whole Life Expo vaig descobrir que Deane estava venent cintes i demanant a la gent que estengués els xecs a nom de "Need to Know Produccions", una companyia falsa. Immediatament vaig despatxar a Deane. Vaig informar Callen que no havíem de fer cap mena de negoci més amb ell. Vaig descobrir que Callen m'havia estat dient que les cintes que teníem les duplicaven a Hollywood amb un cost de 15 dòlars per cinta, però en realitat Deane ho estava fent amb vídeos a casa seva a Arizona. Li vaig demanar a Callen que em tornés totes les cintes mestres de totes les conferències. S'hi va negar i jo el vaig acomiadar.

Quan em vaig desfer de Callan, ja havia robat tot el que teníem. Ens va deixar literalment sense un cèntim. S'havia quedat totes les cintes mestres de totes les meves conferències. Estàvem arruïnats i sense llar en aquell moment. Si no hagués estat per un parell de bons amics de Minnesota, no hauríem sobreviscut. Avui seríem al carrer. Callen i Deane segueixen perjudicant-nos venent les cintes de les meves conferències. No en rebem res d'aquestes vendes. Són els estafadors més menyspreables i lladres que us pugueu imaginar.

Un dissabte al matí vaig fer una visita a casa d'en Deane per demanar-li les meves cintes mestres. Ell no hi era, i després d'una cortès conversa amb el seu personal de manteniment, vaig tornar a casa. Pocs dies després, em van trucar del departament de l'agutzil preguntant-me si havia anat a casa de Deane aquell mateix dissabte. Jo li vaig dir que hi havia anat. Em van preguntar si havia tractat de fer-li malbé la casa a Deane i jo els vaig dir que no. Em van donar les gràcies i que això era tot. No tenia ni idea de què es tractava fins que em van entregar una sentència prohibitòria. Sembla ser que la mala consciència de Deane li havia fet témer que tornaria. Es va tallar els seus propis pneumàtics, va fer un informe al xèrif dient que ho havia fet jo, i després va obtenir una ordre de restricció de la cort local. Mai he estat interrogat ni acusat per la policia ni pel xèrif que no fos pel que jo ja he donat a conèixer. Crec que des del principi el seu objectiu era tractar de destruir els meus esforços per educar el poble Americà. Els maleïts van estar a prop d'aconseguir-ho.

CAPÍTOL 1

FRAGMENTS DE ARMES SILENCIOSES PER A GUERRES SECRETES

Còpia proporcionada pel Sr. Tom Young
Un Guerrer company en la causa de la Llibertat
Extractes impresos paraula per paraula exactament
tal com van ser descoberts
(Amb els comentaris agregats de William Cooper)
(Èmfasi afegit de William Cooper)

La declaració de guerra dels Illuminati al poble dels Estats Units.

[A dalt el títol afegit per WC]

Nota de l'Autor / WC: He llegit documents d'alt secret que explicaven que "Armes silencioses per a guerres secretes" és la doctrina adoptada pel Comitè de Polítiques del Grup Bilderberg durant la seva primera reunió coneguda al 1954. Una còpia que va ser trobada al 1969 estava en possessió dels Serveis d'Intel·ligència Naval.

El següent document, amb data maig del 1979, va ser trobat el 7 de juliol del 1986, en una fotocopiadora IBM que havia estat comprada en una subhasta de material militar.

TOP SECRET

Armes silencioses per a guerres secretes
Un manual introductori de programació
d'Operacions de Recerca
Manual Tècnic
TM- SW7905.1

BENVINGUT A BORD

Aquesta publicació marca el 25è aniversari de la Tercera Guerra Mundial, anomenada la "Guerra Sigil·losa" duta a terme utilitzant la guerra biològica subjectiva, utilitzant "armes silencioses".

Aquest llibre conté una descripció introductòria d'aquesta guerra, les seves estratègies i el seu armament. Maig 1979 # 74-1120

SEGURETAT

És pràcticament impossible parlar d'enginyeria social o de l'automatització d'una societat, és a dir, d'enginyeria de sistemes d'automatismes socials (ARMES SILENCIOSES) a ESCALA NACIONAL o MUNDIAL sense implicar extensos OBJECTIUS de CONTROL SOCIAL i de DESTRUCCIÓ DE LA VIDA HUMANA, és a dir, ESCLAVITUD i GENOCIDI.

Aquest manual és en si mateix una anàloga declaració d'intencions. Aquest escrit ha de ser PROTEGIT DE L'ESCRUTINI PÚBLIC. En cas contrari, podria ser reconegut TÈCNICAMENT COM UNA DECLARACIÓ FORMAL DE GUERRA DOMÈSTICA. A més, cada vegada que una persona o grup de persones en una important posició de poder, UTILITZEN AQUESTS CONEIXEMENTS i METODOLOGIA PER A LA CONQUESTA ECONÒMICA i SENSE EL PLE CONEIXEMENT i CONSENTIMENT DEL PÚBLIC - s'ha d'entendre que HI HA UN ESTAT DE GUERRA DOMÈSTICA entre aquesta persona o grup de persones i el públic.

La SOLUCIÓ als PROBLEMES d'avui dia REQUEREIX un enfocament que és DESPIETADAMENT CANDORÓS, SENSE AGONITZANTS VALORS RELIGIOSOS, MORALS o CULTURALS.

VOSTÉ està QUALIFICAT per a aquest projecte PERQUÈ té la CAPACITAT de MIRAR la SOCIETAT HUMANA amb una OBJECTIVITAT FREDA, i no obstant això, analitzar i DISCUTIR les seves OBSERVACIONS i CONCLUSIONS amb ALTRES d'una capacitat INTEL·LECTUAL semblant SENSE PERDRE la DISCRECIÓ o la HUMILITAT. Aquestes virtuts són exercides en el seu propi millor interès. No es desviï d'elles.

Nota de l'Autor / WC: Tots els èmfasi anteriors són meus com ho són els de les dues seccions següents i addicions entre claudàtors a tot arreu.

Reconec aquest document, segons ho admet el propi document, com una formal Declaració de Guerra dels Illuminati als ciutadans dels Estats

Units d'Amèrica. Reconec que aquest Estat de Guerra existeix i ha existit entre els Ciutadans dels Estats Units d'Amèrica i l'agressor Illuminati en base a aquest reconeixement. Us presento que els Ciutadans pacífics d'aquesta nació estan plenament justificats a adoptar les mesures a les que calgui recórrer, inclosa la violència, per identificar, contraatacar, i destruir l'enemic. Baso aquesta afirmació sobre el dret donat per Déu a tots els pobles pacífics de defensar-se d'un atac i de la destrucció davant qualsevol guerra que l'enemic lliuri contra ells. Cito els principis enunciats de la Declaració de Independència, la Constitució dels Estats Units d'Amèrica, i els precedents històrics plenament reconeguts i admesos que han servit com a justificació per a la destrucció dels tirans.

INTRODUCCIÓ HISTÒRICA

La tecnologia d'armes silencioses ha evolucionat a partir de la Recerca d'Operacions (Operations Reserch O.R.), una metodologia estratègica i tàctica desenvolupada sota COMANDAMENT MILITAR [Eisenhower] a Anglaterra durant la Segona Guerra Mundial. El propòsit original de la Recerca d'Operacions era estudiar els problemes estratègics i tàctics de defensa aèria i terrestre amb l'objectiu de la utilització eficaç dels recursos militars limitats contra els enemics estrangers (és a dir, logística).

Aviat es va reconèixer per aquells en posicions de poder [El CONSELL DE RELACIONS EXTERIORS] que els mateixos mètodes podrien ser útils per controlar totalment a una societat. Però eren necessàries eines millors.

L'enginyeria social (l'anàlisi i l'automatització d'una societat) requereix la correlació de grans quantitats d'informació econòmica (dades) en constant canvi, de manera que era necessari un sistema d'alta velocitat de processament de dades, que pogués anar pel davant de la societat i predir quan aquesta capitularia.

Els ordinadors de relés eren massa lents, però l'ordinador electrònic, inventat el 1946 per J. Presper Eckert i John W. Mauchly, complia amb els requisits.

El següent avanç va ser el desenvolupament al 1947 del mètode simple de programació lineal pel matemàtic George B. Dantzig.

Després, al 1948, el transistor, inventat per J. Bardeen, W.H. Brattain i W. Shockley, va prometre una gran expansió del camp de la informàtica mitjançant la reducció dels requisits d'espai i energia.

Amb aquestes tres invencions sota la seva direcció, els que ocupen importants posicions de poder van sospitar que els seria possible controlar a tothom només prement un botó.

Immediatament, la FUNDACIÓ ROCKEFELLER ho va posar en marxa donant una subvenció de quatre anys a la UNIVERSITAT DE HARVARD, fundant el PROJECTE DE RECERCA ECONÒMICA HARVARD per a l'estudi de l'estructura de l'economia nord-americana. Un any més tard, al 1949, s'hi va afegir LA FORÇA AÈRIA DE ESTATS UNITS.

El 1952, va acabar el període de concessió original, i es va celebrar una reunió d'alt nivell de l'ELIT [Illuminati] per determinar la següent fase de la investigació d'operacions socials. El projecte Harvard havia estat molt fructífer, com ho demostra la publicació d'alguns dels seus resultats el 1953, el que va suggerir la possibilitat de l'enginyeria econòmica (social). (Estudis de l'Estructura de l'economia Americana - copyright 1953 de Wassily Leontief, Internacional Sciences Press Inc, White Plains, Nova York.)

Dissenyada l'última meitat de la dècada dels anys 40, la nova màquina de Guerra Silenciosa estava, per dir-ho així, a punt per a ser exhibida al 1954.

Amb la creació del màser *(amplificador de microones)* al 1954, la promesa d'alliberar FONTS IL·LIMITADES D'ENERGIA DE FUSIÓ ATÒMICA A PARTIR DE L'HIDROGEN PESAT DE L'AIGUA DE MAR i la consegüent disponibilitat d'un poder social il·limitat era una possibilitat només a unes dècades de distància.

La combinació era irresistible.

La GUERRA SILENCIOSA va ser DECLARADA en secret per l'ELIT INTERNACIONAL [El Grup Bilderberg] en una reunió que va tenir lloc al 1954.

Encara que el sistema d'armes silencioses va estar a punt de descobrir-se 13 anys després, l'evolució del nou sistema d'armes no ha patit mai grans contratemps.

Aquest volum marca el 25 aniversari de l'inici de la Guerra Silenciosa. Aquesta guerra domèstica ja ha obtingut moltes victòries en diferents fronts arreu del món.

INTRODUCCIÓ POLÍTICA

Al 1954 va ser reconegut per aquells en posicions d'autoritat que només era qüestió de temps, només un parell de dècades, abans que el públic en general fos capaç de copsar i alterar el bressol del poder, doncs els mateixos elements de la nova tecnologia d'armes silencioses serien tan accessibles per a una Utopia pública com ho havien estat per proporcionar una Utopia privada.

El TEMA D'INTERÈS PRIMORDIAL, el de la DOMINACIÓ, girava al voltant del tema de les ciències de l'energia.

ENERGIA

És acceptat que l'energia és la clau de tota activitat a la terra. Les ciències naturals són l'estudi de les fonts i el control de l'energia natural, i les ciències socials, en teoria expressades com economia, és l'estudi de les fonts i el control de l'energia social. Tots dos són sistemes comptables: matemàtiques. Per tant, la matemàtica és la ciència de l'energia primària. I el comptable pot ser rei si pot mantenir en secret la seva metodologia.

Tota ciència no és més que un mitjà per a un fi. El mitjà és el coneixement. La fi és el control. [LA FI JUSTIFICA SEMPRE EL MEDI.] Més enllà d'això només queda una pregunta: Qui en serà el beneficiari?

Al 1954 aquest era el tema de major preocupació. Encara que es van plantejar les anomenades "qüestions morals", des del punt de vista de la llei de la selecció natural, es va estar d'acord en que una nació o una població que no utilitza la seva intel·ligència no són millors que els animals que no tenen intel·ligència. Aquesta gent son animals de càrrega i filets a la taula per la seva elecció i consentiment.

EN CONSEQÜÈNCIA, en interès del futur ordre mundial, la pau i la tranquil·litat, es va decidir lliurar una sigil·losa guerra privada contra el públic americà amb l'objectiu final de traslladar permanentment l'energia natural i social (la riquesa) de molts indisciplinats i irresponsables a les mans d'uns pocs auto-disciplinats, responsables i dignes.

Per assolir aquest objectiu, era necessari crear, protegir i utilitzar noves armes que, com es va veure després, eren un tipus d'armes tan subtils i sofisticades en el seu principi de funcionament i aparença pública com per guanyar-se el nom de "armes silencioses".

En conclusió, l'objectiu de la investigació econòmica, tal com la van portar a terme els magnats del capital (la banca) i les indústries de mercaderies (béns) i serveis, és l'establiment d'una economia que és totalment predictible i manipuladora.

Per tal d'aconseguir una economia totalment predictible, els elements de la classe baixa de la societat han d'estar sota un control total, és a dir, han de ser domesticats, entrenats i imposar-los un jou i deures socials a llarg termini des d'una edat molt primerenca, abans que tinguin cap oportunitat de qüestionar l'assumpte. Per aconseguir aquesta conformitat, s'ha de desintegrar la unitat familiar de les classes baixes a base d'un procés de creixent preocupació dels pares i l'establiment de guarderies governamentals per als nens que quedessin desatesos.

La qualitat de l'educació donada a les classes inferiors ha de ser d'allò més pobra, de manera que el fossat de la ignorància que aïlli la classe inferior de la classe superior sigui i segueixi sent incomprensible per a les classes inferiors. Amb aquest desavantatge inicial, fins i tot els individus de classe baixa més brillants tindran poques o cap esperança de lliurar-se del lot que els ha assignat la vida. Aquesta forma d'esclavitud és essencial per mantenir un cert grau d'ordre social, la pau i la tranquil·litat per a les classes altes governants.

INTRODUCCIÓ DESCRIPTIVA DE LES ARMES SILENCIOSES

Tot el que s'espera d'una arma ordinària és el que esperen els seus creadors d'una arma silenciosa, però només en la manera de funcionar.

Disparen situacions, en comptes de bales; impulsades pel processament de dades, en lloc de per una reacció química (explosió); que s'originen amb bits de dades, en comptes de amb grans de pólvora; des d'un ordinador, en lloc d'una arma de foc; utilitzades per un programador informàtic, en lloc d'un franctirador; sota les ordres d'un magnat bancari, en comptes d'un general militar.

Òbviament això fa que no hi ha hagi sorolls d'explosions, ni causi lesions físiques o mentals evidents, i no té, òbviament, interferències amb la vida social quotidiana de cap persona.

No obstant això, fa un "soroll" inconfusible, causa un inconfusible dany físic i mental, i sense cap mena de dubte interfereix amb la vida social quotidiana, és a dir, és inconfusible per a un observador entrenat, que sap el que ha de buscar.

El públic no pot comprendre aquesta arma, i per tant no poden creure que estiguin sent atacats i dominats per una arma.

El públic podria sentir instintivament que alguna cosa no va bé [NO ÉS AIXÍ?], però a causa de la naturalesa tècnica de l'arma silenciosa, no poden expressar els seus sentiments d'una manera racional, o afrontar el problema amb intel·ligència. Per tant, no saben com plorar per demanar ajuda, i no saben com associar-se amb d'altres per defensar-se a si mateixos en contra d'ella.

Quan una arma silenciosa s'aplica gradualment, el públic s'ajusta /

s'adapta a la seva presència i aprèn a tolerar la seva intromissió en les seves vides fins que la pressió (psicològica mitjançant l'economia) esdevé massa gran i s'ensorren.

Per tant, l'arma silenciosa és un tipus de guerra biològica. Ataca la vitalitat, les opcions, i la mobilitat dels individus d'una societat coneixent, comprenent, manipulant i atacant les seves fonts d'energia natural i social, així com les seves fortaleses i debilitats físiques, mentals i emocionals.

INTRODUCCIÓ TEÒRICA

Dóna'm el control sobre la moneda d'una nació, i no m'importarà qui faci les lleis.

Mayer Amschel Rothschild (1743 - 1812)

Avui dia la tecnologia de les armes silencioses és conseqüència del descobriment d'una idea simple, succintament expressada, i aplicada efectivament per l'esmentat Sr Mayer Amschel Rothschild. El Sr. Rothschild va descobrir el component passiu que faltava a la teoria econòmica coneguda com inductància econòmica. Ell, per descomptat, no pensava en el seu descobriment en aquests termes del segle 20, i per descomptat, l'anàlisi matemàtica va haver d'esperar fins a la segona Revolució Industrial, el sorgiment de les teories de la mecànica i l'electrònica, i finalment, la invenció de l'ordinador electrònic abans de poder ser aplicat de manera efectiva en el control de l'economia mundial.

CONCEPTES GENERALS D'ENERGIA

En l'estudi dels sistemes d'energia, sempre apareixen tres conceptes elementals. Aquests són energia potencial, energia cinètica, i dissipació d'energia. I corresponen a aquests conceptes, hi ha tres contraparts idealitzades essencialment físiques pures, anomenats components passius.

(1) A la ciència de la mecànica física, el fenomen de l'energia potencial s'associa amb una propietat física anomenada elasticitat o rigidesa, i pot ser representat per una molla estirada.

A la ciència electrònica, l'energia potencial s'emmagatzema en un condensador en comptes de en una molla. D'aquesta propietat se'n diu capacitància en comptes d'elasticitat o rigidesa.

(2) A la ciència de la mecànica física, el fenomen de l'energia cinètica s'associa amb una propietat física anomenada inèrcia o massa, i pot ser representada per una massa o un volant d'inèrcia en moviment. En la ciència electrònica, l'energia cinètica s'emmagatzema en un inductor (en un camp magnètic) en comptes de en una massa. D'aquesta propietat se'n diu inductància en comptes d'inèrcia.

(3) A la ciència de la mecànica física, el fenomen de la dissipació d'energia s'associa amb una propietat física anomenada fricció o resistència, i pot ser representat per un amortidor o algun altre dispositiu que converteixi l'energia del sistema en calor.

En la ciència electrònica, la dissipació de l'energia es realitza per un element anomenat ja sigui resistència o conductor, el terme "resistència" és el que s'utilitza generalment per expressar el concepte de fricció, i el terme "conductor" generalment s'utilitza per descriure un dispositiu més idoni (per exemple, el coure) emprat per transmetre l'energia electrònica de manera eficientment d'un lloc a un altre. La propietat d'una resistència o conductor és mesura com resistència o com conductància.

En economia aquests tres conceptes d'energia estan associats amb:

(1) Capacitància Econòmica - el Capital (diners, estoc / inventari, inversions en edificis i béns duradors, etc.)
(2) Conductància Econòmica - Bens (coeficients de flux de producció)
(3) Inductància Econòmica - Serveis (la influència de la població industrial a la producció)

Tota la teoria matemàtica desenvolupada en l'estudi d'un sistema d'energia (per exemple, mecànic, electrònic, etc.) es pot aplicar immediatament a l'estudi de qualsevol altre sistema d'energia (per exemple, l'econòmic).

L'ENERGIA DESCOBERTA PEL SR. ROTHSCHILD

El que va descobrir el Sr. Rothschild va ser el principi bàsic del poder, la influència i el control sobre les persones tal com s'aplica a l'economia. Aquest principi és "quan vostè assumeix l'aparença de poder, la gent aviat li dona."

El Sr. Rothschild havia descobert que el diner o els comptes de dipòsit en préstec tenien l'aparença requerida de poder que podria ser utilitzada per INDUIR A LA GENT [èmfasi de WC] (inductància, amb les persones representant un camp magnètic) a cedir la seva riquesa real a canvi d'una promesa de major riquesa (en comptes d'una compensació real). Entregaven les seves riqueses a canvi de pagarés. El Sr Rothschild va descobrir que podia emetre més bitllets que bens reals tenia, sempre i quan tingués prou or com per ensenyar als seus clients.

El Sr. Rothschild prestava els seus pagarés a individus i a governs. Això havia de crear un excés de confiança. Després retindria els diners, intensificaria el control del sistema, i recolliria els bens avalats a base de fer complir els contractes. A continuació, el cicle es repetia. Aquestes pressions es podien utilitzar per fer començar una guerra. Llavors ell controlaria la disponibilitat de moneda per determinar qui havia de guanyar la guerra. El govern que accedia a donar-li el control del seu sistema econòmic obtenia el seu suport.

El cobrament dels deutes quedava garantit per l'ajuda econòmica als enemics del deutor. Els guanys sorgits d'aquesta metodologia econòmica van fer que el Sr. Rothschild fos capaç d'augmentar la seva riquesa. Va veure que la cobdícia pública permetria per ordre del govern que s'imprimís moneda EXEDINT-NE ELS LÍMITS [èmfasi de WC] (inflació) del suport en metalls preciosos o de la producció de béns i serveis (producte nacional brut, PNB).

EL CAPITAL APARENT COM INDUCTOR DE "PAPER"

En aquesta estructura, el crèdit, presentat com un element pur anomenat "moneda", té l'aparença de capital, però, de fet, és capital negatiu. Per tant, sembla un servei, però és, de fet, endeutament o deute. És per tant una inductància econòmica en comptes d'una capacitat econòmica, i si no s'equilibra de cap altra manera, serà compensada amb la negació de la població (guerra, genocidi). Dels béns i serveis que representen el total de capital real se'n diu el producte nacional brut, i es pot imprimir moneda fins a aquest nivell i encara representa capacitància econòmica; però la moneda impresa més enllà d'aquest nivell és sostractiva, s'entra en la inductància econòmica, i té lloc l'endeutament.

La guerra, per tant, és l'equilibri del sistema, matant als veritables creditors (el públic al qual hem ensenyat a intercanviar valor real per un excés de moneda) i es torna cap a enrere al que queda dels recursos naturals i la regeneració d'aquests recursos.

El Sr. Rothschild havia descobert que la moneda li donava el poder de reorganitzar l'estructura econòmica en el seu propi benefici, desplaçant la inductància econòmica a posicions econòmiques que propiciessin una gran inestabilitat i oscil·lació econòmica.

La clau final per al control econòmic va haver d'esperar fins que hi va haver dades suficients i un ordinador d'alta velocitat per mantenir una estreta vigilància sobre les oscil·lacions econòmiques creades per les pujades de preus i l'excés de crèdit - inductància de paper / inflació.

AVANÇ

El camp de l'aviació proporciona la major evolució en l'enginyeria economia a través de la teoria matemàtica de la prova de xoc. En aquest procés, es dispara un projectil des d'un fuselatge a terra i l'impuls de la reculada es controla mitjançant transductors de vibració connectats a l'estructura de l'avió i s'enregistren les dades.

Mitjançant l'estudi dels ecos o reflexions de l'impuls del retrocés del fuselatge, és possible descobrir vibracions crítiques en l'estructura de l'estructura de l'avió, aquestes vibracions del motor o vibracions eòliques de les ales, o una combinació de les dues, poden reforçar-se provocant l'autodestrucció de l'avió degut a la ressonància de l'estructura mentre vola com seria el cas d'una aeronau. Des del punt de vista d'enginyeria, això significa que les fortaleses i debilitats de l'estructura de l'estructura de l'avió en termes d'energia de vibració poden ser conegudes i manipulades.

APLICACIÓ ECONÒMICA

Per utilitzar aquest mètode de la prova de xoc del fuselatge en l'enginyeria econòmica, els preus dels productes es sotmeten a un xoc, i es supervisa la reacció dels consumidors públics. Els ressons resultants de la crisi econòmica s'interpreten teòricament amb computadores i així es descobreix l'estructura psico-econòmica de l'economia. És amb aquest procés que es descobreixen diferències parcials i matrius diferencials que defineixen la llar familiar i fan possible la seva avaluació econòmica industrial (estructura dissipativa del consumidor).

A continuació, es pot predir i manipular la resposta de les llars davant futurs xocs, i la societat es converteix en un animal ben regulat amb les regnes sota el control d'un sofisticat sistema de comptabilitat informàtic que regula l'energia social.

Finalment cada element individual de l'estructura queda sota control de l'ordinador a través d'un coneixement de les preferències personals, i aquest coneixement queda garantit per l'associació informatitzada de les preferències dels consumidors (codi de producte universal - UPC - codis de barres als paquets) amb els consumidors identificats (identificat a través de l'associació de l'ús d'una targeta de crèdit i MÉS TARD UN NÚMERO "TATUAT" PERMANENTMENT AL COS [èmfasi de WC] invisible sota condicions normals d' il·luminació...

EL MODEL ECONÒMIC

...El Projecte de Recerca Econòmica de Harvard (1948-) va ser una extensió de les Operacions de Recerca de la Segona Guerra Mundial. El seu objectiu era descobrir la ciència que controla una economia: primer l'economia nord-americana, i després l'economia mundial. Es considerava que amb prou base matemàtica i dades, seria gairebé tan fàcil predir i controlar la tendència d'una economia com predir i controlar la trajectòria d'un projectil. Tal com s'havia demostrat. D'altra banda, l'economia s'ha transformat en un míssil guiat cap el blanc.

L'objectiu immediat del projecte Harvard era descobrir l'estructura econòmica, quines forces canvien aquesta estructura, com es pot predir el comportament de l'estructura, i com pot ser manipulada. El que calia era un coneixement ben organitzat de les estructures matemàtiques i les interrelacions entre la inversió, la producció, la distribució i el consum.

Resumint-ho, es va descobrir que l'economia obeïa les mateixes lleis que l'electricitat i que la totalitat de la teoria matemàtica i els coneixements pràctics i informàtics desenvolupats al camp de l'electrònica podrien aplicar-se directament a l'estudi de l'economia. Aquest descobriment no es va declarar obertament, i les seves implicacions més subtils eren i segueixen sent un secret molt ben guardat, per exemple, en un model econòmic, la vida humana es mesura en dòlars, i l'espurna elèctrica generada en obrir un interruptor connectat a un inductor actiu és matemàticament anàloga a començar una guerra.

El major obstacle al que es van enfrontar els economistes teòrics va ser fer una descripció acurada de la família com una indústria. Això és un repte perquè les compres del consumidor són una qüestió d'elecció, que al seu torn estan influenciades pels ingressos, el preu i altres factors econòmics.

Aquest obstacle es va superar d'una manera indirecta i estadísticament aproximada mitjançant l'aplicació de proves de xoc per determinar les actuals característiques, anomenats coeficients tècnics actuals, d'una indústria familiar.

Finalment, degut a que els problemes de l'economia teòrica es poden traslladar molt fàcilment a problemes de teòrica electrònica, i la solució traslladada de nou, es dedueix que només calia escriure un llibre que traduís les definicions dels idiomes i els conceptes a l'economia. La resta es podria obtenir de treballs estàndards de matemàtiques i electrònica. Això fa innecessària la publicació de llibres sobre economia avançada, i simplifica en gran mesura la seguretat del projecte.

DIAGRAMES INDUSTRIALS

Una indústria ideal es defineix com un dispositiu que rep el valor d'altres indústries de diverses formes i el converteix [el valor] en un producte específic per a les vendes i la distribució a altres indústries. Té diverses entrades i només una sortida. El que el públic normalment veu com una indústria és realment un complex industrial on diverses indústries sota un mateix sostre produeixen un o més productes...

TRES CLASSES D'INDUSTRIES

Les indústries es divideixen en tres categories o classes segons el tipus de producte:

Classe # 1 - Capital (recursos)
Classe # 2 - Béns (mercaderies o ús - dissipatiu)
Classe # 3 - Serveis (acció de la població)

Classe # 1 Hi trobem indústries en tres nivells:

(1) Naturalesa - fonts d'energia i matèries primeres.
(2) Govern - impressió de diners per un valor igual al producte nacional brut (PNB) i extensió (inflació) dels diners més enllà del PNB.
(3) Banca - préstec de diners amb interès i extensió (inflació / falsificació) del valor econòmic a través dels comptes de crèdit.

Classe # 2 Hi trobem les indústries que produeixen productes tangibles o de consum (dissipats).

Aquest tipus d'activitat és generalment reconeguda i etiquetada pel públic com una "indústria".

Classe # 3 Hi trobem indústries que més aviat proporcionen serveis que no pas productes tangibles. D'aquestes indústries se'n diuen (1) les llars, i (2) els governs. La seva producció és l'activitat humana d'un tipus mecànic, i la seva base és la població.

AGREGACIÓ

Tot el sistema econòmic pot ser representat per un model de tres indústries si anomenem les seves sortides com (1) capital (2) béns, i (3) serveis. El problema amb aquesta representació és que no mostraria la influència de, per exemple, la indústria tèxtil sobre la indústria del ferro. Això es degut a que tant la indústria tèxtil com la indústria del ferro són dins d'una única classificació anomenada "indústria de béns", i amb aquest procés de combinar o afegir aquestes dues indústries sota un únic sistema de bloc perdrien la seva individualitat econòmica.

EL MODEL E

Una economia nacional consisteix en fluxos simultanis de producció, distribució, consum i inversió. Si a tots aquests elements incloent-hi la mà d'obra i les funcions humanes se'ls assigna un valor numèric en unitats de mesura com, per exemple, 1939 dòlars, llavors aquest flux pot ser representat, a més, per un flux de corrent en un circuit electrònic, i el seu comportament es pot predir i manipular amb una gran precisió.

Els tres components energètics passius ideals de l'electrònica, el condensador, la resistència i l'inductor es corresponen amb els tres components energètics passius ideals de l'economia anomenats indústries pures del capital, dels béns i dels serveis, respectivament.

La capacitància econòmica representa l'emmagatzematge del capital d'una manera o altra.

La conductància econòmica representa el nivell de resistència dels materials per a la producció de béns.

La inductància econòmica representa la inèrcia del valor econòmic en moviment. Aquest és un fenomen de la població conegut com serveis.

INDUCTANCIA ECONÒMICA

Per un inductor elèctric (per exemple, una bobina de fil de coure) passa un corrent elèctric com fenomen primari i genera un camp magnètic com fenomen secundari (inèrcia). En correspondència amb això, un inductor econòmic té un flux de valor econòmic com fenomen primari i un camp de població com fenomen secundari d'inèrcia. Quan el flux de valor econòmic (per exemple, els diners) disminueix, el camp de la població humana s'esfondra per tal de mantenir fluint el valor econòmic (els diners) (el cas extrem és la guerra).

Aquesta inèrcia del públic és el resultat dels hàbits de compra del consumidor, nivell de vida que s'espera, etc., i en general és un fenomen de supervivència.

FACTORS INDUCTIUS A CONSIDERAR

(1) La població
(2) La magnitud de les activitats econòmiques del govern
(3) El mètode de finançament d'aquestes activitats governamentals (vegeu Peter-Paul Principle - La inflació del diner.)

TRADUCCIÓ

(Es donaran alguns exemples.)

Càrrega	coulombs	dòlars (1939).
Flux / Corrent	ampers (coulombs per segon)	dòlars de flux per any.
Força Motivadora	volts	dòlars (producció) demanda.
Conductància	ampers per volts	dòlars de flux per any i dòlar de
		demanda.
Capacitància	coulombs per volt	dòlars de producció inventari/
		existències per dòlars de demanda.

FLUX DE RELACIONS TEMPORALS I OSCIL·LACIONS AUTODESTRUCTIVES

Una indústria ideal es pot representar electrònicament de diverses maneres. La forma més senzilla és la de representar la demanda com un voltatge i l'oferta com un corrent. Quan es fa això, la relació entre els dos es converteix en el que s'anomena una admissió, que pot ser resultat de tres factors econòmics: (1) flux retrospectiu, (2) flux actual, i (3) flux previst.

El flux previst és el resultat de la propietat dels essers vivents de produir energia (aliments) per ser emmagatzemats per a un període de baixa energia (per exemple, la temporada d'hivern).

Es tracta de demandes fetes sobre un sistema econòmic per a aquest període de baixa energia (temporada d'hivern).

En una indústria productiva això pren diverses formes, una de les quals es coneix com la producció d'estocs o inventari. En simbologia electrònica la demanda específica d'aquesta indústria (una indústria pura de capital) es representa per una capacitància i l'estoc o recurs es representa per una càrrega emmagatzemada. La satisfacció de la demanda de la indústria pateix un retard a causa de les prioritats de recàrrega de l'inventari.

El flux actual idealment no implica retards. És, per dir-ho així, una entrada d'avui per a una sortida d'avui, un flux "de la mà a la boca". En simbologia electrònica, aquesta demanda específica de la indústria (una indústria pura d'ús) es representa per una conductància que és llavors una vàlvula econòmica simple (un element dissipatiu).

El flux retrospectiu és conegut com a costum o inèrcia. En electrònica aquest fenomen és característic d'un inductor (anàleg econòmic = una indústria pura de serveis) en què un flux de corrent (anàleg econòmic = flux de diners) crea un camp magnètic (anàleg econòmic = població humana activa) que, si el corrent (flux de diners) comença a disminuir, s'ensorra (la guerra) per mantenir el corrent (flux de diners - energia).

Altres grans alternatives a la guerra com a inductors econòmics o volants econòmics són un programa de benestar social indefinit, o un ENORME (però fructífer) PROGRAMA ESPACIAL INDEFINIT[èmfasi de WC].

El problema amb l'estabilització del sistema econòmic és que hi ha massa demanda a causa de (1) massa cobdícia i (2) excés de població.

Això crea excessiva inductància econòmica que només es pot equilibrar amb capacitància econòmica (veritables recursos o valor - per exemple, amb béns o serveis).

El programa de benestar social no és més que un sistema de crèdit indefinit que crea una falsa indústria de capital que proporciona un sostre sobre el cap i menjar als estómacs a gent no productiva. Això pot ser útil, però, pel fet que els beneficiaris es converteixen en propietat de l'Estat a canvi del "regal", un exèrcit permanent al servei de l'elit. Perquè qui paga al flautista tria la melodia.

Els que queden enganxats a la droga econòmica, han de recórrer a l'elit per aconseguir-ne la dosi. Així doncs, el mètode d'introduir grans quantitats de capacitància estabilitzadora és demanant prestat al futur "crèdit" del món. Aquesta és la quarta llei del moviment - l'inici, i consisteix en realitzar una acció i sortir del sistema abans que la reacció reflectida torni al punt d'acció - una reacció retardada.

Els mitjans per sobreviure a la reacció són canviar el sistema abans que la reacció torni. Amb aquest mitjà, els polítics es fan populars en el seu moment i el públic ho paga més tard. De fet, la mesura del polític és el temps de retard.

El mateix aconsegueix un govern mitjançant la impressió de diners més enllà del límit del producte nacional brut, un procés econòmic anomenat inflació. [Nota: RECORDEU QUE LA INFLACIÓ ÉS NOMÉS EL FET D'IMPRIMIR DINERS EXCEDINT EL LÍMIT DEL PRODUCTE INTERN BRUT. PODRIEN CULPAR AL PREU DELS GINYS O DEL PETROLI NOMÉS PERQUÈ MAI SAPIGUEU LA CAUSA REAL. LA CAUSA REAL I L'ÚNICA CAUSA DE LA INFLACIÓ ÉS LA IMPRESSIÓ DE MÉS DINERS SUPERANT EL PRODUCTE NACIONAL BRUT.] Això posa una gran quantitat de diners en mans del públic i manté equilibrada la seva cobdícia, els crea una falsa confiança en ells mateixos i, durant un temps, manté al llop allunyat de la porta.

Finalment acaben recorrent a la guerra per tal d'equilibrar els comptes, perquè la guerra en última instància, no és altra cosa que l'acte de destruir al creditor, i els polítics sent els sicaris del públic justifiquen l'acte de mantenir la responsabilitat i la sang allunyades de la consciència pública. (Veure la secció sobre els factors de consentiment i l'estructuració socioeconòmica.)

Si la gent realment es preocupés pels seus semblants, controlarien els seus desitjos (la cobdícia, la procreació, etc.) per no haver de funcionar amb un sistema de crèdit o de benestar social que roba al treballador per satisfer el gandul.

Atès que la majoria del públic en general no actuarà amb moderació, només hi ha dues alternatives per reduir la inductància econòmica del sistema.

(1) Deixar que el populatxo es mati els uns als altres en una guerra,

que només donarà lloc a una destrucció total de la vida a la terra.

(2) Prendre el control del món utilitzant "armes silencioses" econòmiques en forma de "guerra secreta" i reduir la inductància econòmica del món a un nivell segur mitjançant un procés benvolent d'esclavitud i genocidi.

L'última opció s'ha considerat, evidentment, com la millor. En aquest punt li ha de quedar ben clar al lector el per què és necessari mantenir un secret absolut sobre les armes silencioses. El públic en general es nega a millorar la seva pròpia mentalitat i la seva fe en el proïsme. S'ha convertit en un ramat de bàrbars que proliferen, i, per dir-ho així, són una plaga sobre la faç de la terra.

No els importa prou la ciència econòmica com per aprendre per què no han estat capaços d'evitar la guerra malgrat la moral religiosa, i el seu religiós o auto-gratificant rebuig a fer front als problemes terrenals deixa la solució del problema de la terra fora del seu abast.

Això es deixa als pocs que estan veritablement disposats a pensar i sobreviure com els més aptes per sobreviure, per resoldre el problema per si mateixos com els pocs als que realment els importa. En cas contrari, l'exposició de l'arma silenciosa destruiria la nostra única esperança de preservar la llavor de la veritable futura humanitat...

LA INDÚSTRIA DE LA LLAR

Les indústries de les finances (la banca), la manufactura i el govern, contraparts reals de les indústries pures de capital, de béns i serveis, són fàcils de definir, ja que generalment s'estructuren lògicament. A causa d'això els seus processos es poden descriure matemàticament i els seus coeficients tècnics es poden deduir fàcilment. Aquest, però, no és el cas de la indústria de serveis coneguda com la indústria de la llar.

MODELS DE LLAR

El problema al que s'enfronta un economista teòric és que les preferències de consum de qualsevol llar no són fàcilment predictibles i els coeficients tècnics de qualsevol llar tendeixen a no ser lineals, molt complexos, i varien en funció dels ingressos, els preus, etc.

La informació computeritzada derivada de l'ús del codi de producte universal en relació amb la compra amb targetes de crèdit com un identificador individual de la llar podria canviar aquesta situació, però el mètode UPC encara no està disponible a escala nacional o fins i tot a una regional significativa. Per compensar aquesta deficiència en les dades, s'ha adoptat un enfocament indirecte alternatiu d'anàlisi conegut com la prova de xoc econòmica. Aquest mètode, molt utilitzat en la indústria aeronàutica, desenvolupa una mena d'estadística agregada de les dades.

Aplicat a l'economia, això significa que totes les llars d'una regió o de la nació sencera s'estudien com un grup o classe en comptes d'individualment, i s'utilitza el comportament de les masses en lloc de la conducta individual per descobrir estimacions útils dels coeficients tècnics que regeixen l'estructura econòmica de la indústria d'una hipotètica llar...

Un dels mètodes d'avaluació dels coeficients tècnics de la indústria de les llars depèn de sotmetre els preus d'una mercaderia a un xoc i prendre nota dels canvis en les vendes de tots els altres productes.

PROVES DE XOC ECONÒMIC

Recentment, l'aplicació de les Operacions de Recerca en l'estudi de l'economia pública ha estat obvia per a qualsevol persona que entengui els principis de les proves de xoc.

En la prova de xoc del fuselatge d'una aeronau, l'impuls de retrocés de disparar una arma muntada en aquesta estructura provoca ones de xoc que indiquen als enginyers d'aviació les condicions en què les parts de l'avió o tot l'avió o les seves ales començaran a vibrar o a aletejar com una corda de guitarra, una flauta de canya, o un diapasó, i es desintegraran o cauran durant el vol.

Els enginyers econòmics aconsegueixen el mateix resultat en l'estudi del comportament de l'economia i del consumidor públic en seleccionar acuradament un article de primera necessitat com la carn, el cafè, la gasolina, o el sucre, i després provocant un canvi sobtat o xoc en el seu preu o disponibilitat, això sacseja el pressupost de tothom i modifica els hàbits de compra.

Després observen les ones de xoc resultants mitjançant el control dels canvis en la publicitat, els preus i les vendes d'aquest i d'altres productes.

L'objectiu d'aquests estudis és saber com portar l'economia pública a fer un moviment o canvi previsible, fins i tot a un moviment controlat d'autodestrucció per convèncer al públic que certs "experts" han de prendre el control del sistema monetari i restablir la seguretat (en comptes de la llibertat i la justícia) per a tots. Quan els ciutadans en qüestió siguin incapaços de controlar els seus assumptes financers, aquests, per descomptat, esdevindran, totalment esclavitzats, una font de mà d'obra barata.

No només els preus dels productes, sinó també la disponibilitat de mà d'obra es pot utilitzar com a mitjà de la prova de xoc. Les vagues laborals proporcionen excel·lents proves de xoc a l'economia, especialment en les àrees de serveis crítics com el transport, la comunicació, els serveis públics (l'energia, l'aigua, la recollida d'escombraries), etc.

A partir de les proves de xoc, es troba que hi ha una relació directa entre la disponibilitat dels diners que circulen en l'economia i la perspectiva psicològica i la resposta de les masses populars que depenen d'aquesta disponibilitat.

Per exemple, hi ha una relació quantitativa mesurable entre el preu de la gasolina i la probabilitat que una persona pugui patir mal de cap, senti la necessitat de veure una pel·lícula violenta, fumar una cigarreta, o anar a una taverna a fer una gerra de cervesa.

És molt interessant que, mitjançant l'observació i el mesurament dels models econòmics pels quals el públic intenta fugir dels seus problemes i escapar de la realitat, i mitjançant l'aplicació de la teoria matemàtica de les Operacions de Recerca, és possible programar ordinadors per predir la combinació d'esdeveniments creats (xocs) que més probablement comportaran un complet control i submissió de la població a través d'una subversió de l'economia pública (sacsejant l'olivera)...

INTRODUCCIÓ ALS AMPLIFICADORS ECONÒMICS

Els amplificadors econòmics són els components actius de l'enginyeria econòmica. La característica bàsica de qualsevol amplificador (mecànic, elèctric, o econòmic) és que es rep un senyal de control d'entrada i subministra energia des d'una font independent d'energia a un terminal de sortida especificat en una relació predictible amb el senyal de control d'entrada.

La forma més simple d'amplificador econòmic és un instrument anomenat publicitat.

Si un anunciant de televisió parla a una persona com si tingués dotze anys, aleshores, degut a la suggestió, amb certa probabilitat, respondrà o reaccionarà davant d'aquest suggeriment amb la resposta acrítica d'algú de dotze anys, i entrarà a les seves reserves econòmiques i lliurarà la seva energia per a comprar aquest producte impulsivament quan sigui a la botiga.

Un amplificador econòmic pot tenir diverses entrades i sortides. La seva resposta pot ser instantània o retardada. El seu símbol pot ser un commutador giratori si les opcions són excloents, qualitatives, "anar" o "no anar", o pot tenir les relacions paramètriques d'entrada / sortida especificades per una matriu amb representades fonts d'energia interna.

Sigui com sigui la forma, el seu propòsit és regular el flux d'energia des d'una font a un senyal de sortida relacionada directament a un senyal de control d'entrada. Per aquesta raó, se l'anomena element de circuit actiu o component.

Els amplificadors econòmics pertanyen a les anomenades estratègies, i en comparació amb els amplificadors electrònics, les funcions internes específiques d'un amplificador econòmic són anomenades logístiques en comptes d'elèctriques.

Per tant, els amplificadors econòmics no només proporcionen un increment d'energia, sinó que també, efectivament, s'utilitzen per originar canvis als circuits econòmics.

Al dissenyar un amplificador econòmic hem de tenir almenys alguna idea sobre cinc funcions, que són:

(1) els senyals d'entrada disponibles,
(2) els objectius de control de sortida desitjats,
(3) l'objectiu estratègic,
(4) les fonts d'energia econòmiques disponibles,
(5) les opcions logístiques.

El procés de definició i avaluació d'aquests factors i la incorporació del amplificador econòmic a un sistema econòmic ha estat anomenat popularment TEORIA DE JOC [èmfasi de WC].

El disseny d'un amplificador econòmic comença especificant-ne el nivell de potència de la sortida, que pot variar des de personal a nacional. La segona condició és la precisió de la resposta, és a dir, amb quina precisió l'acció de sortida és una funció de les ordres d'entrada. Un guany alt combinat amb una forta retroalimentació ajuda a obtenir la precisió requerida.

La majoria dels errors seran al senyal d'entrada de dades. L'entrada de dades personals tendeix a ser específica, mentre que l'entrada de dades nacionals tendeix a ser estadística.

LLISTA BREU D'ENTRADES

Preguntes a respondre:

(1) què (3) on (5) per què
(2) quan (4) com (6) qui

Fonts generals d'informació:

(1) intervencions telefòniques (3) anàlisi d'escombraries
(2) vigilància (4) comportament dels nens a l'escola

El nivell de vida mitjançant:

(l) menjar (3) allotjament
(2) vestuari (4) transport

Relacions socials:

(1) telèfon - desglossament del registre de trucades
(2) familiars - certificats de matrimoni, certificats de naixement, etc.
(3) amics, socis, etc.
(4) afiliacions a organitzacions
(5) afiliació política

EL RASTRE PERSONAL DELS PAPERS

Hàbits de compra personals, és a dir, preferències personals de consum:

(1) comptes corrents
(2) compres amb targetes de crèdit
(3) compres amb targetes de crèdit "marcades" - compres amb targetes de crèdit dels productes que porten l'UPC (Universal Product Code) *(Codi de barres)*

Actius:

(1) comptes corrents
(2) comptes d'estalvi
(3) propietats
(4) negocis
(5) automòbils, etc.
(6) caixes de seguretat al banc
(7) accions del mercat de valors

Deutes:

(1) creditors (3) préstecs
(2) enemics (veure - legals) (4) crèdits al consum

Fonts governamentals (tàctiques)*:

(1) Assistència Social
(2) Seguretat Social
(3) excedents d'aliments d l'U.S.D.A. *(United States Department of Agriculture)*
(4) aturats
(5) subvencions
(6) subsidis

*Principi d'aquest truc - el ciutadà gairebé sempre farà que la recol·lecció d'informació sigui fàcil si pot funcionar amb el "principi del sandvitx gratis" de "menja ara i paga després".

Fonts Governamentals (mitjançant intimidació):

(1) Hisenda
(2) OSHA *(Occupational Safety and Health Administration)*
(3) Cens
(4) etc.

Altres fonts governamentals - vigilància del correu dels EUA.

PATRONS HABITUALS - PROGRAMACIÓ

Fortaleses i debilitats :

(1) activitats (esports, hobbies, etc.)
(2) veure "legal" (por, ira, etc. - antecedents penals)
(3) registres hospitalaris (sensibilitat a les drogues, reacció al dolor, etc.)
(4) registres psiquiàtrics (pors, enutjos, disgustos, adaptabilitat, reaccions als estímuls, violència, suggestió o hipnosi, dolor, plaer, amor i sexe)

Mètodes de fer front - adaptabilitat - comportament:

(1) consum d'alcohol
(2) consum de drogues
(3) entreteniment
(4) factors religiosos que influeixen en el comportament
(5) altres mètodes d'escapar de la realitat

Modus operandi dels pagaments (MO) - puntualitat al pagar, etc.:

(1) pagament de les factures de telèfon
(2) compres d'energia (electricitat, gas,...)
(3) compra d'aigua
(4) reemborsament dels préstecs
(5) pagaments de la llar
(6) pagaments de l'automòbil
(7) pagaments amb targetes de crèdit

Sensibilitat política :

(1) creences (3) posició (5) projectes / activitats
(2) contactes (4) fortaleses / debilitats

Entrades legals - control del comportament (Excuses per a la investigació, recerca, detenció, o ús de la força per tal de modificar el comportament)

(1) registres judicials
(2) registres policials - NCIC *(National Crime Information Center)*

(3) registre de tràfic
(4) denúncies presentades a la policia
(5) informació sobre assegurances
(6) relacions anti-sistema

ENTRADA D'INFORMACIÓ NACIONAL

Segons fonts empresarials (via I.R.S., etc.):

(1) preus dels productes
(2) vendes
(3) inversions en
(a) existències /inventari
(b) eines de producció i maquinària
(c) edificis i millores
(d) mercat de valors

Bancs i agències de crèdit:

(1) informació del crèdit
(2) informació dels pagaments

Fonts varies:

(1) enquestes i sondejos
(2) publicacions
(3) registres telefònics
(4) compres d'energia i serveis públics

LLISTA BREU DE SORTIDES

Sortides - crear situacions controlades - manipulació de l'economia, i per tant de la societat - controlar controlant la retribució i els ingressos.

Seqüència:

(1) assigna oportunitats.
(2) destrueix oportunitats.

(3) controla l'entorn econòmic.
(4) controla la disponibilitat de matèries primeres.
(5) controla el capital.
(6) controla les taxes bancàries.
(7) controla la inflació monetària.
(8) controla la possessió de la propietat.
(9) controla la capacitat industrial.
(10) controla la fabricació.
(11) controla la disponibilitat de béns (mercaderies).
(12) controla els preus dels productes.
(13) controla els serveis, la força de treball, etc.
(14) controla els pagaments als funcionaris del govern.
(15) controla les funcions legals.
(16) controla els arxius de dades personals - que la part calumniada no ho pugui corregir.
(17) controla la publicitat.
(18) controla els contactes dels mitjans.
(19) controla la programació de les televisions.
(20) desvia l'atenció dels veritables problemes.
(21) involucra-hi emocions.
(22) crea desordres, caos i bogeria.
(23) controla el disseny de formularis d'impostos més perspicaços.
(24) controla la vigilància.
(25) controla l'emmagatzematge d'informació.
(26) desenvolupa anàlisis psicològiques i perfils dels individus.
(27) controla les funcions legals [repetició del 15]
(28) controla els factors sociològics.
(29) controla les opcions sanitàries.
(30) acarnissa't amb els punts febles.
(31) paralitza resistències.
(32) filtra riquesa i substància.

TAULA D'ESTRATÈGIES

Feu això	Per obtenir això
Mantenir al públic ignorant	Menys organització pública
Mantenir l'accés al control	La reacció requerida als punts per la retroalimentació a les sortides (preus, vendes)

Crear preocupació	Debilitar les defenses
Atacar la unitat familiar	Controlar l'educació dels joves
Donar menys diner en efectiu i més crèdit i subsidis d'atur	Més auto-indulgència i més dades
Atacar la privacitat de l'església	Destruir la fe en aquest tipus de govern
Conformitat Social	Simplicitat en la programació d'ordinadors
Minimitzar la protesta de l'impost	Maximitzar les dades econòmiques, minimitzar problemes impositius
Estabilitzar el consentiment	Simplificar els coeficients
Endurir el control de les variables	Simplificar l'entrada de dades a l'ordinador - major poder de predicció
Establir condicions límit	Simplificar el problema / solucions d'equacions diferencials i de diferència
Ritme adequat	Menys canvis i desaparició de dades
Maximitzar el control	Minimitzar la resistència al control
Ensorrar la moneda	Destruir la fe als altres del poble americà.

[WC: Objectiu final - Nou Ordre Mundial]

DISTRACCIÓ, L'ESTRATÈGIA PRIMÀRIA

L'experiència ha demostrat que el MÈTODE MÉS SIMPLE d'aconseguir una arma silenciosa i fer-se amb el control del públic és, d'una banda, MANTENIR A LA GENT INDISCIPLINADA I AL MARGE dels principis bàsics dels sistemes, MENTRE, d'altra banda, SE LA MANTÉ CONFOSA, DESORGANITZADA I DISTRETA amb assumptes sense cap mena d'importància real. [tots els èmfasis de WC.]

Això s'aconsegueix:

(1) desactivant les seves ments; sabotejant les seves activitats mentals; proporcionant un programa de baixa qualitat en l'educació

pública de matemàtiques, lògica, disseny de sistemes i economia; i descoratjant la creativitat tècnica.

(2) activant les seves emocions, incrementant la seva auto-indulgència i la seva indulgència en activitats emocionals i físiques, mitjançant:

(a) confrontacions i atacs emocionals constants (violació mental i emocional) per mitjà d'un constant bombardeig de sexe, violència i guerres als mitjans - especialment a la televisió i als diaris.

(b) donant-los el que desitgen - en excés - "menjar deixalla per al pensament" - i privar-los del que realment necessiten.

(3) REESCRIVINT LA HISTÒRIA i LA LLEI i SOTMETENT AL PÚBLIC A CREACIONS PERVERTIDES, podent així DESVIAR EL SEU PENSAMENT de les necessitats personals cap a prioritats externes molt elaborades. [tots els èmfasis de WC.]

Tot això impedirà el seu interès per i el descobriment de les armes silencioses de tecnologia d'automatització social.

La regla general és que hi ha guany en la confusió; a més confusió, més benefici. Per tant, la millor estratègia és crear problemes i després oferir-ne les solucions.

RESUM DE LA DISTRACCIÓ

Mitjans de comunicació: Mantenen l'atenció del públic adult desviada dels problemes socials reals, i la captiven amb temes sense cap mena d'importància real.

Escoles: Mantenen al públic jove ignorant de les matemàtiques reals, l'economia real, el dret real i la HISTÒRIA REAL [èmfasi de WC].

Entreteniment: Manté al públic entretingut per sota d'un nivell de sisè grau.

Treball: Manté al públic ocupat, ocupat, ocupat, sense temps per pensar; tornant a la granja amb els altres animals.

EL CONSENTIMENT, LA VICTÒRIA PRIMÀRIA

Un sistema d'arma silenciosa opera amb dades obtingudes d'un públic sumís per la via legal (tot i que no sempre legal del tot). Molta informació es posa a disposició dels programadors de sistemes d'armes silencioses a través del Servei d'Impostos Interns *(Hisenda)*. (Veure Estudis de l'estructura de l'economia nord-americana per al I.R.S. llista d'origen.)

Aquesta informació consisteix en el lliurament forçat de dades ben organitzades contingudes als formularis d'impostos federals i estatals recollides, i enviades pels contribuents i ocupadors pel treball esclau realitzat.

D'altra banda, el nombre de formularis presentats a l'IRS és un indicador útil del consentiment públic, un factor important a l'hora de prendre decisions estratègiques. Altres fonts de dades es donen a la Llista Breu d'Entrades.

Coeficients de Consentiment - reacció numèrica que indica el grau de victòria.

Bases psicològiques: Quan el govern és capaç de cobrar impostos i confiscar la propietat privada sense cap mena de compensació justa, és una indicació de que el públic està llest per rendir-se i consentir l'esclavitud i la usurpació legal. Un bon indicador i fàcilment quantificable de quan és l'època de collita és el nombre de ciutadans que paguen l'impost sobre la renda malgrat una evident manca de servei honest recíproc per part del govern.

FONTS D'AMPLIFICACIÓ DE LES ENERGIES

El següent pas en el procés del disseny d'un amplificador econòmic és el descobriment de les fonts d'energia. Les fonts d'energia que suporten qualsevol sistema econòmic primitiu són, per descomptat, un subministrament de matèries primeres, i el consentiment de les persones a treballar i per tant a assumir un cert rang, posició, nivell o classe en l'estructura social; és a dir, a proporcionar la mà d'obra en diversos nivells de la jerarquia.

Cada classe, es garanteix el seu propi nivell d'ingressos, controla la classe immediatament inferior, per tant, conserva l'estructura de classes. Això proporciona estabilitat i seguretat, però també govern des de dalt.

Tal com va passant el temps i la comunicació i l'educació milloren, els elements de la classe més baixa de l'estructura laboral de la societat adquireixen informació i envegen les coses bones que tenen els membres de la classe alta. També comencen a obtenir un coneixement dels sistemes d'energia i la capacitat de forçar el seu ascens a través de l'estructura de classes.

Això amenaça la sobirania de l'elit.

Si aquest ascens de les classes baixes es pot posposar el temps suficient, l'elit pot aconseguir el domini de l'energia, i el CONSENTIMENT PER TREBALLAR JA NO PODRA MANTENIR UNA POSICIÓ [èmfasi de WC] com font essencial d'energia econòmica.

Fins que aquest domini de l'energia s'hagi establert totalment, el consentiment de la gent per treballar i per deixar que altres maneguin els seus assumptes s'ha de tenir en compte, ja que el no fer-ho podria causar que la gent interferís en la transferència final de les fonts d'energia a les mans de l'elit.

És essencial reconèixer que en aquest moment, el consens públic encara és una clau essencial per a l'alliberament d'energia en el procés d'amplificació econòmica.

Per tant, el consentiment com un mecanisme d'alliberament d'energia serà ara considerat.

LOGÍSTICA

L'aplicació amb èxit d'una estratègia requereix un acurat estudi de les entrades, els productes, l'estratègia de la connexió de les entrades i les sortides, així com de les fonts d'energia disponibles per alimentar l'estratègia. D'aquest estudi se'n diu logística.

Un problema logístic s'estudia primer a un nivell elemental, i després els nivells més complexos s'estudien com una síntesi de factors elementals.

Això significa que un determinat sistema és analitzat, és a dir, desglossat en subsistemes, i aquests al seu torn són analitzats, fins que, en aquest procés, s'arriba al "àtom" logístic L'INDIVIDU [èmfasi de WC].

Aquí és on normalment s'inicia el procés de SÍNTESI [èmfasi de WC], i en el moment del naixement de l'individu.

L'ÚTER ARTIFICIAL

Des del moment en què una persona deixa l'úter de la seva mare, tots els seus esforços es dirigeixen a construir, mantenir i replegar-se a úters artificials, diversos tipus de dispositius protectors substituts o petxines.

L'objectiu d'aquests úters artificials és proporcionar un entorn estable per a l'activitat alhora estable i inestable; proporcionar un refugi per als processos evolutius de creixement i maduresa - és a dir, la supervivència;

proporcionar seguretat per a la llibertat i proporcionar protecció preventiva per a l'activitat ofensiva.

Això és igual de cert tant per al públic en general com per l'elit. No obstant això, hi ha una diferència definitiva en la forma en què cadascuna d'aquestes classes afronta la solució dels problemes.

L'ESTRUCTURA POLÍTICA D'UNA NACIÓ - DEPENDÈNCIA

La raó principal per la qual els ciutadans d'un país creen una estructura política és un desig subconscient o voluntat de perpetuar la seva pròpia relació de dependència de la infantesa. En poques paraules, volen un déu humà per eliminar qualsevol risc de la seva vida, que els doni un copet al cap, els faci un petó on han rebut el cop, els posi un plat de pollastre a taula per sopar, els vesteixi, a la nit els acaroni al llit, i que els digui que tot anirà bé [sic] quan despertin al matí.

Aquesta demanda de la gent és increïble, així que el déu humà, el polític, respon la incredulitat amb incredulitat prometent el món sense lliurar res a canvi. Aleshores, qui és més mentider? la gent? o el "Padrí"?

Aquest comportament públic és resignació fruit de la por, la mandra i la conveniència. Aquesta és la base de l'estat del benestar com arma estratègica, útil contra un públic repugnant.

ACCIÓ / OFENSA

La majoria de la gent vol ser capaç de sotmetre i / o matar altres éssers humans que pertorben la seva vida diària, però no volen haver de fer front a les qüestions morals i religioses que un acte com aquest els podria plantejar. Per tant, assignen la feina bruta a altres (incloent als seus propis fills) per tal d'evitar tacar-se de sang les seves pròpies mans. Malparlen de com els humans tracten els animals i després s'asseuen davant d'una deliciosa hamburguesa que ve d'un emblanquinat escorxador a peu de carrer i fora de la vista. Però encara és més hipòcrita, paguen impostos per finançar una associació professional de sicaris col·lectivament anomenats polítics, i després es queixen de la corrupció del govern.

RESPONSABILITAT

A més, la majoria de la gent vol ser lliure per fer coses (explorar, etc.), però tenen por de fracassar.

La por al fracàs es evident a la irresponsabilitat, i especialment a la delegació d'aquestes responsabilitats personals a altres on l'èxit és incert o porta a possibles o crea obligacions (llei), que la persona no està disposada a acceptar. Volen autoritat (l'arrel de la paraula és - "autor"), però no acceptaran cap responsabilitat o obligació. Així que contracten a polítics perquè facin front a la realitat per a ells.

RESUM

Les persones contracten els polítics perquè les persones pugin:

(1) obtenir seguretat sense haver-la de gestionar.
(2) obtenir acció sense haver de pensar-hi.
(3) robar, lesionar i matar d'altres sense haver de contemplar a ambdues la vida o la mort.
(4) evitar la responsabilitat de les seves pròpies intencions.
(5) obtenir beneficis de la realitat i de la ciència sense exercir ells mateixos la disciplina d'enfrontar o aprendre qualsevol d'aquestes coses.

Entreguen als polítics el poder de crear i gestionar una màquina de guerra que:

(1) proporciona la supervivència de la NACIÓ / ÚTER.
(2) evita la invasió de qualsevol cosa sobre la NACIÓ / ÚTER.
(3) destrueix l'enemic que amenaça la NACION / ÚTER.
(4) destrueix a aquells ciutadans del seu propi país que no s'ajusten pel bé de l'estabilitat de la NACIÓ / ÚTER.

Els polítics realitzen moltes feines quasi- militars, sent la més baixa la de policia que de fet són soldats, els advocats i els comptables són els següents que de fet són espies i sabotejadors (amb llicència), i després hi ha els jutges que donen ordres a crits i fan anar la tancada botiga de la unió militar per a qualsevol cosa que el mercat sigui capaç de suportar. Els generals són els industrials. El nivell "presidencial" del comandant en cap és compartit pels banquers internacionals. La gent sap que han creat aquesta farsa i la financen amb els seus propis impostos (consentiment), però s'estimen més sotmetre's a ser titllats d'hipòcrites.

Per tant, una nació es divideix en dues parts ben diferenciades, una SUB-NACIÓ DÓCIL [la gran majoria silenciosa] i una SUB-NACIÓ POLÍTICA. La sub-nació política està enganxada a la sub-nació dòcil, la tolera, i lixivia la seva substància fins que creix i és prou forta com per separar-se'n i en acabat devora al seu progenitor.

ANÀLISI DEL SISTEMA

Per prendre decisions econòmiques computades significatives sobre la guerra, el volant d'inèrcia econòmica primari, cal assignar valors logístics concrets per a cada element de l'estructura de guerra - el personal i materials semblants.

Aquest procés comença amb una descripció clara i franca dels subsistemes d'una estructura d'aquest tipus.

EL PROJECTE

(Com un servei militar)

Pocs esforços de modificació de la conducta humana són més notables o més eficaços que els de la institució social-militar coneguda com el projecte.

Un objectiu principal d'un projecte o qualsevol altra institució és inculcar, a través de la intimidació, en els mascles joves de la societat la convicció acrítica de que el govern és omnipotent. [Nota de WC.: En realitat és tot el contrari, ja que el govern existeix només amb el consentiment del poble] No triga en ensenyar que una pregària és massa lenta com per esmenar el que una bala pot fer en un instant. Per tant, a un home format en un ambient religiós durant divuit anys de la seva vida, amb aquest instrument del govern, se l'ensorra, se'l purga de fantasies i deliris en qüestió de pocs mesos. Un cop inculcada la convicció, tota la resta esdevé fàcil d'inculcar.

ENCARA ÉS MÉS INTERESSANT EL PROCÉS PEL QUAL ELS PARES D'UN HOME JOVE, AL QUE PRESUMIBLEMENT ESTIMEN, PODEN SER INDUÏTS A ENVIAR-LO A MORIR EN UNA GUERRA [èmfasi de WC]. Tot i que l'abast d'aquest treball no permetrà que aquest assumpte sigui estudiat en detall, no obstant, serà possible fer-ne una ullada per sobre i pot servir per revelar els factors que han de ser inclosos en alguna forma numèrica en una anàlisi informàtic dels sistemes socials i de guerra.

Comencem amb una definició provisional del projecte. EL PROJECTE (servei selectiu, etc.) és una institució de SACRIFICI col·lectiu i ESCLAVITUD OBLIGATORIS, ideat pels de mitjana edat i gent gran per tal de pressionar els joves perquè facin la feina pública bruta. A més serveix per fer a la joventut tan culpable com als ancians, de manera que la crítica als ancians per part de la joventut sigui menys probable (Estabilitzador generacional). Es comercialitza i es ven al públic sota l'etiqueta de servei "patriòtic = nacional".

Una vegada que s'aconsegueix una definició econòmica franca del projecte, aquesta definició s'utilitza per delinear els límits d'una estructura denominada Sistema de Valors Humans, que al seu torn es traslladа als termes de la teoria de joc. El valor d'un treballador com a esclau es subministrat a una Taula de Valors Humans, una taula desglossada en categories com l'intel·lecte, l'experiència, la demanda de treball post-servei, etc.

Algunes d'aquestes categories són ordinàries i es poden avaluar provisionalment en termes del valor de determinats llocs de treball per als quals hi ha honoraris coneguts. Algunes feines són més difícils de valorar degut a que són úniques en la demanda de la subversió social, per posar un exemple extrem: el valor de la instrucció d'una mare a la seva filla, fent que la filla posi certes exigències de comportament a un futur marit al cap de deu o quinze anys, per tant; d'aquesta manera, mitjançant la supressió de la seva resistència a una perversió d'un govern, serà més fàcil per a un cartell bancari comprar l'Estat de Nova York d'aquí a, diguem, vint anys.

Un problema similar es recolza en gran mesura en les observacions i les dades d'espionatge en temps de guerra i molts tipus de proves psicològiques. Però els models matemàtics en cru (algoritmes, etc.) es poden concebre, però no predir, a menys que es predeterminin aquests esdeveniments amb la màxima seguretat. El que no existeix per cooperació natural es veu per tant reforçat per la compulsió calculada. Els éssers humans són màquines, palanques que poden ser agafades i girades, i hi ha poca diferència real entre l'automatització d'una societat i l'automatització d'una fàbrica de sabates.

Aquests valors derivats són variables. (És necessari l'ús d'una taula de Valors Humans actualitzada per a l'anàlisi de l'ordinador.) Aquests valors es donen en una veritable mesura més aviat que no en dòlars, ja que aquest últim és inestable, actualment està inflat més enllà de la producció de béns i serveis nacionals per tal de donar a l'economia una energia cinètica falsa (inductància de "paper").

El valor de la plata és estable, sent possible comprar, un gram de plata avui en dia al mateix preu que es podia comprar el 1920. El valor humà mesurat en unitats de plata canvia lleugerament a causa dels canvis en la tecnologia de producció.

EXECUCIÓ

FACTOR I

Com en tot sistema d'enfocament social, l'estabilitat s'aconsegueix només mitjançant la comprensió i la comptabilitat de la naturalesa humana (patrons d'acció / reacció). No aconseguir-la pot ser, i en general és desastrós.

Igual que en altres esquemes socials humans, una o altra forma d'intimidació (o incentiu) és essencial per a l'èxit del projecte. Els principis físics d'acció i reacció s'han d'aplicar als dos subsistemes als interns i als externs.

Per assegurar el projecte, el rentat de cervell / programació individual tant la unitat familiar com el grup de companys han d'estar compromesos i sota control.

FACTOR II - EL PARE

L'home de la casa ha de ser domesticat per assegurar-se que el fill creixi amb la formació social i actituds adequades. Els mitjans de comunicació, la publicitat, etc., es dediquen a vetllar per què el futur pare sigui un calçasses abans o en el moment de casar-se. Se li ensenya que val més que s'ajusti a l'osca social que s'ha tallat per a ell o la seva vida sexual ranquejarà i la seva tendra companyia desapareixerà. Se li fa veure que les dones exigeixen més aviat seguretat que no pas un comportament lògic, amb principis, o honorable.

En el moment en que el seu fill hagi d'anar a la guerra, el pare (amb gelatina en comptes de columna vertebral) abans aferrarà una pistola a la mà del menor que arriscar-se a ser censurat pels companys, o quedar com un hipòcrita degut a la inversió que ha fet en la seva pròpia opinió personal o autoestima. El fill ha d'anar a la guerra o farà que el pare s'avergonyeixi. Així que el fill anirà a la guerra, el veritable propòsit no resisteix

FACTOR III - LA MARE

L'element femení de la societat humana primer es regeix per les emocions i després per la lògica. En la batalla entre la lògica i la imaginació, sempre guanya la imaginació, preval la fantasia, l'instint maternal domina de manera que el nen va primer i el futur ve després. Una dona amb un nadó acabat de néixer esta massa emocionada com per veure la carn de canó que veu un home ric o una font barata de mà d'obra esclava. Una dona, no obstant, estarà condicionada a acceptar la transició cap a la "realitat" quan aquesta arribi, o abans.

Atès que la transició es fa més difícil de portar, la unitat familiar ha de ser acuradament desintegrada, i l'educació pública controlada per l'Estat i les llars d'infants estatals han de ser més abundants i recolzades legalment per tal d'iniciar la separació del nen de la mare i del pare a una edat més primerenca. L'administració de medicaments per al comportament [Ritalin] pot accelerar la transició per al nen (obligatori). ATENCIÓ: la ira impulsiva d'una dona li pot anul·lar la por. El poder d'una dona iracunda mai ha de ser subestimat, i el seu poder sobre un marit calçasses tampoc s'ha de subestimar mai. El vot femení va arribar el 1920.

FACTOR IV - EL FILL

La pressió emocional per l'auto-preservació en temps de guerra i l'actitud egoista del ramat comú que té una opció per evitar el camp de batalla - si el menor pot ser persuadit d'anar-hi - és tota la pressió necessària per propulsar finalment a Johnny cap a la guerra. Els xantatges secrets per a ell són les amenaces: "Sense sacrifici no hi ha, ni amics, ni glòria, ni núvies"

FACTOR V - LA GERMANA

I què passa amb la germana del fill? El seu pare li dóna totes les coses bones de la vida, i l'ensenya a esperar el mateix del seu futur marit, independentment del preu.

FACTOR VI - EL BESTIAR

Qui no vol utilitzar el seu cervell no està en millor situació que qui no té cervell, de manera que aquesta escola de descerebrades meduses, pare, mare, fill i filla, es converteixen en bèsties de càrrega útils o en formadors d'altres.

[Fi del extracte]

Nota de l'Autor / WC: Així que ara ja ho sabeu. Aquest capítol només podia posar-se al començament. Les vostres idees preconcebudes han hagut de ser destruïdes per què entengueu la resta d'aquest llibre. En aquest capítol es pot veure cada pas que l'elit ha pres en la seva guerra per controlar aquesta en altres temps gran nació. Podeu veure els passos que es prendran en el futur. Ja no es pot fingir innocència. La seva negació de la conspiració caurà en un sac foradat. Aquest llibre és part de l'educació que donarà als nord-americans les armes necessàries en els pròxims mesos i anys de dificultats per què el Nou Ordre Mundial tingui problemes per néixer.

Molts argumentaran que "Armes silencioses per a guerres secretes" és només un conglomerat fictici de paraules en què l'escriptor no hi ha tingut cap mèrit ni responsabilitat. Tots aquests, només fan cas omís de les veritats evidents contingudes en aquest document. Ignoren aquestes veritats perquè són una acusació de la seva pròpia ignorància, a la que no poden fer front.

El document, descobert al 1969, descriu correctament els esdeveniments que posteriorment han esdevingut. No pot ser ignorat ni rebutjat. El document és autèntic. Les seves veritats no poden ser negades ni deixades de banda. El missatge és el següent: Heu d'acceptar que sou bestiar i la conseqüència final de ser bestiar - que és l'esclavitud - o us heu de preparar per lluitar, i si cal morir per preservar el vostre dret diví a la llibertat.

Aquesta última frase és la veritable raó de per què la gent prefereix ignorar "Armes silencioses per a guerres secretes". La gent no està disposada a admetre que són bestiar. No estan disposats a lluitar, i a morir si cal, per la Llibertat. Aquesta és una acusació als ciutadans dels Estats Units d'Amèrica. I aquesta és la confirmació total de la veracitat de la informació continguda a "Armes silencioses per a guerres secretes".

CAPÍTOL 2

LES SOCIETATS SECRETES I EL NOU ORDRE MUNDIAL

... hi ha un poder tan organitzat, tan subtil, tan complet, tan penetrant, que és millor no parlar més alt que un sospir quan s'hi parla en contra.

President Woodrow Wilson

La història està plena de murmuris de societats secretes. Relats d'ancians o sacerdots que custodiaven el coneixement prohibit dels pobles antics. Homes prominents, reunits en secret, que dirigien el curs de la civilització han quedat registrats a les escriptures de tots els pobles.

La més antiga és la Germandat de la Serp, també anomenada Germandat del Drac, i encara existeix sota diferents noms. La Germandat de la Serp es dedica a guardar els "secrets dels segles" i al reconeixement de Llucifer com l'únic i veritable Déu. Si no creieu en Déu, Llucifer o Satanàs, heu d'entendre que hi ha grans masses de gent que ho fan. Jo no crec en el racisme però milions si que ho fan i les seves creences i accions basades en aquestes creences m'afectaran. És evident que la religió ha jugat sempre un paper important en el curs d'aquestes organitzacions. La comunicació amb una font més elevada, sovint divina, és una reclamació familiar a gairebé totes.

Els secrets d'aquests grups es creu que són tan profunds que només uns quants escollits, ben educats són capaços d'entendre'ls i utilitzar-los. Aquests homes utilitzen el seu coneixement especial per al benefici de tota la humanitat. Almenys això és el que diuen. Com ho sabrem, si el que saben i el que fan és un secret? Afortunadament, alguns d'ells han arribat a coneixement del públic.

Vaig trobar intrigant que a la majoria, si no a totes, les societats primitives tribals tots els seus membres són adults. En general, se separen en grups d'homes i dones. El mascle acostuma a dominar la cultura. Sorprenentment, això és exactament semblant en moltes societats secretes civilitzades. Això només pot significar que la societat no està treballant en contra de l'autoritat establerta, sinó per a ella. De fet, es podria dir que, en realitat, és l'autoritat establerta. Això tendiria a eliminar la validesa de qualsevol argument en quant a que totes les associacions secretes es dediquen a la "destrucció de l'autoritat degudament constituïda." Això només es pot aplicar, per descomptat, allà on la societat secreta constitueix la major part o la totalitat de les persones a les que afecta. Només unes quantes entren en aquesta categoria.

Les societats secretes, de fet, reflecteixen moltes de les facetes de la vida ordinària. Sempre hi ha una pertinença en exclusivitat, lligada a la importància de ser o esdevenir-ne membre. Això es troba en tots els esforços humans, fins i tot en aquells que no són secrets, com ara els equips de futbol o clubs de camp. Aquesta exclusivitat en la pertinença és de fet una de les armes més poderoses de les societats secretes. No ho és l'ús de signes, contrasenyes i altres eines. Aquests sempre han exercit funcions de valor en les organitzacions dels homes a tot arreu. S'ha dit, gairebé sempre lluny de la veritable raó, que eren importants per a l'existència de les societats. Podria ser qualsevol cosa, però sol ser fraternal i es troba en tots els grups de pressió on la gent es reuneix.

La companyonia és especialment important. Compartir dificultats o secrets sempre ha estat una emoció especial per a l'home. Qualsevol que hagi patit els rigors d'un camp d'entrenament no és probable que oblidi la sensació especial de pertinença i companyonia compartida entre les víctimes del sergent o el comandant de la companyia. És una emoció nascuda de la iniciació. L'eina més potent de qualsevol societat secreta és el ritual i el mite que envolten la iniciació. Aquestes cerimònies especials d'unió tenen un significat molt profund per als participants.

La iniciació realitza diverses funcions que constitueixen el cor i l'ànima de tota veritable societat secreta. Igual que al camp d'entrenament, en la iniciació en les forces armades, els aspectes importants del pensament humà que són universalment convincents, es fusionen per formar i mantenir els esforços d'un grup de persones per operar en una determinada direcció. La iniciació uneix els membres, els ajunta en el misticisme.

Els neòfits obtenen el coneixement d'un secret, donant-los un estatus especial. Antigament neòfit significava "tornar a plantar o renéixer." Una iniciació superior és en realitat una promoció inspiradora de lleialtat i el desig d'ascendir al següent esglaó. Els objectius de la societat es veuen reforçats, fent que l'iniciat actuï cap a aquests objectius en la vida quotidiana. Això provoca un canvi en l'acció política i social del membre. El canvi sempre és per millorar els objectius dels líders de la societat secreta.

Als líders se'ls anomena adeptes. Això es pot il·lustrar millor amb el soldat entrenat per complir ordres sense pensar. El resultat sol ser que el soldat acaba ferit o mort realitzant els objectius del comandant, que poden ser beneficiosos per al gruix de la comunitat, o no.

La iniciació és un mitjà d'homes ambiciosos i aprofitats per saber en qui poder confiar. Us adonareu que quant més elevat sigui el grau d'iniciació menys seran els membres que obtindran el grau. Això no és degut a que els altres membres no siguin ambiciosos, sinó al fet de que es realitza un molt acurat procés de selecció. S'arriba a un punt on cap esforç és prou bo sense l'ajut dels membres superiors. La majoria dels membres no avancen més enllà d'aquest punt i mai coneixen el veritable propòsit, el secret del grup. El membre consolidat des d'aquest moment només serveix com una part de la base de poder polític, com de fet sempre ho ha sigut. És possible que ja hageu endevinat que aquesta iniciació és una manera de determinar amb qui es pot i amb qui no es pot confiar.

Un mètode per decidir exactament qui pot arribar a ser un adepte podria decidir-se durant la iniciació demanant al candidat que escupi sobre la creu cristiana. Si el candidat s'hi nega, els membres el feliciten i li diuen, "Has pres la decisió correcta, un veritable adepte no faria mai una cosa tan terrible." El recent iniciat pot acabar desconcertat, però, ell / ella mai aconseguirà pujar més amunt. Si per contra, el candidat escup sobre la creu, ell / ella haurà demostrat conèixer un dels misteris i aviat es trobarà sent un candidat per al següent nivell superior. El misteri és que la religió no és altra cosa que una eina per controlar les masses. El coneixement (o saviesa) és el seu únic déu, a través del qual l'home mateix arribarà a ser déu. La serp i el drac són ambdós símbols de la saviesa. Llucifer és la personificació del símbol. Va ser Llucifer qui va temptar Eva per què temptés Adam a menjar de l'arbre de la ciència i per tant deslliurar l'home dels lligams de la ignorància. El CULTE (molt diferent de l'ESTUDI) als coneixements, la ciència o la tecnologia és el satanisme en la seva forma més pura, i el seu déu és Llucifer. El seu símbol secret és l'ull que tot ho veu al capdamunt de la piràmide.

Els efectes indesitjables de les societats secretes i la seva aura de misteri de vegades els ha donat la reputació de ser associacions anormals o, almenys, grups de persones estranyes. En quant les seves creences són les de la majoria ja no se'ls considera antisocials. Un bon exemple és l'església cristiana, que era una societat secreta sota l'Imperi Romà. De fet, la "Societat Secreta Oberta i Amistosa" (el Vaticà) en realitat governa sobre la majoria, per no dir tothom, arreu del món conegut alhora.

La majoria de les societats secretes generalment són considerades antisocials; es creu que contenen elements desagradables o que són obertament perjudicials per al conjunt de la comunitat. Aquest és exactament el cas algunes vegades. El comunisme i el feixisme són societats secretes en molts països en els quals estan prohibits per llei. En aquest país, el partit nazi i el Ku Klux Klan són societats secretes, principalment degut al fet que el públic en general estan indignats amb ells. Les seves activitats són de vegades il·legals, heus aquí el secret a la seva pertinença. Els primers cristians eren una societat secreta perquè les autoritats romanes des del principi els van considerar perillosos per al domini imperial. El mateix es pot dir dels seguidors de l'Islam. Almenys alguns d'aquests veritables creients, treballant en secret, aconsegueixen ser algun eventual bé per a la societat. Els drusos i els yezidis a Síria i l'Iraq consideren als àrabs com una societat secreta perillosa dedicada a apropiar-se del món. Els àrabs d'avui dia pensen el mateix dels jueus. Els catòlics i els maçons solien tenir exactament les mateixes idees els uns dels altres.

En moltes societats primitives o endarrerides la iniciació als graus més alts del grup implica sotmetre's a proves que freqüentment acaben amb la mort o la bogeria del candidat. Es pot observar que allò que socialment està bé o malament no és el criteri per apreciar el valor d'una societat secreta. A Borneo, els iniciats de les societats de caçadors, consideren que és meritori i obligatori caçar caps. A la Polinèsia, l'infanticidi i la disbauxa es consideren essencials per iniciar-se a les seves societats, en les que el codi tribal necessita, com a pilars de la societat, membres que es lliurin a aquestes coses.

Des del començament de la història registrada, els òrgans de govern de cada nació han estat involucrats en el manteniment de l'estatus quo per defensar la constitució dels grups minoritaris que pretenien funcionar com a estats dins dels estats o expulsar l'autoritat constituïda i fer-se'n càrrec substituint-la.

Molts d'aquests intents han tingut èxit, però no sempre han durat. El desig de l'home de ser un dels escollits és una cosa que cap poder a la terra ha estat capaç de fer minvar, i molt menys destruir. És un dels "secrets" de les societats secretes. És el que els dóna una base política i molta influència. Els membres sovint voten el mateix i es donen els uns als altres preferència en els negocis quotidians, legals, i a les activitats socials. El desig més profund de molts és ser capaços de dir: "Jo pertanyo als escollits."

Ja existien llocs de culte i sacrifici a les ciutats antigues. De fet estaven en temples construïts en honor a molts déus. Aquests edificis sovint funcionaven com a llocs de reunió de filòsofs i místics que creien posseir els secrets de la natura. Aquests homes generalment s'agrupaven en escoles filosòfiques i religioses solitàries.

El més important de tots aquests antics grups és la Germandat de la Serp o Drac, i era conegut simplement com dels Misteris. La serp i el drac són símbols que representen la saviesa. El pare de la saviesa és Llucifer, també anomenat el Portador de la Llum. El focus de l'adoració dels Misteris era Osiris, un altre nom de Llucifer. Osiris era el nom d'una estrella brillant que els antics creien que havia estat llançada a la terra. El significat literal de Llucifer és "portador de llum" o "l'estrella del matí." Després que Osiris baixés del cel, els antics van veure el Sol com la representació d'Osiris, o més correctament, Llucifer.

Osiris estaba representat pel sol.
Albert Pike

Quan vas caure del cel, oh Lucifer...
Isaïes 14:12.

... s'afirma que, després que Llucifer caigués del Cel, va portar amb ell el poder del pensament com un regal per a la humanitat.
Fred Gittings, el Simbolisme en l'Art Ocult

La majoria de les ments més grans que mai han viscut van ser iniciades a la societat dels Misteris amb ritus secrets i perillosos, alguns dels quals eren molt cruels. Alguns dels més famosos eren coneguts com Osiris, Isis, Sabazius, Cibeles i Eleusis. Plató va ser un d'aquests iniciats i descriu alguns dels misteris als seus escrits.

La iniciació de Plató va abastar estar sepultat tres dies a la Gran Piràmide, durant els quals va morir (simbòlicament), va tornar a néixer, i se li van donar els secrets que ell havia de guardar. Els escrits de Plató estan plens d'informació sobre els Misteris. Manly P. Hall diu al seu llibre, Els ensenyaments secrets de totes les edats, que "...els il·luminats de l'antiguitat... entraven als portals [la Piràmide de Gizeh] com homes, i en sortien com déus." L'antiga paraula egípcia per designar la piràmide era khuti, que significa "llum gloriosa." El Sr Hall també diu: "Les piràmides, els grans temples egipcis d'iniciació..."

Segons molts, les grans piràmides van ser construïdes per commemorar i observar l'explosió d'una supernova que va tenir lloc l'any 4.000 aC. El Dr. Anthony Hewish, guanyador del Premi Nobel de Física al 1974, va descobrir una sèrie rítmica de polsos de ràdio que demostraven ser les emissions d'una estrella que havia explotat al voltant del 4.000 aC. Els maçons comencen el seu calendari al A.L., "En l'Any de la Llum," que es calcula afegint 4.000 a l'any actual. Així, 1990 + 4.000 = 5.990 A.L. George Michanowsky va escriure a Les estrelles d'ara i del futur, que "L'antiga escriptura cuneïforme sumèria... descriu una explosió gegantina dins d'un triangle format per... Zeta Puppis, Gamma Velorum i Lambda Velorum... ubicat al cel del sud.... [Un] acurat catàleg d'estrelles ha establert ara que l'estrella ardent que va explotar dins del triangle seria vista de nou per l'home passats 6.000 anys". D'acord amb el calendari dels maçons això es produirà l'any 2000, i de fet així serà.

La nau espacial anomenada Galileu està camí de Júpiter, una estrella incipient amb una composició gasosa exactament igual a la del nostre Sol, amb una càrrega de 49,7 lliures de plutoni, suposadament utilitzades com bateries per alimentar la nau. Quan la seva òrbita decaigui finalment al desembre del 1999, la Galileu lliurarà la seva càrrega útil al centre de Júpiter. La increïble pressió amb que es trobarà causarà una reacció exactament com passa quan es fa detonar una bomba atòmica amb un detonador d'implosió. El plutoni explotarà en una reacció atòmica, encendrà l'atmosfera d'hidrogen i heli de Júpiter i donarà lloc al naixement de l'estrella que ja ha estat anomenada LUCIFER. El món ho interpretarà com un signe de gran significat religiós. Es complirà la profecia. En realitat, només és una demostració de la bogeria de l'aplicació de tecnologia per part de la Societat JASON que fins i tot pot funcionar o no. Han practicat exageradament per assegurar-se tenir èxit, però, com s'indicava als documents que vaig llegir mentre era al servei d'Intel·ligència Naval el Projecte GALILEO només necessita cinc lliures de plutoni per encendre Júpiter i possiblement evitar la pròxima edat de gel. L'escalfament global és un engany. És més fàcil d'afrontar per al públic i donarà a l'elit governant més temps abans que el pànic i l'anarquia reemplacin al govern. La realitat és que en general les temperatures del planeta són cada vegada més baixes. Les tempestes cada vegada són més violentes i menys predictibles.

Les capes de gel dels pols cada vegada són més grans. Les zones temperades on es pot conrear el menjar s'estan reduint. La desertificació està augmentant en els tròpics. S'acosta una edat de gel, i arribarà de sobte.

Simultàniament a Egipte s'obrirà una cripta que conté els registres antics de la terra. El retorn de Llucifer i l'obertura de la cripta serà el començament del mil·lenni. A les piràmides d'Egipte tindrà lloc una gran festa que ja ha estat planejada per la Societat del Mil·lenni. D'acord amb el número del 3 de gener del 1989, de l'edició de l'Arizona Daily Star, "El president electe Bush passarà aquest festes d'any nou, a Camp David, Maryland, però d'aquí a 10 anys podria estar a Egipte. Els organitzadors de la Societat del Mil·lenni diuen que ja s'ha compromès a inaugurar el pròxim segle, a la Gran Piràmide de Kheops a Gizeh".

El primer secret que cal conèixer per començar a entendre els Misteris és que els seus membres creuen que al món, hi ha ments veritablement madures, però poques. Creuen que aquestes ments els hi pertanyen en exclusiva. La filosofia que segueixen és la clàssica de la societat secreta respecte a la humanitat. Quan una persona amb una gran intel·ligència s'enfronta a un problema que requereix l'ús de facultats de raonament, manté l'equilibri i tracta d'arribar a una solució reunint fets relacionats amb la qüestió. D'altra banda, els que són immadurs, quan s'enfronten al mateix problema, se senten aclaparats. Mentre que del primer es pot dir que està qualificat per resoldre el misteri del seu propi destí, l'altre haurà de ser conduit com un ramat d'animals i alliçonat amb un llenguatge més senzill. Tal com el ramat depenen totalment del pastor. A l'intel·lecte capaç se li ensenyen els Misteris i les veritats espirituals esotèriques. A les masses se'ls ensenyen les interpretacions exotèriques literals. Mentre que les masses adoren als cinc sentits, els pocs elegits observen, reconeixent l'abisme entre ells, les concrecions simbòliques de grans veritats abstractes.

"Els elegits iniciats es comuniquen directament amb els déus [ÀLIENS?] que es comuniquen de nou amb ells. Les masses sacrifiquen els seus bens al davant d'un altar, un ídol de pedra que no pot sentir ni parlar. Als escollits se'ls dóna el coneixement dels Misteris i se'ls il·lumina i per tant se'ls coneix com Els Illuminati o els il·luminats, els guardians dels "Secrets dels Segles."

Tres societats secretes primerenques que es poden connectar directament a un descendent modern són els cultes de Roshaniya, Mitra i la seva contrapart, els Constructors. Tenen moltes coses en comú amb els maçons d'avui, així com amb moltes altres branques dels Illuminati. Per exemple, amb comú amb la Germandat tenen el renaixement simbòlic a una nova vida sortint a través del portal de la mort durant la iniciació; la referència al "Lleó" i "La Maneta Urpa de Lleó" en el grau de Mestre Maçó; els tres graus, que són els mateixos dels ritus maçònics antics abans que s'hi afegissin molts altres graus; l'escala de set esglaons; que només hi hagi homes; i "l'ull que tot ho veu."

D'especial interès és la poderosa societat de l'Afganistan antigament anomenada Roshaniya - uns il·luminats. En realitat, hi ha referències a aquest culte místic que es remunten a través de la història de la Casa de la Saviesa al Caire. Els principis més importants d'aquest culte eren: l'abolició de la propietat privada; l'eliminació de la religió; l'eliminació dels estats-nació; la creença en la il·luminació emanada de l'Ésser Suprem que desitjava una classe d'homes i dones perfectes per dur a terme l'organització i direcció del món; la creença en un pla per reformar el sistema social del món, prenent primer el control dels diferents països, un per un, i la creença que després d'arribar al quart grau un podria comunicar-se directament amb els supervisors desconeguts que havien impartit el coneixement als iniciats al llarg dels segles. Els homes savis tornarien a reconèixer la Germandat.

Podeu sentir el ressò del partit nazi, del Partit Comunista, de l'extrema dreta i de l'extrema esquerra? El fet important a recordar és que tant els líders de la dreta com de l'esquerra són un petit nucli dur d'homes que han estat, i continuen sent il·luministes o membres de la Germandat. És possible que hagin estat o puguin ser membres de les religions cristiana o jueva, però això és només per promoure els seus propis fins. Són i sempre ho han estat satànics i internacionalistes. No són lleials a cap nació en particular, encara que, de vegades, utilitzin el nacionalisme per promoure les seves causes. La seva única preocupació és obtenir un major poder econòmic i polític. L'objectiu últim dels líders dels dos grups és idèntic. Estan decidits a fer-se amb el control indiscutible de la riquesa, els recursos naturals, i la mà d'obra de tot el planeta per a si mateixos. Tenen la intenció de convertir el món en la seva concepció d'un estat socialista totalitari satànic. En el procés eliminaran a tots els cristians, jueus, i als ateus. Acabeu d'aprendre, només un, però, dels grans misteris.

Els Roshaniya també s'anomenaven a si mateixos l'Ordre. Els iniciats juraven que se'ls absolia de tota lleialtat, excepte a l'Ordre i declaraven: "M'obligo a guardar silenci a perpetuïtat i a una lleialtat i submissió a l'ordre indestructibles... Qualsevol ésser humà que no pugui identificar-se amb el nostre signe secret és la nostra legítima presa." El jurament es manté essencialment igual fins a dia d'avui. El signe secret era passar-se la mà pel front, amb el palmell cap a dins; la contrasenya, agafar-se l'orella amb els dits i amb l'altra mà, per sota, aguantar el colze. Us sona familiar? L'Ordre és l'Ordre de la Recerca. El culte predicava que no hi havia ni cel, ni infern, només un estat d'esperit completament diferent de la vida tal com la coneixem. L'esperit podia seguir sent poderós a la terra a través d'un membre de l'Ordre, però només si l'esperit havia estat ell mateix membre de l'Ordre abans de morir. Així, els membres de l'Ordre adquirien poder sobre els esperits dels membres morts.

Els Roshaniya agafaven a viatgers com iniciats i després els enviaven a continuar el seu camí per fundar nous capítols de l'Ordre. Alguns creuen que els assassins eren una branca dels Roshaniya. Branques dels Roshaniya o "els il·luminats" o els Illuminati van existir i encara existeixen a tot arreu. Una de les regles no era utilitzar el mateix nom i no fer esment mai dels

"Illuminati". Aquesta norma segueix vigent avui dia. Crec que es va tractar de la ruptura d'aquesta regla el que va donar lloc a la caiguda d'Adam Weishaupt.

Un dels grans secrets dels segles és la veritable història del Sant Grial, la túnica de Jesús, les restes de la Creu de la Crucifixió, i quan va morir realment Jesús o si va sobreviure i va tenir un fill. Molts mites envolten l'Orde del Temple en relació amb aquestes relíquies, i la majoria dels mites al llarg de la història sempre han tingut almenys alguna base a la realitat. Si les meves fonts són correctes, els Cavallers Templers sobreviuen avui dia com una branca dels Illuminati i custodien les relíquies, que estan ocultes en un lloc que només ells coneixen.

Sabem que els templers són Illuminati perquè els maçons van absorbir i protegir als que van escapar a la persecució de l'Església i de França, igual que els maçons absorbirien i protegirien segles més tard als Illuminati de Weishaup. Els Cavallers Templers existeixen en l'actualitat com alts graus de la maçoneria a l'Ordre del Temple. De fet, els Cavallers Templers són una branca de l'Ordre de la Recerca. La Societat DeMolay és una branca de la maçoneria que consagra la memòria de la persecució dels Cavallers Templers i, en particular, al seu líder Jacques DeMolay. Ho sé, perquè jo vaig ser membre de la Societat DeMolay de jove. M'encantava el misteri i el ritual. Em vaig apartar de la Societat, quan la meva família es va traslladar a un lloc fora de l'abast de qualsevol alberg. Crec a dia d'avui que la meva associació amb la Societat de DeMolay pot haver estat la raó d'haver-me decantat per la Seguretat i la Intel·ligència Naval.

Segons els membres de la comunitat d'intel·ligència, quan el Nou Ordre Mundial solidifiqui trauran les relíquies, s'uniran a la Llança del Destí, i segons la llegenda, donaran al governant del món el poder absolut. Això pot confirmar creences transmeses a través del temps que descriuen la importància d'aquestes relíquies quan siguin juntes en mans d'un sol home. També pot explicar la desesperada recerca de Hitler del seu amagatall durant la Segona Guerra Mundial. Un cop més us he de recordar que no hi fa res el que vosaltres creieu. Si ells hi creuen, us acabarà afectant.

Els Cavallers Templers van ser fundats a Jerusalem en algun moment durant el segle XI pel Priorat de Sió amb l'exprés propòsit de custodiar les relíquies que quedaven de Jesús i per proporcionar una protecció militar als viatgers religiosos durant la seva peregrinació a la Ciutat Santa.

El Priorat de Sió era una ordre religiosa fundada a la muntanya de Sió, a Jerusalem. L'Ordre es va establir l'objectiu de preservar i registrar la línia de sang de Jesús i de la Casa de David. A través de tots els mitjans al seu abast, el Priorat de Sió havia trobat i recuperat la resta de les relíquies.

Aquestes relíquies van ser confiades a l'Orde del Temple per a la seva custodia. M'han sorprès els autors de Holy Blood, Holy Grial i la informació que han descobert. Sobretot m'ha sorprès la seva incapacitat de muntar el trencaclosques. El tresor amagat a França no és el tresor del Temple de Jerusalem. És el propi Sant Grial, la túnica de Jesús, les últimes peces restants de la Creu de la Crucifixió, i segons les meves fonts, els ossos d'algú. Us puc dir que la veritat sobre els ossos sacsejarà al món fins als seus fonaments si m'han dit la veritat. Les relíquies s'amaguen a França. Sé on i també ho saben els autors de Holy Blood, Holy Grial, però ells no saben que ho saben - o no és així?

Adam Weishaupt, un jove professor de dret canònic a la Universitat d'Ingolstadt a Alemanya, va ser un sacerdot jesuïta i un iniciat dels Illuminati. La branca de l'Ordre que va fundar a Alemanya el 1776 eren els mateixos Il·luminati dels que hem parlat prèviament. La connexió amb els jesuïtes és important, com es veurà més endavant en aquest capítol. Els investigadors estan d'acord en què va ser finançat per la Casa Rothschild (la mateixa família Rothschild esmentada a "Armes silencioses per a guerres secretes"). Weishaupt advocava per "l'abolició de tots els governs nacionals organitzats, l'abolició de l'herència, l'abolició de la propietat privada, l'abolició del patriotisme, l'abolició de l'habitatge individual i la vida familiar com cèl·lula de la qual s'han originat totes les civilitzacions, i l'abolició de totes les religions establertes i existents, de manera que la ideologia luciferina del totalitarisme pogués ser imposada a la humanitat".

El mateix any què va fundar els Illuminati també va publicar La riquesa de les nacions, el llibre que serviria de base ideològica per al capitalisme i per a la Revolució Industrial. No és casual que la Declaració de Independència fos escrita el mateix any. A l'anvers del Gran Segell dels Estats Units els savis hi reconeixeran l'ull que tot ho veu i altres signes de la Germandat de la Serp.

Tots els principis eren iguals. Les dates i les creences confirmen que els Illuminati de Weishaupt eren el mateix que els Éssers il·luminats afganesos i els altres cultes que es feien anomenar "il·luminats". Els Alumbrados d'Espanya eren els mateixos que els "il·luminats" Guerinets de França. Als Estats Units se'ls coneixia com els clubs dels jacobins. Secrets dins de secrets dins de secrets - però el cor sempre és la Germandat.

Crec que Weishaupt va ser traït i la persecució un muntatge perquè va ignorar la regla que la paraula "illuminati", o l'existència de la Germandat mai havien d'estar exposades al coneixement públic. La seva exposició i il·legalitat van aconseguir diversos objectius de la confraria encara oculta i encara molt poderosa. Va permetre als membres desacreditar les reclamacions de la seva existència sobre la base que els Illuminati havien quedat exposats i fora de la llei i per tant ja no existien. Va permetre als membres negar les acusacions de cap tipus de conspiració. La Germandat de la Serp és experta en llançar esquers per mantenir als gossos a ratlla. Weishaupt potser era un ximple - o potser estava fent exactament el que li havien dit.

Weishaupt va dir: "La gran força de la nostra Ordre rau en el seu encobriment, mai ha d'aparèixer amb el seu propi nom, sinó sempre sota un altre nom, i sota una altra activitat."

Les denúncies sobre que les organitzacions maçòniques van ser infiltrades pels Illuminati durant el regnat de Weishaupt són una ximpleria. Els maçons sempre han contingut el nucli dels Illuminati dins les seves files, i és per això que tan lliurement i tan generosament van acollir i van ocultar als membres del grup de Weishaupt. Realment no es pot creure que els maçons, si només són una organització fraternal simple, ho haguessin arriscat tot, fins i tot la seva vida, acollint i amagant malfactors que havien estat condemnats per les monarquies d'Europa. Es tracta principalment d'autors maçons que han perpetuat el mite de que Adam Weishaupt va ser el fundador dels Illuminati i que els Illuminati van ser destruïts, i mai han tornat a sorgir.

Al 1826 un maçó nord-americà va escriure un llibre en el qual revelava secrets maçònics titulat Il·lustracions de la Maçoneria. Un dels secrets que revela és que l'últim misteri al capdamunt de la piràmide maçònica és l'adoració a Llucifer. Després, hem conegut el secret de la "història de l'assassinat d'Hiram Abif." Hiram Abif representa la intel·ligència, la llibertat i la veritat, i va ser abatut d'un cop amb un regle al clatell, que representa la supressió del discurs de l'església; després va ser colpejat al cor amb un escaire, que suposa la supressió de la creença en l'Estat; i finalment, va ser colpejat al cap amb una maça, que representa la supressió de la intel·ligència de les masses. Per tant, la Francmaçoneria equipara l'Església, l'Estat, i les masses amb la tirania, la intolerància i la ignorància. El què va revelar Morgan va ser que els maçons van prometre venjar a Hiram Abif i que el seu pla consistia en fer caure l'Església, l'Estat, i la llibertat de les masses.

Morgan va causar un petit enrenou en contra dels maçons. El petit enrenou es va convertir en un moviment anti-maçó al complet en tota regla quan l'autor, William Morgan, va desaparèixer. Morgan pel que sembla va ser segrestat i el van ofegar al llac Ontario. Es va al·legar que ho havien fet els seus companys maçons cosa que ells neguen fins a dia d'avui. Qui més podria haver-ho fet? Jo crec que el van assassinar. Els diaris d'aleshores van publicar sense reserves que havia estat assassinat pels maçons. El jurament d'iniciació dels Francmaçons estableix que si expliquen els secrets, l'iniciat serà assassinat. Es va produir un furor a tot el país que va donar lloc a la creació d'un partit polític anti-maçònic el 1829 per part de Henry Dana Ward, Thurlow Weed, i William H. Seward. Durant aquest període va reviure l'interès per diversos llibres anti-maçònics, amb el resultat que la Francmaçoneria va patir una severa pèrdua de membres. Només va durar uns pocs anys i el 1840 el partit anti-maçònic s'havia extingit. Realment el temps cura tots els mals.

Sabem que els maçons britànics són un grup totalment egoista que discrimina a favor seu pel seu propi benefici llocs de treball, promocions, contractes, o carreres que els interessen. L'organització maçònica anglesa va ser utilitzada pel KGB per infiltrar i fer-se càrrec dels serveis d'Intel·ligència Britànics. Intel·ligència Britànica és sinònim de Chatham House, més comunament conegut com l'Institut Reial d'Afers Internacionals, l'organització matriu del Consell de Relacions Exteriors dels Estats Units. La policia de l'estat anglès, Scotland Yard, va ordenar al seu personal que no s'unís als maçons per por a que a ells els passés el mateix. Per descomptat, tota la vida us han dit que els maçons són només una benvolent organització fraternal abocada només al servei de la comunitat. Seguiu llegint, oh innocents.

Probablement la lògia maçònica més famosa és la lògia P2 d'Itàlia. Aquest grup ha estat implicat en tot, des de suborns a assassinats. La P2 està connectada directament amb el Vaticà, els Cavallers de Malta, i l'Agència Central d'Intel·ligència dels EUA. És poderosa i perillosa. La lògia P2 ha aconseguit infiltrar-se al Vaticà i s'ha anotat un cop d'enorme importància: el Papa, Joan Pau II, va aixecar la prohibició en contra de la Francmaçoneria. Molts membres d'alt nivell del Vaticà ara són Francmaçons.

Jo us dic ara que la Maçoneria és una de les organitzacions més perverses i terribles sobre la terra. Els maçons són els principals actors en la lluita per dominar el món. El grau 33è es divideix en dos. Una fracció conté el nucli dels luciferins Illuminati i l'altre conté els que d'això no en saben res en absolut.

TOTS els oficials d'intel·ligència amb qui he treballat durant un temps a la intel·ligència naval eren maçons. Com he dit abans, crec que la meva associació amb la Societat de DeMolay quan era jove pot haver estat la raó per la qual vaig ser seleccionat per a la Seguretat i la Intel·ligència Naval. Tanmateix, això només és una suposició.

Tenia la intenció d'entrar a detallar en profunditat la vinculació entre la

P2, el Priorat de Sió, el Vaticà, la CIA, les organitzacions de la Unió Europa, i el Grup Bilderberg. Afortunadament, Michael Baigent, Leigh i Henry Righard Lincoln m'han guanyat en fer-ho. Dic per sort, perquè confirmen la meva anterior denúncia que vaig publicar a l'article "El Govern Secret" de que la CIA tenia equips, anomenats talps, profunds dins del Vaticà. No desitjo ser titllat de plagiari pels que HAGUEU LLEGIT Santa Sang, Sant Grial i El Llegat Messiànic, escrits conjuntament per Baigent, Leigh i Lincoln. Qualsevol botiga de llibres de bona reputació us les podran fer arribar. Entre les pàgines 343 i 361 del Llegat Messiànic podeu llegir sobre l'aliança de poder a causa d'un govern mundial secret.

La majoria dels membres dels maçons no són conscients que els Illuminati practiquen el que es coneix com "secrets dins de secrets", o organitzacions dins d'organitzacions. Aquest és un dels propòsits de la iniciació. No puc disculpar a cap dels membres, però, qualsevol que s'uneix a una societat sense saber-ho TOT sobre l'organització de fet és un ximple. Només els que són al capdamunt que han superat totes les proves de veritat saben el que amaguen els maçons, fent així impossible que ningú de fora pugui saber gairebé res sobre el grup. Què em diu això sobre els nous membres o els que ja són membres, però no saben els últims secrets? Em diu que abunden els ximples. A diferència dels autors que per por han actuat com apologistes dels maçons, em nego a eximir-los de responsabilitat i culpa. Els maçons, com tothom, són responsables de la neteja de casa seva. L'ocupant d'una casa secreta dins d'una casa secreta dins d'una casa secreta no pot netejar si no pot veure el nombre d'habitacions o el que contenen. La seva casa és una claveguera pestilent. **Si em passés alguna cosa mireu cap als maçons per trobar el culpable. Jo crec que han assassinat en el passat, i que assassinaran en el futur.**

Crec fermament que totes les societats secretes per a adults que practiquen graus d'iniciació i que consideren que els membres són "il·luminats", són branques dels originals Illuminati ancestrals. El seu objectiu és governar el món. La doctrina d'aquest grup no és la democràcia o el comunisme, sinó una forma de feixisme.

La doctrina és el socialisme totalitari. Heu de començar a pensar correctament. Els Illuminati no són comunistes, però alguns comunistes són Illuminati.

(1) La monarquia (tesi) es va enfrontar a la democràcia (antítesi) a la Primera Guerra Mundial, la qual cosa va acabar en la formació del comunisme i de la Lliga de les Nacions (síntesi).

(2) La democràcia i el comunisme (tesi) es van enfrontar al

feixisme (antítesi) a la Segona Guerra Mundial i va donar lloc a unes més potents Nacions Unides (síntesi).

(3) El capitalisme (tesi) s'enfronta ara al comunisme (antítesi) i el resultat serà el nou ordre mundial, el socialisme totalitari (síntesi).

L'informe del 1953 de la Comissió Investigadora d'Educació del Senat de Califòrnia va afirmar: "L'anomenat Comunisme modern és aparentment la mateixa conspiració mundial hipòcrita per destruir la civilització que va ser fundada pels Illuminati, i que va aixecar el cap aquí a les nostres colònies el període crític abans de l'adopció de la nostra Constitució". El Senat de Califòrnia entén que el comunisme és el treball dels Illuminati. No es van adonar que el Consell de Relacions Exteriors i la Comissió Trilateral són també el treball dels Illuminati. Heu de començar a pensar correctament. L'enemic no és el comunisme, és l'il·luminisme. Els comunistes no seran molt més feliços que nosaltres amb el Nou Ordre Mundial.

Espero demostrar que la majoria de les societats secretes modernes i sobretot les que practiquen graus d'iniciació - i aquesta és la clau - en realitat són una societat amb un propòsit. Podeu anomenar-les com vulgueu - l'Ordre de la Recerca, la Societat JASON, els Roshaniya, la Càbala, els Cavallers Templers, els Cavallers de Malta, els Cavallers de Colom, els Jesuïtes, els Maçons, l'Ordre Antic i Místic dels Rosae Crucis, els Illuminati, el Partit Nazi, el Partit Comunista, els membres executius del Consell de Relacions Exteriors, el Grup, la Confraria del Drac, els Roscareu, l'Institut Reial d'Afers Internacionals, la Comissió Trilateral, el Grup Bilderberg, l'Open Friendly Secret Society (el Vaticà), la Russell Trust, els Skull & Bones, els Scroll & Key, l'Ordre - totes són el mateix i totes treballen per al mateix objectiu final, un Nou Ordre Mundial.

Moltes d'elles, però, no estan d' acord sobre exactament qui governarà aquest Nou Ordre Mundial, i això és el que fa que de vegades tibin en direccions oposades, mentre continuen, però, cap al mateix objectiu. El Vaticà, per exemple, vol al Papa al capdavant de la coalició mundial. Alguns volen al Senyor Maitreya al capdavant del Nou Ordre Mundial. El Senyor Maitreya és el favorit, crec, ja que els testimonis diuen que ell estava present a la nau a Malta amb Bush, Gorbatxov, i els deu caps regionals del Nou Ordre Mundial. "Al voltant de 200 dignataris de tot el món van assistir a una important conferència iniciada per Maitreya a Londres el 21 i 22 d'abril de 1990. Representants dels governs (inclosos els EUA), membres de les famílies reials, líders religiosos i periodistes, tots els quals s'havien reunit amb Maitreya abans, van assistir a la conferència." Cita de "Prophecy Watch" una secció del Whole Wheat N º 8, de Minneapolis.

També algú s'ha gastat un munt de diners anunciant la seva presència. El mateix Papa haurà d'aprovar-ho en cas que Maitreya sigui el seleccionat, però, i així es compliria la profecia del llibre de Apocalipsi de la Bíblia que diu que serà Roma qui donarà el poder a la primera bèstia. Si podeu interpretar l'Apocalipsi com jo, llavors sabreu que el Papa en última instància, guanyarà i regnarà com la segona bèstia.

El 1952 es va crear una aliança, reunint-los a tots junts per primera vegada en la història. Les Famílies Negres, els Illuminati (l'Ordre), el Vaticà, i els maçons ara treballen junts per implantar el Nou Ordre Mundial. Tots proclamaran la seva innocència i faran el que puguin per destruir a qualsevol que suggereixi el contrari. **Sens dubte, jo em convertiré en un objectiu en quan es publiqui aquest llibre.**

Veureu que alguns dels que figuren en els paràgrafs anteriors no posen en pràctica els graus d'iniciació, o això és el que sembla. Aquesta és l'opinió pública. Fixeu-vos en el Consell de Relacions Exteriors. Molts dels seus membres - de fet, la majoria - no hi són als comitès executius. Mai han de passar cap mena d'iniciació. De fet, són la base del poder i se'ls utilitza per obtenir un consens d'opinió. La majoria realment no són ni membres, però fan veure que ho són. En realitat estan sent utilitzats i no estan disposats o no poden entendre-ho. El Comitè Executiu és un nucli intern d'associats íntims, membres d'una societat secreta anomenada l'Ordre de la Recerca, també coneguda com la Societat JASON, dedicada a un propòsit comú. Els membres són un cercle exterior en què el nucli intern actua mitjançant la persuasió personal, el clientelisme i la pressió social. Aquesta és la forma en que van comprar Henry Kissinger. Rockefeller va fer a Kissinger una donació de 50.000 dòlars a principis dels anys 50, una fortuna en aquells temps, i va fer al vell i estimat Henry membre del CFR. Qualsevol del cercle exterior que no segueixi el dictat es expulsat sumàriament i la lliçó no passa desapercebuda als que es queden. Recordeu el desig humà de formar part dels escollits? Aquest és el punt de partida del treball.

El poder real són els homes que sempre són reclutats sense excepció de les societats secretes de Harvard i Yale conegudes com Skull & Bones i Scroll & Key. Les dues societats són branques secretes (també anomenades la Germandat de la Mort) del que d'una altra manera, és històricament coneguda com els Illuminati. Estan connectats a les organitzacions de pares d'Anglaterra (el grup de la Universitat d'Oxford i especialment, l'All Souls College), i a Alemanya (la Societat Thule, també anomenada la Germandat de la Mort). Això ho vaig saber quan estava a la Intel·ligència Naval. No era capaç d'explicar- me per què alguns membres del Comitè Executiu no eren enumerats a la secció "Adreces" del Capítol 322 de la Societat Skull & Bones fins que vaig llegir Els Reis Mags de Walter Isaacson i Evan Thomas, Simon and Schuster, Nova York. Sota la il·lustració nº 9 al centre del llibre podeu trobar l'epígraf "Lovett amb la Unitat de Yale, a dalt a l'extrem de la dreta, i a la platja: La seva iniciació a la Skull and Bones *(Crani i Ossos)* es va produir en una base aèria prop de Dunkirk." He descobert que els membres d'aquestes dues societats sempre van ser elegits per invitació basada en mèrits posteriors a la universitat i no es limitava només a assistents a Harvard o Yale.

Només els membres de l'Ordre són iniciats a l'Ordre de la Recerca, la Societat JASON composa els membres executius del Consell de Relacions Exteriors i de fet, també la Comissió Trilateral. Els membres executius del Consell de Relacions Exteriors són realment els elegits en aquest país. George Bush és membre de l'Ordre. ¿Sorpresos? No ho hauríeu d'estar. El seu pare també n'era un membre que va ajudar a finançar a Hitler.

És important que sapigueu que els membres de l'Ordre presten un jurament que els absol de qualsevol lleialtat a cap nació ni cap rei ni govern ni constitució, i que inclou la negació de qualsevol subsegüent jurament de fidelitat que se'ls pugui requerir que facin. Només juren lleialtat a l'Ordre i la seva meta d'un Nou Ordre Mundial. George Bush no és un ciutadà lleial als Estats Units, sinó que és lleial només a la destrucció dels Estats Units i a la formació del Nou Ordre Mundial. D'acord amb el jurament que Bush va fer quan va ser iniciat a la Skull & Bones, el jurament del seu càrrec com a President dels Estats Units d'Amèrica no significa res.

La Comissió Trilateral és un grup d'elit d'uns 300 molt prominents homes de negocis, polítics i intel·lectuals que prenen decisions de l'Europa Occidental, Amèrica del Nord i Japó. Aquesta empresa és una agència privada que treballa per enfortir la cooperació política i econòmica entre les tres regions. El seu gran projecte, que ja no s'amaga, és un Nou Ordre Mundial.

La Comissió Trilateral va ser idea del seu fundador, el nord-americà magnat de la banca David Rockefeller. La veritable raó de la seva creació va ser la disminució del poder del Consell de Relacions Exteriors, com resultat de la insatisfacció de la gent amb la guerra del Vietnam. El raonament darrere de la tendència cap a la Comissió Trilateral és el mateix que el d'inscriure dos cavalls en una mateixa cursa. Les possibilitats de guanyar es dupliquen. El poder real s'ha mantingut sempre sòlidament en mans del Consell de Relacions Exteriors. La família Rockefeller va ser, és i serà sempre el benefactor de les dues organitzacions. Rockefeller, tot i que és poderós, no té el control d'aquest país ni de cap altre lloc. La clau del poder REAL és el fet que Rockefeller havia de temptejar el terreny en una reunió del Grup

Bilderberg el 1972 sobre la formació d'un grup privat de líders trilaterals. El grup Bilderberg va donar el vistiplau i l'home de Rockefeller, Zbigniew Brzezinski va aconseguir formar-ne part i organitzar la Comissió Trilateral el 1972, no el 1973, com afirma la Comissió.

Una clau per al perill presentat per la Comissió Trilateral és la seva "Pau Seminal", escrita per encàrrec seu pel professor de Harvard Samuel P. Huntington a mitjans dels anys 70. En el document el professor Huntington recomanava que la democràcia i el desenvolupament econòmic es descartessin com idees antiquades. Va escriure, com coautor, al llibre Les crisis en la democràcia: "Hem arribat a reconèixer que hi ha possibles límits desitjables per al creixement econòmic. També existeixen límits potencialment desitjables en la indefinida extensió de la democràcia política. Un govern que no tingui autoritat tindrà poca capacitat, sota una crisi catastròfica, d'imposar al seu poble els sacrificis que puguin ser necessaris." Les crisis i els sacrificis sobre els que parla seran discutits en un capítol posterior.

Recordeu que George Bush era membre de la Comissió Trilateral i només va renunciar per conveniència de ser elegit. Creu de tot cor en la Comissió i en les seves idees i ideals. Hem elegit un president que creu que s'han de rebutjar la democràcia i el desenvolupament econòmic. Ja us dic ara que està treballant per aquest fi. Bush segueix sent membre de l'Ordre i del CFR.

La Societat JASON o Erudits JASON, rep el seu nom de la història de Jason i el velló d'or, i és una branca de l'Ordre de la Recerca, un dels més alts graus dels Illuminati. El velló d'or pren el paper de la veritat per als membres de la JASON. Jason representa la recerca de la veritat. Per tant el nom de la Societat JASON denota un grup d'homes que es dediquen a la recerca de la veritat. El nom de Jason s'escriu amb majúscules quan s'utilitza com el nom de la Societat JASON. No es fan servir mai lletres minúscules per referir-se a aquest grup secret.

Nota de l'autor: El nom pot fins i tot tenir un significat més profund, ja que el nom de "Jason" i el velló d'or apareixen a través de la història en relació amb varies altres societats secretes organitzatives. En aquests casos, la història representa a l'home (Jason) a la recerca de si mateix (el Velló d'Or).

Documents secrets que vaig llegir mentre era a la Intel·ligència Naval indicaven que el president Eisenhower havia encarregat a la Societat JASON que examinés totes les proves, els fets, les mentides i l'engany i trobés la veritat sobre la qüestió extraterrestre.

Entre els fundadors del Grup JASON (no és el mateix que la Societat JASON) s'inclouen membres del famós Projecte Manhattan, que va reunir a gairebé tots els físics capdavanters de la nació per construir la bomba atòmica durant la Segona Guerra Mundial. El grup està compost majoritàriament per físics teòrics i és la reunió més elitista de ments científiques als Estats Units. A partir de 1987 entre els seus membres s'incloïen quatre guanyadors del Premi Nobel.

Avui JASON continua oferint ajuda científica que el govern no pot trobar en cap altre lloc. És molt probable que siguin l'únic grup de científics dels Estats Units que coneixen el veritable estat de la tecnologia més avançada.

JASON està embolicat en el que sembla ser el secret innecessari. El grup es nega a fer pública la llista dels seus membres. No hi ha cap llista de membres de JASON als seus fulls oficials. Treballen completament entre bastidors, JASON ha guiat les decisions de seguretat més importants de la nació. Aquestes inclouen, però no es limiten a, Star Wars, la guerra submarina, i prediccions sobre l'efecte hivernacle. Als cadascun dels membres de JASON se'ls paga com honoraris de consultoria 500 dòlars diaris.

Als documents que vaig llegir mentre era a la Intel·ligència Naval la Jason predeia que l'efecte hivernacle en última instància conduiria a una edat de gel.

Segons el Pentàgon, els Jason tenen les màximes i més restrictives mesures de seguretat de la nació. Se'ls dóna el rang de protocol de contraalmirall (dues estrelles) quan visiten o viatgen a bord de vaixells o visiten bases militars. L'única altra referència al grup JASON que he pogut trobar ha estat a The Pentagon Papers. Els documents indicaven que Jason havia estat el responsable de dissenyar la barrera electrònica entre Vietnam del Nord i del Sud per tal de segellar la infiltració del Sud per part de tropes regulars de Vietnam del Nord durant la guerra del Vietnam. Jo estava destinat a la zona de distensió i us puc dir que no funcionava.

El vel de secretisme elaborat entorn del Grup JASON és tan fort i tan a prova de fuites, des de la seva concepció que els que pensen que el govern no pot mantenir res en secret caldria que tornessin a examinar la seva posició. El govern ha estat capaç de mantenir en secret a JASON a excepció d'una fuita; però el propi Grup JASON, un grup civil, encara ho ha fet millor. Mai s'ha produït cap fuita des de dins de JASON. JASON és administrat per la Mitre Corporation. Els contractes governamentals assignats a la Corporació Mitre són, en realitat, assignats als científics de JASON. Això es fa així per què el nom JASON no aparegui mai a documents que puguin quedar a la vista del públic.

Quina diferència hi ha entre els Erudits JASON, la Societat JASON i el Grup JASON? Els documents que he llegit fan referència a la Societat JASON exactament amb aquestes paraules. Als documents públics, l'única referència a JASON és el Grup JASON, administrat per la Mitre Corporation. Crec que la Societat JASON és un dels graus més alts per damunt dels Skull & Bones i els Scroll & Key als Illuminati. En altres paraules, és un nivell més alt d'iniciació. El Grup JASON és una organització científica formada i contractada per la Societat JASON i el Govern dels EUA per raons òbvies.

Sé molt més sobre la Societat JASON i el Grup JASON, però no vull afectar al Sr Grant Cameron, que ha realitzat una àmplia investigació sobre aquests temes. La seva investigació es publicarà els propers mesos. Garanteixo que els seus resultats us sorprendran.

El Consell de Relacions Exteriors ha estat el flanc més important en l'establiment de la política exterior dels Estats Units des de fa més de mig segle. El Consell de Relacions Exteriors és una organització privada d'executius dels negocis, acadèmics i líders polítics que estudia els problemes globals i juga un paper clau en el desenvolupament de la política exterior dels EUA. El CFR és un dels més poderosos grups semi-oficials que s'ocupen del paper dels Estats Units en assumptes internacionals. És controlat per un grup electe de homes reclutats als Skull & Bones i Scroll & Key, les principals societats de Harvard i Yale, que són dos capítols d'una branca secreta dels Illuminati coneguda com Capítol 322 de l'Ordre [veure pàgina 57]. Els membres de l'Ordre conformen el Comitè Executiu del Consell de Relacions Exteriors després de sotmetre's a la iniciació en l'Ordre de la Recerca, també coneguda com Societat JASON.

El Consell de Relacions Exteriors és una organització germana, una ramificació del Reial Institut Britànic d'Afers Internacionals. La seva meta és un Nou Ordre Mundial. Tot i que existia com un club gastronòmic de Nova York, no va passar a tenir el poder actual fins al 1921, quan es va fusionar amb l'Institut Reial d'Afers Internacionals i va rebre la base financera de J.P. Morgan, el Carnegie Endowment, la família Rockefeller i altres interessos bancaris de Wall Street.

El Consell de Relacions Exteriors controla el nostre govern. A través dels anys els seus membres s'han infiltrat en tota la branca executiva, el Departament d'Estat, el Departament de Justícia, la CIA i els primers llocs dels militars. TOTS ELS DIRECTORS DE L'AGÈNCIA CENTRAL D'INTEL·LIGÈNCIA HAN ESTAT MEMBRES DEL CFR. LA MAJORIA DELS PRESIDENTS DES DE ROOSEVELT N'HAN ESTAT MEMBRES. Els membres del CFR dominen als propietaris de la premsa i la majoria dels periodistes més importants dels Estats Units, si no tots, en són membres. El CFR no s'ajusta a la política del govern. El govern s'ajusta a la política de CFR. L'apèndix conté la llista de membres del CFR més actualitzada que he estat capaç de trobar.

He llegit documents classificats com top secret, mentre era a la Intel·ligència Naval que declaraven que el president Eisenhower havia nomenat a sis dels membres del Comitè Executiu del CFR per formar part del grup anomenat Majestat Dotze també conegut Majoria Dotze per raons de seguretat. Majestat Dotze és el grup secret que se suposa que controla la informació i els projectes extraterrestres. Els documents indicaven que Eisenhower també havia designat a sis membres de la branca executiva del govern que també eren membres del CFR. El total de membres de Majestat Dotze era de dinou, entre ells el Dr. Edward Teller i els sis membres del grup científic JASON. Un cop més, si això és cert o és desinformació només depèn de l'existència d'extraterrestres.

El CFR és una societat secreta en què es prohibeix prendre notes o publicar les actes de les reunions. Qualsevol membre que divulgui el tema o qualsevol part de qualsevol conversa o xerrada que hagi tingut lloc durant una reunió és expulsat. L'objectiu del Consell de Relacions Exteriors és un Nou Ordre Mundial. George Bush és membre del CFR.

Els Cavallers de Malta juguen un paper important en aquest escenari. Al 1930 el general Smedley Butler va ser reclutat per ajudar a fer-se càrrec de la Casa Blanca. Se li va dir que era necessari a causa de la seva estesa popularitat entre els militars. El general Butler va fer sonar el xiulet i va nomenar a diversos nord-americans prominents a formar part de la trama. Al capdamunt de la llista hi havia John J. Raskob, que era membre fundador de la branca dels Cavallers de Malta als EUA. Era president del consell de General Motors. En aquell moment era Tresorer dels Cavallers de Malta als EUA. Es van celebrar audiències al Congrés per investigar la trama, però cap dels implicats, incloent-hi a Raskob, van ser cridats a declarar en cap moment i de les audiències no en va sortir res. Tot i que ho podeu trobar als registres del Congrés, no ho trobareu MAI enlloc en CAP llibre d'història.

És significatiu que l'episodi Iran-Contra tingui moltes similituds amb la trama del 1930. William Casey era membre dels Cavallers de Malta. William Casey, amb l'ajuda del vicepresident Bush, Anne Armstrong i Donald Regan, van mutilar el Consell Assessor d'Intel·ligència Exterior del president per què Bush, Casey, North i altres poguessin dur a terme els seus actes bruts i sense supervisió. També havien desenvolupat un pla per suspendre la Constitució dels Estats Units i es preparaven per implementar el pla quan van ser capturats. Aquests fets van sorgir de les audiències, però van ser suprimits pel president del comitè, el senador Daniel Inouye de Hawaii. Heu d'entendre que un poder terrible estava involucrat en els dos intents d'enderrocar el Govern dels Estats Units.

William Casey era el director de la CIA. Era membre del CFR. Casey era Cavaller de Malta. Va ser el cap de la campanya política de Ronald Reagan. Va ser cap de la Comissió de Borsa i Valors. Durant el govern de Nixon era president del Banc d' Exportació i Importació.

Casey va signar un finançament per a la fàbrica de camions Kama River a la Unió Soviètica amb el 90 % dels fons garantits o proveïts pel contribuent dels EUA. Aquesta fàbrica construïa motors de camions i tancs militars per a l'exèrcit soviètic. Era, i encara pot seguir sent, la fàbrica més gran del món i podria produir camions més pesats que totes les fàbriques dels Estats Units juntes. Crec que Casey va ser assassinat.

Els Cavallers de Malta és una organització mundial els fils de la qual s'ordeixen a través dels negocis, la banca, la política, la CIA, altres organitzacions d'intel·ligència, la P2, la religió, l'educació, la llei, els militars, els centres de recerca, les fundacions, l'Agència d'Informació dels Estats Units, les Nacions Unides i moltes altres organitzacions. No és de les més antigues, però és una de les branques més antigues que existeix de l'Ordre de la Recerca. El cap mundial dels Cavallers de Malta és elegit per a un mandat vitalici, amb l'aprovació del Papa. Els Cavallers de Malta tenen la seva pròpia Constitució i han jurat treballar per a l'establiment d'un Nou Ordre Mundial amb el Papa al capdavant. Els membres dels Cavallers de Malta també són membres poderosos del CFR i de la Comissió Trilateral.

El Vaticà ha estat infiltrat durant molts anys pels Illuminati. Això ho demostra fàcilment el fet que el 1738 el papa Climent XII va emetre una butlla papal que establia que qualsevol catòlic que es fes maçó seria excomunicat, un càstig molt seriós. El 1884 el Papa Lleó XIII va emetre una proclama declarant que la maçoneria era una de les societats secretes que atemptaven en fer "reviure els usos i costums dels pagans" i "establir el regne de Satanàs a la Terra." Piers Compton, al seu llibre La creu trencada, traça la infiltració de l'Església Catòlica pels Illuminati. Ha descobert l'ús de l'ull que tot ho veu en el triangle que porten els líders catòlics i els jesuïtes. Va ser utilitzat al segell del Congrés Eucarístic de Filadèlfia del 1976. Va aparèixer en una edició especial de segells del Vaticà el 1978, anunciant la victòria final dels Illuminati sobre el món. El Sr Compton afirma que el Papa Joan XXIII utilitzava el "ull que tot ho veu al triangle" a la seva creu personal. Compton està convençut que diversos CENTENARS dels principals sacerdots catòlics, bisbes i cardenals són membres de societats secretes. Cita un article d'una revista italiana que enumera a més de 70 funcionaris del Vaticà, entre ells el secretari privat del Papa Pau VI, el director general de Ràdio Vaticà, l'arquebisbe de Florència, el prelat de Milà, l'assistent de l'editor del diari del Vaticà, diversos bisbes italians, i l'abat de l'Ordre de Sant Benet. Aquests només són els coneguts i només els que són més coneguts a Itàlia. L'opinió generalitzada és que aquest Papa, Joan Pau XXII, és membre dels Illuminati. Crec que, d'acord amb la meva recerca, això és veritat. La millor indicació de la infiltració és que el 27 de novembre del 1983, el Papa es va retractar de totes les butlles papals contra la maçoneria i va permetre que els catòlics, després de centenars d'anys, poguessin tornar a ser membres de societats secretes, sense por a l'excomunió. L'objectiu dels Illuminati d'elegir a un dels seus per al papat sembla haver arribat a bon terme. Si aquest és el cas, el Nou Ordre Mundial està tot just a l'horitzó. Ara és el moment.

El primer ambaixador dels EUA al Vaticà va ser William Wilson, un Cavaller de Malta. El seu nomenament probablement va ser il·legal i, de fet, va ser molt poc ètic. Wilson no podia representar als EUA mentre jurava lleialtat al Papa.

Wilson, si ho recordeu, va fer un viatge no autoritzat a Líbia i es va reunir en privat amb funcionaris libis en un moment en què els viatges a Líbia havien estat prohibits pel president. El president Ronald Reagan havia dit que Gaddafi era "un gos rabiós" i l'havia amenaçat amb contundència. Els EUA havien decidit bombardejar Líbia malgrat fossin assassinats civils. Després del viatge de Wilson, Gaddafi va emetre un comunicat de premsa declarant que "un diplomàtic nord-americà havia estat enviat a reduir les tensions amb Líbia." El Departament d'Estat ho va negar. L'ambaixador Wilson no va badar boca i es va negar a fer cap comentari. A dia d'avui encara no ha dit res, tot i que les seves accions van deixar als Estats Units com mentiders i ens va avergonyir davant de tothom.

Una pista del que estava succeint és el fet que mentre havíem trencat relacions amb Líbia i fins i tot els havíem bombardejat i mentre els viatges de ciutadans nord-americans a Líbia estaven prohibits, cinc grans conglomerats petroliers s'estaven omplint les butxaques fent tractes amb Gaddafi. Una de les empreses estava encapçalada per J. Peter Grace, President de WR Grace. Vuit membres de la WR Grace Company són membres dels Cavallers de Malta. Segons un article de Leslie Geld al New York Times, certs funcionaris de l'administració havien expressat la seva preocupació per les activitats del Sr Wilson. Aquestes accions, deien, sovint semblaven girar al voltant dels seus contactes i interessos al negoci del petroli.

Wilson hauria d'haver estat acomiadat, però no va passar res, excepte que ell i la seva dona van assistir a una missa Papal de Pasqua i estava al costat de George Schultz i la seva esposa. En llenguatge diplomàtic això indicava l'aprovació privada de les seves accions. George Schultz, per descomptat, és membre del CFR, del Bohemian Club i de Bechtel Corporation, tots els quals tenen estrets vincles amb l'Ordre i els Cavallers de Malta.

Wilson es va veure compromès en diverses irregularitats durant la seva tasca d'ambaixador. Un cop més, en cada cas, no va passar res. Finalment va renunciar. Més endavant, si recordeu, el president Reagan va patir una caiguda d'un cavall al ranxo de William Wilson a Mèxic. Creieu de debò que el president Reagan hauria anat a casa de Wilson a Mèxic si no hagués aprovat les seves accions mentre era ambaixador dels EUA al Vaticà?

El Cavaller de Malta Myron Taylor era missatger del president Roosevelt. El Cavaller de Malta John McCone era missatger del president Kennedy, i també va ser el director de la CIA a principis dels anys 60. Un exalcalde de la ciutat de Nova York, Robert Wagner, era missatger del president Jimmy Carter. Frank Shakespeare va reemplaçar a William Wilson. Frank Shakespeare era Cavaller de Malta, i encara ho és. El president Reagan va fer un parlament al sopar anual dels Cavallers de Malta.

TOTS els Cavallers de Malta tenen immunitat diplomàtica. Poden enviar mercaderies a través de les fronteres sense pagar aranzels o sotmetre's a control duaner. Us sona això? En tot cas, és el poder.

La columna vertebral que sosté als Cavallers de Malta és la noblesa. Gairebé la meitat dels seus 10.000 membres pertanyen a les famílies més antigues i poderoses d'Europa. Això consolida l'aliança entre el Vaticà i la "Noblesa Negra." La Noblesa Negra són sobretot els rics i poderosos d'Europa. El cap de la Noblesa Negra és la família que pot reclamar la descendència directa de l'últim emperador romà. Potser ara podeu veure que les coses estan començant a posar-se al seu lloc. La pertinença als Cavallers de Malta implica l'obediència a un superior de l'ordre i en última instància al Papa. Per tant, un ambaixador dels EUA, que també sigui membre dels Cavallers de Malta s'enfronta a un conflicte d'interessos. Per què s'ignora aquest fet? El president Bush va nomenar al Cavaller de Malta Thomas Melledy per al càrrec d'ambaixador dels EUA al Vaticà.

El Vaticà ha fundat el Centre Joan Pau II per a la pregària i l'estudi de la Pau al 1711 de l'Ocean Avenue, a Springlake, Nova Jersey, en una mansió amb vistes a l'oceà. La mansió va ser donada a l'Arquidiócesis de Nova York pels successors d'Elmer Bobst, que va morir al 1978. Era multimilionari i president de la Warner Lambert Company. Richard Nixon n'era un visitant freqüent. Els directors del Centre van ser Kurt Waldheim, ex secretari general de les Nacions Unides i ex-nazi criminal de guerra; Cyrus Vance, l'ex Secretari d'Estat amb Carter i membre tant del Consell de Relacions Exteriors com de la Comissió Trilateral; Clare Booth Luce, una dama dels Cavallers de Malta; i J. Peter Grace de la WR Grace Company, que és el cap dels Cavallers de Malta als Estats Units. El Centre va ser creat pel Vaticà com a part del nou pla de pau del Papa, el que farà que el món s'ajunti (veure el meu article "El Govern Secret"). El Centre té dues funcions: (1) Educar als catòlics i als seus fills per acceptar el Nou Ordre Mundial. (2) Proporcionar residència per a l'ordinador solució-pau-mundial i un estudi en curs de solucions pacífiques als problemes futurs que puguin posar en perill la pau mundial. L'ordinador està connectat a les capitals del món a través de satèl·lits. Totes les nacions han acordat renunciar a la seva sobirania davant del Papa i enviar els futurs problemes a l'ordinador per a la seva solució. Per descomptat, això no entrarà en vigor fins que el Nou Ordre Mundial sigui anunciat públicament. Crec que el Nou Ordre Mundial va néixer en secret el 19 de gener del 1989. Ara ja ho sabeu.

Familiaritzeu-vos de nou amb els ensenyaments de Jesús. Compareu les seves ensenyances amb els principis dels Illuminati i després compareu-les amb el següent. El Vaticà ha declarat en diverses ocasions que "el Papa està a favor del desarmament total, el Papa està a favor de l'eliminació de la sobirania dels estats-nació, el Papa també diu que els drets de propietat no han de ser considerats drets de propietat de veritat. El Papa creu que només el Vaticà sap el que és correcte per a l'home".

A principis de 1940, la I.G. Farben Chemical Company va emprar un venedor polonès que va vendre el cianur als nazis per què l'utilitzessin a Auschwitz. El mateix venedor també va treballar com a químic en la fabricació del gas verinós. Aquest mateix gas de cianur juntament amb Zyklon B i el malation es va utilitzar per exterminar a milions de Jueus i altres grups. Els seus cossos després van ser reduïts a cendres als forns. Després de la guerra, el venedor, tement per la seva vida, va entrar a l'Església catòlica i va ser ordenat sacerdot el 1946. Un dels seus amics més propers era el Dr. Wolf Szmuness, el cervell darrere dels assajos experimentals de vacunes contra l'hepatitis B del Novembre/78 a l'Octubre/79 i del Març/80 a l'Octubre/81 duts a terme pel Centre per al Control de Malalties, a Nova York, San Francisco i a quatre ciutats americanes que van desfermar la plaga de la SIDA al poble nord-americà. El venedor va ser ordenat com el bisbe més jove de Polònia el 1958. Després de 30 dies de regnat el seu predecessor va ser assassinat i el nostre ex-venedor de gas de cianur va assumir el papat com Joan Pau II.

1990 és el moment adequat amb els líders adequats: l'ex cap de la policia secreta soviètica Mikhail Gorbachev, l'excap de la CIA George Bush, l'ex-nazi venedor de gas de cianur Papa Joan Pau II, tots vinculats per una aliança profana a fer sonar el Nou Ordre Mundial.

El Papa ha desafiat als líders mundials en afirmar que els pobles del món ja reconeixen l'autoritat absoluta de Roma perquè observen el diumenge com dia de repòs com va ordenar el Papa en el Concili de Laodicea (364 dC). Els Deu Manaments originals donats a Moisès per Déu ordenaven que hem de:

Recordar que el dissabte
és per santificar. Treballaràs
sis dies, i faràs tota la feina;
però el setè dia és el
repòs del Senyor, el teu Déu ; en
el que no has de treballar,
ni tu, ni el teu fill, ni la teva filla,
ni el teu servent, ni la teva criada,
ni el teu bestiar, ni l'estranger
que estigui de les teves portes en dins:
Perquè el Senyor va fer en sis dies els cels i la terra,
el mar i tot el que hi ha en ells,
i el setè dia va reposar: per tant,
el Senyor va beneir el dissabte, i
el va santificar.

El setè dia, el Sabbath va ser lliurat a Moisès per Déu, és el Dissabte. La celebració del diumenge com el Sabbath és la verificació que les persones reconeixen que el Papa ESTÀ PER SOBRE DE DÉU. L'únic poble que TOT ELL no ha reconegut l'autoritat del Papa és el poble jueu, i és per això que el Vaticà no ha reconegut ni reconeixerà l'estat d'Israel. El Vaticà es nega fins i tot a dir-li Israel. En canvi, el Vaticà diu Palestina quan parla d'Israel. UN COP MÉS HE DE RECORDAR-VOS QUE VOSALTRES CREIEU QUE NOMÉS ÉS UNA PETITA DIFERÈNCIA. EL QUE ÉS IMPORTANT QUE ENTENGUEU ÉS QUE SI ELLS CREUEN AIXÒ, US PORTARÀ MALSONS.

"El Papa té molt carisma i en un sistema mundial unificat es necessita un cap religiós per al poder. Khomeini ho ha demostrat. Aquest Papa té prou seguidors i carisma per realitzar el que considerem una gran amenaça en aquest moviment." [Cita de l'Informe Mantooth.]

"El Papa Joan Pau II està ansiós per completar el seu objectiu. El seu objectiu és reunir al món cristià sota el LIDERATGE DEL PAPAT. A ser possible, espera arribar a la seva meta a finals d'aquest segle. Aquesta és la principal raó darrere de molts dels viatges arreu del món del Papa". [D'un article de Gene H. Hogberg, novembre / desembre 1989, La Pura Veritat.]

Sabíeu que Hitler i tot el seu personal eren catòlics? Sabíeu que els nazis feien incursions a l'ocultisme? Sabíeu que el New York Times del 14 d'abril del 1990, cita a George Bush dient: "Deixeu- me perdonar als criminals de guerra nazis." Em pregunto per què va dir això? Sabíeu que el diari Los Angeles Times, del 12 de desembre del 1984, citava al Papa Joan Pau II dient: "No vagis a Déu a demanar perdó pels pecats, vine a mi." El Papa va blasfemar, complint així la profecia segons el llibre d'Apocalipsi. El Papa ens diu que ELL ÉS Déu!

RECORDEU - NO ADORAREU MAI CAP LÍDER. SI ADOREU UN LÍDER, JA NO TINDREU LA CAPACITAT DE RECONÈIXER QUE HEU ESTAT ENGANYATS!

El 21 de juliol del 1773 el Papa Clement XIV "va anul·lar i extingir a perpetuïtat la Companyia de Jesús". França, Espanya i Portugal independentment se'n havien adonat que els jesuïtes s'estaven ficant en els assumptes de l'Estat i per tant eren enemics del govern. L'acció del Papa va ser una resposta a la pressió aplicada per les monarquies. El rei José de Portugal va signar un decret "pel qual els jesuïtes havien de ser denunciats com 'traïdors, rebels i enemics del regne...' " El Papa Pius VII l'agost del 1814, va reintegrar als jesuïtes tots els seus antics drets i privilegis.

L'ex-president John Adams va escriure al seu successor, Thomas Jefferson: "A mi no m'agrada la reaparició dels jesuïtes. Si alguna vegada hi ha hagut un grup d'homes que mereixen la condemnació eterna a la terra... és aquesta Societat..." Jefferson va respondre: "Igual que vostè, jo desaprovo la restauració dels jesuïtes, ja que significa un pas enrere de la llum cap a la foscor."

Els jesuïtes encara tenen problemes avui com els han tingut al llarg de la seva existència. El 28 de febrer del 1982, el Papa Pau II va dir als jesuïtes "manteniu-vos apartats de la política i honoreu la tradició catòlica." L'informe del News and World dels EUA afirma que els jesuïtes s'havien ficat en els assumptes de les nacions.

L'article deia: "els jesuïtes han exercit certs papers principals en la revolució sandinista de Nicaragua. Alguns jesuïtes s'han sumat a partits comunistes. Un sacerdot al Salvador ha afirmat que la seva ordre està treballant per al progrés del marxisme i de la revolució, no per a Déu...... Els jesuïtes s'han unit als moviments rebels d'esquerra a Amèrica Central i les Filipines, i han advocat per una fusió del marxisme i el catolicisme romà en el que s'anomena "teologia de l'alliberament"'.

Quan Estats Units volia emprar les formes més repugnants de la política de despoblació d'Haig- Kissinger a l'Amèrica Central van ser els jesuïtes els que van organitzar i empènyer la gent a una guerra civil. Allà on van els jesuïtes, ràpidament els segueix la revolució. Sempre m'entristeix veure o sentir que la gent ha estat ferida; però segons la meva investigació, els sacerdots jesuïtes assassinats a Amèrica Central probablement s'ho mereixien.

L'organització secreta més poderosa del món és el Grup Bilderberg, va ser organitzat el 1952 i porta el nom de l'hotel on va tenir lloc la seva primera reunió el 1954. L'home que va organitzar el Grup Bilderberg, el Príncep Bernhard dels Països Baixos, té el poder de veto en l'elecció de qualsevol Papa que seleccioni el Vaticà. El Príncep Bernhard té aquest poder de veto perquè la seva família, els Habsburg, són descendents dels emperadors romans. El Príncep Bernhard és el líder de les famílies negres. Afirma que descendeix de la casa de David i per tant pot veritablement dir que està relacionat amb Jesús. El príncep Bernhard, amb l'ajuda de la CIA, va portar el cos de govern ocult dels Illuminati al coneixement públic com el Grup Bilderberg. Aquesta és l'aliança oficial que constitueix l'òrgan de govern mundial.

El nucli de l'organització és de tres comitès compostos cadascun per tretze membres. Així el cor del Grup Bilderberg consisteix en total en 39 membres dels Illuminati. Els tres comitès estan integrats exclusivament per membres de tots els diferents grups secrets que conformen els Illuminati, la maçoneria, el Vaticà, i la Noblesa Negra. Aquest comitè treballa durant tot l'any en oficines a Suïssa. Es determina qui és convidat a la reunió anual i quines polítiques i plans seran discutits. Cap proposta o pla que mai s'ha discutit en una reunió anual del Grup de Bilderberg ha arribat a passar en general dins d'un o dos anys després de la reunió. El Grup Bilderberg és la direcció de la "guerra silenciosa" que es lliura contra nosaltres. Com poden fer-ho? Aquests són els homes que REALMENT governen el món.

Els números 3,7,9,11,13,39 i qualsevol múltiple d'aquests números tenen un significat especial per als Illuminati. Tingueu en compte que el Grup Bilderberg té un nucli de 39 membres que es divideix en 3 grups de 13 membres en cada grup. Tingueu en compte que el nucli dels 39 respon als 13 que conformen el Comitè Polític. Pareu especial atenció al fet que els 13 membres del Comitè Polític responen a la Taula Rodona dels Nou. Ja sabeu que el nombre original d'estats als Estats Units d'Amèrica era de 13. La Constitució té 7 Articles i va ser signada pels 39 membres de la Convenció Constituent. Els Estats Units van néixer el 4 de juliol del 1776. Juliol és el setè mes de l'any. Afegiu 7 (de juliol) i 4 i que teniu 11; 1+ 7+7+6 = 21, que és múltiple de 3 i 7. Afegiu-hi 2+1 i s'obté 3. Mira les xifres de 1776 i veus dos 7 i un 6, que és múltiple de 3. coincidència, dieu? Jo dic: "Ximpleries!" i realment m'agradaria dir alguna cosa molt més forta. Per a aquells de vosaltres que encara digueu que és accidental, però, ofereixo la següent prova. Podria escriure un llibre només sobre enllaços numèrics, però no ho faré.

Manly P. Hall, i maçó de grau 33è, probablement l'expert més famós sobre aquests temes, va escriure en el seu llibre El Destí Secret dels Estats Units, "fa més de TRES MIL ANYS [èmfasi de WC], que les societats secretes treballen per crear el fons de coneixements necessaris per a l'establiment d'una democràcia il·luminada entre les nacions del món.... totes han seguit... i encara existeixen, com l'Ordre de la Recerca. Certs homes obligats per un jurament secret a treballar en la causa de la democràcia mundial van decidir que a les colònies americanes planificarien les arrels d'una nova forma de vida. L'Ordre de la Recerca... es va crear a Amèrica abans de mitjans del segle 17.... Franklin parlava en nom l'Ordre de la Recerca, i la majoria dels homes que treballaven amb ell els primers dies de la república nord-americana també n'eren membres.... Molts dels fundadors del Govern dels Estats Units no només eren Maçons, sinó que rebien l'ajuda d'un cos secret i magne existent a Europa, que els va ajudar a establir aquest país per a un fi determinat que només coneixien uns pocs iniciats." Vaig trobar aquestes cites a la pàgina 133 d'un llibre, quan se sumen 1+3 +3 dóna el número 7 - coincidència? Jo crec que no.

Podem aconseguir aprofundir una mica en l'Ordre de la Recerca amb el secretari d'Agricultura de Franklin D. Roosevelt, Henry Wallace, l'home directament responsable de la impressió del revers del Gran Segell dels Estats Units al bitllet d'un dòlar. El Sr Wallace, membre de l'Ordre de la Recerca, va escriure en una carta al místic i artista rus Nicholas Roerich: "La recerca - ja sigui per la paraula perduda de la Maçoneria, o el Sant Calze, o les potencialitats de l'era que ha de venir - és l'únic objectiu supremament valuós. Tota la resta és deure kàrmic. Però segur que tothom és un Galahad en potència? Així que podem lluitar pel Calze i la flama que hi ha al damunt." El Sant Grial apareix regularment en els escrits del secret al Gran Segell dels Estats Units on veiem l'antic símbol de la Germandat de la Serp (o Drac), que com ja sabeu és l'ull que tot ho veu en la piràmide que representa a Llucifer en forma de saviesa.

Just a sota de la piràmide hi veureu "Novus Ordo Seclorum", que vol dir "Nou Ordre Mundial." Hi ha

9 plomes de la cua a l'àguila ;
13 fulls a les branques d'olivera;

13 barres i ratlles;
13 fletxes;
13 lletres a "E Pluribus Unum";
13 estrelles a l'escut verd del damunt;
13 pedres a la piràmide;
13 lletres a "Annuit Coeptis."

Tretze és el nombre místic assignat a Satanàs, segons Stan Deyo al seu excel·lent llibre titulat Cosmic Conspiracy.

Tots aquests números místics també tenen un significat especial per als Francmaçons. Hauríeu de ser devots escèptics per perdre-us la tremenda importància de totes aquestes suposades coincidències. Qui de vosaltres pot dir encara que no existeix cap vincle?

Mentre era a la Intel·ligència Naval vaig llegir que almenys un cop l'any, o potser més, dos submarins nuclears es trobaven sota la capa de gel polar i s'acostaven l'un a l'altre dins d'una bombolla d'aire. Els representants de la Unió Soviètica es reunien amb el Comitè de Polítiques del Grup Bilderberg. Als russos se'ls donava el guió de la seva pròxima actuació. Els temes del programa incloïen els esforços combinats del programa espacial secret que havia de regir Alternativa 3. Ara estic en possessió de fotografies oficials de la NASA d'una base lunar al cràter Copèrnic.

Aquest mètode de reunió és l'única manera que està fora de perill de detecció i / o micròfons ocults. Si aquestes reunions fossin descobertes la protesta pública que resultaria ho destruiria tot. Un programa documental de la BBC titulat "Informe sobre la Ciència", va revelar aquests mateixos fets, però posteriorment va emetre una retractació. En la seva retracció assenyalava que el xou havia estat ficció. Cal assenyalar aquí que "Informe sobre la Ciència" era un programa documental - no de ficció - molt respectat a Gran Bretanya. Mai en la seva història havia emès res que fos ficció. Aquest tema s'analitza en profunditat en un altre capítol. No hi ha un altre mètode, que jo conegui, de verificar aquestes breus reunions tret que algú d'alguna manera esdevingués membre de la tripulació d'un dels submarins. És veritable la Alternativa 3, o és una part del pla per rebre el Nou Ordre Mundial? En realitat no importa, perquè de qualsevol manera estem fotuts. Quan més aviat ho entengueu, més savis us tornareu.

Els membres del Grup de Bilderberg són els financers, industrials, homes d'Estat i intel·lectuals més poderosos, que es reuneixen cada any per a una conferència privada dels assumptes mundials. Les reunions proporcionen una oportunitat informal, off-the-record, de barrejar-se als líders internacionals, i es caracteritzen pel dur-se a terme sota un mantell secret.

L'oficina central es troba a l'Haia, a Suïssa, l'únic país europeu que mai ha estat envaït ni bombardejat durant les Guerres Mundials I i II. Suïssa és la seu del poder mundial. L'objectiu del Grup Bilderberg és un govern socialista totalitari d'un únic món i sistema econòmic. Aneu amb compte, ja que el temps s'acaba.

Heu d'entendre que el secret és una equivocació. El mateix fet de que una reunió sigui secreta ja em diu que alguna cosa està passant que no aprovaria. No torneu a creure que homes adults es reuneixen de forma regular només per posar-se bates de luxe, aguantar espelmes, i fer-se encaixades de mà els uns als altres. George Bush, quan va ser iniciat als Skull & Bones, no es va jaure nu en un taüt amb una cinta lligada al voltant dels genitals i explicant a crits els detalls de totes les seves experiències sexuals perquè era divertit. Tenia molt a guanyar acceptant la iniciació a l'Ordre, com podeu veure ara. Aquests homes es troben per raons de pes, i les seves reunions són secretes perquè el que succeeix durant les reunions no seria aprovat per la comunitat. EL MER FET QUE ALGUNA COSA SIGUI MOLT SECRETA VOL DIR QUE ALGUNA COSA S'AMAGA.

John Robison va escriure Proves d'una conspiració el 1798, i crec que ell ho va dir millor al següent passatge del llibre. "Res és tan perillós com una associació mística. L'objecte segueix sent un secret en mans dels directius, la resta es limita a posar-se l'anella als seus propis narius, per què els puguin treure a passejar a plaer; i encara esbufegant després del secret se senten millor, veient menys la seva rutina.

Un objecte místic permet al líder canviar els seus motius tant com li plagui, i acomodar-se a totes les modes o perjudicis del moment. Això li torna a donar un poder gairebé il·limitat; perquè és capaç de fer ús d'aquests prejudicis per liderar als homes com tropes. Ja els troba associats pels seus prejudicis, i a l'espera d'un líder que concentri les seves forces i els posi en marxa. I en quant grans quantitats d'homes es posen en moviment, amb una criatura de la seva fantasia per guia, fins i tot el mateix enginyer no pot dir : 'Has d'arribar fins aquí, i no més.' "

L'home comú és realment tan estúpid com sembla que l'elit creu? Si ho és, llavors potser el ciutadà mitjà està millor sent ignorant, sent manipulat d'aquesta manera i sempre que les elits ho considerin necessari. Descobrirem la resposta molt ràpidament quan l'home comú vegi que la seva entrada a la Terra de la Fantasia acaba d'expirar.

Espero haver-us mostrat el paper de les societats i els grups secrets dins l'estructura de poder mundial. Espero que pugueu veure com aquests grups augmenten i es mantenen en el poder. Heu de tenir una certa comprensió de la forma com els elegits, operant en secret i infiltrant-se en tots els nivells del govern i la indústria de vital importància, incloent-hi la premsa, manipulen la gent i les nacions del món cap a qualsevol direcció que desitjin. Espero que caigueu en el fet que l'estructura de poder secret està anant cap a un estat socialista totalitari (feixisme). No són els nazis, ja que eren un producte d'aquesta estructura de poder. No són els jueus, encara que alguns jueus molt rics hi estan involucrats. No són els comunistes, ja que entren dins la mateixa categoria que els nazis. No són els banquers, però hi juguen un paper important. També espero que estigueu començant a mirar dins vostre per veure si s'ajusta a la vostra realitat. Esteu rebent el missatge? Per a una millor comprensió de les societats secretes i el seu paper a través dels segles, us recomano que llegiu els llibres esmentats com a font de material al final d'aquest capítol.

El president dels EUA, Bush i el president soviètic Gorbatxov van arribar ahir a aquesta illa del Mediterrani per assistir a una cimera a partir d'avui en la què tots dos esperen poder iniciar la recerca d'un Nou Ordre Mundial.
New York Times 1de Desembre del 1989

FONTS

Alamo, Tony, *various writings*, Music Square Church, P.O. Box 710, Van Buren, Arkansas, 72956 (501) 997-8118.
Baigent, Michael, Richard Leigh, and Henry Lincoln, *Holy Blood, Holy Grail*, Delacorte Press, New York, 1982.
Baigent, Michael, Richard Leigh, and Henry Lincoln, *The Messianic Legacy*, Dell Publishing, New York, 1989.
Bramley, William, *The Gods of Eden*, Dahlin Family Press, San Jose, California, 1989.
Cantwell, Alan Jr,. M.C., *AIDS and the Doctors of Death*, Aries Rising Press, 1988.
Carr, William Guy, *Pawns in the Game*, Omni Publications, Palmdale, California, date unknown.
Daraul, Arkon, *A History of Secret Societies*, The Citadel Press, New York, 1961
Epperson, Ralph, *The New World Order*, Publius Press, Tucson, Arizona, 1990.
Epperson, Ralph, *Unseen Hand, An Introduction to the Conspiratorial View of History*, Publius Press, Tucson, Arizona, 1985.
Hall, Manly P., *The Secret Teachings of All Ages*, The Philosophical Research

Society, Inc., Los Angeles, 1988.
Hieronimus, Robert, Ph.D., *America's Secret Destiny, Spiritual Vision & the Founding of a Nation*, Destiny Books, Rochester, Vermont, 1989.
Howard, Michael, *The Occult Conspiracy*, Destiny Books, Rochester, Vermont, 1989.
Mantooth, Don, *The Mantooth Report* (newsletter), November 1989, New Haven, Indiana.
Mullins, Eustace, *The Curse of Canaan*, Revelation Books, Staunton, Virginia, 1987.
Robison, John, *Proofs of a Conspiracy*, The American Classics, Belmont, Massachusetts, 1967, originally published in 1798.
Robinson, John J., *Born In Blood, The Lost Secrets of Freemasonry*, M. Evans and Company, Inc., New York, 1989.
Sutton, Antony C, *America's Secret Establishment, An Introduction to the Order of Skull & Bones*, Liberty House Press, Billings, Montana, 1986.
Waite, Arthur Edward, *A New Encyclopaedia of Freemasonry*, Combined Edition, Weathervane Books, New York, 1970.
Whitmire, Richard, article on JASON, September 17, 1989,
The Olympian (newspaper), Olympia, Washington.

CAPÍTOL 3

JURAMENT D'INICIACIÓ
d'una
ORDRE SECRETA NO IDENTIFICADA

D'una mare que diu que el seu fill va fer aquest jurament
(i que ha de romandre no identificat)
i
ACTA DEL CONGRÉS - PARLAMENT, 1913, pàg. 3216.
(Proporcionada pel Dr. Ron Brown)

Encara no, oh Llibertat! tanquis les teves parpelles
en el somni, perquè el teu enemic mai dorm.
Bryant

Nota de l'autor: L'autor no afirma res pel que fa a aquest jurament. Em va ser lliurat per una dona que va afirmar que el seu fill havia fet aquest jurament. Una altra font, el Dr. Ron Brown, independentment i sense coneixement del primer, em va proporcionar una còpia del Registre del Congrés de la Cambra de Diputats de data 15 de febrer del 1913, on hi apareix el mateix jurament, que pretenia ser dels Cavallers de Colom. El congressista pot haver-se equivocat, però, el contingut indica que aquest jurament pot pertànyer tant a la Companyia de Jesús (també coneguda com els jesuïtes) com als Cavallers de Malta, que són la milícia del Papa. Incloc aquest jurament només com un exemple de que, de fet, tals juraments existeixen i són subversius. A causa del nivell impecablement correcte i difícil nivell d'Anglès utilitzat, l'expert coneixement obvi de la terminologia i la forma religiosa, com el contingut i format d'aquest jurament, considero que és molt poc probable que es tracti d'una falsificació. Vosaltres heu de ser els darrers jutges de la seva autenticitat. La veritat guanyarà.

EL JURAMENT

Jo________________________________, ara en presència de Déu Totpoderós, la benaurada Verge Maria, el beneït Sant Joan Baptista, els Sants Apòstols, Sant Pere i Sant Pau, i tots els sants, amfitrió sagrat del cel, a tu, el meu pare espiritual, el superior general de la Companyia de Jesús fundada per Sant Ignasi de Loiola, durant el pontificat de Pau III i continuant fins al present, fet pel ventre de la Verge, la matriu de Déu, i la vara de Jesucrist, declaro i juro que Sa Santedat el Papa, és vice-regent de Crist i és el veritable i únic cap de l'Església Catòlica o Universal a tota la terra; i que en virtut de les claus per lligar i deslligar donades a Sa Santedat pel meu Salvador, Jesucrist, que té poder per deposar reis heretges, prínceps, estats, mancomunitats i governs i que poden ser destruïts de forma segura. Per tant, fins al límit de les meves forces defensaré aquesta doctrina i el dret i el costum de Sa Santedat contra tots els usurpadors de l'autoritat herètica o protestant que sigui, sobretot l'Església Luterana d'Alemanya, Holanda, Dinamarca, Suècia i Noruega i la ara pretesa autoritat i les Esglésies d'Anglaterra i Escòcia, i les branques de les mateixes ara establertes a Irlanda i al Continent d'Amèrica i en altres llocs, i a tots els partidaris en tant que poden ser usurpadors i heretges, oposant-se a la sagrada Mare Església de Roma.

Jo ara denuncio i renego de qualsevol lleialtat deguda a qualsevol rei heretge, príncep o estat, anomenats protestants o liberals, o a l'obediència de qualsevol de les seves lleis, magistrats o agents.

Jo a més declaro que la doctrina de l'Església d'Anglaterra i Escòcia, dels calvinistes, hugonots, i altres amb el nom de protestants o maçons siguin condemnables, i ells mateixos siguin condemnats a no abandonar-la.

Jo a més declaro que ajudaré a assistir i assessorar a tots o a qualsevol dels agents de Sa Santedat, en qualsevol lloc on sigui, a Suïssa, Alemanya, Holanda, Irlanda o Amèrica, o en qualsevol altre regne o territori hi aniré i faré tot el possible per extirpar les doctrines protestants o maçòniques herètiques i destruir tots els seus pretesos poders, legalment o d'alguna altra manera.

Jo a més prometo i declaro que, tot i que prescindiré d'assumir qualsevol religió herètica per la propagació dels interessos de l'Església Mare mantindré secrets i privats tots els consells dels seus agents que de tant en tant, m'instruiran i no divulgaré, directament o indirectament, per la paraula, l'escriptura o qualsevol circumstàncies sinó que executaré tot el que em sigui proposat, donat a càrrec o descobert pel meu pare Fantasmal, o qualsevol altre d'aquest ordre sagrat.

Jo a més prometo i declaro que no tindré opinió ni voluntat pròpia, o qualsevol reserva mental, ni tan sols com difunt o cadàver (perinde ac cadaver), sinó que obeiré sense vacil·lar cada ordre que pugui rebre dels meus superiors en la milícia del Papa i de Jesucrist.

Que aniré a qualsevol part del món allà on sigui enviat, a les regions gelades del nord, a les selves de l'Índia, als centres de civilització d'Europa, o als refugis silvestres dels salvatges bàrbars d'Amèrica, sense murmurar ni queixar-me, i em sotmetré a totes les coses que em siguin comunicades.

Jo a més prometo i declaro que vull, quan l'oportunitat es presenti, realitzar i fer la guerra incessantment, secreta i obertament en contra de tots els herètics, protestants i maçons, com se m'ha ordenat per extirpar-los de la faç de la tota la terra; i que no perdonaré ni l'edat, sexe o condició, i que penjaré, cremaré, destrossaré, bulliré, escorxaré, estrangularé i enterraré vius a aquests infames heretges; destrossaré els estómacs i els ventres de les seves dones, i aixafaré els caps dels seus nadons contra les parets per tal d'aniquilar la seva execrable raça. Que quan no pugui fer això obertament, faré servir secretament la copa de verí, el cable d'estrangulació, l'acer del punyal o la bala de plom, independentment

de l'honor, rang, dignitat, o autoritat de les persones, sigui quina sigui la seva condició en la vida, ja sigui pública o privada, ja sigui que en qualsevol moment pugui ser dirigit a fer-ho per qualsevol agent de El Papa o superior de la Germandat del Sant Pare de la Societat de Jesús.

En confirmació d'això dedico la meva vida, ànima, i tots els poders corporals, i amb la daga que rebo ara subscriuré el meu nom escrit amb la meva sang com testimoni del mateix; i si la meva determinació resulta ser falsa o es debilita, que els meus germans i companys soldats de la milícia del Papa em tallin les mans i els peus i la gola d'orella a orella, m'obrin el ventre i el cremin amb sofre amb tot el càstig que pugui ser-me infringit sobre la terra, i la meva ànima sigui torturada per dimonis per sempre a l'infern etern.

Que quan vagi a votar votaré sempre per un K. de C. amb preferència a un protestant, sobretot maçó, i que sortiré del meu partit si ho haig de fer; que si dos catòlics estan a la papereta m'asseguraré de quin és el millor defensor de l'Església Mare i votaré en conseqüència.

Que no faré negocis amb ni empraré a un protestant, si és a la meva mà el tractar amb o emprar a un catòlic. Que posaré noies catòliques en famílies protestants perquè facin un informe setmanal dels moviments interns dels heretges.

Que em proveiré amb armes i municions perquè puguin estar a disposició quan se'm doni l'ordre, o m'hagi estat manat defensar l'església, ja sigui com a individu o amb la milícia del Papa.

Tot això jo,______________________________, ho juro per la

beneïda Trinitat i el beneït sagrament que ara rebo de fet i en part per mantenir aquest meu jurament.

En testimoni d'això, prenc aquest Santíssim i benaurat Sagrament de l'Eucaristia i el testimoni de la mateixa més enllà amb el meu nom escrit amb la punta d'aquesta daga submergida en la meva pròpia sang i el segell al front d'aquest sant sagrament.

CAPÍTOL 4

EL TRACTAT SECRET DE VERONA

Precedent i
Prova positiva de la conspiració
del
Registre del Congrés - Senat, 1916, pàg. 6.781
i
El Codi Diplomàtic americà, vol. 2, 1778-1884, Elliott, pàg. 179

1916 - REGISTRE DEL CONGRÉS DEL SENAT

Sr. OWEN:

Desitjaria incloure en el Registre el tractat secret de Verona del 22 de novembre del 1822, mostrant el que és aquest antic conflicte entre el govern dels pocs i l'imperi de la majoria. Desitjaria cridar l'atenció del Senat sobre aquest tractat, ja que és l'amenaça d'aquest tractat, el que va significar la base de la doctrina Monroe. Llança una potent llum blanca sobre el conflicte entre el govern monàrquic i el govern per al poble. La Santa Aliança sota la influència de Metternich, primer ministre d'Àustria, el 1822, va emetre aquest notable document secret:

CODI DIPLOMÀTIC NORD-AMERICÀ, 1778-1884

Els sotasignats, autoritzats especialment per fer algunes addicions al tractat de la Santa Aliança, després d'haver intercanviat les seves respectives credencials, han acordat el següent:

ARTICLE 1 Els alts poders adjudicadors, convençuts que el sistema de govern representatiu és igualment incompatible amb els principis monàrquics com sobirania màxima del poble amb el dret diví, es comprometen mútuament, de la manera més solemne, a utilitzar tots els seus esforços per posar fi al sistema de governs representatius, en qualsevol país d'Europa, i per evitar que siguin introduïts als països on encara no es coneix.

ARTICLE 2. Atès que no es pot dubtar que la llibertat de premsa és el mitjà més poderós utilitzat pels partidaris dels pretesos drets de les nacions, en detriment dels prínceps, les altes parts contractants es comprometen recíprocament a adoptar totes les mesures apropiades per suprimir-la, no només en els seus propis Estats, sinó també a la resta d'Europa.

ARTICLE 3. Convençuts que els principis de la religió contribueixen poderosament a mantenir a les nacions en un estat d'obediència passiva, que deuen als seus prínceps, les altes parts contractants declaren que és la seva intenció mantenir en els seus respectius Estats les mesures que el clergat pugui adoptar, amb l'objectiu de millorar els seus propis interessos, tan íntimament relacionats amb la preservació de l'autoritat dels prínceps; i les potències contractants s'uneixen per oferir les seves gràcies al Papa pel que ja ha fet per ells, i sol·licitar la cooperació constant en els seus punts de vista de la presentació de les nacions.

ARTICLE 4. La situació d'Espanya i Portugal uneixen per desgràcia totes les circumstàncies per les quals aquest tractat té especial referència. Les altes parts contractants, en confiar a França la cura d'acabar amb elles, es compromet a ajudar-la en la manera que pugui amb el més mínim compromís [sic] amb el seu propi poble i el poble de França a través d'un subsidi per part dels dos imperis de 20 milions de francs anuals a partir de la data de la signatura d'aquest tractat al final de la guerra.

ARTICLE 5. A fi d'establir a la península l'ordre de les coses que existien abans de la revolució de Cadis, i per assegurar tota l'execució dels articles del Tractat, les altes parts contractants es donen l'un a l'altre garantia recíproca que sempre mentre els seus punts de vista no es compleixen, a rebutjar totes les altres idees d'utilitat o qualsevol altra mesura a prendre, es dirigiran amb el menor retard possible a totes les autoritats existents en els seus estats i per a tots els agents en països estrangers, amb la intenció d'establir les connexions que tendeixin cap al compliment dels objectius proposats per aquest tractat.

ARTICLE 6. Aquest tractat es renovarà amb els canvis que les noves circumstàncies puguin donar ocasió, ja sigui en un nou congrés o a la cort d'una de les parts contractants, tan aviat com s'acabi la guerra amb Espanya.

ARTICLE 7. El present Tractat serà ratificat i les ratificacions canviades a Paris en el període de sis mesos.

Realitzat a Verona

el 22 novembre del 1822.
per a Àustria: METTERNICH
per França: CHATEAUBRIAND
per Prússia: BERNSTET
per Rússia: NESSELRODE

Sr. OWEN:

Sol·licito publicar aquest tractat secret al REGISTRE DEL CONGRÉS, perquè crec que hauria de cridar l'atenció de la gent dels Estats Units i del Món. Aquesta evidència del conflicte entre el govern d'uns quants contra el govern popular ha de ser emfatitzat a la ment de la gent dels Estats Units, ja que el conflicte que ara s'està lliurant arreu del món es pot entendre més clarament, perquè en definitiva, ve a dir que la gran guerra pendent neix de la debilitat i la fragilitat del govern d'uns quants, on l'error humà és molt més probable que l'error de molts en què la guerra d'agressió només es permet amb l'autorització del vot d'aquells les vides dels quals estan en perill a les trinxeres de la guerra moderna.

Sr. SHAFROTH:

Sr President, m'agradaria sentir dir al Senador, si en aquest tractat no hi havia formada una coalició entre els països poderosos d'Europa per restablir la sobirania d'Espanya a les Repúbliques d'Amèrica del Sud i Central?

Sr. OWEN:

Era just el que anava a comentar, però ho faré d'aquí un moment, perquè m'adono de la pressió d'altres assumptes. Aquesta Santa Aliança, després d'haver posat per la força un príncep Borbó al tron de França, a continuació, utilitza França per suprimir, immediatament després, la constitució d'Espanya i per aquest mateix tractat li va donar una subvenció de 20 milions de francs anuals perquè pogués fer la guerra contra el poble d'Espanya i evitar l'exercici de qualsevol mesura del dret d'autogovern. La Santa Aliança va fer immediatament el mateix a Itàlia, mitjançant l'enviament de tropes austríaques a Itàlia, on la gent d'allà van intentar exercir una mesura com de l'autonomia constitucional liberal; i no va ser fins que va arribar la premsa impresa, que la Santa Aliança, tan resoludament oposada, va ensenyar, a la gent d'Europa, el valor de la llibertat que finalment un país rere l'altre es va anar apoderant d'un major i millor dret d'autogovern fins ara, es podria dir que gairebé totes les nacions d'Europa tenen un molt alt grau d'autogovern.

No obstant això, m'agradaria cridar l'atenció del Senat i del país sobre aquesta important història del creixement d'un autogovern popular constitucional. La Santa Aliança va fer notar els seus poders amb la supressió dràstica a l'engròs de la premsa a Europa, a base de censura universal, matant la llibertat d'expressió i totes les idees dels drets populars, i suprimint completament el govern popular. La Santa Aliança havent destruït el govern popular a Espanya i a Itàlia, també tenia plans per destruir el govern popular a les colònies americanes que s'havien rebel·lat contra Espanya i Portugal a l'Amèrica Central i del Sud, sota la influència de l'exitós exemple dels Estats Units. Va ser a causa d'aquesta conspiració contra les Repúbliques Americanes per part de les monarquies europees que el gran estadista anglès, Canning, va cridar l' atenció del nostre Govern sobre ella, i llavors els nostres homes d'Estat, incloent a Thomas Jefferson, van prendre part activa per aconseguir la declaració del president Monroe al seu següent missatge anual al Congrés dels Estats Units de que els Estats Units consideraria com un acte d'hostilitat cap al Govern dels Estats Units i un acte poc amistós, que aquesta coalició o qualsevol potència d'Europa alguna vegada es comprometés a establir en el Continent Americà cap mena control de qualsevol república americana o adquirir qualsevol dret territorial.
Aquesta és l'anomenada doctrina Monroe. L'amenaça sota el tractat secret de Verona de suprimir el govern popular a les Repúbliques americanes és la base de la doctrina Monroe. Aquest tractat secret exposa clarament el conflicte entre el govern monàrquic i el govern popular i el govern d'uns quants en comparació amb el govern de la majoria. En realitat és una part, del desenvolupament de la sobirania popular quan exigim per a les dones igualtat de drets a la vida, a la llibertat, a la possessió de la propietat, a una veu igual en l'elaboració de les lleis i l'administració de les lleis. Aquesta demanda per part de les dones està feta per homes, i hauria de ser feta per homes i dones progressistes així com pel pensament, ja que promou la llibertat humana i la felicitat humana. Jo simpatitzo amb ella, i espero que totes les parts en les convencions nacionals donin el seu vistiplau a aquesta mesura més àmplia de llibertat de la millor meitat de la raça humana.

Nota de l'autor: Qualsevol persona que cregui que els monarques, després d'haver estat deposats, perdonen i obliden, no està jugant amb tota la baralla. La majoria d'aquestes famílies són increïblement riques i pot ser més poderoses avui que quan s'asseien als trons. Avui se'ls coneix col·lectivament com la Noblesa Negra. El fet que el tractat secret de Verona fos signat al 1822, no vol dir que el tractat sigui nul. És imprescindible que us adoneu que en privat, la Noblesa Negra sempre es nega a reconèixer cap govern que no sigui el seu, heretat i diví, propi dret de governar. Treballen diligentment entre bastidors per provocar les condicions que els permetin poder recuperar les seves corones. Ells creuen que els Estats Units pertanyen a Anglaterra.

CAPÍTOL 5

ADÉU U.S.A. HOLA NOU ORDRE MUNDIAL

La columna vertebral del Govern Ocult
Subversió de l'equilibri de poder
El pla per suspendre la Constitució
i declarar la llei marcial

Probablement es podria demostrar amb fets i xifres que no és clarament nativa Classe criminal nord-americana, excepcions del Congrés,
Mark Twain, 1885

L'equilibri de poder

Quan els nostres avantpassats van escriure la Constitució d'aquests Estats Units van proporcionar salvaguardes contra el despotisme, proporcionant un equilibri de poder. La Constitució va ser creada per donar una clara divisió dels poders Legislatiu, Judicial i Executiu. Es creia que aquest sistema garantiria que si una de les branques se'ls hi anava de les mans les altres dues actuarien per mantenir el control. Aquest equilibri de poder es basava en el cas que cap dels tres poders podria o voldria atemptar contra el poder dels altres.

La Constitució és clara sobre les funcions de cadascuna de les branques. El Legislatiu farà les lleis. El Judicial interpretarà les lleis. L'Executiu decidirà la política i farà complir les lleis. Això, per descomptat, és l'explicació més simple, però això no és un llibre de text sobre el govern. La meva intenció és que us familiaritzeu amb els conceptes bàsics simples de l'equilibri de poder de manera que pugueu entendre com s'ha subvertit.

L'Assemblea Legislativa (El Congrés en forma de Cambra i Senat) té l'obligació de publicar les lleis que es fan, i això es fa al Registre del Congrés i al Registre Federal. Els ciutadans poden obtenir la legislació pendent d'aprovar o la ja aprovada a través dels seus membres del Congrés o de l'Oficina de la Impremta del Govern. Els ciutadans no poden fer-se responsables de la llei que no estigui a la seva disposició.

És paradoxal que l'organisme governamental més representatiu del ciutadà nord-americà és el que ha estat més fàcilment subvertit. A través dels PAC *(Political Action Committee)*, suborns, polítiques electoralistes, polítics professionals, congressistes que són membres de societats secretes i mitjançant la cobdícia i la por, els nostres representants i senadors van deixar de representar-nos fa molt de temps.

El Congrés té enormes poders, però falla en la majoria dels casos al exercir fins i tot per una quantitat simbòlica. Com és que de vegades la nostra Legislatura ha permès i encoratjat al Poder Executiu a escriure les lleis? Vosaltres probablement no sabíeu que el president i altres membres de la branca executiva del govern poden i de fet escriuen les lleis. Això es fa en forma d'ordres executives presidencials, notes del Consell de Seguretat Nacional, directives de Decisió de Seguretat Nacional i les directives de seguretat nacional.

Les notes del NSC eren documents de política general els dies posteriors a l'aprovació de la Llei de Seguretat Nacional. Les notes del NSC s'han fet més reduïdes i més específiques els darrers anys, i el nom ha variat. Amb Kennedy se'n deien memoràndums d'Acció Nacional de Seguretat. El president Bush en va canviar el nom pel de Directives de Seguretat Nacional.

Hi ha una enorme diferència entre les Ordres Executives Presidencials, les notes del NSC, i les directives de Decisió de Seguretat Nacional. Les ordres Executives Presidencials estan inscrites en el Registre Federal o Resultats Presidencials, que es donen a conèixer als Comitès d'Intel·ligència de la Cambra i del Senat. La diferència més important entre les ordres Executives Presidencials i tots els altres, sense importar com es diguin, és que els altres no han de ser registrats, revisats, ni posats a disposició de cap persona, o fins i tot haver de reconèixer que existeixen.

No hi ha cap mena de supervisió que pugui mantenir un control sobre la legalitat d'aquestes Directives de Seguretat Nacional. El president i els altres dins de la branca executiva han utilitzat aquestes directives súper-secretes per vorejar l'equilibri de poder i escriure lleis sense que ningú ho sàpiga. La justificació de la facultat del President per escriure lleis mitjançant ordres executives es deu a la incapacitat del Govern d'anul·lar la declaració de la llei marcial durant la Guerra Civil. En efecte, els Estats Units han estat sota la llei marcial des del govern de Lincoln. Aquestes NDS *(Directives de Seguretat Nacional)* són eines poderoses, ocultes i perilloses. Van proliferar durant l'administració Reagan: se'n van escriure més de 300, gairebé unes 50 mai van arribar a ser sotmeses a l'escrutini del públic. No obstant això, la majoria d'americans mai han sentit parlar d'aquest tipus d'armes subversives. Estan sent utilitzades per destruir la nostra Constitució. Crec que tothom hauria de conèixer aquesta corrupció del govern.

El Congrés ha fet els ulls grossos davant d'aquests abusos del poder executiu. A les 03:30 del dissabte, 4 d'agost del 1990, el Senat va fer que encara fos més fàcil per al Poder Executiu subvertir la Constitució i podia haver convertit a George Bush en el primer rei d'Amèrica. En aquell moment aquell dia, una minoria de senadors dels Estats Units, potser de deu com a màxim, va aprovar la Llei d'Autorització de la Intel·ligència del Senat per a l'Any Fiscal 1991 (SB 2.834). Aquest projecte de llei canviarà fonamentalment el nostre sistema constitucional i amenaça amb destruir els mateixos fonaments de la nostra gran nació. Atès que l'atenció estava centrada en la crisi de l'Orient Mitjà, el públic i la majoria dels congressistes no en saben absolutament res sobre aquest projecte de llei.

El projecte va ser presentat fraudulentament com una reforma per evitar futurs incidents com els abusos trets a la llum durant l'escàndol Iran-Contra. En lloc de prevenir futurs abusos, però, pràcticament autoritza essencialment tots els abusos. El projecte de llei va ser acuradament sotmès a votació pel senador Sam Nunn dins la foscor de la nit, quan l'oposició ja havia marxat. Transfereix de manera efectiva més autoritat sobre el govern dels Estats Units directament a les mans de George Bush i d'aquesta manera directament a les mans del Govern Secret.

Al President (en aquell moment George Bush) se li va donar el poder d'iniciar la guerra, apropiar- se de fons públics, definir els objectius de política exterior, i decidir què era important per a la nostra seguretat nacional. A "Supervisió de les Activitats de la Intel·ligència," Curs VII, SB 2.834 s'autoritza el següent:

Atorgar al president el poder per iniciar accions encobertes (això mai abans s'havia atorgat al president); impedir que el Congrés aturi l'inici d'accions encobertes de la Presidència; permetre al president utilitzar qualsevol "departament, organisme o entitat" federal per portar a terme o finançar una operació encoberta; facultar al president a utilitzar qualsevol altra nació o contractista privat o persona per a finançar o portar a terme una acció encoberta; redefinir les accions encobertes com operacions "necessàries per donar suport a objectius de política exterior dels Estats Units", una definició que és tan vaga i àmplia com per ser pràcticament il·limitada; per primera vegada afirma oficialment el dret dels Estats Units a interferir en secret en "assumptes polítics, econòmics o militars" interns d'altres països, violant directa i flagrantment el dret internacional; requerir que el President prepari i lliuri la seva resolució per escrit als comitès d'intel·ligència del Congrés, però permetre que el president pugui ometre "assumptes molt sensibles" i autoritzar al President a reclamar el privilegi Executiu si el Congrés fa massa preguntes.

No hi ha sancions en el projecte de llei per violar qualsevol de les seves disposicions, inclosa la disposició que exigeix una prova. Per què existeix? Aquest projecte de llei ha lliurat literalment el poder de tots els poders de l'Estat al President en safata de plata. El president Bush és ara veritablement el Rei George Primer d'Amèrica. La S.B. 2.834 dóna a Bush el poder d'utilitzar qualsevol agència o sucursal del govern i tots els fons assignats de qualsevol agència o sucursal de govern per a l'acció encoberta, encara que mai hagin estat assignats per a aquest propòsit. El projecte de llei impedeix eficaçment qualsevol mena de supervisió i permet al Poder Executiu eludir la llei i escapar de passar comptes. Això es farà mitjançant Directives de Seguretat Nacional. Alguns exemples de les anteriors directives NSD que han sortit a la llum us ajudaran a entendre la gravetat de l'assumpte. Seran enumerades en els paràgrafs següents sota la denominació de la matèria objecte de les NSDD *(National Security Decision Directive)*:

NSDD 84: PROTEGIR LA INFORMACIÓ DE SEGURETAT NACIONAL [SECRET], 03/11/83 (totalment desclassificada). ASSUMPTE: Aquesta directiva amplia dràsticament les restriccions de llibertat d'expressió dels empleats del govern. Les persones amb accés a informació classificada estaran obligades a signar un acord de confidencialitat; les que tinguin accés a una categoria especial d'informació classificada ho hauran de fer d'acord a la revisió prèvia a la publicació de qualsevol dels futurs escrits. S'autoritza l'ús de polígrafs. PROPÒSIT: Prevenir la divulgació d'informació que pugui danyar la seguretat nacional. CONSEQÜÈNCIES: El requisit del polígraf ha estat rescindit degut a l'oposició del Congrés. Es van imposar restriccions de secret a més de 4 milions de treballadors i CONTRACTISTES del govern en més de cinquanta agències executives. Molts contactes amb periodistes van ser suprimits. Els sindicats i membres del Congrés van demanar que es protegissin els drets dels denunciants, i la Cort Suprema recentment va reenviar el cas a nivell de districte per a la seva revisió.

Nota de l'autor: La NSDD 84 indica que John Lear, Robert Lazar, Bruce Macabbee, Stanton Friedman, Clifford Stone, i molts altres poden ser agents actius del govern. Tots treballaven en feines del govern o de contractistes governamentals i tots ells estaven subjectes a aquesta ordre executiva. La NSDD 84 no es va utilitzar per a silenciar-los, el que sembla indicar que en tot cas tenien l'aprovació executiva.

NSDD 17: DISSUADINT ELS MODELS D'ACCIÓ ENCOBERTA DE CUBA A NICARAGUA, 23/11/81 (Classificat). TEMA: A l'Agència Central d'Intel·ligència se li va donar autoritat per crear la contra i "treballar amb governs estrangers, segons correspongui" per debilitar el govern sandinista de Nicaragua. PROPÒSIT: Per aturar el flux d'armes a partir de fonts cubanes i nicaragüenques cap als rebels salvadorencs. CONSEQÜÈNCIES: La C.I.A. va rebre 19 milions de dòlars per a acoblar i armar una força de 500 contres perquè s'unissin a 1000 exiliats que ja estaven sent entrenats per l'Argentina. A Hondures van arribar desenes d'agents; van començar els enviaments d'armes des de Miami. La guerra dels contres es va posar en marxa.

NSDD 77: GESTIÓ DE LA DIPLOMÀCIA PÚBLICA RELATIVA A LA SEGURETAT NACIONAL, 14/01/83 (totalment desclassificat). TEMA: Aquesta directiva establia diversos grups de planificació per dur a terme "activitats públiques de diplomàcia". Va ordenar "suport organitzatiu per a governs estrangers i grups privats per fomentar el creixement de polítiques i pràctiques democràtiques en les institucions" OBJECTIU: Mobilitzar el suport nacional i internacional per als "nostres objectius de seguretat nacional". CONSEQÜÈNCIES: Crear ministeris de propaganda en el Consell de Seguretat Nacional, el Departament d'Estat i la Casa Blanca que es van concentrar en, segons paraules del membre del personal de la NSC a càrrec del programa, "enganxant barrets negres als sandinistes i barrets blancs als UNO" (els contres de la United Nicaraguan Opposition). Es van infiltrar històries a la premsa; es va pressionar a periodistes. Després l'Oficina General de Comptabilitat va descobrir que aquestes activitats violaven la llei que prohibia la "propaganda encoberta" dins dels Estats Units. Quants programes de propaganda encoberta més creieu que estan funcionant en contra dels ciutadans nord-americans? Us puc assegurar que n'hi ha molts més del que mai us arribaríeu a creure.

NSDD 138: TERRORISME INTERNACIONAL, 04/03/84 (Classificat). ASSUMPTE: Aquesta directiva va aprovar el principi dels atacs preventius i les incursions de represàlia contra els terroristes i va demanar a 26 agències federals que recomanessin mesures específiques de lluita contra el terrorisme. PROPÒSIT: Per disminuir el terrorisme internacional i alliberar ostatges nord-americans al Líban. Si bé aquesta directiva NSD pretén estar preocupada pel terrorisme internacional, en realitat és una autorització encoberta d'atacs preventius i incursions de represàlia contra els patriotes d'aquest país. Quan s'activi la FEMA *(Federal Emergency Management Agency)*, els patriotes seran acorralats enmig de la nit, el més probable es que sigui un dia de festa nacional, com ara el d'acció de gràcies. Els agents del govern i els oficials de les forces de l'ordre de totes les ciutats de tot el país han rebut entrenament antiterrorista en virtut d'aquesta directiva NSDD, i us puc assegurar que l'objectiu són els patriotes. CONSEQÜÈNCIES: Establir el Grup de Treball d'Incidents Terroristes sota el comandament d'en North al Consell de Seguretat Nacional. La seva primera acció important va ser la intercepció i captura dels segrestadors de l'Achille Lauro, que va donar un important impuls a la cursa d'en North.

Qualsevol NSDD 138 o directiva NSD posterior sobre terrorisme autoritzava la formació de tres unitats libaneses per atacs preventius. Quan van sorgir els problemes, el Director de la Central d'intel·ligència William Casey va eliminar dels llibres aquesta operació i va requerir l'ajuda de l'Aràbia Saudita per a intentar assassinar al cap d'Hezbollah. Com resultat d'un atemptat amb cotxe bomba van morir prop de vuitanta persones a Beirut; el xeic Fadlallah, que era l'objectiu va sortir-ne il·lès. L'exèrcit dels EUA, juntament amb els equips d'aplicació de la llei civil, van dur a terme l'entrenament antiterrorista conjunt a través d'Amèrica. Per dissipar els temors públics els participants portaven roba civil.

Les directives NSD s'han convertit en el vehicle legislatiu de facto de l'estat de seguretat nacional. S'han donat a conèixer mitjançant la investigació de Susan Fitzgerald, assessora de recerca del Fons per al Govern Constitucional a Washington que ha recollit directives NSD desclassificades, moltes van ser alliberades sense la capçalera de la Casa Blanca a la part superior de la pàgina i sense la signatura del president a la part inferior. Això, segons especulava ella, tractava d'ocultar el fet que les firmes en algunes d'elles podrien revelar que havien estat impreses, i no signades per la pròpia mà de Ronald Reagan. Això us donarà una idea de contra què ens enfrontem. Si us plau, comprengueu que virtualment totes però molt poques directives NSD romanen encara classificades, i llevat que la força pública les divulgui els seus efectes probablement no es coneixeran mai.

En algun lloc dins dels volums de les directives secretes NSD hi ha un pla per suspendre la Constitució dels Estats Units d'Amèrica. L'existència d'aquest pla va sortir a la superfície durant les audiències de l'Iran-Contra. El congressista Jack Brooks (D), de Texas, va tractar de treure'l a la llum. Quan va preguntar directament al Coronel North si ell havia ajudat a redactar un pla per suspendre la Constitució, el president del comitè el Senador Daniel K. Inouye (D), de Hawaii, va fer callar a Brooks. El Senador Inouye va dir que el tema tractat enfrontava la seguretat nacional, i qualsevol pregunta relacionada amb l'assumpte podria ser tractat en una sessió a porta tancada. Mai vam saber el resultat. M'agradaria saber qui va donar a algú, en qualsevol branca del govern, amb qualsevol títol, el dret de suspendre la Constitució en qualsevol moment, per qualsevol raó, sota qualsevol condicions?

Crec que el pla de suspendre la Constitució està lligat directament a la instal·lació subterrània anomenada Mount Weather i a l'Agencia Federal de Gestió d'Emergències (FEMA). Mount Weather està tan envoltada de secret que el 99,9 % dels nord-americans mai han sentit parlar d'ella. La FEMA, però, és una altra història. Recordeu l'huracà Hugo? Recordeu que es va enviar l'agència federal (FEMA) a gestionar la situació d'emergència i va ser rebutjada pels ciutadans degut a la seva incompetència? La FEMA va ser incompetent, perquè la "gestió d'emergències" només és un pretext per al seu propòsit real, que és fer-se càrrec del govern local, de l'estat i federal en cas d'una emergència nacional. L'única manera de que la FEMA pugui fer tal cosa és si es suspèn la Constitució i es declara la llei marcial. Per tant la seva existència és una prova positiva de que de fet existeix un pla per suspendre la Constitució.

MOUNT WEATHER

Als afores d'un petit i tranquil poble anomenat Bluemont, a Virginia, unes 46 milles a l'oest de Washington D.C., hi ha una àrea de desert que cobreix el que s'ha anomenat la roca de granit més dura de l'est dels Estats Units. La zona està envoltada de cartells on hi diu "Zona Restringida" i "Aquesta instal·lació ha estat declarada zona restringida.... Prohibida l'entrada al personal no autoritzat." Altres cartells diuen: "Totes les persones i vehicles que entrin aquí seran sotmeses a un registre. Fer fotos, prendre notes, fer dibuixos, mapes o representacions gràfiques d'aquesta zona o de les seves activitats està prohibit si dit material es troba en poder de persones no autoritzades serà confiscat. Llei de Seguretat Interna del 1950." La instal·lació està sota d'una muntanya i el seu nom és Oficina d'Operacions de Control de Conflictes de Virgínia Occidental. El seu sobrenom és Mount Weather. La va fer construir l'Administració Federal de Defensa Civil, que ara és l'Agència Federal de Preparació.

Mount Weather va ser dissenyat a principis dels anys 50 com part d'un programa de defensa civil per albergar i protegir la branca executiva del govern federal. El nom oficial és "El Programa de Continuïtat de Govern." El Congrés ha tractat repetidament de descobrir el veritable propòsit de Mount Weather, però fins ara no ha estat capaç d'esbrinar res sobre la instal·lació secreta. El general retirat de la Força Aèria Leslie W. Bray, director de l'Agència Federal de Preparació, va dir al Subcomitè del Senat sobre Drets constitucionals al setembre del 1975: "No tinc llibertat per descriure amb precisió quin és el paper ni la missió ni la capacitat que tenim a Mount Weather, o a qualsevol altra ubicació precisa".

Al juny del 1975, el senador John Tunney (D), de Califòrnia, president del Subcomitè de Drets Constitucionals, va acusar a Mount Weather de tenir expedients d'almenys 100.000 Americans. Més tard va al·legar que dels ordinadors de Mount Weather, descrits com "els millors del món", es podien obtenir milions de retalls d'informació addicional sobre les vides personals dels ciutadans nord-americans simplement teclejant les dades emmagatzemades en qualsevol dels altres 96 centres Federals de Reubicació.

Sé per la meva estada a l'Oficina d'Intel·ligència Naval que aquests expedients es componen d'informació recopilada sobre els patriotes americans, homes i dones que tenen més probabilitats de resistir-se a la destrucció de la nostra Constitució i la formació de l'estat policial totalitari sota el Nou Ordre Mundial. El banc de dades patriòtic s'actualitza constantment perquè quan arribi l'hora assenyalada a tots els patriotes se'ls pugui acorralar amb poc esforç o cap. El pla preveu que això s'aconsegueixi en la foscor de la nit en una festa nacional. La festa més probable és la d'Acció de Gràcies, quan tothom, sense importar la religió, raça, o credo, estarà a casa. Els objectius estaran madurs per a ser collits després d'un àpat pesat, potser algunes begudes alcohòliques, i profundament adormits. Hi ha un traïdor al moviment patriota que ofereix al Govern Secret noms precisos i adreces dels patriotes que lluitaran per protegir i defensar la Constitució.

LA MEVA RECOMANACIÓ ÉS QUE CAP PATRIOTA HAURIA D'ESTAR MAI A CASA O A CASA DE CAP FAMILIAR MAI MÉS CAP DIA ASSENYALAT FINS QUE ELS TRAÏDORS SIGUIN PENJATS I LA CONSTITUCIÓ RESTAURADA COM LA LLEI SUPREMA DE LA NACIÓ.

Algunes fonts afirmen que Mount Weather és pràcticament una ciutat subterrània completa amb dormitoris, apartaments privats, carrers, voreres, cafeteries, hospitals, sistemes de purificació d'aigua, centrals elèctriques, edificis d'oficines, un llac alimentat per l'aigua fresca dels brolladors subterranis, un sistema de transport massiu, i moltes altres coses sorprenents.

Sorgeixen diversos fets inquietants quan un investiga Mount Weather. Un d'ells és la conclusió de que hi ha un govern paral·lel al complet al lloc. Allà hi ha nou departaments federals - Agricultura, Comerç, HEW *(Healt,*

Education and Welfare), HUD *(Housing and Urban Development)*, Interior, Treball, Estat, Transport, i el Tresor. Pel que sembla, almenys cinc agències federals també són a la residència: FCC, el Servei Selectiu, la Comissió Federal d'Electricitat, la Comissió d'Administració Pública i l'Administració de Veterans. Dues empreses privades tenen oficines a Mount Weather: la Reserva Federal i l'Oficina de Correus dels EUA. També hi ha una oficina de la Presidència. El que fa que tot això sigui molest és que hi ha un president i un conjunt complet de membres del gabinet residint a Mount Weather. Qui són i qui els va designar? On tal cosa és prevista a la Constitució dels Estats Units d'Amèrica?

Mount Weather és el centre d'operacions - el cor - de més de 96 altres centres de reubicació federals subterranis repartits per tots els Estats Units. La majoria d'ells semblen estar concentrats a Pennsylvania, Virginia, West Virginia, Maryland i Carolina del Nord. Cadascuna d'aquestes instal·lacions conté bancs de dades informàtiques que posseeixen informació - no d'agents enemics, diplomàtics soviètics, o sospitosos de terrorisme, sinó de ciutadans americans, patriotes. Una llista d'altres arxius que es guarden a les instal·lacions va ser subministrada a la Subcomissió de Drets Constitucionals al 1975. La llista incloïa "instal·lacions militars, instal·lacions governamentals, comunicacions, transport, energia i poder, agricultura, indústria manufacturera, serveis a l'engròs i al detall, mà d'obra, institucions financeres, mèdiques i educatives, establiments Sanitaris, població, refugis i arsenals."

El comitè va arribar a la conclusió que aquestes bases de dades "operen amb poques, si alguna, salvaguarda o directriu." El senador James Abourzek (D), de Dakota del Sud, membre del subcomitè, va dir: "Em fa l'efecte que l'operació sencera ha eludit la supervisió del Congrés o dels tribunals." El President Tunney va dir: "Mount Weather està fora de control." El Congrés no va fer res per rectificar la situació, però, i Mount Weather roman fora de control.

Ex funcionaris d'alt nivell de Mount Weather coincideixen en que la base de Mount Weather és molt més que qualsevol instal·lació d'espera del govern o centre d'emmagatzematge per a la conservació de documents; la descriuen com un ACTUAL GOVERN A L'ESPERA. "No només emmagatzemem informació essencial, la instal·lació intenta duplicar les funcions vitals de la branca executiva de l'Administració." Com s'ha indicat anteriorment, d'acord amb la meva investigació, això vol dir que en realitat inclou un president i tots els membres del Gabinet a la residència. A més el protocol exigeix que els subordinats els donin el tractament de "Sr President" o "Sr Secretari." La majoria d'aquests misteriosos responsables s'han mantingut en el càrrec a través de diverses administracions. "Només actuem seguint les ordres del president en casos d'emergència nacional", va dir un ex funcionari de Mount Weather.

La FPA *(Foreing Policy Association)* al seu Informe Anual del 1974 va declarar que "els estudis realitzats a Mount Weather impliquen el control i gestió de la inestabilitat política interna, on hi ha escassetat de materials (com ara els disturbis pel menjar) o en situacions de vaga on la FPA determina que hi ha interrupcions industrials i altres crisis de recursos domèstics." L'informe assenyala que la burocràcia a Mount Weather invoca el que anomenen "gestió civil de crisi."

Els funcionaris que es trobaven a Mount Weather i que ens han subministrat les dades diuen que durant la dècada de 1960 el complex estava realment preparat per assumir certs poders governamentals en el moment de la crisi dels míssils cubans de 1961 i l'assassinat del president Kennedy al 1963. La font va dir que la instal·lació utilitzà les eines del seu programa "gestió civil de crisi" sobre una base de reserva durant els disturbis urbans de 1967 i 1968 i durant una sèrie de manifestacions contra la guerra nacional contra l'administració per part del poble nord-americà.

Daniel J. Cronin, que era director assistent de l'APF, va esbossar un programa massiu de vigilància i manipulació dirigit contra la població nord-americana sobre una base contínua. La FPA ha organitzat un impressionant armament de recursos i equips. El Sr Cronin descriu en una entrevista l'actitud de la seva agència cap al seu programa de vigilància de gran abast. "Intentem monitoritzar situacions", ha dit, "i arribar-hi abans que es converteixin en emergències.... No es repara en despeses en el monitoratge del programa." Va citar els satèl·lits de reconeixement, informes de la intel·ligència de les policies locals i estatals, i les forces de l'ordre del Govern Federal com a exemples dels recursos disponibles per a la FPA per a la recopilació d'informació.

L'únic document que he estat capaç de trobar que intenta esbossar alguna cosa de l'autoritat legal de Mount Weather és l'Ordre Executiva 11490. Va ser redactada pel general George A. Lincoln, exdirector de l'Oficina de Preparació per a Emergències (predecessora de la FPA) i va ser promulgada pel president Nixon l'octubre del 1969. L'Ordre Executiva 11490 reemplaçava l'Ordre Executiva 11051, signada el 2 d'octubre del 1962, pel president Kennedy. L'ordre de Kennedy utilitzava aquest vocabulari, "Considerant que la nació ha d'aconseguir estar preparada - ja que pot ser necessari per fer front als augments de tensió internacional amb una guerra limitada, o amb una guerra en general, incloent l'atac als Estats Units..." l'ordre de Nixon començava així: "Mentre que la seguretat nacional depèn de la nostra capacitat per assegurar la continuïtat del govern, a qualsevol nivell, en qualsevol situació de tipus nacional d'emergència que pogués concebiblement enfrontar a la nació..." Nixon va eliminar qualsevol referència a la "guerra", "atac imminent" i "guerra general" de l' ordre i ho va reemplaçar amb la frase "durant qualsevol emergència que pogués CONCEBIBLEMENT ocórrer".

L'ordre de Nixon, que és la que està avui en vigor, permet al govern en forma de FEMA suspendre la Constitució per, literalment, qualsevol raó per la que ells decideixin fer una crida a una emergència nacional. NO HE TROBAT ENLLOC CAP PLA NI ORDRE EXECUTIVA QUE ESBOSSES CAP PROCEDIMENT O DOTACIÓ PER A LA RESTAURACIÓ DE LA CONSTITUCIÓ DESPRÉS QUE UNA EMERGÈNCIA NACIONAL HAGUÉS ACABAT. AIXÒ PORTA A LA CONCLUSIÓ ÒBVIA QUE EL PODER CONTEMPLA O DESITJA LA NO RESTAURACIÓ DE LA CONSTITUCIÓ.

Al 1975, el senador Tunney va expressar la seva preocupació: "Sabem, a partir del que hem escoltat a la premsa, que l'FBI tenia una llista de 15.000 noms per detenir-los en cas d'emergència... també sabem que l'IRS té als seus arxius els contribuents individuals. Sabem que la CIA tenia la seva Operació CAOS i que la NSA té els registres de les converses que han estat interceptades electrònicament. La meva pregunta és la següent: Hi ha algú com vostè mateix, general Bray, que controli l'accés general a la informació si aquesta es manté en un lloc de reubicació? I la seva resposta, tal com la vaig entendre, és no". Tunney va continuar: "General Bray, he de dir que jo encara no sé qui controla aquests centres de reubicació.... Vostè diu que no ho sap i encara no ho sabem malgrat els tres testimonis... que hem tingut avui aquí, que tenen informació sobre qui controla aquests centres".

"No se'm permet", va respondre Bray, "descriure amb precisió quin és el paper i la missió i la capacitat que tenim a Mount Weather, o a qualsevol altra ubicació precisa." Crec fermament que el nostre programa de Continuïtat de Govern no ha donat continuïtat en absolut, però ha estat l'instrument per interrompre un govern obert i democràtic, i que el mateix programa dissenyat per protegir els nord- americans en realitat s'ha tornat contra nosaltres.

> A nivell executiu vam estar actius a l'OSS *(Office of Strategic Services)*, al Departament d'Estat o a l'Administració Econòmica Europea. Durant aquells temps, i sense excepció, funcionàvem sota les instruccions emeses per la Casa Blanca. Continuem sent guiats per aquestes directives, la substància de les quals van en el sentit de que hauríem de fer el màxim esforç per alterar la vida als Estats Units com per fer

possible una fusió còmoda amb la Unió Soviètica.

H. Rowan Gaither
President de la Fundació Ford
1953

FONTS

"*Bureaucrats Get Ready for a Presidential Order,*" Spotlight, Washington D.C, July 27,1987.

Pell, Eve, "*The Backbone of Hidden Government,*" The Nation, June 19,1989.

Pollock, Richard P., "*The Mysterious Mountain,*" The Progressive, March 12, 1976.

Sinkin, Lanny, "*Democracy at Risk If Covert Bill Passes,*" ANOTHER VIEW, Los Angeles Daily News, September 19,1990.

Weekly Compilation of Presidential Documents, Office of the Federal Register, National Archives and Records Administration, Washington D.C, 1950 to present.

Witt, Howard, "*Lawyers Press U.S. on Martial Law Plan,*" Chicago Tribune, August 15,1983.

CAPÍTOL 6

H.R. 4.079 i FEMA L'AGÈNCIA FEDERAL PER A LA GESTIÓ D'EMERGÈNCIES

Eina que pot ser utilitzada per establir l'estat policial

PATRIOTES i MANIFESTANTS ANTI - IMPOSTOS: NO HEU DE SER A CASA VOSTRA CAP DIA FESTIU.
La vostra vida depèn de fins a quin punt pugueu obeir aquesta regla.

FEMA
(Agència Federal per a la Gestió d'Emergències)

A continuació la transcripció d'una cinta d'àudio amb un missatge urgent de William Cooper per al poble sobre el tema HR 4.079. Hem d'aturar als traïdors ara. William Cooper em va dictar aquesta informació per telèfon a principis de 1990 i vaig gravar la informació tal com me la va donar. Vaig fer moltes cintes i les vaig enviar exactament com el senyor Cooper em va demanar que ho fes i els destinataris han fet el mateix. El meu nom és Richard Murray i crec que William Cooper és l'únic home a Amèrica tret del Govern Secret que realment sap el que està succeint i què significa per a nosaltres, els ciutadans nord-americans mitjans.

[Inici de la gravació] Hi ha un tipus que es diu Buster Horton. És membre de FEMA, i és membre de la unitat *"interdepartamental"* que està facultada, en cas d'emergència de seguretat nacional per convertir-se en el govern nacional no electe, una mena de govern secret de FEMA, podríem dir.

Un pretext per invocar les mesures d'emergència es pot trobar gairebé diàriament als diaris. Pot ser qualsevol cosa, des de la suspensió de pagaments del deute per les més altes oficines dels països d'Amèrica, a les vendes massives als bancs comercials dels Estats Units, - i això és un problema, per cert, que està sent gestionat personalment pel Consell Nacional de Seguretat i Brent Scocroft - a l'escassetat d'aliments, a la guerra contra les drogues. Tot - qualsevol cosa, qualsevol desastre declarat d'emergència total, fins i tot incloent el vessament de petroli del vaixell cisterna Exxon a Alaska. Si el president ho hagués declarat una emergència nacional, podria haver-ho desencadenat. Qualsevol inestabilitat a l'Orient Mitjà- qualsevol cosa, de fet.

I ja han provat les seves capacitats l'abril del 1984 amb REX - 84A. I això es va dissenyar per posar a prova la disposició de les agències civils i militars dels Estats Units per respondre a una greu crisi de seguretat nacional.

Ara, l'ordre executiva que ho implementarà, l'Ordre Executiva 11051, detalla les responsabilitats de l'Oficina de Planificació d'Emergències o FEMA. Autoritza l'entrada en vigor de TOTES les ordres executives en temps d'emergència nacional declarades pel president, l'augment de la tensió internacional o una crisi econòmica o financera. (Tingueu en compte que cobreix totes les crisis domèstiques concebibles, però ni tan sols esmenta la guerra o un atac nuclear.)

Ara, l'únic que ha de succeir perquè la FEMA pugui posar en pràctica totes les ordres executives, decrets d'urgència, és que el President declari una emergència nacional de qualsevol tipus, sempre que es tracti d'una emergència nacional.

L'Ordre Executiva 10.995 preveu la presa de control dels mitjans de comunicació.

L'Ordre Executiva 10.997 preveu la presa de control de tota l'electricitat, l'energia, petroli, gas, combustibles i minerals.

L'Ordre Executiva 10.988 preveu la presa de control dels recursos alimentaris i les granges.

L'Ordre Executiva 10.999 preveu la presa de control de tots els mitjans de transport, el control de les carreteres, els ports, etc.

L'Ordre Executiva 11000 preveu la mobilització de tots els civils en brigades de treball sota la supervisió del Govern.

L'Ordre Executiva 11001 preveu la presa de control governamental de totes les funcions de salut, educació i benestar.

L'Ordre Executiva 11002 designa al director general de Correus per gestionar un registre nacional de totes les persones.

L'Ordre Executiva 11003 preveu que el Govern es faci càrrec dels aeroports i dels avions.

L'Ordre Executiva 11004 preveu que l'Autoritat de l'Habitatge i les Finances puguin reubicar les comunitats, designar àrees per a que siguin abandonades, i establir noves ubicacions per a les poblacions.

L'Ordre Executiva 11005 preveu que el Govern es faci càrrec dels ferrocarrils, les vies navegables i les instal·lacions d'emmagatzematge públic.

Ara bé, tots aquestes es van combinar amb Nixon en una ordre executiva enorme, que permet que passi tot això si el president declara una emergència nacional i pugui ser executat pel cap de la FEMA, NO PEL PRESIDENT. El president ja li ha donat aquest poder amb totes aquestes ordres executives.

Totes elles es van combinar a l'Ordre Executiva 11490, i va ser signada pel president Carter el 20 de juliol del 1979, i de fet, és llei.

Tant, si l'HR 4.079 s'aprova i el president fa el que hi diu i declara una emergència nacional, a causa de la situació de les drogues, ja sigui per un any, cinc anys, cinc minuts o per sempre, no hi ha cap diferència. Llavors la FEMA pot posar en pràctica totes aquestes ordres executives, fer-se càrrec dels governs locals, estatals i el nacional, suspendre la Constitució i fer el que vulguin.

Ara bé, recorda el que va dir en North durant les audiències de l'Iran-Contra. Va dir que estaven disposats a suspendre la Constitució dels Estats Units. I va dir que si no l'haguessin atrapat això és el que hauria passat. I això tot el que ha fet ha estat retardar-ho. Això és el que encara està per passar.

Ara, han nominat (i crec que l'han anomenat) al general de divisió Calvin Franklin, que és el director de la FEMA. Va ser nominat degut a les discussions que proposaven l'eliminació de l'aplicació de la Guàrdia Nacional a Washington, D.C. I el general de divisió Franklin és o era el Comandant General del Districte de Columbia de la Guàrdia Nacional.

Ara bé, has de saber que la Guàrdia Nacional no seria de cap ajuda en la lluita contra el tràfic de drogues a Washington, D.C., o en qualsevol altre lloc. L'eficàcia primària de la Guàrdia Nacional està en el control de disturbis civils massius.

El 24 de març, el president Bush va emetre una nova ordre executiva delegant en el Director de la FEMA poders que corresponien al President per la Llei del 1988 d'Assistència d'Emergència i Socors en Desastres. I malgrat que l'ordre és descrita per la Casa Blanca com una simple qüestió tècnica de revisió, en realitat, es delega al director de FEMA, la responsabilitat directa d'un gran nombre d'articles que eren anteriorment només prerrogativa del President. I això inclou la responsabilitat d'Assistència Federal General, Assistència Federal d'Emergències, la Mitigació de Riscos, els Programes de subsidi familiar i individuals, i el poder de dirigir altres agències federals per ajudar en cas d'emergència. I AQUESTA ÉS LA CLAU. Totes les altres agències federals quedaran sotmeses a la FEMA.

Per descomptat, el president conserva la facultat de declarar realment una emergència, però tan aviat com ho faci, l'aplicació de les mesures utilitzades es transferirà directament al director de la FEMA. Els cervells darrere d'aquest pla de contingència per a un estat policial van ser els membres del Consell de Relacions Exteriors i la Comissió Trilateral, de les quals Bush n'és membre. I Brent Scocroft, Assessor de Seguretat Nacional, que va ser membre del Consell Assessor de la FEMA fins que Bush el va nomenar per dirigir el Consell de Seguretat Nacional, és membre de la Comissió Trilateral, i també soci de negocis d'Henry Kissinger, que ha estat un traïdor per a aquest país des de fa molts, molts anys. I, per descomptat Scocroft es convertiria en el cap suprem de la FEMA en la cadena de comandament de la Seguretat Nacional d'Emergència quan aquesta es declarés.

El Consell Consultiu de la FEMA està dominat pel professor Samuel P. Huntington. Al 1978 Huntington va ser reclutat per al Memoràndum Presidencial 32 Jimmy Carter, que va portar a la creació de la FEMA al 1979. I és professor a Harvard.

Va escriure la "Pau Seminal" per a la Comissió Trilateral a mitjans de la dècada de 1970, on recomanava que la democràcia i el desenvolupament econòmic fossin descartades per ser idees antiquades. Va escriure, com coautor al llibre Les crisis a la democràcia: "Hem arribat a reconèixer que hi ha possibles límits desitjables per al creixement econòmic. També existeixen límits potencialment desitjables per a l'extensió indefinida de la democràcia política. Un govern mancat d'autoritat tindrà poca capacitat per imposar a la seva gent els sacrificis que siguin necessàries en cas d'una crisi catastròfica".

Totes les idees de Huntington van ser reescrites a la Decisió Directiva 47 de Seguretat Nacional, que està a la NSDD 47, i que va ser promulgada pel president Reagan el 22 de juliol del 1982. Es van identificar àrees importants que havien de ser millorades, com ara la base industrial de la nació per mantenir la defensa nacional, però no obstant - i això és molt important - va establir les bases per a les opcions del govern secret per instituir un estat policial, i el seu títol és Preparació de la Mobilització en cas d'Emergència. Ordenava les mesures de preparació que implicaven la renúncia o modificació de reglaments socioeconòmics que retardessin les respostes d'emergència i que havien de rebre una atenció prioritària. També especificava que s'identifiquessin les mesures de preparació que són o poden ser obstaculitzades per restriccions legals en la tasca prioritària que assenta les bases per a la suspensió de la Constitució.

Fes còpies d'aquesta cinta si vols. Fins i tot no l'has de transcriure si no ho desitges. PERÒ FES ARRIBAR AIXÒ A LA GENT.

És important que entenguin que si s'aprova la H.R. 4.079 - són història.

No l'aprovaran si aconseguim fer arribar això a la gent i els diem què és el que estan fent. La majoria de la gent ni tan sols ho sap, i això beneficia al Govern Secret. Si ho aconseguim i diem a la gent el que estan fent, llavors la gent pot agafar el telèfon i enfonsar-ho i donar una coça al cul al Congressista (que és el que haurien d'haver fet fa anys) i fer que aquesta cosa sigui expulsada del Congrés. I el següent que han de fer és fer fora del Congrés als congressistes i als senadors - i deixar-los fora del Congrés. I posar allà als seus veïns, persones en les quals puguin confiar, i que hi siguin només durant un sol mandat. LA CONSTITUCIÓ CORRE UN SERIÒS PERILL.

Això no té res a veure amb les dretes, les esquerres, ni cap altra maleïda cosa. Té a veure amb que els Illuminati volen fer-se càrrec d'aquest país i unir-se al Nou Ordre Mundial.

Quan facis arribar això a la gent, assegura't que estan d'acord en fer-ne 10 còpies i enviar-ho a tots els seus amics. [Fi de la gravació]

Vaig decidir que la transcripció d'aquesta cinta ho deia tot. Per què escriure-la de nou?

H.R. 4.079

En escriure aquestes línies la H.R. 4.079 encara està a la comissió i no ha estat sotmesa a votació. És una de les peces més enganyoses i perilloses de la legislació que han passat davant del Congrés en molts anys. Això ha de ser detingut a qualsevol preu. Hauríeu de trucar al vostre representant i aturar aquest projecte de llei.

La H.R. 4.079 ha inclòs en les seves pàgines dues disposicions que tenen per objecte desviar l'atenció del fet que el projecte de llei pot declarar l'estat d' emergència nacional durant cinc anys i permetre a la FEMA prendre literalment els governs locals, estatals i el federal. Això vol dir que es podria suspendre la Constitució dels Estats Units.

Les distraccions utilitzades per permetre colar-ho són terribles. Es tracta d'una clàusula que eliminaria la quarta esmena de la Constitució i l'altra eliminaria la vuitena esmena de la Constitució. La distracció provocaria una discussió acalorada sobre aquestes dues disposicions, el que acabaria amb algun tipus de compromís i al mateix temps faria colar la declaració de l'estat d'emergència nacional durant 5 anys fins el Congrés i acabar promulgada com una llei. Si això passés, seria un adéu EUA, hola Nou Ordre Mundial.

Truqueu al vostre congressista i insistiu en que ell / ella us lliuri una còpia completa de la H.R.4.079 immediatament. No accepteu un no per resposta. Llegiu-la i rebutgeu-la.

[Afegit abans de ser imprès: La H.R. 4.079 es pot haver passat en secret tal com va ser aprovada la S.B. 2.834 i la H.R. 4.079 podria ser la Llei Pública 101-647 promulgada pel president Bush el 29 de novembre del 1990. Si això ha passat, llavors ja estem subjectes a una presa de control de la FEMA. Estic tractant d'aconseguir una còpia de la P.L. 101-647. Aquesta dada d'última hora ha estat proporcionada per un membre del personal del Congrés i no s'ha verificat a dia 8 de gener del 1991]

FONTS

"*Bureaucrats Get Ready for a Presidential Order*," Spotlight, Washington D.C., July 27,1987. Codification of Presidential Proclamations and Executive Orders, Office of the Federal Register, National Archives and Records Administration, Washington D.C., 1/20/61-1/20/85.

Murray, Richard, *transcript of phone conversation with William Cooper, FEMA & H.R. 4.079*, San Diego, California, Winter 1989.

Pell, Eve, '*The Backbone of Hidden Government*,' The Nation, June 19,1989.

Pollock, Richard P., '*The Mysterious Mountain*," The Progressive, March 12, 1976.

Quinde, Herbert, article from Executive Intelligence Report News Service, Washington D.C., April (no year on document), uploaded to my computer BBS by anonymous user.

Sinkin, Lanny, "*Democracy at Risk If Covert Bill Passes*," ANOTHER VIEW, Los Angeles Daily News, September 19,1990.

Weekly Compilation of Presidential Documents, Office of the Federal Register, National Archives and Records Administration, Washington D.C., 1950 to present.

Witt, Howard, "*Lawyers Press U.S. on Martial Law Plan*," Chicago Tribune, August 15,1983.

Nota de l'autor: El següent informe del Dr. Pabst relatiu a la FEMA i als camps de concentració als Estats Units està fotografiat i s'ha imprès exactament tal com es va escriure.

ALS ESTATS UNITS

Una emergència nacional: Pressa de poder total

Sóc el Dr. William R. Pabst. La meva adreça és 1434 West Alabama Street, Houston, Texas 77006 El meu número de telèfon és: Codi d'àrea 713 521-9896. Aquest és el meu informe actualitzat del 1979 sobre el programa de camps de concentració, del Departament de Defensa dels Estats Units.

El 20 d'abril del 1976, després d'una investigació ràpida i exhaustiva, vaig presentar una demanda en nom del poble dels Estats Units contra diversos personatges que havien tingut un paper clau en un programa de conspiració per acabar amb els Estats Units tal com els coneixem. Es tracta d'un informe de situació per a vosaltres, els demandants, vosaltres, el Poble dels Estats Units. El número de l'acció civil és el 76-H-667. Es titula, "Queixa contra el Programa de camps de concentració del Departament de Defensa". La demanda va ser presentada al Tribunal de Districte dels EUA per al Districte del Sud de Texas, Divisió de Houston. El jutge encarregat del cas va ser el jutge Carl Bue.

Sens dubte heu sentit la història: Hi havia una vegada, al règim nazi d'Alemanya, un home que treballava en una cadena de muntatge d'una fàbrica de cotxets per a nadons. La seva esposa esperava un nadó, però el govern nazi no deixava que ningú comprés cotxets per a nadons. L'home va decidir que en secret agafaria una part de cada departament i muntaria el cotxet ell mateix. Un cop fet això, ell i la seva dona van reunir els trossos i els van muntar. Quan van acabar no tenien un cotxet per al nadó; tenien una metralladora.

I aquesta és exactament la situació que els presentaré en aquest moment. El Centre per a l'Estudi d'Institucions Democràtiques va completar recentment un projecte de constitució per als "Nous Estats d'Amèrica". El Centre està finançat pels Rockefeller. Per donar-vos una indicació del tipus de projecte proposat, el terme "emergència nacional" s'esmenta 134 vegades. El document no té una Carta de Drets i el dret a posseir armes va ser extret. Alhora, la Resolució Concurrent 28 # de la Càmera esperava a que es convoqués una convenció constitucional el o abans del 4 de juliol del 1976. El president d'aquest esdeveniment hauria estat Nelson Rockefeller. El Vice-President i president pro mandat del

Senat. Aquesta resolució en particular esperava a la comissió. Òbviament els diners no es gasten en aquests programes massius llevat que no hi hagi la possibilitat de l'aplicació efectiva d'aquest sistema.

No obstant això, en cas que el poble nord-americà no adopti voluntàriament una nova constitució menys molesta per als que volen la dictadura, hi ha l'Ordre Executiva # 11490 que inclourà les predecessores quan sigui citada en aquest document. L'Ordre Executiva autoritza als secretaris de les diferents agències a preparar-se per qualsevol situació tipus "d'emergència nacional" - incloent, però no limitant-se a les especificades en la pròpia Ordre Executiva. Si llegiu l'Ordre, no deixa absolutament res a la imaginació. Per qualsevol pretensió concebible es pot declarar una emergència nacional basada sobre aquest aterridor decret, datat a l'octubre del 1969. La mateixa Ordre va ser precedida el març del '69 per un altre decret que establia les regions federals i les seves capitals. Tots els departaments del govern hi van estar involucrats, incloent la L.E.A.A. (Administració d'Assistència d'aplicació de la llei) i el H.E.W. (Salut, Educació i Benestar Social). El congressista Larry McDonald va revelar al Congrés que diversos grups guerrillers i terroristes estaven sent finançats pel govern federal. Si ells (els grups terroristes), comencessin realment les activitats insurgents, l'Ordre Executiva # 11490 seria activada.

Però com es va esmentar anteriorment, si vosaltres llegíssiu l'Ordre Executiva # 11490, veuríeu que una "emergència nacional" es pot declarar per qualsevol pretensió concebible sigui la que sigui. Si s'activés l'Ordre, passaria això: L'endemà, tu i la teva família estaríeu de peu davant de la vostra oficina de correus local amb els vostres veïns; fins a la porta d'entrada arribarien fileres de gent molt llargues esperant per ser registrats. Després d'esperar a la línia amb la teva família durant hores, per fi et farien entrar. Un cop dins, sentiries a un empleat de correus amb la seva arma reglamentària dient-te una dissuasió alarmant: "Mira, jo no hi puc fer res. El camió que hi ha darrere de l'edifici et portarà al camp de

treball al qual se t'ha assignat. La teva dona ha estat assignada a una fàbrica i no hi puc fer res". Després, el teu fill o filla et mirarà i amb veu tremolosa et preguntarà: "Papa, per què estem aquí?"

Implementant el Nou Govern

Bé, veureu que hi ha molt més a la vida en un "país lliure" que pagar la hipoteca. Heu de ser conscients del que està passant i actuar en conseqüència i participar en el govern; és a dir, involucrar-vos- hi. Examineu l'organigrama de l'Ordre Executiva # 11490 per descobrir com tots hem ajudat a finançar (a través dels nostres impostos) la mecànica de l'enderrocament de la nostra Constitució, l'Ordre Executiva #11490 designa certes autoritats de l'Oficina de Preparació d'Emergències - que al seu torn designa l'autoritat dels diferents departaments del govern federal.

Si s'apliqués l'Ordre, el Departament de Correus seria responsable de portar un registre nacional. El Departament d'Estat seria responsable de la protecció del personal de les Nacions Unides o d'una adequada prevenció de la fugida dels Estats Units. El Departament de Defensa s'encarregaria de l'expropiació de la indústria; la direcció dels serveis i el sistema de producció nacional; el control de la censura; i la comunicació d'expropiació de les instal·lacions no industrials. El Departament de Comerç s'encarregaria de l'expropiació, la selecció i la distribució internacional dels productes bàsics (que seria el saqueig actual dels Estats Units), la informació del cens i dels recursos humans.

El Departament del Tresor seria responsable de la recol·lecció d'efectiu i partides no monetàries i la recreació de l'evidència dels actius i passius. El Departament de Justícia tindria competència concurrent amb el Departament d'Estat per a la prevenció de la fugida dels Estats Units: per a la reposició de les existències d'estupefaents; per a una força de policia nacional: per a les institucions correccionals i penals; per a l'alimentació de les masses i l'habitatge dels detinguts i per a l'ús de presos per augmentar la mà d'obra que seria la mà d'obra esclava.

El Banc Federal (que no és un banc FEDERAL) seria responsable de la regulació de la retirada de la moneda. El G.S.A. (General Services Administration) seria responsable de la confiscació de la propietat privada per a ús governamental. Salut, Educació i Benestar Social s'encarregaria de la nacionalització de l'educació (que el Departament d'Educació ja ha fet), els serveis de salut, els hospitals i les institucions mentals. El Departament de Treball s'encarregaria del reclutament de la mà d'obra; selecció de la mà d'obra; el que fes referència a la mà d'obra; i l'assignació de mà d'obra pel que a cada persona en particular que estigués registrada a l'oficina de correus en aquell registre nacional se li diria on ell (o ella) hauria d'anar a treballar. Els H.U.D. (Housing and Urban Debvelopment) serien responsables del trasllat de persones a un habitatge temporal o permanent segons la planificació d'emergència i la cooperació regionals. El Departament de Transport seria responsable de l'aplicació de l'emergència i del control i el moviment de passatgers i l'operació d'emergència del ferrocarril d'Alaska.

Hi ha dues agències específiques aquí que hem de mirar i tenir en compte. Elles són: l'H.E.W. i Justícia (Departament), ja que aquests dos organismes estan relacionats amb el Departament de Defensa; Els diferents departaments militars formen part del Departament de Defensa. Per sota d'ell, tenim al Secretari de l'Exèrcit, al Cap d'Estat Major, al Cap Adjunt de l'Estat Major de Personal i a les forces de l'ordre, al comandament de les forces de l'Exèrcit dels EUA, i a la reserva de l'exèrcit continental i a la Guardia Nacional. I per sota hi tenim els quatre exèrcits dividint els Estats Units. En el marc del Cinquè Exèrcit tenim al cap de la Policia Militar, que està connectat directament amb el cap adjunt de l'Estat Major de les forces de l'ordre. Sota el cap de la Policia Militar del Cinquè Exèrcit tenim al 300 de la Policia Militar de Presoners de Guerra (POW) Comando a Livonia, Michigan.

En aquest punt cito el llibre de l'almirall retirat Elmo Zumwalt, DE GUARDIA, Kissinger va afirmar: "Crec que el poble nord-americà no té la voluntat de fer les coses necessàries per aconseguir la paritat i per mantenir la superioritat marítima. Crec que cal obtenir el millor tracte que puguem en les nostres negociacions abans que els Estats Units i els soviètics percebin aquests canvis i l'equilibri que amb ells es produeix. Quan aquestes percepcions arribin a un acord, i ambdues parts sàpiguen que els EUA són inferiors, hauríem d'haver aconseguit el millor tracte possible. Els nord-americanes aleshores no seran feliços havent quedat segons, però serà massa tard".

Zumwalt va dir: "Llavors, per què no fer-ho arribar al poble nord-americà? Ells no acceptaran la decisió de convertir-se en els segons mentre el nostre Producte Nacional Brut sigui el doble que el de l'URSS"

Kissinger va respondre: "Això és una qüestió d'opinió. Jo opino que no obtindrem el seu suport, i si ens ho proposem i els ho diem, cosa que hauríem de fer, perdríem la capacitat de negociació amb els soviètics."

Zumwalt va dir: "Però en una democràcia no és una immoralitat fonamental, prendre una decisió de tal importància per al poble sense consultar-ho?

Kissinger va dir: "Potser, però dubto que hi hagi 1 milió que pogués fins i tot entendre el problema."

Zumwalt va respondre: "Fins i tot suposant que aquesta presumpció sigui correcta, aquest milió podria influir en les opinions de la majoria. Crec que el meu deure és prendre un altre rumb".

Kissinger va respondre: "Hauries d'anar amb compte, no fos cas que les teves paraules acabin reduint el pressupost de la marina de guerra."

Veiem, doncs, quina és la intenció del Departament d'Estat en relació amb el poble. Una altra dada: el 30 de desembre del 1975, la Guàrdia

Nacional de Califòrnia, va anunciar en un comunicat de premsa (el qual tinc) que els batallons de la Policia Militar de l'estat havien estat organitzats i capacitats per brindar resposta immediata a gairebé tots els desastres civils i provocats per l'home, així com per ajudar als funcionaris encarregats de fer complir la llei en situacions d'emergència; per dur a terme la seva aplicació de la llei, així com la seva missió militar. Quan vaig preguntar a quatre dels acusats en aquest cas per la seva declaració d'intencions no van contestar - tot i que deien que era informació pública.

L'ensinistrament oral de la Guàrdia Nacional de Califòrnia cobreix temes com ara tractar amb les persones civils / població civil, els procediments de detenció, els drets dels ciutadans, i assumptes similars. I vosaltres sabeu tan bé com jo que, quan hi ha llei marcial, o govern marcial, els ciutadans no tenen drets - ja que la Constitució és anul·lada. Fins i tot els uniformes dels guàrdies nacionals que participen en aquest programa són diferents dels uniformes regulars. El portaveu de l'Exèrcit no revelarà res més sobre els uniformes. No obstant això, les unitats paramilitars del Departament del Sheriff de Los Angeles, que també han rebut aquest entrenament, porten un uniforme militar tenyit de negre com uniforme.

Una dada addicional és el pla de preparació per a casos de desastre del Centre de Subministraments del Cos de Marines a Barstow, Califòrnia. Citant el document "Segons la Constitució i les lleis dels Estats Units, la preservació de la llei i l'ordre és responsabilitat del govern local i estatal. I l'autoritat per a mantenir la pau i fer complir la llei recau en les autoritats d'aquests Governs." Hi ha exempcions específiques al concepte anterior. Una d'aquestes es refereix a la intervenció federal davant disturbis civils en certes situacions. Es considera que els comandants militars tenen el poder inherent de prendre qualsevol mesura raonablement necessària per a la protecció de vides i béns en cas d'una sobtada calamitat pública inesperada que interrompi el procés normal de govern i presenti una emergència tan eminent com perquè sigui perillós esperar instruccions de les autoritats apropiades. Això inclou els drets d'aplicació de la llei. El manual esmenta una cosa anomenada "Forces Garden Plot", que discutirem en detall en uns minuts.

Don Bell (que escriu un informe setmanal) va informar el 25 de juliol del 1975, que el maig del 1975, el 303 Civil Affaires un grup de la Reserva de l'Exèrcit dels EUA de Kearny, Nova Jersey, havia dut a terme un exercici per afinar els plans per a una ocupació militar del govern de l'estat de Nova Jersey. Segons el coronel Frances Clark, els últims anys s'havien dut a terme estudis similars sobre la manera d' apoderar-se del govern municipal i del comtat. Però aquesta era la primera vegada que havien estudiat el govern

ESTATAL. Aquestes unitats havien estat entrenades durant la Segona Guerra Mundial per gestionar governs capturats a l'estranger. Nosaltres no vam tenir mai tropes federals entrenades per a fer-se càrrec dels governs dels Estats Units. Quan hi havia violència local o una catàstrofe, la Guàrdia Nacional - sota el comandament del governador - es posava en acció. Definitivament aquesta no és la situació en aquest moment............................

Control de Masses

El 16 de febrer del 1975, el SAN GABRIEL VALLEY TRIBUNE, informava que el L.E.A.A. *(Law Enforcement Assistance Administration / Law Enforcement Alliance of America)* (Finançat pel Departament de Justícia i la Fundació de la Policia (finançada per la Fundació Ford) eren els motors primaris cap a l'aplicació d'una força de policia nacional. Totes dues, però, sostenen que donen suport a les agències de policia locals. La facturació total del programa d'unitats militars té la funció de fer-se càrrec de l'administració dels governs locals i estatals. Aquest programa és la "Operació Cable Splicer" - pels grups d'assumptes civils de l'Exèrcit, un altre sub-pla de la "Operació Garden Plot" (el programa de la Llei Marcial).

El mètode pel qual el concepte de policia nacional s'està presentant al públic ha canviat. Primer es va disfressar sota la cobertura de la protecció contra els disturbis civils. Aquest programa era el següent:

A. Mantenir la gent agrupada als carrers
B. Aïllar i neutralitzar als líders de la revolució
C. Dispersar les multituds i les manifestacions

A això li segueix un enjudiciament reeixit amb la finalitat de: (1) Validar l'acció de la policia; (2) Negar els materials de propaganda dels detinguts; i (3) Negar-los l'oportunitat de recuperar diners per danys i perjudicis contra la policia per haver-los detingut.

Permetin-me citar-los l'escenari, que va ser desenvolupat per a Cable Splicer U, Dos i Tres, per justificar la necessitat de fer front als disturbis civils: "Fase U: un arrest i trets provoquen disturbis multitudinaris i amenaces contra els funcionaris públics i comença a formar-se un motí. Fase Dos: vehicles policials són emboscats, es produeixen diversos intents d'assassinats de funcionaris públics, es produeix destrucció i saqueig als arsenals, i milers de persones comencen a reunir-se i la policia perd el control local. Fase Tres: s'incrementa el moviment dels manifestants i la gent ha de ser dispersada abans que simpatitzin amb els amotinats. La Guàrdia Nacional i la policia local perden el control."

Aquest escenari preveu una transició ordenada d'un control estatal a un de federal. El fiscal general de Califòrnia, va comentar en una conferència de Cable Splicer Tres, que qualsevol persona que ataca a l'Estat - fins i tot verbalment - esdevé un revolucionari i un enemic per definició. Són l'enemic i han de ser destruïts. Aquest programa s'ensenya en gairebé tots els estats a l'oest del riu Mississippi i inclou tan a participants actius de la milícia local, com a militars de reserva i a la policia civil. El nom del curs era "Curs de Gestió d'Emergència Civil". L'explicació oficial que s'havia de donar, si es que es feia alguna pregunta sobre el programa, era: "Aquesta activitat és un continu, grup de treball-militar d'esforços d'enllaç i una continuació de la coordinació establerta l'any passat."

El 1976, The OAKLAND TRIBUNE va realitzar la explicació més completa del que s'estava planejant. Se'n va informar totalment al NATIONAL CHRONICLE que afegia una anàlisi de la història. (L'editor de The OAKLAND TRIBUNE va morir sobtadament després de publicar-se la història.) I cito:

Dissabte passat la Guàrdia Nacional de Califòrnia va donar a conèixer una nova Força d'Assistència d'Aplicació de la Llei - L.E.A.F., una unitat de la Policia Militar especialment entrenada i equipada, els membres de la qual serviran d'amortidors de les tropes a la guerra de l'Estat contra manifestacions polítiques i manifestants.

Vaig veure una exhibició de gala del que la Guàrdia Nacional de Califòrnia havia planejat per a la pròxima revolució americana. Helicòpters, equips SWAT, policies militars civils amb bótes i cascs, escopetes del calibre 12, pistoles del calibre 0.38 i 0.45, ràdios, walkie-talkies, i centres d'intel·ligència controlats elèctricament per cable per comunicar-se instantàniament amb qualsevol cos de policia de l'estat.

La L.E.A.F. és una unitat de 1000 membres reclutats aquest any només per gestionar els problemes de l'aplicació de lleis, com la desobediència civil de masses, les manifestacions de protesta i els disturbis. En altres paraules, trencant caps i prenent noms. La L.E.A.F. compta amb el suport del governador Brown, un quart de milió de dòlars en subvencions del govern federal, i la no oposició pública dels grups de llibertats civils.

Malgrat la seva ineptitud, però, la L.E.A.F. té una possibilitat aterridora des del punt de vista de la llibertat civil. És un producte directe de les conferències "Cable Splicer" de Califòrnia - una sèrie de reunions secretes d'alt nivell entre funcionaris governamentals, oficials encarregats de fer complir les lleis i planificadors militars celebrades durant els anys 60 i principis dels 70. Les reunions es van celebrar en una data tan tardana com 1975, tal com ho mostren molts registres públics. Aquestes van ser les conferències que la revista COUNTER-SPY havia identificat com el "Sub-Pla Garden Plot de Califòrnia":

Gary Davis, ma dreta del governador Brown, diu que la LEAF està per ajudar a la policia civil no per reemplaçar-la. Gary diu: "Els civils podien esperar un tipus d'aplicació de la llei civil, en lloc del que es coneix comunament com la llei marcial." Malgrat aquesta seguretat, els exercicis de la LEAF semblen inquietantment similars al cop militar que es descriu a la novel·la, SET DIES DE MAIG.

Els soldats de la L.E.A.F. amb porres situats en les interseccions, aturant cotxes amb ocupants sospitosos, comprovant carnets d'identitat i generalment intimidant als espectadors amb els seus uniformes estil SWAT, armes curtes i cascs. Potser més ominosament, diversos dels participants en els exercicis de dramatització del dissabte van admetre que, fins i tot sota pressió simulada, ja hi ha hagut una sèrie d'incidents en què les tropes de la L.E.A.F. havien utilitzat una força excessiva per sufocar disturbis - tot i que les seves ordres ho prohibien". (Fi de la cita.)

L'ex-administrador de la L.E.A.F., Charles Rosgovin, va ser gravat declarant que la policia local havia fracassat i que havia de ser reemplaçada per una força de policia nacional. Patrick Murphy, l'administrador de la Fundació de la Policia, va afirmar: "No tinc por d'una força de policia nacional. Els nostres 40.000 departaments de policia no són sagrats." L'ex-fiscal general, William Saxby, va advertir que, si podem seguir tal com estem, la delinqüència ens envairà i la policia nacional se'n farà càrrec.

Per als policies que no cooperin i encara vulguin ser policies, hi ha el programa de Recerca Contemporània, Inc - i l'organització de psicòlegs, sociòlegs, especialistes en educació i experts en economia - que treballen cap a una solució de molts dels problemes socials d'avui dia. La mateixa organització desenvolupa programes informàtics especialitzats per al nou comandament i control militar a tot el món, així com els sistemes de base informàtica per als organismes encarregats de fer complir la llei en tots els nivells del govern.

Només la L.E.A.A. rebrà més de mil milions de dòlars anuals durant els propers 4 anys - tot i que ha estat ineficaç contra el crim. Això és perquè la L.E.A.A. no està orientada a la lluita contra la delinqüència; està orientada al desenvolupament d'un sistema per a la presa del poder dels Estats Units, amb l'ajuda del Departament de Defensa.

L'Estat policial previst

Un dels programes de la L.E.A.A. que treballa en la seva lluita contra la delinqüència és la psicocirurgia. Si no cooperes en els seus programes, senzillament ets operat de manera que siguis més cooperatiu que una màquina de sumar. O, la L.E.A.A. dóna suport a la investigació de drogues per al mateix propòsit - per neutralitzar les fonts neurològiques de la violència. Per tant, per exemple, si s'aprovés una llei mitjançant la qual es declarés il·legal la propietat d'armes de foc, hauríeu de ser col·locats en un d'aquests programes si no hi cooperéssiu. L' exercici de control de la L.E.A.A. (a nivell estatal) és fa des de l'Oficina de Planificació de Justícia Criminal de l'Oficina del Governador. Aquí a Texas, el Sr. Robert C. Flowers segueix sent el director executiu d'aquesta oficina. Però tots els estats tenen aquest departament en particular.

Al maig del 1975, el BUTLLETÍ de la L.E.A.A. descrivia la funció d'una de les organitzacions: l'Institut Nacional d'Aplicació de la Llei i la Justícia Penal. Aquesta organització finança una cosa anomenada el "Centre d'Informació de les Nacions Unides", a Roma, Itàlia. La funció d'aquesta organització és, entre altres coses, l'intercanvi d'informació del Sistema de Justícia Penal amb la Unió Soviètica. I no cal dir que no hem d'aprendre res del Sistema de Justícia Penal de la Unió Soviètica. Aquests projectes increïbles estan sent finançats amb diners dels nostres impostos.

El nom en clau d'aquests projectes són: "Garden Plot" i "Cable Splicer". Garden Plot és el programa per al control de la població. Cable Splicer és el programa per a una ordenada presa de poder dels governs estatals i locals pel govern federal.

Al novembre del 1975 es va completar una investigació per part de quatre fonts: la publicació conservadora AMERICAN CHALLENGE; l'esquerrà TIMES NEW; la fundació finançada pel FONS PER AL PERIODISME D'INVESTIGACIÓ; i Don Wood de la fiable OZARK SUNBEAM. Es tractava de la possible creació d'un Estat policial, utilitzant al Pentàgon i el seu expedient d'intel·ligència computeritzada (allotjat al soterrani del Pentàgon), de milers de ciutadans per la Guàrdia Nacional, els departaments de policia estatals i locals, la L.E.A.A., forces militars de paisà, equips SWAT, i el Departament de Justícia.

El General de Brigada J. L. Julenic alt oficial de l'Oficina de la Guàrdia Nacional de l'Exèrcit del Pentàgon, ha admès: "No sé de cap Estat que no tingués algun tipus d'aquests exercicis durant l'últim any."

Avui el manual Cable Splicer es compon de 6 fulls solts en carpetes de 3 anelles que són merament un esquema per a la presa del poder i la destrucció imminent de la nostra Constitució. El Sisè Exèrcit va utilitzar el terme "Cable Splicer" per al nom de l'operació, però no ha revelat el nom de l'operació a les altres àrees militars dins dels EUA.

A la pàgina 4, paràgraf 10, de la informació pública, a les instruccions hi diu: "Com mitjà per evitar la publicitat adversa o efectes psicològics enganyosos en quant a la coordinació, planificació i realització d'aquest exercici, tots els participants militars involucrats realitzaran les seves tasques amb roba de civil quan les activitats orientades dels exercicis es duguin a terme en instal·lacions de les forces de l'ordre. A les possibles preguntes que es rebin pel que fa a aquest exercici, la resposta s'ha de limitar a identificar l'activitat com, un continu grup de treball-militar d'esforços d'enllaç i una continuació de la coordinació establerta l'any passat." A la pàgina 6, una guia de seguretat explica que si algú fa preguntes, s'ha de limitar la informació que es dóna sobre la base que sigui en interès de "l'interès nacional" (seguretat).

Ara bé, en les festivitats que celebren l'èxit de la realització dels exercicis, el general Stanly R. Larsen, general en cap del Sisè Exèrcit va declarar: "El desafiament més seriós al que ens enfrontem tots nosaltres serà el repte de complir les nostres responsabilitats legítimes. Es probable que una part significativa de la societat ens miri amb sospita i ens qüestioni, fins i tot que desafiï la nostra autoritat en el supòsit bàsic de la nostra professió. Part d'aquest repte és al que hem d'estar preparats per fer front; una proporció potencialment perillosa de la nostra societat que, en realitat, podria convertir-se en l'enemic intern."

El manual inclou instruccions sobre el funcionament de les instal·lacions de confinament, gestió i processament de presoners - incloent la recerca, el transport, la alimentació, l'habitatge i gestió de la classe especial de persones anomenades "detinguts". El pla també inclou específicament una proposta per a la confiscació d'armes de propietat privada i municions.

Arxius sobre presoners potencials

L'Exèrcit compta amb més de 350 centres de registre independents que contenen informació important sobre les activitats cívic-polítiques. Pràcticament totes les unitats principals de l'Exèrcit tenen el seu propi conjunt, a part d'aquest. El Cinquè Exèrcit de San Antonio compta amb més de 100.000 arxius propis. El lloc de comandament general de l'operació és una habitació al Pentàgon. Hi ha 25 milions de targetes de persones i

760.000 d'organitzacions només a la Llista Central de les investigacions de Defensa. I aquesta informació inclou perfils polítics, sociològics, econòmics i psicològics. Tot aquest tipus d'informació de 25 milions de nord-americans.

Des del 1970, les forces locals del comtat i de la policia estatal de tot el país han emprès programes de xoc per instal·lar diversos tipus de sistemes d'informació computats. Una gran part d'això està sent pagat per la L.E.A.A. A principis del 1970, el Congrés i els caps de l'Estat Major Conjunt van ordenar la destrucció de tots aquests bancs de dades, però no van ser destruïts. Tota la col·lecció fora de la llei es troba ara a Mount Weather al Comtat de Clark a West Virginia i instal·lacions similars del Pentàgon van ser concebudes com a complements dels poders d'emergència del president sota les Ordres Executives.

El grup de persones especialitzades per fer complir aquest pla es troben a la Reserva de presoners de guerra de la Policia Militar de l'Exèrcit dels EUA Comandament de Livonia, Michigan. El Sr Fennerin, del Campament de presoners de guerra de la Policia Militar 300, de Livonia, em va dir, quan el vaig trucar des del Centre d'Informació Federal de Houston, que els campaments eren per presoners de guerra estrangers i per als "enemics dels Estats Units". Li vaig preguntar si els enemics dels Estats Units incloïen ciutadans nord-americans. Es va enfadar, no ho negaré, i em va remetre a un individu molt sinistre a les instal·lacions de la Reserva de l' Exèrcit aquí a Houston amb qui vaig parlar; qui em va explicar que als presoners se'ls anomena "inventari" i "internats". No va negar que els camps fossin per a ciutadans nord- americans.

Vaig trucar al Pentàgon, vaig parlar amb el demandant d'allà, i després amb el cap de la policia militar del Cinquè Exèrcit, i sabeu què? Cap d'aquestes persones van negar que el sistema fos per als - ciutadans nord-americans. El cap de la policia militar del Cinquè Exèrcit - quan vaig esmentar els noms de tots els campaments - va dir, "Bé, almenys tens aquest dret."

Els noms dels centres de detenció que li vaig donar era una llista que havia aconseguit de la OZARK SUNBEAM. Aquesta llista de noms era la mateixa llista de les instal·lacions designades en virtut de la vella Llei de detenció de 1950 com "centres de detenció d'emergència". Però només hi havia un problema: se suposava que aquesta llei havia estat derogada el 1971 Després d'algunes investigacions, vaig saber quin era el problema. Un congressista - quan es van celebrar les audiències per a la derogació de la Llei de detenció d'emergència - va esmentar que hi havia uns altres 17 fragments de llei que preveien el mateix. Així que no importa si alguna vegada van derogar la Llei de detenció d'emergència. El públic va ser, de fet, enganyat pel Congrés dels Estats Units!

Aquests són els llocs designats: Amagat a les muntanyes Apalatxes del centre de Pennsylvania és una bulliciosa ciutat d'aproximadament 10.000 persones. Fa quinze o vint anys era un tranquil poble de 400 habitants. Allanwood, Pennsylvania està comunicat amb la ciutat de Nova York per la carretera interestatal 80. Ocupa aproximadament 400 hectàrees i està envoltat per una tanca de filferro de pues de 10 peus *(3 metres aprox.)*. Ara té prop de 300 presoners de seguretat mínimes per mantenir-lo en forma. Es podrien retenir a 12.000 persones d'un dia per l'altre.

A trenta milles de la ciutat d'Oklahoma, per la U.S. 66, hi ha El Reno, Oklahoma, amb una població aproximada de 12.000 habitants. A l'oest, a 6 milles de la ciutat, gairebé a la vista de la U.S. 66, hi ha un complex d'edificis que podrien passar per una petita escola. No obstant això, la instal·lació es veu enfosquida per una casa de guàrdia, que sembla ser una mena de torre de control de l'aeroport - excepte perquè fa de vigilant un guàrdia uniformat. Aquest centre és un camp de presoners federals o de detenció. Aquests campaments estan situats a prop de grans autopistes o prop de vies del ferrocarril o d'ambdues.

La presó federal de Florence, Arizona podria contenir 3.500 presoners. Actualment es conserva en condicions per a uns 400 presos condemnats legalment. Wickenburg, Arizona és famós pel seu aeroport municipal, que una vegada va ser propietat del govern. Ara està ocupat per un grup privat. Es rumoreja que és possible que sigui posat a disposició del govern federal sense previ avís.

Ara bé hi ha un altre parell d'aquestes instal·lacions que probablement existeixen amb les mateixes normes. Aquest rumor en particular de ser empresonat de cop sense previ avís ha existit durant prop de 9 o 10 anys. L'única manera en que realment es podria saber és mirant el contracte local entre el propi aeroport Municipal de Wickenburg, i el grup que en té la possessió.

Com he esmentat anteriorment, aquests noms van ser ratificats pel cap de la policia militar del Cinquè Exèrcit, que està a càrrec del Comando de presoners de guerra de la Policia Militar 300. Ell és el que els verifica. Va dir, com he esmentat abans, "Bé, almenys tens aquest dret."

Alguns dels altres llocs són: Tule Lake, a Califòrnia - ara en mans privades. Pot ser reprès sense previ avís. Alguns dels altres: tenim Mill Point, West Virginia. No vaig poder trobar res a Mill Point, però en aquesta àrea tenim tot tipus de presons. Entre ells es troben: Alderson, West Virginia, reformatori federal de la dona; Lewisburg, West Virginia, una presó federal; Greenville, Carolina del Sud, al Comtat de Greenville, està ara ocupat per la Divisió de delinqüència juvenil de l'Estat. Fins i tot això és un misteri per a la gent de la zona.

A Montgomery, Alabama, tenim un camp de presoners civil federal a la Base de l'Air Force de Mazwell. Correcte? N'hi ha un a Tucson, Arizona, a la base aèria David Munson. A Alaska, tenim la Base de l'Air Force Elmendorf a Eielson.

I això ens porta a una instal·lació de Florida anomenada Avon Park. Vaig enviar a un representant per veure què hi havia a Avon Park. Va trobar el Camp de Bombardeig d'Avon i el Camp d'Artilleria, que també està catalogat com el 56è Esquadró de Combat de Suport de la Força Aèria dels EUA; que també apareix a la llista com l'Institut Correccional d'Avon Park. No s'hi permet l'entrada i, probablement, no hi ha permís per sobrevolar-hi, perquè és un camp de tir i de bombardeig. Aquest va ser un dels llocs ratificats pel cap de la policia militar del Cinquè Exèrcit.

El 1976, igual que el 20 de març de 1979, vaig anar al Departament del Sheriff de Houston per veure si el nostre Departament local del Sheriff havia estat infiltrat per aquests plans. Doncs bé, sembla ser que sí. Em van posar en contacte amb un tal tinent Kiljan, que és qui està a càrrec d'alguna unitat secreta del departament. Li vaig preguntar si havia participat en l'entrenament militar o en l'entrenament amb el personal militar aquí al Departament del Sheriff. Ho va negar, i quan li vaig preguntar si ho testificaria sota jurament es va enfadar i va dir: "Vostè només és un ciutadà del carrer. No he de dir-lires." Més tard hem descobert que el tinent Kiljan és l'exdirector de la sucursal de Houston del Servei Secret dels EUA. Ara d'on venen el seu diners? L'àrea està administrada pel Consell de l'Àrea de Houston - Galveston.

En aquest pla del govern regional, cada regió federal es divideix en centres d'informació estatals, i cada centre d'informació estatal es divideix en centres d'informació de l'àrea. I a la nostra zona tenim el Consell de l'Area de Houston - Galveston. S'utilitza com conducte per als fons federals en dues grans àrees: la L.E.A.A. i el H.E.W.

La majoria pensa que aquesta organització (el Consell de l'Àrea de Houston - Galveston) és per al desenvolupament de l'àrea - la zona geogràfica de Houston. Però no és així. És per al desenvolupament de projectes de la L.E.A.A. i el H.E.W. Ara bé això troba la seva contrapartida en cada comunitat arreu dels EUA. Proporciona a aquestes agències un enllaç per a la comunicació, la interacció i la coordinació intergovernamental.

Cooperació mental en els plans de la pressa de poder

He examinat els seus projectes per veure el que estaven fent. Aquest programa del govern regional distribueix els fons federals per a dos propòsits principals: (1) Connexions de ràdio entre totes les agències de policia en l'estat amb Fort Sam Houston, i (2) Programes de salut mental, incloent programes per malalties mentals tenint prioritat de llits i hospitals.

Un altre fet interessant a tenir en compte és que a l'Arsenal Pine Bluff d'Arkansas s'emmagatzema "BZ". És un gas nerviós que crea somnolència, marejos, estupor i incapacitat per moure's. D'acord amb l'Associated Press, l'agent pot ser ruixat per aerosol, injectat o polvoritzat sobre grans àrees amb una bomba. L'exèrcit ha admès que un altre possible ús del gas és per al control civil. Així doncs, el que han planejat, és també una manera perquè vosaltres aneu al vostre destí en un estat de tranquil·litat mental.

El HEW, per llei, és gestionat conjuntament amb les Nacions Unides a través de l'Organització Mundial de la Salut. Tornant al 1948, el Congrés Internacional de Salut Mental - una organització de l'ONU - va declarar en el seu fullet, SALUT MENTAL I CIUTADANIA DEL MÓN, que "el prejudici, l'hostilitat o el nacionalisme excessiu poden arribar a incrustar-se profundament en la personalitat en desenvolupament, sense coneixement per part de la persona què es tracti. Per ser efectius, els esforços de canvi de les persones han de ser apropiats per a les successives etapes on es desenvolupa la personalitat. Mentre que en el cas d'un grup de la societat, el canvi serà resistit fortament llevat que primer hagi estat engendrada una actitud d'acceptació. "

"Els principis de salut mental no es poden promoure amb èxit en cap societat a menys que tingui lloc l'acceptació progressiva del concepte de ciutadania mundial." diu el document. "Els programes per al canvi social per ser eficaços requereixen un esforç conjunt de psiquiatres i especialistes en ciències socials, que treballin conjuntament en cooperació amb els estadistes, els administradors i altres persones en posicions de responsabilitat."

Les tres fases del desenvolupament són: (1) Hospitals psiquiàtrics per a la segregació, l'atenció i protecció de les persones amb ments irracionals; (2) Centres de Salut Mental de la Comunitat, de manera que les persones puguin ser tractades en els seus propis veïnats; i (3) Centres de Cura Infantil per fer front a les dificultats inicials del nacionalisme en la vida d'un nen.

Dos anys abans, el general de divisió G.B. Chisholm, viceministre de Salut del Canadà - que més tard va esdevenir director de l'Organització de la Salut Mundial de les Nacions Unides - va explicar: "L'autodefensa pot implicar una reacció neuròtica quan es tracta de defensar l'excessiva riquesa material pròpia d'altres que tenen grans necessitats. Aquesta actitud condueix a la guerra." Així doncs la seva solució al problema és: Redistribuïm la riquesa entre tots.

A més, la reinterpretació i l'eventual eradicació de la concepció individual del bé i del mal - que ha estat la base de la formació del nen - són els objectius tardans de pràcticament totes les psicoteràpies efectives. Ara bé, si encara divaguem més, a la Buria (ortografia fonètica), el director de la policia secreta soviètica, en la dècada de 1930, veiem que explicava l'estratègia política comunista a través de l'ús de les "curacions mentals" de la psiquiatria:

"La Psico-política és l'art i la ciència d'afirmar i mantenir un domini sobre els pensaments i les lleialtats dels individus, funcionaris, agencies, i masses. I efectuar la conquesta de les nacions enemigues a través de la curació mental. Heu de treballar" va dir, "fins que tots els mestres de psicologia, sense saber-ho, o sabent-ho ensenyin només la doctrina comunista amb el pretext de la psicologia."

Si ens fixem en el manual d' instruccions de la guerra psico-política de Rússia, veurem al capítol 9, "les operacions psico-polítiques han d'estar sempre alerta de les oportunitats d'organitzar la millora dels centres de salut mental de la comunitat."

Ara bé, amb el nou programa nacional de salut mental en aquest moment hi ha més de 600 d'aquests centres comunitaris de salut mental als Estats Units. Tot l'assumpte va ser promogut pel Dr. F. Stanly Yolles, que era director de l'Institut Nacional de Salut Mental al 1969. I, aleshores va declarar que la tendència més recent en el tractament de la malaltia mental és l'atenció als centres de salut locals, on el (o la) pacient no està aïllat/da de la seva la família i dels amics. Han estat treballant en aquest programa des de fa 46 anys públicament i, ara a través dels EUA - mitjançant els vostres impostos - tenen 603 centres (per ser exactes); Centres Comunitaris de Salut que són part d'aquest programa.

I aquesta és la forma en què són part del programa. (Ja ha passat): A mitjans de la dècada de 1950, es va posar en marxa una cadena d'esdeveniments interessants. Sobre el 1956, es va proposar i posteriorment es va acceptar el Projecte de Llei de Salut Mental d'Alaska. Es van concedir aproximadament 12 milions de dòlars i 1 milió d'acres de terres públiques a Alaska per què pogués desenvolupar el seu propi programa de salut Mental. Ara bé, això era una mica anormal ja que Alaska només tenia poc més de 400 persones que havien estat classificades com malalts mentals!

Després de l'aprovació del projecte de llei, Alaska va aprovar la seva pròpia, el que permetia la legislació per fer-se amb el negoci de la salut mental. Van començar amb l'adopció dels elements centrals del Projecte de Llei de Servei de Salut Pública per a l'hospitalització dels malalts mentals a l'antic "Pacte Interestatal per a la Salut Mental" - que ara es diu Llei de Salut Mental Uniforme. No hi ha disposicions sobre judicis amb jurat o cap altra cosa. Només us recollirien i us portarien a l'Asil - Alaska - Siberià - en règim d'incomunicació - i l'Estat també us confiscaria tots els vostres bens mobles i immobles. I en realitat ja van tractar de fer-ho al 1954 en el cas Ford versus Milinak, que va declarar inconstitucional la llei adoptada en un altre estat (l'estat de Missouri).

Però la llei en si encara existeix - i modificada - però essencialment amb la mateixa forma, la Llei de Salut Mental Uniforme, la qual han subscrit aproximadament 6 estats. I passat un mes les Constitucions Estatals - si voleu comprovar-ho a partir del període de 1935 - van fer part de la seva constitució la pràctica de que una persona se sotmeti a un examen mental de 90 dies per determinar el seu seny, sense cap mena de disposicions relatives a un judici amb jurat. Això formava part del programa nacional en aquell moment.

En aquesta llei, el governador podia agafar a qualsevol i enviar-lo a la institució de Salut Mental d'Alaska o d'altres llocs. El resultat, segons els rumors, allà per la dècada de 1950, era que en realitat a Alaska hi havia una sinistra presó de salut mental del tipus Frankenstein. Vaig escriure a Alaska (als funcionaris) i els vaig demanar una descripció de les terres d'1 milió d'acres on era possible que hi fos, en virtut de la Llei de Salut Mental d'Alaska. I també els vaig demanar una còpia de l'inventari que portaven abans a les seves instal·lacions en aquells temps. Bé, fins ara no hi ha hagut cap resposta. I probablement mai rebré una resposta sense una ordre judicial.

Però a través dels anys, hi havia un lloc a Alaska al que es referien contínuament com: Al sud-est de Fairbanks; Al sud-oest de Fairbanks; al nord-oest de Fairbanks - en algun lloc prop de Fairbanks. Llavors vaig rebre informació sobre un pilot que una vegada havia sobrevolat l'àrea havent-li estat revocada la llicència. I així, a 1,85 dòlars cadascun, vaig comprar els mapes de navegació de baix nivell del govern federal d'Alaska i vaig localitzar l'Asil Alaska-Siberià per al tractament dels enemics dels Estats Units. Està just on el rumor l'havia col·locat durant els darrers 20 anys: Al sud-est de Fairbanks. Destaca com un dolor al dit polze! És l'únic amb aquesta configuració geomètrica dins l'estat d'Alaska, i hi veureu una línia negre que corre a través de Fairbanks i baixa prop d'aquesta zona del mapa. És la línia del ferrocarril que el Departament de Transport utilitzaria en l'operació d'emergència, en virtut de l'Ordre Executiva - si l'Ordre Executiva entrés en vigor. I l'HEW s'encarregaria de prendre la determinació de si sou uns pertorbats mentals o no a causa de les vostres tendències nacionalistes, el vostre amor pels Estats Units, o la vostra adhesió a qualsevol doctrina política o religiosa.

Però vegem una mica més quin tipus de programa és la LEAA. L'Oficina Federal de Presons està pagant per mitjà del Departament de Justícia, - ubicada als boscos del darrera de Carolina del Nord, a prop d'un petit poble anomenat Butner - la construcció d'un complex d'investigació gegantí de 42 acres per als presos de tot l'Est. Que seran enviats per fer experiments per tal de provar nous programes i tècniques del comportament? La data estimada de finalització de tot el sistema és, irònicament, al 1984.

I així, estan fent servir en aquest moment, sota el programa de la L.E.A.A., alguna cosa que es diu anectine. El comportament problemàtic dins la presó s'està castigant a base de drogues i electroxocs, probablement són els exemples més seleccionats dels programes que han fet ús de l'anectine - un derivat del Curare sud-americà. L'anectine era utilitzat originalment com un factor inductor del xoc electro- convulsiu. Aquestes simulacions aplicades al cap són tan fortes que poden trencar i fer miques els ossos sota la pressió de les contraccions musculars que provoquen. Ja que l'anectine paralitza els músculs sense esmorteir la consciència o la capacitat de sentir dolor, injectant-li abans als presos, els investigadors poden pujar el voltatge tan alt com vulguin sense esquerdar l'esquelet del reclús quan el seu cos és sacsejat degut a les convulsions.

El què fa l'anectine, en definitiva, és simular la mort passats de 30 a 40 segons en ser injectat. Primer paralitza, amb petits i ràpids moviments musculars el nas, els dits i els ulls, i després el diafragma i el sistema cardiovascular. Com a resultat, el pacient no es pot moure ni respirar i no obstant això segueix estan plenament conscient, com si s'estigués ofegant i morint. Això és de la publicació del 1974, EL COMPORTAMENT HUMÀ.

El poble contra els conspiradors

El govern federal va respondre la meva demanda, al juny (1976), mitjançant la presentació d'una negació en general no jurada de tot el que jo havia al·legat. Vaig parlar amb l'ajudant del fiscal a càrrec del cas i li vaig preguntar si s'havia pres la molèstia de trucar a qualsevol de les parts esmentades a la demanda - de les quals els havia proporcionat no només les adreces, sinó els números de telèfon per a proporcionar mitjans d'investigació més ràpids. Em va dir que no els tenia. Ni tan sols havia fet una mínima investigació del cas, però no obstant això, presentava una negació de les meves acusacions.

Vaig presentar una moció, mentrestant, per prendre declaració a la persona que escriu els programes de capacitació per als guàrdies dels camps de concentració, el Sr Richard Burrage - del 75è Comando de Maniobres Aèries del Centre de Reserva de l'Exèrcit a Houston, Texas - manifestant que, veient tota l'activitat recent dels agents del govern, un dels organismes participants podria intentar assassinar a aquest testimoni clau, l'autor del programa d'entrenament del campament. El jutge federal va rebutjar la meva moció, afirmant que no li havia citat prou casos com per justificar la meva petició. No obstant això, també era conscient que no hi havia casos existents en aquest conjunt de fets, però, com es veurà a mesura que avanci amb aquest informe, va optar per ignorar-ho.

Llavors vaig fer un tracte amb l'ajudant del fiscal dels EUA per prendre declaració al Sr Buirrage. Un cop fets els arranjaments, l'ajudant del fiscal dels EUA voluntàriament es va negar a anar amb mi a prendre-li declaració. És molt difícil trobar justícia en el nostre sistema penal. La llei generalment es practica pel "sistema d'amics", per tant, les regles de la cort es passen per alt o no es segueixen.

El 29 de juliol, es va celebrar una audiència als jutjats de Norman Black, Tribunal de Districte dels EUA a Houston. La sala estava completament plena d'espectadors. I tot i que els mitjans de comunicació havien estat avisats, no hi havia cap representant de la premsa. Hi va haver una nova censura informativa sobre aquest tema aquí a Houston.

Es van presentar uns breus arguments orals. L'ajudant del fiscal dels EUA va explicar que jo no era la persona adequada per tirar endavant la demanda, ja que, si bé el lliure exercici dels meus drets constitucionals havia estat amenaçat pel programa dels camp de concentració, tal com s'al·legava, a mi no em perjudicava. El magistrat va quedar impressionat amb la informació que havia recollit fins aleshores i va dir que ho faria arribar al jutge federal. L'ajudant del fiscal dels EUA va tractar d'aturar la meva investigació del cas, però el magistrat no va acceptar continuar amb una decisió programada.

Com indicació addicional de a què m'enfrontava, l'audiència en principi estava programada per a les 10:30 del matí. No obstant això, l'ajudant del fiscal dels EUA en secret va canviar l'hora a les 2:30 de la tarda. El jutge va donar permís a l'ajudant del fiscal dels EUA per a sol·licitar una moció per a desestimar la demanda perquè creia que el programa dels camps de concentració - que seria utilitzat per a persones que exerceixen la seva llibertat d'expressió - no representava cap perjudici.

Ara bé, el 23 de juliol, jo havia col·locat als diaris HOUSTON POST i HOUSTON CHRONICLE el següent anunci a la secció legal: "Sol·licitud de testimonis per al Judici Civil 78 - H - 667, de la Cort del Districte Federal de Houston, el Poble Ex Rel. William Pabst vs Gerald Ford et al. Al procés denominat: Queixa contra el programa de camps de concentració del Departament de Defensa. Atenció:

Si heu participat en l'Operació Garden Plot, Operació Cable Splicer, al Comando número 300 de la Policia Militar de presoners de Guerra, o el grup d'Afers Civils de la Reserva de l'Exèrcit, podeu estar involucrats en un programa que cal donar a conèixer amb aquest judici. Per donar el vostre testimoni truqueu o escriviu, (i aquí vaig posar el meu nom, adreça i número de telèfon)."

Com he esmentat anteriorment, hi ha una censura dels mitjans de comunicació a la història aquí a Houston. Tots dos diaris es van negar a publicar l'anunci. Per començar, al HOUSTON POST, vaig haver d'amenaçar-los amb una demanda judicial per què em publiquessin l'anunci, tot i que jo ho estava pagant. I després al HOUSTON CHRONICLE, vaig haver de reunir-me amb el president i diversos vicepresidents perquè el rebuig d'aquest diari havia sorgit dels seus propis advocats. Tots dos diaris finalment el van publicar, però només després de dos dies de protestes. La resposta inicial de tots dos diaris va ser, "No publiquem històries d'aquestes" i "No creus que la gent que planeja els camps de concentració tenen en ment els nostres millors interessos?" Com podreu escoltar per vosaltres mateixos, I les polítiques definitivament no reflecteixen els nostres millors interessos.

El proper esdeveniment que va ocórrer va ser que l'ajudant del fiscal dels EUA va presentar una "Declaració d'Autoritat", mostrant les raons per les quals ell trobava perquè no se m'havia de permetre prendre declaracions per a obtenir més informació de la persona que estava escrivint el programa de formació per als guàrdies del camp de concentració. Tanmateix, el seu escrit estava completament ple de cites de la llei errònies en molts casos. Esmentava el cas i després inventava el que fos que el cas hauria de dir. En el meu informe a la Cort, en aquest punt, vaig notificar al jutge sobre la violació de la llei requerint honestedat en aquests assumptes. No obstant això, la notificació va ser ignorada pel jutge, qui pel que sembla sancionava aquests més que deshonestos actes comunament coneguts com "citats fora de context".

La Convenció de Ginebra

El meu escrit va ser presentat el 31 d'agost, es van establir els arguments formals. La nova sala del magistrat estava gairebé plena de nou. No obstant això, ningú dels mitjans de comunicació es va presentar tampoc a l'audiència. Als pocs que van ser avisats els van dir que no hi anessin; que perdrien els seus llocs de treball.

En l'audiència, vaig presentar proves que fins ara mai s'havien presentat en cap tribunal de justícia dels EUA. L'ajudant del fiscal havia negat, com recordareu, tot de la meva demanda sense haver fet la més mínima investigació. Així que vaig presentar com a prova la següent carta del Departament de l'Exèrcit, de l'Oficina del Cap Adjunt de l'Estat Major de Personal, signada per un tal B. Sergeant, Coronel G.S., Director Interí de Desenvolupament de Recursos Humans.

La carta diu: "En nom del president Ford, responc a la seva carta del 27 maig del 1976, en relació amb un nou article del DALLAS MORNING NEWS. Tot i que a ell li agradaria molt, el president no pot respondre personalment totes les comunicacions que rep. Per tant, ho demana als departaments i organismes del govern federal en aquells casos on ells tenen coneixements especials o una autoritat especialitzada.

Per aquesta raó la seva comunicació va ser traslladada als funcionaris del Departament de Defensa. Dins del Departament de Defensa, l'Exèrcit és responsable de la custòdia i el tractament dels presoners de guerra enemics i els internats civils tal com es defineix sota els termes de la Convenció de Ginebra del 1949. Per tant, l'Exèrcit està preparat per detenir als presoners de guerra i fer detencions com es defineix a l'Article IV de la Convenció de Ginebra del 1949 relatiu al tracte dels presoners de guerra i la protecció de les persones civils.

És política dels EUA que les seves Forces Armades s'adhereixin a les normes del dret internacional per donar exemple a altres països del món a seguir i respectar els drets i la dignitat de les persones que es converteixen en víctimes dels conflictes internacionals. Cal assenyalar que el programa de l'Exèrcit està dissenyat per a la seva aplicació en condicions de guerra entre els EUA i un o més països estrangers. L'Exèrcit no té plans ni manté camps de detenció per empresonar ciutadans nord-americans durant les crisis nacionals."

El problema d'aquesta carta és que el que diu no és veritat, i és per això que ho vaig a discutir-ho ara. En primer lloc, en la verificació de l'autenticitat de les reclamacions de la carta, vaig comprovar el text de

Ginebra. No hi ha cap article a la Convenció de Ginebra titulat com diu la carta. Hi ha, però, en cadascuna de les classificacions: "La protecció de les víctimes de guerra / persones civils" i un article apart sobre "presoners de guerra". Aquesta era la primera discrepància.

Després vaig mirar l'Article IV de la Convenció de Ginebra. Aquest article no estableix cap requisit ni autoritzacions per a les unitats militars de cap tipus i ni tan sols ho suggereix. Per tant, segona discrepància.

El següent problema amb la carta del representant del president Ford és que afirma que el programa de la guàrdia dels presoners de guerra està configurat per a la implementació de les "condicions de guerra entre un o més països (estrangers) i els EUA". No obstant això, l'article III de la Convenció de Ginebra diu que el tractat s'aplica a (i cito) "en cas d'un conflicte armat, no d'índole internacional, que es produeixi al territori d'una de les altes parts contractants." Òbviament un conflicte armat que té lloc dins del seu propi territori no significa entre una o més parts del tractat, sobretot si només se'n veu involucrada una. Ara bé, els exemples d'aquest tipus de conflictes són: guerra civil, insurrecció armada i activitats guerrilleres. En altres paraules, estan parlant d'un conflicte intern.

Un element encara més xocant el trobem a les últimes pàgines de la Convenció de Ginebra del 1949 a "Protecció de les víctimes de guerra / persones civils". Trobareu que la fitxa, la targeta d'identificació, les formes que s'utilitzaran per a inscriure-hi la vostra família, i tot el necessari per a l'administració d'un camp de concentració està contingut en aquest tractat que els EUA han signat i ratificat. A més, si hi ha un conflicte als EUA que només afecta als EUA aquest conveni o tractat pot ser aplicat - cosa que inclou procediments per a la creació dels camps de concentració.

L'article LXVIII de la Convenció diu (i parafrasejo): Si cometeu un delicte només destinat a fer mal a la potència ocupant, no danyant la vida ni la integritat física dels membres de les forces d'ocupació, sinó que us limiteu a parlar en contra d'una força - com ara la situació de la Llei Marcial - podeu ser empresonats sempre que la durada del empresonament sigui proporcional a la infracció comesa. Bé, el president Dwight Eisenhower no creia que aquesta disposició fos prou forta. Així que va afegir les següents addicions col·locant-les al tractat que estableix: "Els EUA es reserven el dret d'imposar la pena de mort, d'acord amb el que disposa l'article LXVIII, sense tenir en compte si els delictes contemplats es castiguen amb la mort en virtut de la llei del territori ocupat en el moment en què comenci l'ocupació..."

Així que un no només pot ser empresonat per exercir la llibertat d'expressió; pot ser condemnat a mort en virtut de les disposicions de la

Convenció de Ginebra del 1949, per haver exercit o tractar d'exercir la llibertat d'expressió.

El següent punt que vaig presentar com a prova va ser un manual de camp: FM 41-10, OPERACIÓ ASSUMPTES CIVILS. Recordareu que des del principi he esmentat grups d'Assumptes Civils. Permeteu-me citar-vos que una de les funcions de les activitats d'Afers Civils que inclou el manual diu: "Article 4 Assumpció total o parcial, de l'executiu, de l'autoritat legislativa i judicial d'un país o zona." Així doncs vegem què és un "país o zona" tal com ho defineix el mateix manual. Inclou: "petites ciutats a zones rurals, municipis de diferents mides de població, districtes, comtats, províncies o estats, regions del govern nacional".

Enlloc del manual s'exclou que aquest programa pugui ser posat en pràctica aquí mateix als Estats Units. De fet, a Kearny, Nova Jersey, el grup d'Afers Civils va entrar en aquella zona i pràcticament va fer-se càrrec d'aquesta unitat governamental. I no obstant això, l'exèrcit - a la seva carta de 16 de juny - indica que aquests programes no són per a nosaltres. Però, es posen en pràctica aquí als Estats Units en condicions que només poden passar aquí a casa.

Al resum de l'estudi del manual de camp, FM 41-10, a la pàgina j-24, a "Institucions Penals 1- B," podeu veure que hi ha un programa de camps de concentració i camps de treball - nombre, ubicació i capacitat. És important assenyalar que un camp de concentració i un camp de treball sempre es troben a prop l'un de l'altre per raons òbvies.

Una vegada més, a la pàgina D- 4 del mateix manual, trobareu una recepció de mostres dels béns confiscats; un mostra de rebut escrit en anglès i contenint terminologia aplicable únicament al territori dels EUA.

A la pàgina 8-2 d'aquest manual, sota el títol "Taules d'Organització i Equipament," trobem que hi ha 3 organitzacions més que estarien treballant juntament amb l'operació d'Afers Civils: L'Organització del Servei de Química, l'Organització del Servei Compost, i l'Organització d'Operacions Psicològiques, juntament amb diverses organitzacions d'assumptes civils.

Al juliol d'aquell any (1976), els grups d'assumptes civils es van reunir amb els grups aeris a una zona de concentració de Fort Chaffee, Arkansas. Una àrea d'assaig és allà on les unitats militars es reuneixen abans d'entrar en acció. Es van reunir amb la 32na Aerotransportada i part de la 101na Divisió Aerotransportada; el 321è grup d'Afers Civils de Sant Antoni, amb seu a Texas; la 362na brigada dels assumptes civils de Dallas, Texas; la 431na companyia d'Afers Civils de Little Rock, amb seu a Arkansas; el 306è grup d'Afers Civils, i William Highlin. La 486na companyia d'Assumptes

Civils de Tilsa, Oklahoma; la 418na companyia d'Assumptes Civils de Kansas City, Missouri; el 307è grup d'Afers Civils de St Louis, Missouri; el 490è grup d'Afers Civils d'Abilene, Texas; la 413na companyia de Hammon, Louisiana; el 12è grup SS, 2n Batalló (amb seu desconeguda).

Estan preparats per entrar en acció. El problema era, sembla ser, que estaven disposats a fer-se càrrec de tot el govern dels Estats Units tal com establia la seva missió. Un home que va assistir a aquesta àrea d'assaig va parlar amb un sergent d'Afers Civils i li va preguntar quin era la seva feina. El sergent va explicar que els civils d'aquest país es quedaran ben sorpresos algun dia, quan els grups d'assumptes civils comencin a gestionar el govern.

Ara bé, el Departament de l'Exèrcit segueix mantenint que tot això no és per als Estats Units - però, aquest entrenament segueix aquí per nosaltres. L'evidència és aclaparadora; hi ha el pla per empresonar a milions de ciutadans nord-americans. I malgrat que tota aquesta informació va ser presentada davant el jutge federal, encara creia que ningú resultaria ferit en un complot.

El segon dia de setembre del 1976, el magistrat va recomanar al jutge federal que desestimés el cas. I l'única base del seu raonament per desestimar-lo va ser que hem d'estar realment ferits físicament abans de poder presentar una demanda d'aquest tipus. No creia que, tot i existir tota aquesta planificació activa, preparació i entrenament, cap ciutadà dels EUA havia estat ferit - encara que el ciutadà pugui témer exercir la seva llibertat per por a ser detingut i empresonat en un camp de concentració en una data posterior.

Fent cas omís de la Constitució

El cas de Tatum contra Laird, que va comparèixer davant el Tribunal Suprem al 1974, és un exemple d'això. Es tractava del servei d'intel·ligència de l'Exèrcit que recollint aparells, estava desenvolupant una llista de noms de persones que l'Exèrcit creia que eren problemàtiques. La Cort Suprema sostenia que l'elaboració de llistes d'aquest tipus no representava, ni era per si mateixa, cap perjudici. L'opinió de la minoria en aquest cas era que el perjudici, en el cas d'un programa com aquest feia que la gent tingués por de fer ús la seva llibertat d'expressió per por de ser enviat a la presó per haver- ho fet. Però la majoria no va comprar aquest argument.

La diferència entre aquell cas i aquest - encara que també tenim el programa d'ordinador - és que tenim una cosa molt més enllà d'aquest punt; el programa de guàrdia d'un camp de concentració i el programa d'Afers Civils de fer-se càrrec de totes les funcions del nostre govern. En vista d'això, el jutge federal va dir que no es tractava de cap perjudici. De fet, el fiscal dels EUA va al·legar que, encara que la gent fos internada en camps de concentració, si tots eren tractats de la mateixa manera encara no tindrien dret d'anar a la cort federal.

El dia 20 de setembre, vaig redactar un memoràndum notificant al jutge i al jutge federal que havia descobert que el govern federal tenia un programa des de feia diversos anys per suspendre el nostre dret constitucional del recurs d'habeas corpus. Aquesta informació fonamentada la demanda. L'habeas corpus és el nom de l'instrument jurídic utilitzat per dur a algú davant d'un jutge quan aquesta persona ha estat empresonada o detinguda de manera il·legal per tal que ell (o ella) pugui recuperar la llibertat. La Constitució diu que el recurs d'habeas corpus no es pot suspendre mai.

He trobat informació pertorbadora en un informe: 94-755, 94è Congrés, 2a Sessió del Senat, 26 d'abril del 1976, titulat "Les activitats del servei d'Intel·ligència i els drets dels nord-americans llibre II." A la pàgina 17-d, l'informe titulat "Primera Esmena", assenyala que són més importants, "les activitats de vigilància del govern en conjunt, tant si estan destinades expressament per a això, per impedir l'exercici dels drets de la Primera Esmena als ciutadans nord-americans que tinguin coneixement del programa nacional d'intel·ligència del govern."

A partir de la pàgina 54, s'afirma que, a partir del 1946 - 4 anys abans de que fos aprovada la Llei de Detenció d'Emergència del 1950 - l'FBI va informar la Fiscalia General que havia compilat d'amagat un índex secret de persones potencialment perilloses. Després el Departament de Justícia va fer plans temptatius per a detencions d'emergència basades en la suspensió del privilegi del recurs d'habeas corpus.

Els funcionaris del Departament van evitar deliberadament anar al Congrés. Quan es va aprovar la Llei de Detenció d'Emergència del 1950, no autoritzava la suspensió del recurs d'habeas corpus. No obstant això, poc després d'aprovar-se aquesta llei, segons un document de l'oficina, el fiscal general J.H. McGraf va dir a l'FBI que no la tinguessin en compte i seguissin endavant amb el programa com s'havia indicat anteriorment.

Un parell de frases després, a la pàgina 55, s'afirma: "Amb l'índex de seguretat, utilitzeu, de les normes descrites en la llei, les més àmplies per determinar el potencial de perillositat." I, a diferència de la llei, els plans del Departament proporcionen l'emissió d'una ordre mestre de registre i una ordre mestre d'arrest. Això és d'una importància central; és el mateix que estic al·legant a la cort federal. I no obstant això, el magistrat també va optar per ignorar aquests fets.

Tenim que els funcionaris del govern no només ignoren la voluntat del Congrés, sinó que fan el contrari del que estableix la Constitució mitjançant la planificació de manera il·legal de la suspensió del recurs d'habeas corpus. A més, com s'ha esmentat abans, l'ordre mestre de registre i l'ordre mestre de detenció són formes alimentades per ordinador, que imprimeixen els noms i les adreces de les cintes prèviament preparades pel programa de recol·lecció del servei d'intel·ligència.

Quan sigueu arrestats, la vostra llar serà escorcollada i tot el que s'hi trobi podrà ser confiscat. Aquest programa existeix des del 1946, fins al 1973 inclòs, i sense accés adequat a les tècniques de detecció judicials, no es pot determinar si el mateix pla ja existeix ara amb el mateix nom o amb un altre nom.

Aquest memoràndum va ser presentat el 28 de setembre perquè el tribunal fos conscient del perill que corrien els nostres drets de llibertat d'expressió i d'assemblea legal. Però el tribunal, el 30 de setembre - després de rebre aquesta notificació - va desestimar el cas. No obstant això, d'acord amb la pràctica dels tribunals federals de Houston de participar activament en l'obstrucció de la justícia, no se'm va comunicar la desestimació fins el 6 d'Octubre - el que només em deixava 2 dies hàbils per a presentar qualsevol petició addicional en un període de dies 10 abans que es posés en marxa l'apel·lació.

El que acabo de dir respecte a les corts federals de Houston no és només la meva opinió; The HOUSTON CHRONICAL, sorprenentment, va publicar un extens document criticant severament als tribunals federals de Houston per fer sobre la marxa les seves pròpies regles, juntament amb les actuacions, així com comentant l'actitud filo-comunista del Tribunal Suprem dels jutges i del personal de la cort. La meva experiència aquí ha estat que el tribunal m'ha retornat gairebé tots els documents que he presentat. Més tard, després d'un argument falca, tornaven a acceptar el document, dient que només havien comés un error. En realitat, l'estructura de poder no vol aquest tipus de casos en un tribunal federal.

Resum de l'evidència

El 8 d'octubre havia presentat una sol·licitud per a una acurada recerca dels fets que havien estat establerts per l'evidència presentada:

1. El Comando de presoners de guerra de la Policia Militar número

300 es troba a Livonia, Michigan.

2. El Departament de l'Exèrcit ha declarat que aquest comandament existeix per la Convenció de Ginebra del 1949, un tractat dels EUA, l'article IV del qual sota el títol relatiu al tracte dels presoners de guerra i la protecció de les persones civils.

3. Però aquest no existeix en la Convenció de Ginebra.

4. No obstant això, hi ha títols separats, un dels quals és: (a) La protecció multilateral de víctimes de guerra / presoners de guerra; (b) La protecció multilateral de víctimes de guerra / persones civils.

5. Tanmateix, l'article IV en tots dos títols no preveu la creació de tots els programes militars dels camps de concentració.

6. Així doncs el Sr Fennerin, del Comando de presoners de guerra de la Policia Militar número 300, ha declarat que el propòsit del Comando és per a la detenció de presoners de guerra estrangers i enemics dels Estats Units.

7. A més, l'article III, relatiu a les persones civils, fa que el tractat sigui aplicable als conflictes que ocorren només en territori dels Estats Units que no són d'índole internacional, que és capaç d'incloure qualsevol tipus de conflicte en la seva descripció, ja sigui guerra civil o activitat guerrillera o qualsevol altra cosa. El text estableix que: "En cas de conflicte armat que no sigui d'índole internacional i que sorgeixi en el territori d'una de les altes parts contractants, cada una de les parts en conflicte tindrà l'obligació d'aplicar el mínim de les disposicions que segueixen."

8. El Manual de Camp FM 41-10 del Departament de l'Exèrcit, d'Operacions d'assumptes civils de les llistes de l'Organització dels assumptes civils, té com una de les seves funcions, l'assumpció del poder executiu, total o parcial, l'autoritat legislativa i judicial d'un país o una zona i no hi ha una exclusió específica dels Estats Units com país o àrea semblant.

9. Aquest manual defineix el país seguint determinades bases de població geogràfica, comtat, regions estatals i govern nacional.

10. Aquesta organització, de fet, ha dut a terme pràctiques de presa de poder de governs locals i estatals al territori continental dels Estats Units, incloent, però no limitant-se a, l'estat de Nova Jersey.

11. Aquesta organització inclou en les seves línies d'estudi, a la pàgina j-24, una secció sobre camps de concentració i camps de treball.

12. Aquesta organització inclou en les seves activitats operacions mixtes i organitzacions d'operacions psicològiques.

13. Aquesta operació psicològica, en col·laboració amb el Servei de

Salut Pública dels EUA, està preparada per gestionar qualsevol i / o tots els centres de salut mental dels Estats Units com a instruments de repressió contra la conducta política franca, però no violenta dels ciutadans dels Estats Units en conjunt amb tot el de més amunt, que és per a ser utilitzat per al mateix propòsit.

14. D'altra banda, el Departament de Justícia, juntament amb aquest programa, ha tingut plans per a la suspensió del recurs d'habeas corpus des de l'any 1946; aquests pla priva totalment a les persones que són detingudes sota aquest programa de qualsevol mitjà de protecció contra la repressió política tirànica.

El demandant va sol·licitar que la cort extragués qüestions de fet i de dret, compatibles amb aquestes, com ho demostra l'evidència sobre l'expedient davant del tribunal. L'efecte d'aquesta demanda és que el cas ha de tornar al jutge de districte per a la seva consideració. He esmentat que semblava que tota aquesta planificació per als camps de concentració sembla ser dirigida contra qualsevol persona, independentment del seu tendència política o ideologia, que exerciti la llibertat d'expressió en contra de l'estructura de poder establerta pels banquers internacionals i les corporacions multinacionals. Però, amb la Proposició de tipus 13 els moviments amenacen amb reduir els impostos de tota la nostra nació. Preveig una activació dels programes d'emergència perquè els paràsits de la federal puguin continuar rebent els seus xecs.

El preu del patriotisme

Al mateix document del Senat, sobre les activitats del servei d'intel·ligència sobre els drets dels nord-americans a què es refereix en les pàgines 166 i 167, descobrireu que el govern federal ha centrat les seves activitats del servei d'intel·ligència contra un grup de nord-americans. A la pàgina 166, la primera classificació de la llista és de grups de dretes i anticomunistes. I el primer grup a la pàgina 167 la vigilància de l'Exèrcit enumera la John Birch Society com l'objectiu número 1 i els Joves Americans per la Llibertat com el número 2. Per tant, els grups de ciutadans americans dels Estats Units que són considerats els pitjors enemics dels Estats Units, segons el govern federal, en aquest moment, són els patriotes conservadors, i els que afirmen la Constitució i els drets individuals.

Tot i que aquesta informació ha estat disponible des d'abril d'aquest any (1979), ningú ha esmentat aquest increïble descobriment de que el govern federal considera que els conservadors patriòtics són el seus pitjors enemics. He rebut tot tipus d'informació respecte a aquest cas de tot Estats Units.

El preu de l'apatia

Vaig obtenir l'informe de 1945 de l'O.S.S. (Oficina de Serveis Estratègics) - precursora de la CIA - 7è Exèrcit, William W. Quin, Col. G.F.C.A.C. del G2, en l'alliberament de Dachau, un camp de concentració durant l'alliberament a Alemanya. Conté molts grups d'informació, però la part rellevant de l'informe s'ocupa de la secció dedicada a la població. Citant l'informe, sobre per què la gent d'aquest poble no es va queixar ni va enderrocar als opressors sinó que tan sols ho van acceptar i es van portar bé tot i que havien perdut la llibertat en el procés, s'indica:

Aquestes paraules sorgeixen una vegada i una altra. Són la racionalització d'un home que admet que era un membre del partit nazi. "Em vaig veure obligat a fer-ho per qüestió de negocis," afirmen. Se'ns mentia en tots els aspectes però admetien que sabien que el campament existia. Però veien el destacament de treball dels interns passant pels carrers sota vigilància i, en alguns casos, a les SS comportar-se brutalment fins i tot amb la gent del poble.

Quan se'ls va preguntar si se'n havien adonat que en els últims 3 mesos abans de l'alliberament 13.000 homes havien perdut la vida a un tir de pedra d'on vivia la gent, van al·legar que estaven commocionats i sorpresos.

Quan se'ls va preguntar si mai havien vist transportar morts i moribunds passant pels carrers al llarg de la via fèrria, es referien únicament a l'últim. Insistien en que la majoria dels trens arribaven de nit i que els vagons estaven segellats.

Mai es van preguntar què passava amb la interminable processó de vagons que entraven plens i sortien sempre buits? Una resposta típica era: "Ens deien que tot era material de l'exèrcit i el botí de França."

S'estableix que qualsevol persona que digués que només havia vist entrar un tren durant el dia estava dient una mentida. Hi ha un bon nombre de persones d'aquestes a Dachau.

L'anàlisi de l'element anti-nazi de la ciutat: (1) La gent sabia què estava passant al camp, fins i tot deu anys abans de l'alliberament; (2) La ciutat tenia un pròsper negoci amb els guàrdies del camp de concentració; (3) El noranta per cent són culpables i s'han esquitxat a si mateixos amb la sang d'éssers humans innocents; (4) El poble té la culpa de la seva covardia - tots van ser massa covards. No volien arriscar-se gens. I així va ser a tota Alemanya.

Així que ja podeu veure com tot el programa es relaciona aquí. El meu judici era contra un sol aspecte de la totalitat del programa: El braç executor de la conspiració - les persones que componen el quadre que ocuparà els camps de concentració on es col·locaran als enemics dels Estats Units. Recordeu les paraules de Solzhenitsyn a l'ARXIPÈLAG GULAG: "La resistència havia d'haver començat just allà, però no va començar. No esteu emmordassats, realment podeu i realment hauríeu de clamar que els arrestos s'estan realitzant a força d'acusacions falses. Si moltes d'aquestes protestes s'escoltessin per tota la ciutat les detencions haurien deixat de ser tan fàcils."

Ells, els tirans, no poden treballar a la vista del públic. Aquells que estaven apàtics, amb l'esperança que res estigués realment malament, amb que no els passaria res a ells ni als seus béns, es van posar còmodes i van observar. Els anarquistes, finançats pels interessos de les multinacionals, van saquejar el seu país.

Si penseu que tot el que (us) cal és pagar la hipoteca, pagar les quotes de la televisió, anar a votar quan hi ha eleccions, i fer un pas enrere durant la resta de l'any i veure com el vostre país i la vostra forma de la vida són substituïts per un sistema en el què sereu esclaus en un camp de concentració, del que - no els conspiradors - sereu culpables perquè, per aquiescència silenciosa, convideu a la tirania i a l'opressió.

I, quan hagueu de robar menjar per alimentar-vos perquè la nostra producció s'exporta a l'estranger pel fet que el Departament de Comerç - a través de l'Ordre Executiva 11490 i les seves predecessores - és responsable de la distribució internacional dels nostres productes, no us assegueu en una claveguera amagada menjant i preguntant-vos què ha passat, perquè vosaltres heu fet que tot això fos possible.

Quan la vostra família sigui dividida i escampada per tot Estats Units per treballar com esclaus i no torneu a veure mai més als que estimeu, serà culpa vostra, perquè vosaltres no haureu fer res per evitar-ho. I, un cop haguem perdut la nostra llibertat, mai la recuperarem. És per això que hem de romandre units per evitar perdre la nostra llibertat com ciutadans dels Estats Units.

Moltes gràcies.
(Conclusió de l'informe gravat.)

CAPÍTOL 7

LA LLEI CONTRA L'ABÚS DE DROGUES del 1988

H.R. 5.210
P.L. 100-690

PREPARACIÓ PER A L'ESTAT POLICIAL

UNA ANÀLISI

H.R. 5210 / P.L. 100-690

La Llei Pública 100-690, que va ser presentada al Congrés número 100 com H.R. 5.210, aprovada pel Congrés al setembre del 1988 i signada pel president el 18 de novembre del 1988, és l'atac més greu a les llibertats garantides als ciutadans de la República dels Estats Units d'Amèrica en la nostra Constitució des de la formació de la Reserva Federal i l'IRS.

La llei podrà ser citada com la Llei Contra l'Abús de Drogues del 1988. Els següents títols figuren dins de la llei.

Títol I	Coordinació de polítiques nacionals sobre drogues
Títol II	Programes de tractament i prevenció
Títol III	Programes d'educació sobre drogues
Títol IV	Control Internacional d'estupefaents
Títol V	Responsabilitat de l'usuari
Títol VI	Esmenes a la Llei Contra l'Abús de Drogues del 1988
Títol VII	La pena de mort i altres crims relacionats amb la llei i l'ordre
Títol VIII	Administració federal de l'alcohol
Títol IX	Miscel·lània

Títol X Assignacions suplementàries

La Llei Contra l'Abús de Drogues del 1988 es pot trobar a la majoria de les biblioteques universitàries o de ciutats que figuren al Codi del Congrés i Novetats Administratives dels EUA, vol. 3,1988, amb l'esmena i la informació de la votació a l'Almanac Trimestral del Congrés, vol. XLIV, 1988.

A primera vista la llei sembla bastant innocent, conté noves sensibilitzacions sobre el problema de les drogues i programes de tractament, més aplicacions de la llei i sancions més estrictes - i tot plegat finançat amb un pressupost de 2,1 mil milions de dòlars. Després d'un examen de prop, però, he descobert algunes coses realment aterridores amagades allà on la majoria de ciutadans mai mirarien.

La llei té unes 366 pàgines finament (molt finament) impreses i molt petites. És una lectura tediosa, igual que tota la legislació. De fet, era impossible de llegir fins que Nancy Batchelder, una voluntària del meu equip d'investigació, va ampliar les pàgines amb una fotocopiadora. Podria ser que el Congrés no volgués que els ciutadans llegissin el contingut de la seva legislació? Crec que aquest és exactament el cas.

Un dels aspectes més alarmants d'aquesta legislació va ser la proposta d'acceptar proves trobades en un registre sense cap ordre judicial. El Congrés va dir que "en casos de drogues és legal utilitzar les proves obtingudes il·legalment." Mesos més tard, el Senat va dir que no i part de la legislació va ser retirada - o almenys això és el havíem de pensar.

La llei deixa una escletxa per a les decisions del tribunal en alguns escorcolls massius / tests de drogues, com ara armaris d'escola, requisit per a determinats llocs de treball, i un programa experimental per als que reben la seva primera llicència de conduir. (Sec 9.005) Les paraules clau aquí són "escorcolls massius / recerques de drogues", "treball", i "llicència de conduir". Els tribunals han sostingut que si els ciutadans renuncien a qualsevol dret, donant el que s'anomena un consentiment implícit, llavors ja no poden reclamar-lo. Aquí la implicació perillosa és que "l'escorcoll massiu" podria significar la recerca de cada persona, diguem, de Chicago, Los Angeles o Nova York. Compreneu?

El projecte de llei conté una secció que si s'aprovés ens faria perdre el nostre dret a un judici amb jurat, i s'especifica que podríeu ser considerats culpables sense anar a judici. Com ha pogut cap ciutadà o representant o senador fins i tot haver tingut el valor de proposar que una cosa així es passes com una llei en aquest país? Afortunadament, va ser eliminada amb una esmena, PERÒ, EN ALGUNS CASOS, UN JUDICI NO ÉS AUTOMÀTIC; HEU DE SOL·LICITAR UNA AUDIÈNCIA. (Sec 6480) Encara tinc la vostra atenció?

La multa màxima per possessió de qualsevol quantitat d'una droga és de 10 000 dòlars, de qualsevol tipus (fins i tot del tipus que un enemic pot amagar al vostre cotxe o casa) (Sec. 6480).

El Congrés ha demanat un estudi sobre la relació entre les malalties mentals i l'abús de substàncies (Sec. 2071).

El Congrés ha recomanat canvis per a l'internament involuntari per malaltia mental que tenen ressò amb el model rus NKGB (Sec. 2072A). L'estructura del poder secret considera que el PATRIOTISME i el NACIONALISME són una malaltia mental.

El Congrés ha sol·licitat una avaluació de l'adequació de l'administració dels programes de serveis sanitaris, en relació amb la investigació biomèdica i conductual. EN ALTRES PARAULES, CONTROL MENTAL A GRAN ESCALA (Sec. 2073).

El Congrés ordena en aquesta llei que "el fiscal general haurà d'estudiar la viabilitat de perseguir els delictes federals relacionats amb drogues d'una manera alternativa o complementaria al sistema de justícia penal en curs." AIXÒ ÉS L'INICI D'UN ESTAT POLICIAL (Sec. 6293).

La llei estableix que qualsevol persona que intenti obstruir o assetjar la tala de fusta en terres públiques podrà anar fins a 1 any a la presó o fins a 10 anys si el dany resultant supera els 10.000 dòlars. Clavar claus als arbres està específicament mencionat. QUÈ ESTÀ FENT AIXÒ EN UNA LLEI DE DROGUES? Hi és perquè el Congrés volia acabar amb els grups ambientalistes i deixar la fusta apart (Sec 6.254/1864).

S'utilitzaran herbicides per a l'eradicació aèria de la coca sense tenir en consideració el que pot significar per als éssers humans o els animals que siguin ruixats. Després d'un any de la polvorització, el president haurà de determinar si aquest ús és perjudicial per al medi ambient o la salut i haurà de presentar un informe (Secció 4202).

La llei exigeix la creació d'un "Control monetari mundial". Aquest sistema seria una base de dades internacional per analitzar les transaccions monetàries presentades pels països membres per tal de supervisar les grans transferències en dòlars (10.000 dòlars o més). Per a encoratjar el "treball en equip": Prohibir als països estrangers no cooperatius a participar en qualsevol sistema de compensació o transferència amb dòlars dels EUA, ni mantenir comptes financers als EUA (Sec. 4701).

La llei dóna al secretari d'Hisenda la facultat de requerir QUALSEVOL registre de transaccions de qualsevol institució financera domèstica (fins i tot les que no formen part del sistema bancari / d'estalvis i préstecs), així com informació sobre totes les persones involucrades. ASSEGUREU-VOS D'ENTENDRE QUÈ SIGNIFICA PERSONALMENT PER A VOSALTRES. Això ÉS un estat policial (Sec 6184/5326).

ALERTA... ALERTA

La Constitució dels Estats Units, Article I, Secció 9, punt 2, estableix:

"No se suspendrà el privilegi de habeas corpus, excepte quan en casos de rebel·lió o invasió, ho exigeixi la seguretat pública."

La Llei Pública 100-690, sec. 7323, estableix un Comitè Especial per a la revisió de l'habeas corpus en les sentències capitals, designat pel president del Tribunal Suprem dels Estats Units. El propòsit del Comitè Especial és recomanar al president del Tribunal Suprem dels Estats Units, qui remetrà la recomanació al president del Comitè d'Afers Judicials del Senat, a proposta d'un projecte de llei per modificar el procediment Federal de habeas corpus.

Cites de P. L. 100-690:

"Aquest projecte de llei per modificar el procediment de habeas corpus ha de ser comunicat amb o sense recomanació del Comitè d'Afers Judicials del Senat a finals dels 60 dies de la sessió després de la presentació de l'informe o el projecte de llei haurà de ser col·locat automàticament al calendari adequat del Senat.

"Un cop que el projecte de llei de habeas corpus sigui al calendari, no serà discutible, ni objecte d'una moció per a posposar-lo; la reconsideració de la votació amb la qual la moció va ser acceptada o no, no estarà sotmesa a aquesta llei. Només una moció al Senat procedirà la conformitat amb el present apartat, i aquest moviment es decidirà mitjançant una votació nominal".

SEIEU I PRENEU NOTA! La secció 7323 estableix que aquesta legislació sobre habeas corpus és promulgada pel Congrés "com un exercici del poder de reglamentació del Senat i, com a tal, es considera una part de les regles del Senat..." US PODEU CREURE AQUESTA TRAÏCIÓ? El Capítol 33 del Títol 28, del Codi dels Estats Units, es modifica afegint al final de la mateixa Sec. 540, que estableix que el fiscal general i el Buró Federal d'Investigacions poden investigar els homicidis criminals de funcionaris i empleats d'un Estat o subdivisió política quan el cap de l'agència d'ocupació del funcionari o empleat mort sol·liciti una investigació i sota les directrius que pugui establir el fiscal general o qui ell designi.

Observeu que el paràgraf anterior no diu a sol·licitud de l'Estat, sinó que diu per l'agència ocupadora. Un cop que estiguin involucrats els federals sempre tindran jurisdicció. AIXÒ ÉS SERIÓS! Es podria establir precedència jurídica per a la justificació d'un estat policial, un cop governin els tribunals ja que els Estats han renunciat al seu dret a la jurisdicció sota aquesta llei. Observeu que només involucra delictes de caràcter POLÍTIC.

Es demana als negocis fer constar totes les transaccions en efectiu de 10,000 dòlars o superiors (Sec 7601/60501-IRS). (Se m'ha informat, però no ho he verificat que aquest requisit s'ha reduït a 3.000 dòlars.) NO TÉ RES A VEURE AMB DROGUES, PERÒ HO TÉ TOT A VEURE AMB L'IRS.

La llei estableix l'obligació de registrar i verificar la identitat d'un comprador d'una ordre de pagament o un altre instrument financer de 3.000 dòlars o més (Sec 6184/5325). PER QUÈ?

Això és gran. La llei ordena que es faci un estudi sobre la conveniència de retirar de la circulació els bitllets de 100 i de 50 dòlars (Sec 6187). AIXÒ PRÀCTICAMENT ENS PROPULSA A UNA SOCIETAT SENSE EFECTIU.

HAN ESTAT ASSIGNATS 23 MILIONS DE DÒLARS PER UN PROGRAMA DE DOCUMENT D'IDENTITAT DE LECTURA MECÀNICA. L'excusa utilitzada és ser capaços d'identificar els criminals coneguts que intenten creuar les fronteres. El tipus de frontera no ha estat anomenat (obligatori per llei) i podria ser la frontera de la vostra ciutat, comtat o estat. A més, es planteja la qüestió de com ho faran per què els criminals acceptin el programa del document d'identitat sense DEMANAR QUE HI PARTICIPIN TOTS ELS CIUTADANS (Sec. 6604.)

Aquest banc de dades serà compartit per:
L'Administració del control de drogues
L'Oficina de l'Alcohol, Tabac i Armes de Foc
La Comissió Federal d'Aviació
El Servei d'Agutzils dels EUA
La Guàrdia Costanera dels EUA

La llei requereix un estudi de la viabilitat d'exigir que els avions portin transponedors operatius, perquè puguin ser rastrejats (Sec. 7212), incloent la "INTERCEPTACIÓ" (se'l suposa en l'ús d'avions militars degut al fet que l'exèrcit és l'única agència que té aquesta capacitat) a qualsevol aeronau que no sigui en un corredor de vol adequat (Art. 7213). La llei exigeix que es faci un estudi per a requerir dispositius de vigilància a bord dels vehicles comercials de motor per registrar-ne la velocitat, el temps i altres dades de la navegació (Sec. 9101). A més, requereix la utilització de les instal·lacions existents de laboratoris del govern (Departaments de Defensa, Justícia, Energia, Agència de Seguretat Nacional, CIA, FBI) per desenvolupar tecnologies per a l'aplicació de la llei Federal (sense limitar-se a) del control de drogues) (Sec. 6.163 i 7.605).

Això inclouria:

Visió nocturna (Fort Belvoir, Virginia);
Sensor de massa i Comunicacions Electròniques (Fort Mott, Jersey);
Seguretat Electrònica Física (Hanscom Field, Massachusetts);
Vigilància electrònica mitjançant imatges (CIA i NSA, Washington, DC);
Química / Investigació i Desenvolupament de biosensors (Aberdeen, Maryland);
Química / Recerca Molecular (Albuquerque, Nou Mèxic);
Física / Vigilància i Seguiment Electrònic (FBI, Washington, DC)
Detecció d'artefactes explosius (Indian Head, Maryland).

La llei exigeix una despesa de 120 milions de dòlars per a l'Oficina d'Estadístiques de Justícia, un centre nacional de dades de les agències de justícia penal federals, estatals i locals (art. 6.092).

Es posaran beques a disposició de les agències estatals i locals per què s'enllacin amb el sistema de dades (Sec. 6.101/1301). Els venedors d'armes hauran de comprovar si els compradors tenen antecedents penals (Sec. 6.213).

La llei inclou una nota especial de la Procuradoria General per què inclogui en el sistema INFORMACIÓ SOBRE VIOLÈNCIA DOMÈSTICA (Sec. 7.609).

Les meves fonts m'han informat que el Nou Ordre Mundial té previst executar a qualsevol persona que hagi mostrat qualsevol grau de violència durant la seva vida. Una baralla a cops de puny, mentre fèieu el servei us qualificaria. Creuen que la violència és hereditària, i això podria significar també l'execució dels membres de la família.

Aquesta llei insta a fer un estudi sobre la viabilitat d'establir una CORT PENAL INTERNACIONAL (Cort Mundial) (Sec. 4.108).

Una cort penal internacional no tindria jurisdicció ni autoritat sobre cap ciutadà dels Estats Units d'Amèrica, llevat que rendíssim la nostra sobirania al Nou Ordre Mundial.

Les armes no estaran permeses als edificis federals: fins a 1 any de presó per dur una arma en qualsevol INSTAL·LACIÓ FEDERAL. L'única excepció és una navalla de butxaca, però només si la fulla fa de llarg MENYS de 2-1/2 polzades *(6,35 cm)*(Sec 6.215).

La llei ha autoritzat a les autoritats postals a entregar ordres judicials, citacions, fer arrestos, portar armes de foc, i fer apoderaments en assumptes relacionats amb l'ús del correu electrònic (Art. 6.251). El Departament de Correus és una empresa privada i no és part del govern federal. Com poden ser autoritzats a funcionar com la policia federal si no són federals? Els empleats de l'oficina de correus estan destinats a convertir-se en una part de la força de policia nacional? Ara és il·legal enviar per correu o enviar equips de serralleria a ningú que no sigui un manyà (Secció 3.002). MOLTES EINES COMUNES PODEN SER CLASSIFICADES COM A EQUIP DE SERRALLERIA.

La llei legalitza l'armament dels avions en altres països amb fins defensius, per al control de drogues (Art. 4.202). HO REPETEIXO? Si això hagués existit fa uns anys, l'AFER IRAN-CONTRA HAURIA ESTAT LEGAL només declarant que les armes eren per a fins defensius per al control de drogues.

La llei exigeix que les instal·lacions militars siguin utilitzades com CENTRES DE TRACTAMENT MENTAL O CAMPS DE PRESONERS AMB PROGRAMES DE TREBALL (Seccions 7.302 i 2.081/561). No us SONA COM A RÚSSIA? A més, 200 milions de dòlars es destinaran a noves presons (Art. 6157). A més, el producte dels béns confiscats i decomissats s'utilitzaran per a la construcció de presons, recompenses per obtenir informació o ajuda, o PER ALTRES COSES DE LES QUALS EL PROCURADOR GENERAL NO CALDRÀ QUE N'INFORMI (Sec 6.072/924 Títol 20 - CIA, H).

La Llei estableix que les indústries penitenciàries poden DEMANAR PRÉSTECS I INVERTIR ELS FONS (art. 7.093). Les indústries penitenciàries poden DIVERSIFICAR ELS SEUS PRODUCTES I PRODUIR PRODUCTES SOBRE UNA BASE ECONÒMICA (Sec. 1096b) per proporcionar una força laboral a l'ESTIL DE LA UNIÓ SOVIÈTICA s'autoritza un estudi sobre la viabilitat d'exigir que els PRESOS PAGUIN ELS COSTOS DE LA SEVA ALIMENTACIÓ, HABITATGE I REFUGI AMB UNA FEINA REMUNERADA ABANS, DURANT O DESPRÉS DEL SEU EMPPRESONAMENT (Sec. 7.301).

En altres paraules, significa l'empresonament a l'estil soviètic presentat perquè soni com una bona idea. UN CAMP DE TREBALL ON HOMES I DONES TREBALLEN FINS MORIR NOMÉS ÉS AIXÒ NI MÉS NI MENYS, NO IMPORTA NI COM L'ANOMENIN NI COM D'ATRACTIU FACIN QUE SONI.

Fer entrar les presons en el negoci de la producció sobre una base econòmica només pot servir per destruir les últimes restes de la petita empresa.

Aquesta llei té 366 pàgines amb la lletra molt petita, estic segur que tot i la cura amb que ho vaig llegir, encara em dec haver perdut moltes altres clàusules terribles. Alguns congressistes han estat enxampats negant que coneixien aquesta llei i alguns han declarat que no existeix perquè els terroritza què el públic descobreixi el que han fet. La primera vegada que vaig advertir a la nació sobre aquesta legislació a la ràdio a tot el país, el Govern va retirar totes les còpies, ja no està en mans públiques. El Govern diu que no hi ha còpies disponibles i que no hi haurà cap còpia disponible. AQUESTA LLEI ÉS MASSA GRAN PER INCLOURE-LA EN AQUEST LLIBRE. La trobareu a la biblioteca, però, tal com ja he dit al principi d'aquest capítol. Si us plau, busqueu-ho vosaltres mateixos per comprovar que efectivament és real.

FONTS

Llei Pública 100-690.
Codi del Congrés dels EUA i Notícies Administratives, vol. 3,1988, amb l'esmena i la informació de la votació a l'Almanac Trimestral del Congrés Vol. XLIV, 1988.

CAPÍTOL 8

ESTAN LES OVELLES A PUNT PER SER ESQUILADES?

OKLAHOMA
H.B. 1750

La prova de foc per a l'Estat Policial

Gary North ha escrit recentment sobre una de les peces més aterridores de la legislació socialista de l'estat policial que ha arribat a l'escena fins a dia d'avui.

"L'1 de gener del 1991, va entrar en vigor una nova llei estatal de 96 pàgines: la H.B. 1750, aprovada l'any 1989." Requereix que tots els residents d'Oklahoma declarin tot el que tenen als recaptadors d'impostos, tot: armes, monedes, col·leccions d'art, mobles, equips d'oficina, comptes bancaris, mobles per a la llar, etc., es van distribuir formularis a través de bancs. Qualsevol contribuent que es negui a omplir el formulari i enviar-lo al recaptador d'impostos el 15 de març - els idus de març - rebria la visita d'un assessor. Us demanarà permís per entrar al vostre domicili o lloc de treball. Si es rebutja aquesta sol·licitud, s'emetrà una ordre de registre. Per a qualsevol propietat no esmentada anteriorment, o infravalorada, s'imposarà una multa de fins al 20% del seu valor de mercat. Això farà contribuents als inquilins i farà la vida més fàcil als capturadors d'armes.

Quines són les implicacions per a invertir en això? Invertir en una bona arma i estar de peu al porxo amb l'arma a la mà quan vinguin a visitar-vos.

Està clar cap a on es dirigeixen els recaptadors d'impostos a continuació. Oklahoma serà una prova de foc. Si són capaços de tirar-ho endavant, els altres estats s'hi afegiran. El Germà Gran vol saber- ho tot i gravar-ho tot. Finalment, el Nou Ordre Mundial eliminarà tota propietat privada, "redistribuirà la riquesa", i aquest inventari els dirà quant existeix i exactament on s'emmagatzema. Per descomptat, l'assessor d'impostos d'Oklahoma compartirà la seva informació amb altres agències federals i estatals.

Se'n sortiran amb el flagrant menyspreu pels drets civils i constitucionals? Aquesta és exactament la raó de la llei, per saber si es trobaran amb una oposició forta o violenta. Si els ciutadans d'Oklahoma se'n van a dormir i permeten que això passi, llavors podeu apostar que la resta de la nació serà sotmesa a la mateixa llei o a una de similar.

És hora de posar-se drets amb una arma i cridar, "PROU!" És el moment de traçar la línia. És el moment de prendre decisions i dur-les a terme. És hora de resistir a qualsevol i tots els costos. El càstig per no fer-ho és l'esclavitud.

NO ÉS TEMPS DE REBEL·LIÓ. ÉS HORA DE RESTAURACIÓ.

LA CONSTITUCIÓ HA DE SER DE NOU, COM HO ERA ABANS, LA LLEI SUPREMA DE LA TERRA. EL FEDERALISME ÉS UNA TRAÏCIÓ. AIXEQUEU-VOS I LLUITEU.

FONTS

H.B 1750, legislació de la Cambra de Representants de l'Estat d'Oklahoma, Oklahoma City, Oklahoma, 1989.

North, Gary, "*El Gran Germà ho vol veure tot a Oklahoma*," The McAlvany Intelligence Advisor, juliol del 1990.

CAPÍTOL 9

ANATOMIA D'UNA ALIANÇA

La lògica per al Nou Ordre Mundial
La cola que uneix l'aliança del poder i les conseqüències

Tot el que cal perquè triomfi el mal és que els homes bons no facin res.
Edmund Burke, 1729-1797

LES RAONS PER A LA COOPERACIÓ ENTRE FORCES OPOSADES

Dono conferències per tot Estats Units. En algun moment, abans, durant, o després de cada conferència, alguna ànima ben intencionada però equivocada, em diu que ho tinc tot malament i que són els jueus, els catòlics, els comunistes, o els banquers els que són la causa de tots els nostres mals. Al grup escollit se'l culpa de tot el que algun cop ha anat malament. El poder sobre qualsevol i sobre qualsevol cosa sempre s'atribueix a aquest grup - qualsevol grup resulta ser-ho en aquell moment per a aquella persona. Aquesta pobra gent van pel bon camí, en quant a què s'ha produït i, certament, és una conspiració per dur a terme un ordre mundial totalitari. Estan completament equivocats al pensar que algun grup ètnic, religiós o econòmic per si sol podria reunir algun cop prou poder com per portar el seu pla a bon port. Un grup, veureu, sempre s'oposarà a tots els altres grups d'interessos especials que existeixen i han existit sempre al llarg de la història. És a dir, llevat que tots siguin realment del mateix grup (els Illuminati) o per alguna raó s'hagin unificat (Grup Bilderberg).

L'escenari d'un sol grup, a excepció dels Illuminati, s'ha utilitzat eficaçment per desviar la vostra atenció allunyant-la de la veritat. Ha fet que lluitéssiu entre vosaltres en una manipulació que sempre porta a la conspiració REAL més a prop del seu objectiu final, un Nou Ordre Mundial.

Aquells de vosaltres que creieu que Hitler va ser finançat pels jueus perquè pogués matar jueus teniu un dèficit de lògica seriós. Els fanàtics d'esquerres que pregonen que darrere la conspiració hi ha els nazis han ignorat el fet que certament hi estaven involucrats jueus molt rics, juntament amb molts catòlics, protestants, comunistes, ateus, capitalistes, maçons, etc., tots ells diametralment oposats entre si, almenys aparentment.

Els de dretes que creuen que són els comunistes han oblidat que els banquers nord-americans van finançar la creació de la Unió Soviètica. L'ajuda econòmica de MOLTS i diferents tipus de països, institucions, i pobles de creences religioses i polítiques oposades ha estat l'únic que ha fet surar la inviable economia comunista durant tots aquests anys. La família Rockefeller té una sucursal bancària al Kremlin. Els de dretes també caldria que es preguntessin per què, cada vegada que ens hem proposat aturar el comunisme, els Estats Units només l'han enfortit. La guerra moderna, no importa com se l'anomeni, no s'ha traduït mai en un guany territorial per al guanyador. No és perquè els nostres líders siguin comunistes, com pretén la dreta. El comunisme va ser una creació destinada a funcionar com l'antítesi dels Estats Units. Molts dels nostres líders, però, són Illuminati.

La resposta està en les moltes cares dels Illuminati i el fet que immediatament després de la Segona Guerra Mundial van sorgir diversos motius unificadors per aconseguir el Nou Ordre Mundial.

És possible, però, que una o dues o més d'aquestes raons no siguin reals, i per tant siguin manipulacions. L'evidència indica que són reals i perilloses, cadascuna a la seva manera, i han de ser tractades amb rapidesa i en profunditat.

Si s'hagués descobert en secret que éssers extraterrestres visiten la terra, certament tindria sentit que això unís la humanitat en contra de la possible amenaça que pogués comportar. Si els extraterrestres no estan visitant la terra, llavors tindria sentit inventar-ho per tal de convèncer a les forces de l'oposició a que s'unissin contra l'amenaça. Això s'ha fet, existeixin o no els éssers extraterrestres en qüestió; No obstant això, hi ha perills més creïbles i més immediats que poden ser la raó d'una aliança de molts grups tradicionalment oposats. Dels extraterrestres en discutirem en detall en un capítol posterior.

La raó podria ser l'amenaça d'extinció de la raça humana per cap altre enemic que la pròpia raça humana. Aquesta amenaça pot ser, no és cap manipulació; pot ser real, i si no es prenen mesures dràstiques, pot materialitzar-se en els propers cent anys.

Després de la Segona Guerra Mundial va passar una cosa que tindria una enorme importància per al futur de tota la humanitat. Els intel·lectuals van prendre nota de que això havia passat, i ho van sotmetre a l'atenció de l'elit del poder mundial. L'elit va ser severament sacsejada per les repercussions previstes d'aquest esdeveniment. Se'ls va dir que cap a l'any 2000 o poc després la civilització tal com la coneixem s'esfondraria totalment i la possible extinció de la raça humana podria ser un fet. Podria tenir lloc, sempre i quan no destruïm la terra amb armes nuclears abans d'aquesta data. Se'ls va dir que la única cosa que podria aturar aquests predits esdeveniments serien severes retallades de la població humana, la interrupció o el retard del creixement tecnològic i econòmic, l'eliminació de la carn en la dieta humana, el control estricte de la futura reproducció humana, un total compromís amb la preservació del medi ambient, la colonització de l'espai, i un canvi de paradigma en la consciència evolutiva de l'home.

Els que eren al poder immediatament van formar una aliança i es van dedicar a portar a bon port els canvis recomanats a través de propaganda, control mental i altres manipulacions de masses. Les oracions dels Illuminati havien estat escoltades. Quin va ser l'esdeveniment que va causar tanta consternació i va canviar per sempre el futur del món? Milions de soldats havien tornat de la guerra. Els soldats havien trobat dones ardents solitàries esperant-los. El major acoblament en la història de la raça humana s'havia produït. El resultat van ser tots els nascuts entre 1941 i 1955 i els fills que eventualment produirien. Érem vosaltres i jo i tots els que vivim en l'actualitat. Va ser el gran BABY BOOM mundial. Va ser la culminació de tots els esforços de l'home per sobreviure a través de la història. Va ser la medicina moderna, una millor alimentació, la calor a l'hivern, l'aigua corrent pura, i la disposició adequada de les aigües residuals. Va ser el moment històric en què la taxa de natalitat va superar la taxa de mortaldat de manera que la població mundial es va duplicar entre 1957 i 1990. Va ser el moment més meravellós a la història del món, però també va ser el pitjor. Va assenyalar el final del guany més preuat de l'home. Una aliança entre tots els poders de la terra, oberts i ocults, va decidir que les llibertats individuals ja no podien ser tolerades en nom de la preservació de la raça humana. Creien que no es podia confiar en l'home comú.

El que havia estat el somni incomplert de molts grups individuals es va fer realitat degut a la concentració de poder en l'aliança coneguda com el Grup Bilderberg. El que havia estat impossible fins ara que s'havia promès com el Nou Ordre Mundial que molts havien imaginat ara era una certesa.

El primer estudi es va realitzar durant la Segona Guerra Mundial per determinar l'impacte de la tornada dels soldats a l'economia. Els resultats van mobilitzar l'elit governant. Un segon estudi secret es va dur a terme al 1957 per científics reunits a Huntsville, Alabama. Es van confirmar els resultats del primer. La conclusió va ser que la civilització tal com la coneixem, s'esfondraria poc després de l'any 2000 llevat que la població es reduís seriosament. L'estudi va expressar una preocupació, com que les armes atòmiques ja existien doncs, en última instància, s'utilitzarien. Es va instar el desarmament total a tot el món. El Congrés va aprovar el pla de desarmament i va crear l'Agència del Desarmament dels EUA, el president Dwight David Eisenhower va dir el següent al 1957: "Degut a la baixa mortalitat infantil, una vida més llarga, i l'acceleració de la conquesta de la fam, hi ha en curs una explosió demogràfica tan increïblement gran que en poc més d'una altra generació s'espera que la població mundial es dupliqui".

Un tercer estudi va ser realitzat pel Club de Roma que va acabar al 1968 determinant els límits del creixement. El resultat va ser el mateix. El Club de Roma va ser l'encarregat de desenvolupar un model informàtic del món per tal de predir el resultat de les correccions introduïdes en les estructures socials i econòmiques dels elegits. També es va demanar al Club de Roma que desenvolupés un model informàtic d'un Nou Ordre Mundial. Ambdues tasques es van dur a terme.

Es van realitzar estudis per a determinar un mètode per aturar l'explosió demogràfica abans no s'assolís el punt de no retorn. Es va determinar que un atac immediat al problema implicaria dos punts d'intervenció. El primer era baixar la taxa de natalitat i el segon era augmentar la taxa de mortalitat.

Per reduir la taxa de naixements es van posar en marxa diversos programes. El primer va ser el desenvolupament de mètodes de control de natalitat positius utilitzant, procediments mecànics (el diafragma i el condó), químics (escuma espermicida i pastilles pel control de la natalitat) i mèdics (esterilitzacions, avortaments i histerectomies). Tot això va ser desenvolupat i implementat. El Moviment d'Alliberament de la Dona es va iniciar amb la demanda d'avortaments lliures, utilitzant el "dret a escollir" com el seu crit de guerra. L'homosexualitat va ser encoratjada i va néixer l'Alliberament Gai. Els homosexuals no tenen fills. El creixement zero de la població va esdevenir un tema calent a les trobades socials. La llibertat individual, "el debat en calent," la religió, i les tristes velles lleis van sabotejar aquests esforços, i mentre que el creixement zero de la població esdevenia una realitat en algunes àrees, la població augmentava ràpidament en altres.

L'única alternativa que li quedava a l'elit governant del món era augmentar la taxa de mortalitat. Això era difícil de fer, ja que ningú volia escollir gent d'entre una multitud i alinear-los per a executar-los. Tampoc volien assaborir les possibles conseqüències d'un públic enfurismat en descobrir que estaven sent sistemàticament assassinats. Per descomptat, una guerra global usant armes nuclears sobre concentracions seleccionades de població, molt curta però molt mortal, va ser contemplada i, de fet, no va ser descartada. El fet que es contemplés aquest control de la població fins i tot va confirmar els pitjors temors dels que havien participat en l'estudi del 1957. Van deixar la guerra a foc lent en un segon pla, però pot arribar a ser una realitat. Mentrestant calia fer alguna cosa per absoldre les culpes dels prenedors de decisions i donar la culpa als que no portessin una vida neta.

Alguna cosa de la qual es pogués culpar a la mare natura. El que calia era la pesta bubònica o alguna altra malaltia horrible, però natural. La resposta va venir de Roma. El Dr. Aurelio Peccei del Club de Roma va fer diverses recomanacions Top Secret. Va advocar perquè s'introduís una plaga que tingués els mateixos efectes que la famosa Mort Negra de la història. La principal recomanació va ser desenvolupar un microbi que ataqués el sistema autoimmune i per tant fes impossible el desenvolupament d'una vacuna. Es van donar ordres per desenvolupar el microbi i desenvolupar un profilàctic i una cura. El microbi s'utilitzaria en contra de la població en general i s'introduiria mitjançant la vacuna. El profilàctic havia de ser utilitzat per a l'elit governant. La cura s'administraria als supervivents quan es decidís que ja havien mort suficients persones. La cura es donaria a conèixer com un nou desenvolupament, quan en realitat havia existit des del principi. Aquest pla forma part de Global 2000. El profilàctic i la cura se suprimirien. "L'home ha passat d'una posició defensiva, en gran mesura subordinada a les alternatives de la natura, a una nova i dominant. Des d'ella no només pot i influeix arreu del món sinó que, voluntària o involuntàriament, pot i de fet ha de determinar les alternatives del seu propi futur i en última instància, ha de triar les seves opcions. En altres paraules, la seva nova condició de poder pràcticament l'obliga a assumir noves funcions reguladores que, es vulgui o no, ha hagut de complir pel que fa als sistemes mixtos humà-natura del món. Després d'haver penetrat en diversos misteris antics i ser capaç d'influir en els esdeveniments de forma massiva, ara està investit amb enormes responsabilitats sense precedents, i llançat al seu nou paper de moderador de la vida al planeta - fins i tot de la seva". Les paraules anteriors les va escriure el Dr. Aurelio Peccei i estan extretes textualment de la pàgina 607 de l'Informe Global 2000 per al President.

El finançament es va obtenir del Congrés dels EUA en virtut de la H.B. 15090 (1969), d'on va rebre 10 milions de dòlars del pressupost del Departament de Defensa del 1970. Un testimoni davant el Comitè del Senat va revelar que tenien la intenció de produir "un agent biològic sintètic, un agent que no existeix de forma natural i per al qual no es podria aconseguir cap immunitat natural. Dins dels propers 5 a 10 anys, probablement seria possible fer un nou microorganisme infecciós que podria diferir en certs aspectes importants de qualsevol dels organismes que causen malalties conegudes. El més important d'ells és que podria ser refractari als processos immunològics i terapèutics dels quals depenem per mantenir-nos relativament al marge de malalties infeccioses".

Sir Julian Huxley va dir: "La superpoblació és, al meu entendre, l'amenaça més greu per a tot el futur de la nostra espècie." El projecte, anomenat MK-NAOMI, es va dur a terme a Fort Detrick, Maryland.

Havien de ser delmades grans poblacions, l'elit governant va decidir apuntar cap als elements "indesitjables" de la societat. Les poblacions negra, hispana i els homosexuals en van ser els objectius específics. Els pobres homosexuals per una banda van ser encoratjats i programats per a extingir-se els uns als altres.

El continent africà va ser infectat a través de la vacuna contra la verola al 1977. La vacuna va ser administrada per l'Organització Mundial de la Salut. Segons el Dr. Robert Strecker, "Sense una cura la totalitat de la població negre de l'Àfrica moriria en 15 anys. Alguns països estan molt més enllà de l'estatus d'epidèmia."

La població dels EUA va ser infectada al 1978 amb la vacuna contra l'hepatitis B. El Dr. Wolf Szmuness, l'ex-company de pis del Papa Joan Pau II, va ser el cervell darrere dels assajos experimentals de vacunes contra l'hepatitis B duts a terme del Novembre/78 a l'Octubre/79 i del Març/80 a l'Octubre/81 pels Centres per al Control de Malalties a Nova York, Sant Francisco i a quatre ciutats més dels Estats Units. Va ser ell qui va deixar anar la plaga de la SIDA al poble nord-americà. La població gai va ser infectada. Els anuncis per als participants sol·licitaven específicament a voluntaris que fossin homes homosexuals promiscus. La causa de la SIDA va ser la vacuna. La vacuna es fabricava i s'embotellava a Phoenix, Arizona.

L'ordre la va donar el COMITÈ DE POLÍTIQUES del GRUP BILDERBERG amb seu a Suïssa.

També es van ordenar altres mesures.

El que vosaltres sereu capaços de revisar més fàcilment és la Política de Despoblació Haig- Kissinger, que és administrada pel Departament d'Estat. Aquesta política estableix que les nacions del Tercer Món adoptin mesures positives i eficaces per disminuir les seves poblacions i mantenir-les a ratlla o es quedaran sense l'ajuda dels Estats Units. Si les nacions del Tercer Món s'hi neguen, normalment es declara una guerra civil i els rebels generalment són entrenats, armats i finançats per l'Agència Central d'Intel·ligència. És per això que molts més civils (especialment femelles joves fèrtils) que soldats han estat assassinats a El Salvador, Nicaragua, i altres llocs. Aquestes guerres han estat instigades als països catòlics pels jesuïtes (veure capítol 2).

La política de despoblació Haig-Kissinger s'ha apoderat de diversos nivells del govern i de fet és qui determina la política exterior dels EUA. L'organització de la planificació opera des de fora de la Casa Blanca i dirigeix la totalitat dels seus esforços a reduir la població mundial a 2 mil milions de persones mitjançant la guerra, la fam, la malaltia i qualsevol altre mitjà necessari. Aquest grup és el Grup Ad Hoc sobre Polítiques Demogràfiques del Consell de Seguretat Nacional. El personal que planifica les polítiques es troba a l'Oficina d'Assumptes Demogràfics *(OPA)* del Departament d'Estat, fundada al 1975 per Henry Kissinger. Aquest mateix grup va redactar l'Informe Global 2000 per al President que se li va entregar a Carter.

Thomas Ferguson, l'oficial del cas de l'Amèrica Llatina de l'Oficina del Departament d'Estat d'Afers Demogràfics (OPA) va fer les següents declaracions: "Només hi ha un tema darrere de tota la nostra feina, hem de reduir els nivells de població. Tant se val com ho fem, mitjançant bons mètodes de neteja o aconseguint el tipus de desastre que tenim a El Salvador, o a l'Iran, o a Beirut. La població és un problema polític. Un cop la població està fora de control es requereix un govern autoritari, fins i tot el feixisme, per reduir-la:.. Els professionals", va declarar Ferguson, "no estan interessats en la reducció de la població per raons humanitàries. Això sona bé. Ens fixem en els recursos i les limitacions ambientals. Mirem cap a les nostres necessitats estratègiques, i diem que aquest país ha de reduir la seva població, o en cas contrari tindrem problemes. Així que es prenen mesures. El Salvador és un exemple on el nostre fracàs en reduir la població per mitjans simples ha creat la base per a una crisi de seguretat nacional. El govern d'El Salvador va fracassar a l'utilitzar els nostres programes per reduir la seva població. Ara tenen una guerra civil degut a això. Hi haurà dislocació i escassetat d'aliments. Encara hi tenen massa gent allà. Les guerres civils són d'alguna manera eines per reduir la població. La forma més ràpida de reduir la població és a través de la fam, com a Àfrica o a base de MALALTIES, com ara la Mort Negra, la qual cosa PODRIA PASSAR a El Salvador "El seu pressupost per a l'any fiscal 1980 va ser de 190 milions de dòlars. Per a l'any fiscal 1981 va ser de 220 milions. L'Informe Global 2000 exigeix que es dupliqui aquesta xifra.

Henry Kissinger va crear aquest grup després de discutir amb els líders del Club de Roma durant les conferències demogràfiques del 1974 a Bucarest i Roma. El Club de Roma està controlat per la Noblesa Negra europea. Alexander Haig és un ferm creient del control demogràfic. Va ser Haig qui va recolzar a Kissinger i va empènyer a l'OPA a actuar.

Ferguson va dir: "Entrarem a un país i direm: aquí teniu el vostre maleït pla de desenvolupament. Llenceu-lo per la finestra. Comenceu per prendre la mida de la vostra població i esbrineu què cal fer per reduir-la. Si això no us agrada, si no voleu optar per fer-ho mitjançant la planificació, llavors tindreu un El Salvador o un Iran, o pitjor, una Cambodja".

La veritable raó per la qual va ser enderrocat el Sha de l'Iran va ser que els seus millors esforços per instituir "programes nets" de control de natalitat no van aconseguir fer efectes significatius en la taxa de natalitat del país. La promesa de llocs de treball, a través d'un ambiciós programa d'industrialització, va encoratjar la migració cap a ciutats superpoblades com Teheran. Amb l'aiatol·là Khomeini, els programes de neteja han estat desmantellats. El govern pot continuar perquè té un programa "per induir a re-ubicar la meitat dels 6 milions d'habitants de Teheran. La guerra de l'Iran amb l'Iraq va agradar realment a l'OPA." Ara ja sabeu què va passar amb el Shah i ara ja sabeu part de la raó de perquè tenim tropes a l'Orient Mitjà. Marcos va ser víctima de la mateixa política.

Daniel B. Luten va dir el següent: "...una organització no pot tenir una política de conservació sense tenir una política demogràfica.... la prova de seny - en la qual el candidat, enfrontat a un lavabo que vessa, se'l classifica d'acord a si eixuga l'aigua o tanca l'aixeta".

Cada any milers de persones, la majoria civils, moren a la guerra civil d'El Salvador. "Per aconseguir el que el Departament d'Estat considera un adequat "control demogràfic," la guerra civil hauria de ser ampliada en gran mesura", segons Thomas Ferguson, l'oficial de l'OPA encarregat de l'Amèrica Llatina.

El Salvador va ser el blanc del control demogràfic i de la guerra en un informe sobre la població publicat l'abril del 1980 pel Consell Nacional de Seguretat. "El Salvador és un exemple de país amb seriosos problemes demogràfics i polítics", diu l'informe. "El ràpid creixement demogràfic - la taxa de natalitat s'ha mantingut sense canvis en els darrers anys - agreuja la seva densitat de població, que ja és el més alt a la part continental de l'Amèrica Llatina. Si bé hi ha un programa demogràfic sobre el paper, no ha estat acompanyat d'un un fort compromís, i els anticonceptius continuen sense estar disponibles". El programa demogràfic "en realitat no funcionava", va dir Ferguson de l'OPA. "No hi havia una infraestructura per donar-li suport. Hi havia massa maleïda gent. Per controlar un país, heu de fer disminuir la població. Gent en excés reprodueixen el malestar social i el comunisme".

"Alguna cosa s'havia de fer", va dir el funcionari de l'OPA. La taxa de natalitat és del 3,3 per cent, una de les més altes del món. La seva població, es va queixar, es duplicarà en 21 anys. "La guerra civil pot ajudar, però hauria d'ampliar-se en gran mesura."

Vetllarem per què es redueixi la població a El Salvador, va dir Ferguson, l'OPA va aprendre molt de les seves experiències al Vietnam. "Estudiem-ho. Aquella àrea també estava superpoblada i era un problema. Pensàvem que la guerra faria disminuir la població i ens vam equivocar." Ara ja sabeu què estàvem fent realment a Vietnam i per què no se'ns va permetre guanyar. Segons Ferguson, la població del Vietnam va augmentar durant la guerra, malgrat l'ús de la defoliació pels EUA i una estratègia de combat que encoratjava a fer víctimes civils. Ara sabeu per què els que ho sabem considerem que el tinent Calley va ser utilitzat com cap de turc.

Per reduir la població "ràpidament", va dir Ferguson "heu d'enviar a tots els homes a lluitar i matar un nombre significatiu de dones fèrtils en edat de procrear." Va criticar l'actual guerra civil a El Salvador: "Esteu matant pocs homes i no hi ha prou femelles fèrtils per fer la feina de la població. Si la guerra segueix així entre 30 a 40 anys, llavors serà possible aconseguir alguna cosa. Lamentablement, no tenim massa casos d'aquests per a estudiar".

Per ajudar-vos en la vostra investigació d'aquesta farsa, els noms dels informes importants són LA BOMBA DEMOGRÀFICA del DR. PAUL R. EHRLICH (la seva esposa Anne és membre del Club de Roma), L'INFORME GLOBAL 2000 PER AL PRESIDENT, i ELS LÍMITS DEL CREIXEMENT, UN INFORME PER AL PROJECTE DEL CLUB DE ROMA SOBRE LA DIFÍCIL SITUACIÓ DE LA HUMANITAT.

A l'abril del 1968 l'estudi es va fer públic a l'Acadèmia dei Lincei a Roma, Itàlia. L'estudi s'havia prolongat en secret des dels primers resultats de la reunió de Huntsville del 1957. Es van conèixer a instigació del Dr. Aurelio Peccei. La primera indicació pública real dels seus resultats i la solució que s'havia decidit va ser la publicació del llibre La bomba demogràfica al maig del 1968. Observeu com en són de properes les dates. A la pàgina 17 de La bomba demogràfica, un revelador paràgraf revela tot el que cal saber.

"En resum, la població mundial seguirà creixent, sempre i quan la taxa de natalitat sigui superior a la taxa de mortalitat; és tan simple com això.

Quan deixi de créixer o comenci a encongir-se, significarà que, o bé la taxa de natalitat s'ha reduït o bé la taxa de mortalitat ha augmentat o una combinació d'ambdues. Bàsicament, a continuació, només hi ha dos tipus de solucions al problema demogràfic. Una és la "solució de la taxa de natalitat," en la qual trobem la manera de reduir la taxa de natalitat. L'altra és la "solució de la taxa de mortalitat," en la qual trobem formes d'augmentar la taxa de mortalitat - la guerra, la fam, la pesta. El problema es podria haver evitat amb el control demogràfic, amb el qual la humanitat conscientment hagués ajustat la taxa de natalitat per tal que la "solució de la taxa de mortalitat no hagués de passar".

Les recomanacions dels resultats de l'estudi van ser fetes pel Dr. Aurelio Peccei, que es va comprometre a no utilitzar el tractament profilàctic ni a prendre la cura tot i que es desenvolupi el microbi i en cas que contregui la malaltia. El Dr. Peccei va ser considerat un heroi per haver decidit prendre el mateix risc que la població en general. Els resultats públics de l'estudi van ser publicats al 1968 i de nou al 1972. Els membres de l'equip del projecte del MIT que va desenvolupar l'estudi del model informàtic s'enumeren a continuació:

Dr. Dennis L. Meadows, director, Estats Units
Dra. Alison A. Anderson, Estats Units (contaminació)
Dr. Jay M. Anderson, Estats Units (contaminació)
Ilyas Bayar, Turquia (agricultura)
William W. Behrens III, Estats Units (recursos)
Farhad Hakimzadeh, Iran (demografia)
Dr. Steffen Harbordt, Alemanya (tendències sociopolítiques)
Judith A. Machen, Estats Units (administració)
Dra. Donella H. Meadows, Estats Units (demografia)
Peter Milling, Alemanya (capital)
Nirmala S. Murthy, Índia (demografia)
Roger F. Naill, Estats Units (recursos)
Jorgen Randers, Noruega (demografia)
Stephen Shantzis, Estats Units (agricultura)
John A. Seeger, Estats Units (administració)
Marilyn Williams, Estats Units (documentació)
Dr. Erich K. O. Zahn, Alemanya (agricultura)

Quan es va completar l'estudi al 1969 el secretari general de l'ONU, U Thant, va fer la següent declaració:

"No vull semblar melodramàtic, però només puc concloure a partir de la informació de que disposo com Secretari General, que als membres de les Nacions Unides tenen per davant uns deu anys en els quals subordinar les seves antigues picabaralles i posar en marxa una associació mundial per frenar la carrera armamentista, per desactivar l'explosió demogràfica, i per proporcionar l'impuls necessari per als esforços de desenvolupament. Si tal associació global no es forja en la pròxima dècada, a continuació, molt em temo que els problemes que he esmentat hauran assolit proporcions tan sorprenents que estaran més enllà de la nostra capacitat de control".

L'MK-NAOMI va ser desenvolupat pels científics de la Divisió d'Operacions Especials (SOD) del Fort Detrick, Maryland, sota la supervisió de la CIA.

Una referència al projecte MK-NAOMI es pot trobar a La comunitat de la intel·ligència de Fain et al., Bowker, 1977.

El tinent Coronel James "Bo" Gritz va ser membre de la Divisió d'Operacions Especials del Departament de Defensa, era comandant de les Forces Especials dels Estats Units a Amèrica Llatina, el principal agent de la súper-secreta Activitat de Suport del serveis d'Intel·ligència (ISA) del Consell de Seguretat Nacional, que va gestar els grups il·legals coneguts com Yelow Fruit*(Fruita Groga)* i Seaspray *(Spray marí)*, i cap de Relacions amb el Congrés per al Pentàgon. El tinent coronel Gritz afirma que no coneixia cap il·legalitat a l'exèrcit o al govern fins que li va explicar un senyor de la droga en un país del Tercer Món. Ho sento, però no se m'enganya tan fàcilment. Recomano donar suport als seus esforços, sempre que els seus esforços ens ajudin, també recomano mirar-ho amb molta cura. Hi ha una petita possibilitat que Gritz sigui legítim, però jo no posaria la meva vida a les seves mans.

Lowell Sumner va expressar la seva opinió: "Com biòleg l'explosió de la població humana, i el descens en espiral dels recursos naturals, és per a mi la més gran de totes les amenaces. Ha arribat el moment, fins i tot és perillosament massa madur, pel que fa al problema del control demogràfic. Haurem de fer-li front o en última instància morir, i quina manera tan monòtona, estúpida, desagradable de morir, en un globus en ruïnes despullat de la seva bellesa primigènia." S'han promulgat molts altres controls demogràfics. La reducció de la població mundial a nivells viables ha estat pràcticament assegurada. Només és qüestió de temps. El problema serà el de reduir encara més la reproducció humana més enllà dels nivells aprovats. Per gestionar el problema el Nou Ordre Mundial aprovarà el model comunista xinès de control demogràfic. És l'únic programa de control demogràfic que ha funcionat. Els vells i els malalts han estat periòdicament assassinats i a les parelles se'ls prohibeix tenir més d'un fill.

Els càstigs són tan greus que a la Xina les famílies amb dos nens són extremadament rares. Les famílies amb tres nens són inexistents. Un sorprenent subproducte és que els nens xinesos, com a grup, són tractats millor que qualsevol altre grup nacional de nens al món, incloent-hi Estats Units.

Als EUA els camps de tabac han estat fertilitzats amb adobs radioactius provinents de mines d'urani, donant lloc a un enorme augment en la incidència de càncer de llavi, boca, gola i pulmó. Si no us ho creieu, només cal veure la incidència de càncer de pulmó per càpita abans de 1950 i comparar-ho amb el càncer de pulmó per habitant en l'actualitat. Els que fumen se suïciden, o estan sent assassinats?

El malatió, un gas nerviós desenvolupat pels nazis durant la Segona Guerra Mundial per matar la gent, s'està fumigant abundantment als centres poblats de Califòrnia.

L'excusa utilitzada és que estan matant la mosca mediterrània de la fruita. La qüestió és que no estan ruixant els horts, només ruixen a la gent. Els helicòpters vénen des d'Evergreen a Arizona, una coneguda base del govern i se sospita que de la CIA. Els pilots són pilots contractats proporcionats per Evergreen. Evergreen ha estat nomenada com una de les bases on arriben les drogues des d'Amèrica Central. La ciutat de Pasadena va aprovar una llei que il·legalitza ruixar malatió dins dels límits de la ciutat. La llei va ser ignorada i la ciutat no va prendre cap mesura. Quan el poble de Califòrnia, literalment, es va rebel·lar contra la fumigació de malatió, el governador de Califòrnia va declarar que no tenia poder per aturar l'operació. Quin poder superior hi ha que pugui impedir a un governador d'un estat aturar la fumigació d'insecticida? Es va emetre un avís per tal que la gent cobrís els automòbils i les seves pertinences ja que el malatió podia destruir la pintura, alguns plàstics, i altres béns. A la gent, van dir, no la perjudica. És mentida.

Les malalties del cor solien ser malalties molt rares. Ara, són una epidèmia. Aneu i vegeu les estadístiques. No sé què és el que està causant això, però fa 80 anys la gent consumia més sal, greix, colesterol, i tota la resta del que diuen que són els culpables de la malaltia cardíaca, però la malaltia era rara. Per què és ara una de les principals causes de mort?

A l'estat de Colorado i en altres llocs s'està trobant dioxina a l'aigua potable en nivells alarmants. No hauria d'estar present en cap quantitat. D'on ve? La dioxina és un dels químics més letals coneguts per l'home. Els ciutadans de Colorado que intenten lluitar contra la contaminació per dioxines es troben amb portes tancades, negació i atacs a les seves persones.

Hem vist a les notícies, amb horror, com història rere història destapada es revelava que l'Exèrcit i la CIA havien alliberat gèrmens i virus entre la població per posar a prova la seva capacitat de guerra biològica. A la vista del que heu après en aquest capítol ara ja sabeu que en realitat era per reduir la població.

És públic i notori que les investigacions sobre l'encobriment de fuites radioactives a l'atmosfera i a les aigües subterrànies han revelat que algunes fuites no van ser accidentals, sinó que s'havien fet expressament. Algunes zones del país ara tenen una taxa tan alta de càncer que gairebé tots els que viuen en aquelles àrees moriran però no de mort natural. El veritable abast de gasos radioactius, deixalles i materials tòxics, sobretot cesi-137, estronci-90, urani- de mina i molt, tori-230, radi-226, i radó-222 que s'ha escapat o ha estat plantat a propòsit a l'atmosfera, en l'aigua del sòl, i al terra està molt més enllà de qualsevol cosa que vosaltres o jo puguem imaginar. Cada investigació ha revelat que les veritables xifres de la fuga radioactiva són molt més grans que les xifres oficials i els números reals mai es coneixeran.

L'encobriment s'ha convertit en SOP (procediment operatiu estàndard) en tots els nivells i en tots els departaments del govern. Somiem la realitat o la realitat és un somni?

Segons la Dra. Eva Snead, l'àrea de la badia de San Francisco té una de les taxes més altes de càncer del món. L'àrea de la badia de San Francisco s'ha revelat com un dels llocs principals dels programes de proves biològiques i químiques de l'Agència Central d'Intel·ligència. Podeu recordar que la malaltia del legionari va ser un bacteri experimental alliberat al vent a la badia de San Francisco des d'un vaixell del govern. San Francisco és també un dels sis punts d'inoculació coneguts del Projecte de la CIA MK-NAOMI (SIDA). L'àrea de la Badia era la seu del Dr. Timothy Leary, qui va introduir la cultura de les drogues a la joventut americana amb el Projecte MK-ULTRA de la CIA. Se sospita que l'àrea de la badia de San Francisco també va ser sotmesa a grans dosis de radiació per provar els efectes sobre una població durant un període prolongat de temps. Per què odien San Francisco? La resposta és que a San Francisco hi viu la major població homosexual dels Estats Units i que han estat objecte d'extermini.

Una raó per al Nou Ordre Mundial, o una racionalització, segons sigui el cas, és la possibilitat molt real que algun terrorista desencadeni una guerra nuclear mundial mitjançant la detonació d'una bomba atòmica per fer-ne una qüestió política. Crec que és pot dir que amb seguretat qualsevol intercanvi d'armes atòmiques o d'hidrogen a gran escala es traduirà en la destrucció total de la civilització, i podria precipitar l'escalada de l'envestida d'una edat de gel. La conclusió òbvia seria que qualsevol tipus de compromís que porti a la convivència serà millor que qualsevol tipus d'intercanvi nuclear. En altres paraules, "millor Roig que mort." Això és exactament el que la jerarquia ha decidit, només que el Nou Ordre Mundial no serà Roig. Serà feixista. Serà, de fet, un estat socialista totalitari.

S'espera que amb el temps es produirà una metamorfosi natural. Els Illuminati esperen que el resultat serà un canvi de paradigma de la consciència evolutiva de l'home. Això podria causar la formació d'un estat en el que no es necessités cap govern, en el que no caldria témer l'anarquia. Somien que el resultat final sigui el món que Crist va ensenyar, però ho impedeix la religió cristiana. És irònic que els Illuminati realment creguin que això pot evolucionar a partir d'un pla integrat a partir d'aquest sofriment. Crist va patir, si el Nou Testament és cert, per aconseguir el seu món; i si ell va patir potser caldrà que nosaltres també patim. No sóc prou savi com per saber-ne la resposta.

M'ho vaig manegar per trobar una referència dels Protocols de Sion datada en la dècada de 1700 (vegeu el capítol 15, pàgina 269). Aquest pla per a la subjugació del món descriu correcta i exactament el que ha passat des que es van descobrir els protocols, i això és tot el que es necessita per confirmar l'autenticitat de la informació continguda en el document. És clar que els Illuminati han planejat governar el món des de fa segles.

Han seguit el pla esbossat als Protocols de Sion. Els Illuminati no podrien haver tingut èxit, però, de no haver format l'aliança amb les altres estructures de poder mundial. És la crisi demogràfica mundial un engany perpetrat per a portar a terme aquesta aliança? És possible. Tot el que puc dir és que els meus propis càlculs, utilitzant el coneixement a la meva disposició, realitzats en el meu ordinador 386, confirmen que la crisi és real, i de fet, és molt greu. Si es tracta d'una manipulació, el món sencer ha estat enganyat.

TOTS ELS INTEL·LECTUALS, GOVERNANTS I ÒRGANS DE GOVERN ESTAN D'ACORD EN QUE LA POBLACIÓ ÉS L'AMENAÇA MÉS GRAN DE LA CIVILITZACIÓ QUE CONEIXEM AVUI. No importa el que vosaltres cregueu. Si ELLS ho creuen, vosaltres us veureu afectats pel fet que són ells qui tenen el poder.

El Nou Ordre Mundial eliminarà l'amenaça de la població de diverses maneres. El control total de la conducta individual es pot establir utilitzant implants electrònics o químics. A ningú se li permetrà tenir un fill sense permís; els que ignorin la llei rebran càstigs severs. Els violents, els vells, els malalts, els discapacitats i els improductius seran assassinats. La propietat privada serà abolida. Atès que la religió va ajudar a crear el problema de la població, no es tolerarà a excepció de la religió aprovada i controlada per l'Estat que evolucionarà d'acord amb les necessitats de l'home. Joseph Campbell explica aquest concepte d'una manera excel·lent a la seva sèrie amb Bill Movers anomenada "El poder del mite." El diner en efectiu desapareixerà i amb ell també desapareixerà la major part del crim; però el preu que pagarem serà el control total de cada individu.

No es pot confiar en l'home per protegir el poc que queda dels recursos naturals. El desenvolupament tecnològic i el creixement econòmic es veuran seriosament retallats. L'home haurà de viure com els seus avantpassats. Els que aprenguin a ser autosuficients i puguin adaptar-se a l'absència de moltes de les coses que donem per fet avui en dia, com ara els automòbils, estaran bé. Altres patiran terriblement. L'home tornarà a ajustar-se a la llei de la supervivència del més apte.

No agradarà a ningú la pèrdua de les llibertats individuals que ens garanteix la Constitució i la Declaració de Drets. No m'agrada ni estic d'acord amb el que s'ha planejat. Intel·lectualment sé que la gent no resoldrà els problemes als que ens enfrontem, llevat que s'hi posin. Aquest és un trist comentari sobre l'home comú, però no obstant això és cert. El Nou Ordre Mundial és malvat, però molt necessari si l'home ha de sobreviure el temps suficient com per sembrar la seva llavor entre les estrelles. Un canvi de paradigma i llavors estel·lars són les úniques legítimes respostes a llarg termini.

ÉS PER AIXÒ QUE TOTS HEM ESTAT TAN MALAMENT DURANT TANT DE TEMPS. Mai ha estat el que pensàvem que era. No ho és ni mai ho serà fins que aprenguem a viure a la realitat en comptes de al país de la fantasia. Hi ha d'haver un canvi de paradigma en la consciència evolutiva de l'home. Bé o malament, el món està cobert amb agents dels Illuminati que estan tractant de fer aquest salt evolutiu. No ens han fet confiança. Com heu vist al capítol u, han cregut que érem massa estúpids per entendre-ho.

És cert que si no fos per la població o pel problema de la bomba els elegits farien servir alguna altra excusa per aconseguir el Nou Ordre Mundial. Tenen plans per provocar coses com ara terratrèmols, la guerra, el Messies, un aterratge extraterrestre, i el col·lapse econòmic. Podrien provocar totes aquestes coses només per estar-ne absolutament segurs de que funcionen. Faran el que calgui per tenir èxit. Els Illuminati tenen totes les bases cobertes i vosaltres haureu d'estar alerta per fer-ho durant els propers anys. SEGONS ELS PLANS, MORIRÀ MOLTA GENT ENTRE ARA I L'ANY 2000; PERÒ SI AQUESTS PLANS NO TENEN ÈXIT LA RAÇA HUMANA PODRIA EXTINGIR-SE. Res a la terra pot canviar això excepte una tremenda reducció i estabilització de la població. Sense llavors-estel·lars *(starseed)* aquesta reducció i estabilització només retardaria l'inevitable, ja que finalment totes les matèries primeres estaran completament esgotades. A continuació, es necessitaria una font inesgotable d'energia lliure. Això pot ser possible, però és poc probable que resolgui el problema.

Sense una necessitat comuna central que faria que l'home s'ajuntés, una font d'energia lliure el més probable es que acabés en l'anarquia total. Així que ja veieu, el que es necessitava al principi segueix sent necessari al final. Un canvi de paradigma en la consciència evolutiva de l'home juntament amb les llavors-estel·lars és la resposta més lògica per a la raça humana.

Hem d'aprendre a acceptar la responsabilitat individual dels problemes del món o estar disposats a viure d'acord amb els termes dels que ho fan. Hem d'aprendre a estimar-nos els uns als altres, compartir, deplorar la violència, i treballar amb la naturalesa, no en contra. Hem de fer tot això mentre colonitzem l'Univers. Hem d'estar preparats en el procés de reunir-nos pacíficament i fer front a una intel·ligència extraterrestre. Jo crec que existeix. Us imagineu què passaria si Los Angeles fos colpejat amb un terratrèmol de 9.0, la ciutat de Nova York fos destruïda per una bomba atòmica col·locada pels terroristes, esclatés la tercera guerra mundial a l'Orient Mitjà, col·lapsessin els bancs i el mercats de valors, els Extraterrestres aterressin al jardí de la Casa Blanca, desaparegués el menjar dels mercats, desapareguessin algunes persones, el Messies es presentés davant del món, i tot en un període molt curt de temps? Us ho imagineu? L'estructura de poder mundial podria, si ho cregués necessari, fer que alguna o totes aquestes coses passessin per aconseguir el Nou Ordre Mundial.

PATRIOTES NO HEU DE SER A CASA VOSTRA CAP DIA DE FESTA NACIONAL NI DE DIA NI DE NIT MAI MÉS FINS QUE EL PERILL HAGI PASSAT. FEU CAS OMÍS D'AQUESTA ADVERTÈNCIA I US TROBAREU FICATS EN UN CAMP DE CONCENTRACIÓ. Al camp sereu tractats d'una malaltia anomenada nacionalisme mental, comuna en els patriotes. Aquesta malaltia no interessa al Nou Ordre Mundial. Els que no es puguin curar seran exterminats. Quan se li va preguntar què hi havia al magatzem per al món en la pròxima dècada, Henry Kissinger va dir això: "Tot serà diferent. Molts patiran. Emergirà un nou ordre mundial. Serà un món molt millor per als que sobrevisquin. A la llarga la vida serà millor. El món que hem volgut serà una realitat".

CAPÍTOL 10

LLIÇONS DE LITUÀNIA

Una milícia ben regulada, és necessària per a la seguretat d'un Estat lliure, el dret del poble a posseir i portar armes, no serà infringit.

II ESMENA
Constitució dels EUA

No sé què poden fer els altres. Però pel que fa a mi, doneu-me la llibertat o doneu-me la mort.

Patrick Henry

EXPLICACIÓ

Tenia la intenció d'escriure un capítol llarg i ple de referències sobre la Segona Esmena de la Constitució dels Estats Units, el dret del poble a posseir i portar armes.

Vaig haver de reconèixer el meu error quan vaig llegir el següent text titulat "Lliçons de Lituània" de Neal Knox. Va ser l'aportació d'un membre de l'Agència de Ciutadans per a una Intel·ligència Conjunta. Em vaig quedar impressionat per la seva senzillesa i la seva capacitat d'oferir amb molt poques paraules el missatge exacte que jo tenia intenció de transmetre en vint pàgines. Com que crec que de vegades menys és més, i ja que el meu ego no té res a veure amb aquest llibre i el seu missatge, "Lliçons de Lituània" s'ha imprès en la seva totalitat, sense canvis, com el capítol complet sobre la Segona Esmena. Per molt que ho hagués intentat, mai hagués pogut millorar la simple declaració de Neal.

El meu agraïment més profund a Neal Knox i a La Coalició d'Armes de Foc pel permís per a utilitzar "Lliçons de Lituània."

LLIÇONS DE LITUÀNIA de Neal Knox

Tots aquells que eviten i evadeixen el motiu de la Segona Esmena de la Constitució dels EUA segurament admetran que si Lituània hagués tingut una segona esmena, Mikhail Gorbatxov l'hauria violat el 22 de març del 1990 - quan les tropes russes es van apoderar de les armes de la milícia lituana. O de fet "el dret del poble a posseir i portar armes" havia estat violat dos dies abans, quan el primer ministre Gorbatxov va ordenar als ciutadans privats que lliuressin les seves armes de caça i esportives a l'exèrcit rus durant una setmana "per la seva custòdia temporal" o serien confiscades i els seus amos empresonats? O "el dret del poble a posseir i portar armes" va ser violat inicialment molts anys abans, quan a la gent, primer se li va prohibir posseir armes de foc sense permís del govern i es van aprovar lleis que requerien que cada arma fos registrada? De fet, la Constitució Soviètica garanteix al poble el dret a posseir i portar armes, i Lituània és part de la Unió Soviètica - o això afirma Gorbatxov. Però, òbviament, el govern soviètic no presta més atenció a la garantia constitucional de la llibertat del que ho fan la major part del govern dels EUA, l'Associació Internacional de Caps de Policia, o la CBS i The Washington Post. Quina és la diferència, precisament, entre la confiscació d'armes de foc privades a Lituània i la confiscació ordenada per la S. 166, el projecte de llei Graves ara pendent al Senat de Nova Jersey? Quina és la diferència, precisament, entre la llei de registre a Lituània - que fa que sigui possible la confiscació - i el registre d'armes de foc de tipus militar requerit per la llei Roberti-Roos de Califòrnia, que va entrar en vigor l'1 de gener del 1990? Quina és la diferència, precisament, entre la llei de Lituània que prohibeix al poble posseir armes de foc de tipus militar i l'anomenada prohibició del "rifle d'assalt" ara pendent a les dues cambres del Congrés i en molts estats? La diferència és que el poble dels Estats Units són homes i dones lliures que poden confiar en el seu benvolent govern. SEMPRE?

NOTA: Res no ha demostrat tan clarament les raons de la Segona Esmena i les raons per les quals cal defensar-la quan el 14 de desembre del 1981, el general Jaruzelski va declarar la llei marcial a Polònia, va posar a tota la premsa sota control total del govern, i va anular totes les llicències d'armes i certificats de registre d'armes - obligant als propietaris autoritzats a lliurar les seves armes de foc registrades en 48 hores. Per descomptat, com que el govern sabia on estava cada arma - excepte les que estaven en mans dels criminals - no van tenir més remei que obeir.

Si us plau, descarregueu aquest arxiu, imprimiu-lo i envieu-lo al vostre diari local - poseu-hi el vostre nom si penseu que això farà arribar més cartes als editors per que les publiqui. Si us plau pugeu-ho també a tants taulers d'anuncis i xarxes com sigui possible.

Neal Knox
La Coalició d'Armes de Foc
Box 6537
Silver Spring, MD 20906

Nota de l'autor: Aquesta és una lliçó que esperem aprendre només llegint-la i no en la forma en que la van aprendre polonesos i lituans. Després de llegir això, espero que estareu d'acord amb mi que qualsevol persona que intenta subvertir la segona esmena o qualsevol altra secció o modificació legal de la Constitució és un traïdor i ha de ser detingut i jutjat per traïció. Espero que copiareu aquest capítol i el distribuireu el més àmpliament possible, al major nombre de persones possible. L'educació és més de la meitat de la batalla.

En cas que encara no ho hagueu endevinat, el fet que la majoria dels nord-americans siguin amos d'almenys una arma de foc és l'únic que ha mantingut a ratlla el Nou Ordre Mundial.

Un raig d'esperança: El 8 de gener del 1991, menys del 10 % de tots els propietaris d'armes de Califòrnia havien registrat les seves armes de foc. Molts californians van sortir als carrers amb armes a la mà i públicament van cremar els formularis d'inscripció. Les notícies dels canals no van cobrir aquestes manifestacions, ni la televisió es va fer ressò de que els propietaris d'armes de Califòrnia han ignorat aquesta inconstitucional llei de registre d'armes.

CAPÍTOL 11

COP DE GRÀCIA

Grans crims i delictes menors
de traïció comesos pel Conjunt de l'Estat Major

Conversa telefònica amb Randall Terpstra

ANTECEDENTS

Quan vaig acabar "El Govern Secret", al maig del 1989 vaig estar temptat de retirar el material que havia escrit sobre la dimissió de Nixon. Vaig pensar que ningú es creuria que als Estats Units hi havia hagut un cop d'estat. A més, no vaig tenir cap esperança que algú pogués fer un pas endavant i justifiqués la meva afirmació. Estava equivocat. La gent s'ho creia, i després de la presentació del document, el 2 de juliol del 1989, tres persones s'han presentat per confirmar que, en efecte, havia tingut lloc un cop d'estat. Aquest capítol és la transcripció de la conversa telefònica que vaig mantenir amb una d'aquestes persones, Randall Terpstra.

Als membres de la Junta de Caps d'Estat Major que estaven de servei en el moment de la renúncia de Nixon, se'ls va demanar si havien donat instruccions als seus comandaments d'ignorar les ordres de la Casa Blanca. Van respondre que el tema havia sorgit, però que no s'havia fet. Mentien.

CONFIRMACIÓ D'UN COP D'ESTAT

Randy: Sóc en Randy.
Bill: Hola, Randy?
Randy: Sí...
Bill: Sóc Bill Cooper. Randy: Hola, Bill.
Bill: Vas deixar un missatge al meu telèfon. No el vaig arribar a escoltar perquè la meva dona agafa els missatges del telèfon i en pren nota. No

tinc ni idea de per a què has trucat. Si me'n fas cinc cèntims...
Randy: Bé, tinc una còpia dels teus documents que em va proporcionar un amic, i eh... dues coses: Una, que d'un me'n falta una pàgina. Del que has titulat "Operació Majoria", la versió final. Em sembla que he perdut la pàgina 3, perquè en la...tinc la pàgina 2 que diu: "MJ -12 és el nom de la" dah-da dah-da dah -da, "sota la direcció del director" i després gires full i la primera línia de la pàgina següent que tinc diu "significa MAJI controlada." Em sembla que en aquest em falta una pàgina.
Bill: Hmmm. Okay.
Randy: La segona és... hauria de tancar la porta de l'oficina. Un moment.
Bill: Es clar... [Se sent com tanca la porta]
Randy: Seré franc amb tu. Quan ho vaig començar a llegir, la meva primera reacció va ser: "Caram, això és material del National Enquirer, fins a un punt en què em vaig trobar amb una cosa que em va sorprendre una mica... al mateix document el darrer document definitiu utilitzes dos termes que només he vist en un altre lloc, i que són MAJESTAT i MAJORIA. Quan estava a l'Armada, era operador de ràdio, i a mitjans dels anys setanta - l'any se m'escapa ara mateix, ha passat molt de temps, i només tinc els papers des d'ahir a la nit - i vaig estar involucrat en un llançament a la lluna de l'Apol·lo - Soyuz. Jo a bord era un operador de xifrat, el que bàsicament significa que tot el trànsit de missatges d'una certa naturalesa, que es coneix com SPECAT o categoria especial, era xifrat fora de línia. Durant el llançament de l'Apol·lo - Soyuz es va establir el que es coneix com un acabament en un lloc desconegut. Aquell lloc es va identificar només com CONTROL MAJORIA.
Bill: Bé...
Randy: Tot el trànsit de missatges que enviàvem cap a i des d'aquesta ubicació estava xifrat fora de línia, que era bastant estrany perquè... En primer lloc, permet-me explicar-ho. A la Marina, quan s'envia un SPECAT, o missatge de Categoria Especial, entres en el que s'anomena un medi ambient net. El missatge és elaborat per l'autor o en un tros de paper. Aquest tros de paper es trasllada directament a un operador designat SPECAT - algú que té una autorització SPECAT o superior - que entra al teletip en una cinta de paper perforat per a la seva transmissió.
Bill: Així és. [Randy no sabia que un dels meus deures com suboficial de la Guàrdia al Centre de Comandament CINCPACFLT era fer d'operador SPECAT per al Centre de Comandament.]
Randy: En aquest moment l'operador SPECAT va al circuit, notifica a l'altre extrem que té un trànsit SPECAT a transmetre. A l'altre extrem... un operador SPECAT autoritzat ha de entrar al circuit per l'altre extrem.

Ha d'identificar-se de nou amb el seu número de codi SPECAT, el seu nom i el seu número de servei. Ara, per a mi en aquell moment en particular en el temps i en l'espai - això seria a mitjans dels anys setanta - era probablement el mitjà més aïllat de transmetre informació d'un punt a un altre a l'exèrcit, perquè sabies qui havia escrit el missatge, qui l'havia vist transmetre, qui l'havia rebut, tot el procés fins al final
Bill: Uh huh...
Randy: Bé, en aquest cas en particular, tot el trànsit de missatges estava passant per les meves mans i em van donar instruccions per a codificar a través d'una màquina anomenada una KL-47, que agafa material de text estàndard i el converteix de sortida en blocs de cinc lletres de caràcters aleatoris. I a l'origen... ells... érem cinc a bord del USS Mount Whitney, i els cinc érem operadors SPECAT. Fèiem un torn rotatori absolut durant la missió Apol·lo - Soyuz. Ens van posar en un ambient controlat que era una habitació amb un teletip i un catre - i ens van dir que mantinguéssim el terme circuit a control MAJORIA. Cada hora un tal senyor Logan de la NASA baixava a l'habitació, introduïa un codi perquè la porta tenia un pany xifrat, mirava tot el trànsit de missatges que entraven, i després els gravava, allà mateix a l'habitació. Redactava les respostes, les quals havia d'entrar a la KL-47, agafava la cinta, les transmetia i després també gravava els missatges sortints.
Bill: Uhhuh.

[**Nota**: La cinta és feia per a la KL - 47. Es tracta d'una cinta de paper que conté el xifrat dels cinc caràcters agrupats. La cinta es col·loca sobre una roda dentada del teletip i envia automàticament el missatge al destinatari. Ho envia l'altre extrem de forma encriptada i ha de ser descodificat. Almenys aquesta és la forma com em van entrenar per a operador designat SPECAT per fer-ho al Centre de Comandament CINCPACFLT.]

Randy: No recordo gaire del que es va enviar perquè sempre anava molt, molt atrafegat. Teníem un munt de civils a bord del vaixell... es realitzava una increïble quantitat de treball.
Bill: M'ho puc imaginar.
Randy: Sé que cada hora rebíem un informe que a la capçalera hi deia CONTROL MAJORIA - ara, això era després d'haver-lo descodificat... la capçalera sempre era ASSESSOR MAJESTAT, una vegada i una altra i una altra.
Bill: Molt bé.

[**Nota**: els missatges d'avís MAJESTAT s'enviaven per CINCPACTLT per actualitzar o informar personalment al president a l'inici, a la finalització o en les operacions en curs que podrien acabar amb greus conseqüències per als Estats Units, per exemple, el bombardeig de Vietnam del Nord, després que el president hagués informat al poble dels Estats Units que no es produirien més bombardejos.]

Randy: Doncs després de fer això jo hi era quatre hores, i després marxava durant quatre hores i llavors tornava quatre hores més. Fèiem torns així durant tota la missió Apol·lo - Soyuz. L'altra cosa que em vaig adonar que em desconcertava una mica era el terme "IAC."*(Identified Alien Craft)*
Bill: Nau Alien Identificada!
Randy: Ells... mai... mai deien què volien dir les sigles. Només era IAC.
Bill: Fantàstic!
Randy: Era recurrent enmig de tot aquell tràfic de missatges que jo enviava.
Bill: Randy, ets un regal del cel... On has estat amagat tots aquests anys?
Randy: Bé, és... també és una llarga història com he aconseguit obtenir el teu document, però quan el vaig llegir, va ser com si s'obrís una comporta i van tornar tots aquests records.
Bill: Això és.
Randy: Ara bé, cap al final, després que acabés la missió Apol·lo - Soyuz, als cinc operadors, jo mateix inclòs, ens van donar 50 dies de permís, que a l'Armada volia dir que deixaven que marxessis i prou.
Bill: És clar. Sí.
Randy: No et despatxaven per això.
Bill: Vés a casa, emborratxa't, oblida tot això. Randy: Exactament!
Bill: Això és.
Randy: I quan vaig tornar em van treure de tercera classe per promoure'm a segona, i em van traslladar a la botiga de reparació del teletip, que era bastant prestigiosa en aquell moment.
Bill: Això és. Si és bastant normal quan has estat exposat a aquest material. O bé se't treuen de sobre o et promouen.
Randy: Bé, he perdut el contacte amb els altres - Bé, vull dir que vam tenir alguna reunió fa un parell anys, i mai se'm va acudir amb aquests nois. Però jo no... no tinc un record conscient d'haver-los vist. Però, com t'he dit quan vaig llegir sobre això, va ser bastant sorprenent veure coses que eh, de les que en sóc conscient.
Bill: Uhhuh.

Randy: Jo, estic molt interessat en aquesta pàgina que falta, realment.
Bill: Això és. Hi havia alguna cosa més que recordis
Randy: No, es així, vull dir, en el moment en què això no significava una merda per a mi. Vull dir, sent un operador de ràdio, que bomba tant trànsit a través d'aquesta nau. El Mount Whitney és un vaixell amfibi de comandament de comunicacions.
Bill: Sí, estic familiaritzat amb ell. Estaves a la Marina quan Nixon va renunciar?
Randy: No, no hi era.
Bill: Hmmmm.
Randy: Feia de consultor per a una companyia que estava fent un treball per al Cos de Marines dels EUA, però.
Bill: Uh huh. Estaves a comunicacions en aquell moment?
Randy: Sí, hi era.
Bill: Te'n recordes d'un missatge que va arribar als comandaments militars? Deixa'm veure si puc recordar les paraules exactes. Crec que el missatge deia... uh.
Randy: "Després de la recepció se li indica que ja no acceptarà ordres directes de la Casa Blanca."
Bill: Molt bé!
Randy: En realitat, no utilitzaven el terme Casa Blanca. Feien servir el terme "TOP HAT."
Bill: TOP HAT. Ho recordo "Casa Blanca", és el que vaig veure. Jo estava a bord del Oriskany quan vaig veure això.
Randy: Jo estava treballant com consultor civil amb el tinent coronel A.P. Finlon en un dispositiu anomenat el MCC - 20, que és un dispositiu multiplexor.
Bill: Es deia Finland o Fin..?
Randy: Finlon... F-I-N-L-O-N, i ell era el destinatari del missatge. Era director d'operacions de l'S- 3 per a la sisena Brigada Amfíbia de la Marina.
Bill: Bé, t'adones de les implicacions de tot això, oi, Randy? Saps què estava passant.
Randy: Sí, m'he pres la llibertat de reenviar a una altra persona la documentació que em vas enviar.
Bill: Bé, tinc una necessitat urgent... Estic tractant de fer això tan ràpid i net com puc per arribar a fer que la gent d'aquest país desperti, o perdrem. I si... estic fent la guerra més o menys pel meu compte. Hi ha gent reunint-se al meu voltant i m'estan ajudant, i estic ficant trossos d'informació aquí i allà. Necessito gent que tingui les pilotes de posar-

se drets amb mi i dir el que van veure. I entenc que, ja saps, quan algú fa això s'està posant en perill. Però jo no veig cap perill més gran que perdre la nostra Constitució i el que tenen guardat a la botiga del costat. Literalment la poden haver llençat a les escombraries, de totes maneres. Així que, suposo que el que t'estic preguntant és si m'ajudaries. Estaries disposat a fer públic el que m'acabes de dir?
Randy: Jo ja ho he fet.
Bill: De debò?
Randy: Vaig enviar el teu manuscrit juntament amb exactament el que t'acabo de dir al tinent coronel Robert Brown, el director de la revista Soldier of Fortune.
Bill: Fantàstic!
Randy: Vaig parlar per telèfon amb la seva secretària, li vaig explicar de què anava, ella al seu torn l'hi va explicar a ell. Ell va dir: "Envia-m'ho ràpid."
Bill: Fantàstic!
Randy: Si algú... la revista Soldier of Fortune té el major nombre de seguidors militars que cap altra publicació al món. Si algú va veure això estant de servei, van ser ells.
Bill: Fantàstic! Perfecte. T'importa si faig servir la informació que m'has donat? Puc dir que algú ha corroborat el que he dit?
Randy: I tant!
Bill: Puc utilitzar el teu nom? Randy: Sí!
Bill: Quin és el teu cognom? Randy: Terpstra.
Bill: Dóna'm la teva adreça.
Randy: 130 Foothill Court, Morgan Hill, Califòrnia, 95037.
Bill: Et dius Randy?
Randy: De fet em dic Randall Wayne.
Bill: Bé, Randy. Ets un regal del cel. Si et tingués al davant et faria un petó. Ho juro per Déu, he estat buscant tant que la gent sortís de l'anonimat, perquè sé que hi ha un munt de gent allà fora que saben coses.
Randy: Ells no saben que la - vull dir, tu has agafat una gran quantitat de fragments solts i peces que jo he tingut. Vull dir, aquest és el problema. Sí, hi ha un munt de gent que sap coses, però no saben què saben.
Bill: Sí, n'estic segur d'això. I si el que saben està molt dividit, ells no creuen que sigui res dolent.
Randy: Bé, una de les coses que realment m'està generant una certa controvèrsia és, vull més informació sobre la NRO, i de l'única persona que ho puc aconseguir és del coronel Brown. Si es que existeix...

Bill: Bé, la NRO és l'Organització Nacional de Reconeixement que primer va reunir als equips Delta que estaven assignats específicament a la seguretat dels projectes que s'encarregaven dels aliens. Els utilitzaven per a tot tipus de coses. Ara bé, hi ha una NRO diferent amb la que has de tenir cura de no embolicar-t'hi, i aquesta és l'Oficina Nacional de Reconeixement, que s'encarrega dels satèl·lits espies.
Randy: Fins i tot per llançar-hi una mica més de fum, coneixes al Coronel Charles Beckwith de Florida?
Bill: No.
Randy: El Coronel Charles Beckwith va ser a qui se li va ocórrer el terme DELTA FORCE. Aquells dels rescats, el grup de rescat d'ostatges, la unitat dels Boines Verds?
Bill: Uh huh.
Randy: Ara bé, originalment ell volia anomenar-ho d'una altra manera, i la Casa Blanca va fer que s'empassés el DELTA FORCE.
Bill: Saps que he parlat amb Barbara Honegger? Has llegit October Surprise?
Randy: No, no ho he fet. De fet, tinc la teva bibliografia aquí i estava a punt de trucar a un amic que administra una llibreria per fer-li una comanda bastant gran.
Bill: Bé, Barbara Honegger va escriure October Surprise i es van negar a imprimir un capítol. La vaig conèixer en una de les xerrades que dono i ens van embolicar a xerrar. Ella va acabar venint a casa meva i vam estar parlant cara a cara. Allà hi havia prop de quatre testimonis que van escoltar el que em va dir. Em va dir: "Al DESERT ONE, la primera nau que hi va haver va ser un disc antigravetat realitzat pel personal DELTA. Després van arribar els avions i els helicòpters" I em va dir que el propòsit de les naus alienígenes, o la nau que construíem a partir de tecnologia alienígena, o la nau alienígena que estem fent servir són per assegurar el sabotatge de l'operació.

[**Nota**: Un temps després Barbara Honnegger va relatar la mateixa història al programa de ràdio d'Anthony Hilder "Dient les coses com són, agradi o no". Durant la transmissió, va dir que la nau antigravetat era d'un projecte denominat RED-LIGHT. La Sra. Honegger era membre del personal de la Casa Blanca durant les administracions Reagan i Bush.]

Randy: Això té sentit, perquè tinc algunes fotos de 8x10 d'aquell Jolly Green Giant que es va incendiar i incinerar.
Bill: Uh huh.

Randy: Tinc alguns problemes reals amb això. Sóc un militar fanàtic. Vaig passar molt temps a la Marina, i ja he estat associat amb molts variats grups militars.
Bill: Ja.
Randy: Tinc algunes imatges d'aquesta foto, d'aquest helicòpter que eren... són fotos en blanc i negre de l'A.P. I s'hi veu un patró de cremat que comença al morro de l'aeronau i es remunta a través dels tancs de combustible. L'origen no és als tancs de combustible. Llavors, com dimonis ho va fer aquest helicòpter per incendiar la cabina del pilot i l'exterior de la cabina, fora del fuselatge?
Bill: Aquesta és una bona pregunta. Les armes de raigs alienígenes farien això però.
Randy: Ara faig una pregunta nova. Bill: Uh huh.
Randy: Les armes de raigs a les que et refereixes, no deixen un patró al material, una ondulació, un patró rissat?
Bill: Això no ho sé. Tot el que sé sobre les armes de rajos és això. Que només són eficaços a curta distància; que poden paralitzar a un ésser humà; que poden fer levitar un ésser humà; poden cremar alguna cosa que tinguis a les mans sense fer-te mal, com un M-16; i carbonitzar-te i només deixar-hi cendres. Poden cremar-te com el sol. Depèn de fins a quin grau vulguin utilitzar aquella cosa així serà exactament el que farà. Això és el que recordo, i això és el que la meva investigació també ha confirmat. A la Base Aèria d'Ellsworth, de fet, un aviador d'una patrulla de seguretat va trobar una nau extraterrestre i extraterrestres al terra. Els van apuntar amb l'M-16, i aquella arma, aquell raig va colpejar l'M-16 i, literalment, el va vaporitzar. Tenia cremades a les mans, però d'altra banda estava il·lès.
Randy: Has llegit o escoltat els informes sobre alguna cosa de la que se'n diu combustió espontània en humans?
Bill: Sí! Això és causat per.. de fet, es pot, es pot fer i és un arma que fem servir. La comunitat d'intel·ligència pot desfer-se d'alguns...
Randy: Et respecto molt. Saps coses que no hauries de saber, però tens raó.
Bill: Sí, sé coses que no hauria de saber, i espero que pugui escampar-ho tot abans que em passi alguna cosa. Però ja saps, jo només, estimo tant a aquest país, m'agrada tant la Constitució. El que han estat capaços de fer, i la forma en què han estat capaços d'enganyar als ciutadans d'aquest país... No m'importa el que em passi. He d'aturar això. He de fer tot el que pugui per aturar això.
Randy: Bé, jo no sóc un de - no sé, a falta d'un terme millor, no sóc un

d'aquests sonats amb ulls de boig que corre per aquí fent la resta. Com li vaig dir al coronel Brown, " Mira, només sóc un tipus que treballa a la indústria informàtica; fabrico mòdems. Viatjo arreu del món, parlant de sistemes informàtics. Vull dir, això és tot. D'acord? És a dir, sí, m'agrada anar al camp de tir a disparar amb la meva arma, i sóc un comando de saló i m'agrada llegir la revista Soldier of Fortune i viure aventures a través d'altres persones. Així que no sóc un bon feligrès. Vull dir, tinc la meva pròpia creença en Déu, però jo no vaig pel món abraçant a tothom. I no sóc un d'aquests esotèrics que corren per aquí parlant de Maitreya i els Hinduismes i tot això, dels xacres i tota la resta. Sé que aquestes persones estan per aquí, sé que existeixen. De fet, jo estic sortint amb una d'ells, però és la seva creença i si ella vol creure això, doncs està bé"

Bill: Es clar.

Randy : Quan de cop i volta va arribar això, em van passar pel cap un munt de pensaments. Tu m'has impulsat a molts d'ells, sobretot el text en què parlaves de la sobtada afluència de mitjans de comunicació i la televisió en una presència extraterrestre entre nosaltres, en la nostra societat. Ho he notat durant gairebé dos anys, i en realitat mai podia verbalitzar-ho.

Bill: Oh sí, ens estan dessensibilitzant perquè quan passi, totes les coses que ells temien al principi que portarien cap a totes les mentides que havien dut a tots els crims no causés el que ells temien. No esfondrarà la societat ni la cultura ni les religions. Afectarà a l'economia, però, només una mica.

Randy: L'economia està sortint per la porta, de totes maneres...

Bill: Sí, i això pot ser el que estan esperant, per canviar cap a una societat sense diners en efectiu per no poder tenir aquest tipus d'efecte.

Randy: Sí, hi ha molt d'això, ja ho veus. Tinc a la meva germana i la meva mare són dues, diguem-ne Boines Verdes de Déu. Ja saps, són del tipus súper religioses - "Déu et beneeixi, anem a l'església" cosa d'aquest tipus i, de tant insistir vaig agafar la Bíblia i la vaig llegir. L'he llegit quatre o cinc vegades, i cada vegada que hi tornava hi veia coses diferents. I tinc els meus propis punts de vista sobre la vida i sobre moltes altres coses. I fins que vaig llegir el teu material, en realitat mai m'havia vist impulsat a pensar en les coses. Ara, com ja he dit, l'única cosa que pot realment relacionar-me amb tu és el que vaig experimentar durant el llançament de l'Apollo - Soyuz.

Bill: Això és genial! Perquè el que vas experimentar allà només és la confirmació del que jo li he estat dient a tothom. Hi ha un programa espacial secret. Hi ha un grup de control anomenat MAJORIA. El president es diu MAJESTAT en relació amb aquestes coses. El que estaves fent, els missatges d'avís a MAJESTAT, eren per mantenir actualitzat al President.

Randy: Ja saps, la part divertida de debò de tot això és el tipus que venia i utilitzava les nostres instal·lacions. Es deia Logan, el Sr. Logan. Se suposava que el seu càrrec era coordinador de comunicacions, però mai li vaig veure fer absolutament res, excepte entrar en aquesta habitació, llegir el trànsit, elaborar la resposta, i després tornar a pujar a la CIC. Ara bé, estàvem en el que se'n deia la GENSER, el servei general al costat de comunicacions. Nosaltres no érem els fantasmes. Els fantasmes tenien les seus propis petites cambres a l'altre banda de la nau.

Bill: És clar.

Randy: Però tenim la KL-47 i la resta dels tipus de la NASA. Els tipus de civil arribaven - teníem una finestra per als missatges al passadís i ells venien i ens lliuraven els seus missatges sortints a la finestra i sortien dels circuits de serveis generals. L'únic material que fèiem servir era el, era el tràfic de CONTROL MAJORIA amb avisos a MAJESTAT i això era tot. I molt d'això, com he dit, era una gran quantitat de dades de text. Vull dir, que hi havia un munt de text, i tot estava redactat en xerrameca techno que jo realment no entenc. Però sí recordo l'acrònim IAC per tot arreu. Vull dir repetint-se constantment.

Bill: Oh, si.

Randy: Ja saps, això és tot el que et puc oferir.

Bill: Recordes on s'enviaven els missatges a CONTROL MAJORIA?

Randy: No. La ubicació de CONTROL MAJORIA mai es va revelar. L'únic que puc suposar és que estava en algun lloc al nord. El vaixell estava ancorat - bé, no estàvem ancorats, estàvem al que se'n deia àncora flotant, que estic segur que saps què és. Estàvem en un eix est-oest per què totes les nostres antenes poguessin exercir sobre l'horitzó occidental, perquè aquesta és la manera que la nau havia de col·locar-se. L'antena assignada al meu circuit era una antena anomenada RLPA o Rotating Log Periodic Antenna, que és una antena molt, molt direccional, i apuntava cap al nord.

Bill: Què hi havia al nord d'on éreu en aquell moment?

Randy: Thule, Groenlàndia.

Bill: Thule, Groenlàndia! Bé, hmmmm, molt interessant. A més, m'alegro que veiessis el missatge sobre Nixon, perquè tothom estava segur que si alguna cosa era demencial, era la bogeria que jo havia dit.

Randy: En realitat, no. Això fa que tingui sentit, perquè aquells dies al voltant de l'anunci de Nixon - tu has dit que el missatge es va enviar cinc dies abans d'anunciar la seva renúncia. Aquest període de cinc dies, si recordo correctament la meva història, van ser extremadament confusos, i si agafes el New York Times i llegeixes en profunditat els comentaris polítics d'aquells dies, descubriràs que hi va haver una gran quantitat de turbulències. Vull dir, que cinc dies abans s'estaven adoptant una gran quantitat de mesures. No em sorprendria que fos aquell missatge - que el missatge hagués estat promulgat i enviat ben bé cinc dies abans de l'anunci públic, perquè el públic és sempre l'últim en assabentar-se. Així que em vaig adonar que aquí hi havia coses molt realistes.

Bill: Fantàstic! Déu està responent a les meves oracions. Vaja, això em fa tan feliç. Escolta Randall, he estat gravant tota aquesta conversa telefònica. Si vols que destrueixi aquesta cinta, ho faré. Ho faig per la raó de que mai sé quan algú em dirà alguna cosa que pot ser important o no.

Randy: No tinc res a amagar-te, Bill.

Bill: Està bé, només vull que sàpigues que mai he traït una font ni he utilitzat el nom de ningú quan m'ho han demanat. Mai he fet servir una cinta si m'han demanat que no ho fes. Quan m'han demanat que la destruís, sempre ho he fet. Tracto de treballar amb tothom d'una manera que se sentin a gust treballant, perquè el meu objectiu no és avergonyir ni ferir a ningú, és per aturar això que està passant.

Randy: Bé, tens un altre recluta. Bill: Fantàstic!

Randy: Et puc fer una pregunta? Bill: Per descomptat.

Randy: Qui és la Linda Howe?

Bill: La Linda Moulton Howe és una productora de televisió que - no recordo quan va ser, al 78 o alguna cosa així, va fer una pel·lícula anomenada "A Strange Harvest" *("Una collita extranya")*, sobre les mutilacions d'animals, les mutilacions de bestiar...

Randy: Sí, perquè a la teva declaració davant notari en fas referència.

Bill: Sí, es va posar en contacte amb mi juntament amb un munt d'altres persones, però vaig tractar de triar qui pensava que eren més professionals i més propensos a resistir un escrutini o intents de desacreditació i vaig pensar que ella era una d'aquestes persones, així que...

Randy: Crec, crec que allà on estàs ara amb les dades que tens - Vull dir que, és el moment d'intentar fer-ho arribar a la gent.

Bill: Sí, això és el que tracto de fer.

Randy: Ara estava - de fet, quan m'has trucat estava redactant la

portada d'un fax que estic enviant a la Ràdio KGO, que és una emissora de ràdio local d'opinió. És una emissora lliure; que s'escolta al llarg de tota la costa oest.
Bill: Genial! Fantàstic!
Randy: Allà hi ha un moderador anomenat Ron Owens que - li estic enviant això amb una declaració: "Això no és cap broma. Se li envia perquè crec que hauria de dedicar-li un minut i si més no llegir-ho." I li he demanat que es posi en contacte amb tu. I, bàsicament, li he dit: "Ron, si el deu per cent d'això és cert, llavors tenim problemes."
Bill: Això és. Per descomptat. I n'hi ha un munt... ja saps, quan dono una xerrada o alguna cosa així, algú sempre es posa dret i diu: "Com sabem que no ens estàs donant només desinformació?" i jo dic: "Només cal pensar en el que estàs dient. El que jo busco és la veritat. T'estic dient el que vaig veure en aquells documents i on m'ha portat la meva recerca transcorreguts 17 llargs anys. Això és el que comparteixo amb vosaltres. Vull que vagis i verifiquis si és així o no, que demostris que és erroni o el que pugueu fer pel vostre compte. I estic perfectament disposat a escoltar qualsevol cosa que m'hagueu de dir, però pensa només en el que acabes de dir. Si, de fet et donés desinformació, llavors estaries pitjor del que mai havies pensat. Seria millor que hi haguessin extraterrestres, perquè si no n'hi ha voldrà dir que tot això ha estat perpetrat pel govern amb algun propòsit que ni tan sols coneixem. El que significa en realitat és que tenim a gairebé tota la humanitat en contra nostra". I això si que fa obrir els ulls perquè és veritat.
Randy: Acabes de fer-me venir un altre record...

I aquesta és una altra història.

Nota: Randy Terpstra dos dies més tard va trucar al Billy Goodman Happening, durant la setmana que va finalitzar el 4 de novembre del 1989 i va repetir en viu a les ones el que em va dir durant la conversa telefònica gravada. El diumenge 5 de novembre del 1989, vaig fer escoltar la cinta a una audiència d'aproximadament 800 persones a la Hollywood High School.

Quan el president Nixon va fer el seu discurs de comiat, va dir que diria al poble nord-americà la veritat sobre els ovnis. Igual que James Forrestal, Richard Nixon es va trobar empresonat a la sala psiquiàtrica de l'Hospital Naval de Bethesda. A diferència de Forrestal, Nixon va sobreviure. Continua en silenci.

CAPÍTOL 12

EL GOVERN SECRET

L'origen, identitat i propòsit del MJ-12
23 de maig del 1989
Actualitzat el 21 de novembre del 1990

Els signes estan augmentant.
Al cel apareixeran llums vermelles,
blaves, verdes, ràpidament.
Algú ve de molt lluny i vol
conèixer la gent de la Terra.
Les reunions ja han tingut lloc.
Però els que realment
ho han vist resten en silenci.
El Papa Joan XXII, 1935

PERSPECTIVA

Es van utilitzar moltes fonts d'informació per a la investigació d'aquest capítol. Originalment vaig escriure aquesta peça com un treball de recerca. Va ser lliurat per primera vegada al Simposi MUFON el 2 de juliol del 1989, a Las Vegas, Nevada. La major part d'aquest coneixement prové directament de, o és el resultat de la meva pròpia investigació del material TOP SECRET / MAJIC que vaig veure i vaig llegir entre els anys 1970 i 1973 com membre de l'Equip d'Informació dels serveis d'Intel·ligència del Comandant en Cap de la flota del Pacífic. Atès que part d'aquesta informació es va obtenir a partir de fonts que no puc divulgar per raons òbvies, i de fonts publicades de les quals no en puc donar fe, aquest capítol ha de ser considerat una hipòtesi. Crec fermament que si els extraterrestres són reals, aquesta és la veritable naturalesa de la Bèstia. És l'únic escenari que ha estat capaç d'enllaçar tots els elements diferents. És l'únic escenari que respon a totes les preguntes i posa els diferents misteris fonamentals en un escenari que té sentit. És l'única explicació que mostra la cronologia dels fets i demostra que les cronologies, quan s'acoblen, s'adapten perfectament. Crec que la major part d'això és veritat si es que el material que vaig veure a l'Armada és autèntic. Quant a la resta, no ho sé, i per això aquest treball ha de ser considerat una hipòtesi. La majoria de les evidències històriques i actuals disponibles donen suport a aquesta hipòtesi.

EL GOVERN SECRET

Durant els anys posteriors a la Segona Guerra Mundial, el govern dels Estats Units es va veure enfrontat a una sèrie d'esdeveniments que havien de canviar el seu futur més enllà de qualsevol predicció i amb ell el futur de la humanitat. Aquests esdeveniments van ser tan increïbles que desafiaven qualsevol creença. Un atordit President Truman i els seus alts comandaments militars es van veure virtualment impotents tot just després d'acabar de guanyar la guerra més devastadora i costosa de la història.

Els Estats Units havien desenvolupat, utilitzat, i eren l'única nació a la terra que posseïen la bomba atòmica. Aquesta nova arma tenia el potencial de destruir qualsevol enemic, i fins i tot la pròpia Terra. En aquell moment els Estats Units tenien la millor economia, la tecnologia més avançada, la qualitat de vida més alta, exercien la major influència, i menaven les forces militars més grans i poderoses de la història. Només podem imaginar la confusió i preocupació de l'elit informada del Govern dels Estats Units quan es va descobrir que una nau extraterrestre pilotada per éssers semblants a insectes d'una cultura totalment incomprensible s'havia estavellat al desert de Nou Mèxic.

Entre gener del 1947 i desembre del 1952, es van estavellar o van caure almenys 16 naus extraterrestres, van ser recuperats 65 cossos d'extraterrestres, i 1 alien viu. Una nau extraterrestre addicional havia explotat i no es va recuperar res d'aquest incident. D'aquests esdeveniments, 13 van ocórrer en territori dels Estats Units, sense incloure la nau que es va desintegrar a l'aire. D'aquests 13, 1 va ser a Arizona, 11 a Nou Mèxic, i 1 a Nevada. Tres van ocórrer a països estrangers. D'ells, 1 va ser a Noruega i els 2 últims a Mèxic. Els albiraments d'OVNIS eren tan nombrosos que feia impossible una investigació seriosa i desacreditar cada informe, utilitzant els recursos dels serveis d'intel·ligència existents.

El 13 de febrer del 1948 es va trobar una nau extraterrestre, en un altiplà a prop de Aztec, Nou Mèxic. El 25 de març del 1948 es va trobar una altra nau, a White Sands Proving Ground. Feia 100 peus de diàmetre. Es van recuperar un total de 17 cossos d'extraterrestres de les dues naus. Encara més importància va tenir el descobriment d'un gran nombre de parts de cossos humans emmagatzemats dins de dos d'aquests vehicles. Un dimoni havia tret el cap i la paranoia es va apoderar ràpidament de tots i cadascun, dels que "sabien de què anava". El segell Secret es va convertir immediatament en Top Secret i es va segellar amb fermesa. Les mesures de seguretat van ser encara més fortes que les imposades al Projecte Manhattan. Als propers anys, aquests esdeveniments es van convertir en els secrets més ben guardats de la història del món.

Un grup especial de científics d'alt nivell dels Estats Units, es van organitzar sota l'anomenat projecte SIGN el desembre del 1947 per estudiar-ne el fenomen. Tot el negoci brut es va contenir. El projecte SIGN es va convertir en el Projecte GRUDGE al desembre del 1948. Emparat en GRUDGE es va formar un projecte de recol·lecció i desinformació de baix nivell anomenat LLIBRE BLAU *(BLUE BOOK)*. De GRUDGE en van sortir setze volums. Es van constituir "Equips Blaus" per recuperar els discs estavellats i als extraterrestres morts o vius. Els Equips Blaus més tard es transformarien en els Equips Alpha del Projecte POUNCE. Durant aquells primers anys la Força Aèria dels Estats Units i l'Agència Central d'Intel·ligència exercien un control total sobre el "secret extraterrestre." De fet, la CIA va ser creada per decret presidencial per primera vegada com el Grup Central d'Intel·ligència amb l'exprés propòsit de fer front a la presència extraterrestre. Més tard, va ser aprovada la Llei de Seguretat Nacional, establint-la com l'Agència Central d'Intel·ligència.

El Consell de Seguretat Nacional va ser creat per supervisar la comunitat d'intel·ligència i sobre tot la qüestió alienígena. Una sèrie de memoràndums del Consell de Seguretat Nacional i d'ordres executives van retirar a la CIA de la tasca exclusiva de recollir intel·ligències estrangeres i poc a poc però en profunditat la van "legalitzar" per a l'acció directa en forma d'activitats encobertes tant dins el país com a l'estranger.

El 9 de desembre del 1947, Truman va aprovar l'emissió de l'NSC-4, titulat "Coordinació de les mesures d'informació d'intel·ligència estrangera", a instàncies dels Secretaris Marshall, Forrestal, Patterson, i el director del Gabinet de Planificació de Polítiques del Departament d'Estat, George Kennan. El Llibre 1 de la Intel·ligència Militar i d'Exteriors, "Informe Final de la Comissió Especial per Estudiar les Operacions del Govern amb Respecte a Activitats d'Intel·ligència," Senat dels Estats Units, 94è Congrés, segon període de sessions, informe N º 94-755, del 26 d'abril del 1976, p. 49, diu: "Aquesta Directiva faculta al secretari d'Estat per a coordinar les activitats d'informació a l'estranger destinades a contrarestar el comunisme."

Un annex Top Secret del NSC-4, NSC-4A, dóna ordres al director de la intel·ligència central per dur a terme activitats psicològiques secretes a la recerca dels objectius establerts al NSC-4. L'autoritat inicial donada a la CIA per operacions encobertes sota l'NSC- 4A no establia procediments formals, ja fos per coordinar o aprovar aquelles operacions. Simplement dirigia a la DCI a "emprendre accions encobertes i garantir, a través dels enllaços amb Estat i Defensa, que les operacions resultants fossin conseqüents amb la política nord-americana".

Després l'NSC-10 /1 i l'NSC-10/ 2 reemplaçarien l'NSC-4 i l'NSC-4A i ampliarien encara més les possibilitats dels encobriments. Van crear l'Oficina per a la Coordinació de Polítiques (OPC) per dur a terme un programa ampliat d'activitats encobertes. L'NSC-10/1 i l'NSC-10/2 validen les pràctiques i els procediments il·legals i extra-judicials com volien els líders de seguretat nacional. La reacció no es va fer esperar. Als ulls de la comunitat d'intel·ligència "tot valia." A l'empara de l'NSC-10/1 es va establir un Grup de Coordinació Executiva per revisar, però no per aprovar, les propostes dels projectes encoberts. L'ECG feia, en secret, la tasca de coordinar els projectes alienígenes. L'NSC-10/1 i /2 van ser interpretats en el sentit que ningú del capdamunt volia saber-ne res fins que tot hagués acabat i amb èxit.

Aquestes accions van establir un para-xocs entre el President i la informació. Es pretenia que aquest amortidor servís de mitjà perquè el President negués tenir-ne coneixement en cas d'haver-hi fuites divulgant la veritat de la qüestió. Aquest para-xocs va ser utilitzat els darrers anys per tal d'aïllar amb eficàcia als successius presidents de qualsevol coneixement de presència extraterrestre que no fos la que el Govern Secret i la comunitat d'intel·ligència volien que sabessin. L'NSC-10/2, va establir un grup especial d'estudi, que es va reunir en secret i que va ser format per les ments científiques de l'època. Del panell d'estudi no se'n va dir MJ-12. Un altre memoràndum l'NSC, l'NSC-10/5 detallaria les funcions del panell d'estudi. Aquests memoràndums de l'NSC i les ordres executives secretes van preparar el terreny per a la creació de l'MJ-12 només quatre anys més tard.

El Secretari de Defensa James Forrestal es va oposar a la clandestinitat. Era un home molt idealista i religiós. Creia que el públic havia de ser-ne informat. James Forrestal va ser també un dels primers abduïts coneguts. Quan va començar a parlar amb els líders del partit de l'oposició i els líders del Congrés sobre el problema alienígena Truman el va convidar a renunciar. Va expressar els seus temors a molta gent. Amb raó, creia que estava sent vigilat. Els que no coneixien els fets ho van interpretar com una paranoia. Més tard es va dir que Forrestal havia patit un desequilibri mental. Es va ordenar el seu ingrés a la sala psiquiàtrica de l'Hospital Naval de Bethesda. Malgrat el fet que l'Administració no tenia autoritat per ferho, l'ordre es va complir. De fet, es temia que Forrestal comencés a parlar de nou. El van haver d'aïllar i de desacreditar. A la seva família i amics se'ls va negar el permís per visitar-lo. Finalment, el 21 de maig del 1949, el germà de Forrestal va prendre una decisió fatídica. Va notificar a les autoritats que el 22 de maig, tenia la intenció de treure a James de Bethesda. En algun moment a la matinada del 22 de maig del 1949, agents de la CIA van lligar un llençol al voltant del coll de James Forrestal, van subjectar l'altre extrem a un element de la seva habitació, i després van llançar a James Forrestal per la finestra. El llençol es va trencar i ell va caure i va morir. Els diaris secrets de James Forrestal van ser confiscats per la CIA i van estar guardats a la Casa Blanca durant molts anys. A causa de la demanda del públic els diaris van ser reescrits i finalment publicats en una versió asèptica. La informació del veritable diari va ser posteriorment subministrada per la CIA en forma de llibre a un agent que va publicar el material com a ficció. L'agent es diu Whitley Strieber i el llibre es titula Majestic. James Forrestal va esdevenir una de les primeres víctimes de l'encobriment.

L'alienígena que va ser trobat viu vagant pel desert al 1949 de l'accident de Roswell se'l va anomenar EBE. El nom va ser suggerit pel Dr. Vannevar Bush i era l'abreviatura d'Entitat Biològica Extraterrestre. L'EBE tenia tendència a mentir, i durant més d'un any només va donar les respostes desitjades a les preguntes formulades. Aquelles preguntes que haurien donat lloc a una resposta no desitjada quedaven sense resposta. En algun moment durant el segon any de captiveri va començar a obrir-se. La informació derivada de l'EBE va ser sorprenent, per dir -ho suaument. La compilació de les seves revelacions van esdevenir els fonaments del que més tard seria l'anomenat "Llibre Groc". Es van fer fotografies de l'EBE, que, entre altres, jo veuria anys més tard al Projecte Grudge. A finals del 1951 l'EBE va emmalaltir. El personal mèdic no va poder determinar la causa de la malaltia de l'EBE i no tenien cap base amb la que treballar. El sistema de l'EBE era a base de clorofil·la i processava l'energia dels aliments de la mateixa manera que les plantes. Excretava el material de rebuig de la mateixa manera que les plantes. Van ser cridats diversos experts per estudiar la malaltia. Aquests especialistes incloïen metges, botànics i entomòlegs. Un botànic, el Dr. Guillermo Mendoza, va ser contractat per tractar d'ajudar a recuperar-lo. El Dr. Mendoza va treballar per salvar l'EBE fins al 2 de juny del 1952, que va ser quan l'EBE va morir. El Dr. Mendoza es va convertir en l'expert en, almenys, aquell tipus de biologia extraterrestre. La pel·lícula E. T. és la història lleugerament dissimulada de l'EBE.

En un intent va de salvar l'EBE i per tal de guanyar-se el favor d'aquesta raça tecnològicament superior, els Estats Units van començar a emetre una crida d'auxili a principis del 1952 a les vastes regions de l'espai. La crida no va obtenir resposta, però el projecte, denominat SIGMA, va continuar com un senyal de bona fe.

El President Truman va crear la súper-secreta Agència Nacional de Seguretat (NSA) amb una ordre executiva secreta el 4 de novembre del 1952. El seu principal objectiu era desxifrar les comunicacions extraterrestres, el llenguatge i establir un diàleg amb els extraterrestres. Aquesta tasca més urgent era una continuació de l'esforç anterior. L'objectiu secundari de la NSA va ser monitoritzar totes les comunicacions i les emissions de qualsevol i tots els dispositius electrònics a tot el món amb el propòsit de reunir intel·ligència, tant d'humans com d'extraterrestres, i guardar el secret de la presència alienígena. El projecte SIGMA va ser un èxit.

La NSA també manté comunicació amb la base de la Lluna i altres programes espacials secrets. Per ordre executiva del president, la NSA està exempta de complir cap llei que no l'anomeni específicament al seu text com a subjecta a ella. Això vol dir que si l'agència no surt al text de totes i cadascuna de les lleis aprovades pel Congrés doncs no està obligada a complir-ne cap d'elles. La NSA ara realitza moltes altres funcions i, de fet, és la principal agència d'intel·ligència dins de la xarxa. Avui la NSA rep aproximadament el 75% dels fons assignats a la comunitat d'intel·ligència. La vella dita "el poder resideix allà on van els diners" és certa. La DCI és avui una figura decorativa mantinguda com un ardit públic. La tasca principal de la NSA segueixen sent les comunicacions extraterrestres, però ara també inclou altres projectes extraterrestres.

El President Truman havia estat mantenint als nostres aliats, incloent a la Unió Soviètica, informats del desenvolupament del problema alienígena. Això s'havia fet pel cas que els extraterrestres resultessin ser una amenaça per a la raça humana. Els plans van ser formulats per defensar la Terra en cas d'una invasió. Es van trobar amb grans dificultats a l'hora de mantenir el secret internacional. Es va decidir que calia un grup extern per coordinar i controlar les activitats internacionals per tal d'ocultar el secret de l'escrutini normal dels governs mitjançant la premsa. El resultat va ser la formació d'un òrgan de govern secret que es va conèixer com el Grup Bilderberg. El grup es va formar i es va reunir per primera vegada al 1952.

Va rebre el nom del primer lloc on es van trobar amb coneixement del públic, el Bilderberg Hotel. Aquesta reunió pública es va dur a terme al 1954. Van ser anomenats Els Bilderberger. La seu d'aquest grup és a Ginebra, Suïssa. Els Bilderberger van evolucionar cap a un govern secret mundial que ara ho controla tot. Les Nacions Unides eren llavors, i encara ho són, una broma internacional.

A partir del 1953 un nou president va ocupar la Casa Blanca. Era un home acostumat a una organització personal estructurada amb una cadena de comandament. El seu mètode consistia en delegar autoritat i governar a base de comitès. Prenia decisions importants, però només quan els seus consellers no podien arribar a un consens. Normalment el seu mètode era llegir o escoltar diverses alternatives i després aprovar-ne una. Els que han treballat estretament amb ell han declarat que el seu comentari favorit era: "Només fes el que calgui fer." Passava molt temps al camp de golf. Això no era inusual per a un home que havia fet carrera a l'Exèrcit en l'última posició de comandant suprem aliat durant la guerra, un lloc que li havia fet guanyar cinc estrelles. El president era el general de l' Exèrcit Dwight David Eisenhower.

Durant el seu primer any de govern al 1953, van ser recuperats almenys 10 discos més que s'havien estavellat juntament amb 26 morts i 4 alienígenes vius. Dels 10, 4 es van trobar a Arizona, 2 a Texas, 1 a Nou Mèxic, 1 a Louisiana, 1 a Montana i 1 a Sud-àfrica. Hi havia centenars d'albiraments.

Eisenhower sabia que havia de lluitar i vèncer el problema alienígena. Sabia que no podia fer-ho revelant el secret al Congrés, a principis de 1953, el nou president es va dirigir al seu amic i també membre del Consell de Relacions Exteriors Nelson Rockefeller. Eisenhower i Rockefeller van començar a planificar l'estructura secreta de la supervisió de la qüestió alienígena, que es convertiria en una realitat al cap d'un any. Així va néixer la idea de l'MJ - 12.

Havia estat l'oncle de Nelson, en Winthrop Aldrich qui va ser crucial en convèncer a Eisenhower a optar a la presidència. Tota la família Rockefeller i amb ells, l'imperi Rockefeller, havien recolzat sòlidament a Ike. Eisenhower pertanyia en cos i ànima al Consell de Relacions Exteriors i a la família Rockefeller. Recórrer a Rockefeller perquè l'ajudés amb el problema alienígena seria el major error que Eisenhower mai va cometre per al futur dels Estats Units i potser per la humanitat.

Al cap d'una setmana de ser escollit, Eisenhower ja havia nomenat a Nelson Rockefeller president d'un Comitè Assessor Presidencial per a l'Organització de l'Administració. Rockefeller va ser el responsable de la planificació de la reorganització del govern, cosa que somiava des de feia molts anys. Els programes del Nou Pacte es van incloure en un sol gabinet anomenat Departament de Salut, Educació i Benestar. Quan el Congrés va aprovar el nou gabinet l'abril del 1953, Nelson va ser nomenat per al càrrec de subsecretari de l'Oveta Culp Hobby.

Al 1953 els astrònoms van descobrir grans objectes en l'espai, que avançaven cap a la Terra. Primer es va pensar que eren asteroides. Més tard, les proves van demostrar que els objectes només podien ser naus espacials. El projecte SIGMA va interceptar les comunicacions de ràdio extraterrestres. Quan els objectes van arribar a la Terra van col·locar-se en una òrbita geosincrònica molt alta al voltant de l'equador. Hi havia unes quantes naus enormes, i la seva intenció real era desconeguda. El projecte SIGMA i un nou projecte, PLATO, mitjançant comunicacions de ràdio utilitzant el llenguatge binari d'ordinador, van ser capaços d'organitzar un aterratge que va portar al contacte cara a cara amb éssers alienígenes d'un altre planeta. Aquest desembarcament va tenir lloc al desert. La pel·lícula, Encontres a la tercera fase és una versió novel·lada dels fets reals. El projecte PLATO s'encarregava de la tasca d'establir relacions diplomàtiques amb aquella raça d'extraterrestres. Es va quedar amb nosaltres un ostatge com promesa de que tornarien i formalitzarien un tractat.

Mentrestant, una raça d'alienígenes humanoides aterrava a la base aèria de Homestead a Florida i es posava en contacte amb el govern dels EUA. Aquest grup ens va advertir en contra de la raça que orbitava al voltant de l'equador i es va oferir a ajudar-nos amb el nostre desenvolupament espiritual. La condició més important que exigien era que desmuntéssim i destruíssim les nostres armes nuclears. Es van negar a cap mena d'intercanvi de tecnologia al·legant que espiritualment érem incapaços de fer anar la tecnologia que ja posseíem. Aquestes propostes van ser rebutjades amb l'argument que seria una bogeria desarmar-nos de cara a un futur tan incert. No hi havia antecedents on recórrer. Pot ser va ser una decisió desafortunada.

Al 1954 a Muroc, ara la Base Aèria Edwards, va tenir lloc un tercer aterratge. La base es va tancar durant tres dies, i durant aquell temps no es va permetre que ningú entrés ni sortís. L'esdeveniment històric havia estat planejat amb antelació. S'havien acordat els detalls d'un tractat. Eisenhower va disposar passar les vacances a Palm Springs. En el dia assenyalat, el President estava molt animat, a la base. L'excusa que es va donar a la premsa era que tenia visita al dentista. Testimonis del succés han declarat que 3 ovnis van sobrevolar la base i després van aterrar. Les bateries antiaèries van fer una demostració amb foc real i el personal va quedar realment sorprès quan van disparar per sobre de les naus. Per sort, els projectils van passar per sobre i ningú va resultar ferit.

El president Eisenhower es va reunir amb els extraterrestres el 20 de febrer del 1954, i es va signar un tractat formal entre la nació extraterrestre i els Estats Units d'Amèrica. Després vam rebre el nostre primer ambaixador extraterrestre. Era l'ostatge que s'havia quedat del primer aterratge al desert. El seu nom i títol era la Seva Altesa Omnipotent Crlll o Krlll, es pronuncia Crill o Krill. Seguint la tradició americana de desdenyar els títols reals, en secret, se l'anomenava l'Ostatge Original Crlll o Krlll. Poc després d'aquesta reunió, el president Eisenhower va patir un atac de cor.

A la reunió hi eren presents quatre persones Franklin Allen dels diaris Hearst, Edwin Nourse del Brookings Institute, Gerald Light un famós investigador en metafísica, i el bisbe catòlic MacIntyre de Los Angeles. La seva reacció va ser jutjada com un microcosmos del que podria ser la reacció del públic. Basant-se en aquesta reacció, es va decidir que no se li podia explicar al públic. Estudis posteriors van confirmar que la decisió havia estat l'encertada.

Una emocionalment reveladora carta escrita per Gerald Light ho explica amb detalls esgarrifosos: "Estimat amic: Acabo de tornar de Muroc. L'informe és cert - desastrosament cert! Vaig fer el viatge en companyia de Franklin Allen dels diaris Hearst i Edwin Nourse del Brookings Institute (antic assessor financer de Truman) i el bisbe MacIntyre de L.A. (els noms són confidencials de moment, si us plau.) Quan se'ns va permetre entrar a la secció restringida (després de prop de sis hores en les quals se'ns va registrar cada possible article, esdeveniment, incident i aspecte de la nostra vida personal i pública), vaig tenir la clara sensació que el món havia arribat a la seva fi amb el realisme fantàstic. Perquè mai he vist a tants éssers humans en un estat de col·lapse i confusió total, ja que s'havien adonat que el seu món de fet havia acabat tan definitivament com per descriure'n les ruïnes. La realitat de "altres-aeronaus" aeriformes ha estat ara i per sempre esborrada dels regnes de l'especulació i forma una part bastant dolorosa de la consciència de cada responsable científic i grup polític. Durant els dos dies de visita vaig veure cinc tipus d'avions diferents que els nostres oficials de la Força Aèria estan estudiant i pilotant - amb l'ajuda i el permís dels Eteris!

No tinc paraules per expressar les meves reaccions. Finalment ha succeït. Ara ja és història. El President Eisenhower, com ja saps, estava molt animat, recentment a Muroc una nit durant la seva visita a Palm Springs. I estic convençut que passarà per alt el terrible conflicte entre les diferents "autoritats" i anirà directament a dir-ho a la gent mitjançant la ràdio i la televisió - si és que el punt mort continua gaire temps. Pel que vaig poder veure, s'està preparant una declaració oficial per lliurar-la al país a mitjans de maig".

Sabem que no es va fer mai cap anunci. El grup que defensava el silenci va guanyar la partida. També sabem que dos aeronaus més, de les quals no n'hem pogut trobar cap testimoni, havien aterrat en algun moment després de les altres tres o ja eren a la base abans de que aterressin. Gerald Light estableix específicament que hi havia presents cinc aeronaus i que van ser sotmeses a estudi per la Força Aèria. La seva experiència metafísica és evident quan a les entitats les anomena "Eteris". Gerald Light aprofitava el terme "Eteris", per cridar l' atenció sobre el fet que aquests éssers podrien haver estat vistos com déus pel senyor Light.

L'emblema estranger era conegut com la "insígnia Trilateral", i apareixia a la nau i els alienígenes la portaven als uniformes. Ambdós desembarcaments i la segona reunió van ser filmats. Aquestes pel·lícules avui en dia encara existeixen.

El tractat declarava que els alienígenes no interferirien en els nostres assumptes i nosaltres no interferiríem en els seus. La seva presència a la terra seria mantinguda en secret. Ells ens proporcionarien tecnologia avançada i ens ajudarien en el nostre desenvolupament tecnològic. No farien cap tractat amb cap altra nació de la Terra. Podrien segrestar éssers humans en un lloc delimitat i periòdicament per fer- los exàmens mèdics i supervisar el nostre desenvolupament, amb el benentès que els éssers humans no es veurien perjudicats, serien retornats al seu punt de segrest, no tindrien cap record de l'esdeveniment, i que la nació alienígena proporcionaria a Majestat Dotze, d'una forma regular, una llista de tots dels humans contactats i segrestats.

Es va acordar que cada nació rebria l'ambaixador de l'altre durant el temps que el tractat es mantingués vigent. Es va acordar, a més, que la nació alienígena i els Estats Units intercanviarien personal, 16 en total, amb el propòsit d'aprendre els uns dels altres. Els alienígenes "convidats" es mantindrien a la terra. Els humans "convidats" viatjarien fins al punt d'origen estranger per un període determinat de temps, i després tornarien, moment en què es faria un canvi a la inversa. Una recreació d'aquest esdeveniment va ser dramatitzada a la pel·lícula Encontres a la tercera fase. Un senyal per a saber qui treballa per a qui es pot veure al fet que el Dr. J. Allen Hynek va fer d'assessor tècnic a la pellícula. Em vaig adonar que l'informe Top Secret que contenia la versió oficial de la veritat sobre la qüestió extraterrestre, titulat Projecte GRUDGE, que havia llegit mentre era a l'Armada, havia estat coescrit pel tinent coronel Friend i el Dr.

J. Allen Hynek, que havia estat declarat un actiu de la CIA Pertanyent al Projecte GRUDGE. El Dr. Hynek, va ser qui va desacreditar molts incidents legítims d'ovnis quan participava com científic al molt públic projecte LLIBRE BLAU. El Dr. Hynek és responsable de la infame declaració "només eren gasos dels pantans".

Es va acordar que les bases que utilitzaria la nació alienígena serien construïdes sota terra i que es construirien dues bases per a l'ús conjunt de la nació alienígena i el Govern dels Estats Units. L'intercanvi de tecnologia es duria a terme en les bases ocupades conjuntament. Aquestes bases alienígenes serien construïdes a sota de les reserves indígenes de l'àrea de les Quatre Cantonades d'Utah, Colorado, Nou Mèxic i Arizona, i una es construiria en una zona coneguda com Dreamland. Dreamland es va construir al desert de Mojave, a prop de, o en un lloc anomenat Yucca. No recordo si era Yucca Valley, Yucca Flat, o Yucca Proving Ground, però el que sempre m'ha semblat sentir és Yucca Valley. Al desert de Mojave de Califòrnia és on ocorren més incidents i albiraments d'ovnis que en qualsevol altre lloc del món. Tants, de fet, que ningú es molesta a fer informes. Qualsevol persona que s'aventuri en el desert per parlar amb els residents es sorprendrà amb la freqüència d'activitat i amb el grau d'acceptació demostrada per aquells que han arribat a considerar els ovnis com la cosa més normal.

Segons els documents que vaig llegir, totes les àrees alienígenes estaven totalment sota control del Departament Naval. Tot el personal que treballa en aquests complexos reben els seus xecs de l'Armada a través d'un sub-contractista. Als xecs no hi havia cap referència al govern o a la Marina. La construcció de les bases va començar immediatament, però el progrés era lent. Al 1957 hi havia disponibles grans quantitats de diners. Es seguia treballant al Llibre Groc.

Es va crear el projecte REDLIGHT i l'experimentació amb tests de vol de naus extraterrestres es va iniciar de debò. A Groom Lake, a Nevada es va construir una instal·lació súper -Top Secret, enmig d'un camp de tir per provar armes. El seu nom en codi va ser Àrea 51 La instal·lació es va posar sota control del Departament de la Marina i tot el personal necessitava una autorització Q així com l'aprovació executiva presidencial, (anomenada MAJESTIC). Això era irònic, degut al fet que el President dels Estats Units no tenia autorització per visitar el lloc. La base alienígena i l'intercanvi de tecnologia en realitat es duia a terme a la superfície en una àrea amb el nom en codi de Dreamland, i la part subterrània va rebre el sobrenom de "el costat fosc de la Lluna". D'acord amb la documentació que he llegit, almenys, en realitat 600 éssers extraterrestres residien a temps complet en aquell lloc juntament amb un nombre desconegut de científics i personal de la CIA. A causa del temor a la implantació, només a certes persones se'ls va permetre interactuar amb els éssers extraterrestres, i aquest personal eren i són vigilats i monitoritzats contínuament.

A l'Exèrcit se li va encarregar el crear una organització súper-secreta que proporcionés seguretat per als projectes que s'encarregaven dels aliens. Aquesta organització va acabar sent l'Organització Nacional de Reconeixement amb seu a Fort Carson, Colorado. Els equips específics entrenats per la seguretat dels projectes van ser anomenats Delta. El tinent coronel James "Bo" Gritz era el Comandant de la Força Delta.

Es va promulgar un segon projecte amb el nom en codi SNOWBIRD per explicar qualsevol dels albiraments de les naus del REDLIGHT com si fossin experiments de la Força Aèria. Les naus del SNOWBIRD es fabricaven utilitzant tecnologia convencional i van sortir a la premsa en diverses ocasions. El projecte SNOWBIRD també es va utilitzar per desacreditar albiraments públics legítims de naus extraterrestres (OVNIS per al públic, IACS per als que saben de què va). El projecte SNOWBIRD va tenir molt èxit, i els informes del públic van anar disminuint de manera constant fins fa pocs anys.

L'Oficina Militar de la Casa Blanca va organitzar i mantenir un fons secret multimilionari. Aquest fons s'utilitzà per construir més de 75 instal·lacions subterrànies profundes. Als presidents que feien preguntes se'ls deia que el fons s'utilitzava per construir profunds refugis subterranis per al president en cas de guerra.

Només uns quants es van construir per al president. Es van canalitzar milions de dòlars a través d'aquesta oficina per Majestat Dotze i després per als contractistes. S'utilitzaven per construir bases alienígenes Top Secret, així com DUMB Top Secret (Profundes Bases Subterrànies Militars) i instal·lacions promulgades per l'Alternativa 2 arreu de la nació. El president Johnson va utilitzar aquest fons per construir una sala de cinema i aplanar el camí del seu ranxo. No tenia ni la menor idea del seu veritable propòsit.

El fons secret per a la construcció del subterrani de la Casa Blanca va ser creat al 1957 pel president Eisenhower. El finançament es va obtenir del Congrés amb el pretext de la "construcció i manteniment de llocs secrets on el President podria anar en cas d'un atac militar: Llocs Presidencials d'Emergència." Els llocs són, literalment, forats a terra, a suficient profunditat com per suportar una explosió nuclear, i estan equipats amb equips de comunicacions d'última generació. Fins ara hi ha més de 75 llocs repartits per tot el país que van ser construïts amb els diners d'aquest fons.

La Comissió d'Energia Atòmica ha construït almenys uns 22 llocs subterranis addicionals. Vegeu el capítol sobre Mount Weather.

La ubicació i tot el que està relacionat amb aquests llocs va ser i és considerat i tractat com Top Secret. Els diners estaven i estan sota control de l'Oficina Militar de la Casa Blanca, i van ser i són blanquejats a través d'una web tan summament tortuosa que fins i tot el més expert dels espies o comptables no podria seguir. A partir del 1980 només uns quants al principi i al final d'aquesta xarxa sabien per a què eren els diners. Al principi hi havia el Representant George Mahon de Texas, el president de la Cambra d'Assignacions del Comitè i del seu Subcomitè de Defensa; i el Representant Robert Sikes de Florida, president del Subcomitè de la Cambra d'Assignacions de Construccions Militars. Avui es rumoreja que el portaveu de la Cambra, Jim Wright controlava els diners al Congrés i que una lluita pel poder el va destituir. Al final de la línia hi ha el president, Majestat Dotze, el director de l'Oficina Militar i el comandant de la Navy Yard de Washington.

Els diners els autoritzava el Comitè d'Assignacions, que els assignava al Departament de Defensa com un element d'alt secret en el programa de construccions de l'exèrcit. L'Exèrcit, però, no podia tocar- los i, de fet, ni tan sols sabia per què eren. L'autorització per gastar els diners, en realitat, li havien atorgat a l'Armada. Els diners es canalitzaven a la Divisió d'Enginyers de l'Armada de Chesapeake, que tampoc sabien per què servien. Ni tan sols l'oficial al comandament, que era un almirall, sabia què era aquell fons ni per què s'utilitzaria. Només un home, un comandant de la marina de guerra que estava assignat a la Divisió de Chesapeake, però que en realitat només era el responsable de l'Oficina Militar de la Casa Blanca, coneixia el veritable propòsit, la quantitat i la destinació final dels diners d'alt secret. L'hermetisme total que envoltava al fons volia dir que gairebé tot rastre d'ell es podria fer desaparèixer amb les poques persones que ho controlaven. Mai s'ha fet i probablement mai es farà una auditoria d'aquests diners secrets.

Es van transferir grans quantitats de diners des del fons d'alt secret a un lloc de Palm Beach, Florida, denominat Peanut Island que pertany a la Guàrdia Costanera. L'illa es troba al costat de la propietat que pertanyia a Joseph Kennedy. Els diners es deia que s'utilitzaven per a la jardineria i embelliment en general. Fa algun temps, en un programa especial de la televisió sobre l'assassinat de Kennedy es parlava d'un oficial de la Guàrdia Costera que feia transferències de diners amb un maletí a un empleat de Kennedy a través dels límits d'aquesta propietat. Podria haver estat un pagament secret a la família Kennedy per la pèrdua del seu fill John F.

Kennedy? Els pagaments van continuar fins a l'any 1967 i després es van aturar. La quantitat total transferida es desconeix i l'ús real dels diners també és desconegut.

Mentrestant, Nelson Rockefeller, canviava de nou la seva posició. Aquesta vegada prenia l'antiga posició de C.D. Jackson, que havia estat nomenat Assistent Especial per a l'Estratègia Psicològica. Amb el nomenament de Nelson van canviar el nom pel d'Assistent Especial per a l'Estratègia de la Guerra Freda. Aquest càrrec es desenvoluparia amb els anys en la mateixa posició que Henry Kissinger mantindria en última instància amb el president Nixon. Oficialment, es tractava de donar "assessorament i assistència en el desenvolupament d'una major comprensió i cooperació entre tots els pobles." La descripció oficial era una cortina de fum, perquè en secret era el Coordinador Presidencial de la Comunitat d'Intel·ligència. En el seu nou lloc Rockefeller informava directament i exclusivament, al president. Assistia a les reunions del Consell de Ministres, al Consell de Política Econòmica Exterior, i al Consell Nacional de Seguretat, que és l'òrgan que formula les més altes polítiques del govern.

A Nelson Rockefeller també se li va donar un segon treball important com cap de la unitat secreta anomenada el Grup de Coordinació de Planificació, que es va formar a l'empara de la NSC 5.412/1 al Març del 1955. El grup estava format per diferents membres ad hoc, en funció del tema a l'agenda. Els membres bàsics eren Rockefeller, un representant del Departament de Defensa, un representant del Departament d'Estat, i el director de la Central d'Intel·ligència. Aviat va ser anomenat el Comitè 5.412 o el Grup Especial. La NSC 5.412/1 estableix la regla que les operacions encobertes estaven subjectes a l'aprovació d'un comitè executiu, mentre que en el passat aquestes operacions s'iniciaven únicament amb l'autoritat del Director de la Central d'Intel·ligència. Amb el memoràndum secret Executiu NSC 5.510, Eisenhower havia precedit l'NSC 5.412/1 per establir un comitè permanent (no ad hoc) conegut com Majestat Dotze (MJ -12) per supervisar i dur a terme totes les activitats encobertes que s'ocupaven de la qüestió extraterrestre. L'NSC 5.412/1 es va crear per explicar el propòsit d'aquestes reunions quan el Congrés i la premsa sentien curiositat. El Majestat Dotze estava format per Nelson Rockefeller, el director de la Central d'Intel·ligència Allen Welsh Dulles, el Secretari d'Estat John Foster Dulles, el Secretari de Defensa Charles E. Wilson, el president dels caps de l'Estat Major Conjunt l'almirall Arthur W. Radford, el director de l'oficina Federal d'Investigacions J. Edgar Hoover, sis homes de la comissió executiva del Consell de Relacions

Exteriors conegut com els "Wise Men" *("Reis Mags" o "Savis")*, sis homes de la comissió executiva del Grup JASON, i el Dr. Edward Teller.

El Grup JASON és un grup científic secret format durant el Projecte Manhattan i administrat per la Mitre Corporation. El nucli intern del Consell de Relacions Exteriors recluta als seus membres de les societats Skull & Bones i Scroll & Key de Harvard i Yale. Els Savis eren membres clau del Consell de Relacions Exteriors i també membres de la secreta Ordre de la Recerca coneguda com la Societat JASON.

A Majestat Dotze hi havia 19 membres. La primera regla de Majestat Dotze era que no es podia donar cap ordre ni emprendre cap acció sense el vot a favor dels dotze, vet aquí el Majoria dels Dotze. Les ordres emeses pel Majestat Dotze eren conegudes com les directives Majoria Dotze.

Aquest grup va estar format durant anys pels alts oficials i directors del Consell de Relacions Exteriors i després, de la Comissió Trilateral. Gordon Dean, George Bush i Zbigniew Brzezinski estaven entre ells. Els més importants i influents dels Savis van ser John McCloy, Robert Lovett, Averell Harriman, Charles Bohlen, George Kennan i Dean Acheson. Les seves polítiques van arribar a durar fins ben entrada la dècada dels anys 70. És significatiu que el president Eisenhower, així com els sis primers membres del Govern de Majestat Dotze també eren membres del Consell de Relacions Exteriors. Això va donar el control del grup més secret i poderós del govern a un club especialment interessat que estava controlat pels Illuminati.

Els investigadors minuciosos aviat descobriran que no tots els Savis van anar a Harvard o a Yale, i que no tots van ser triats per Skull & Bones o Scroll & Key durant els seus anys universitaris. Sereu capaços de treure'n ràpidament l'entrellat aconseguint el llibre Els Savis de Walter Isaacson i Evan Thomas, Simon and Schuster, Nova York. Al peu de la il·lustració nº 9 al mig del llibre es troba la llegenda: "Lovett amb la Unitat de Yale, a dalt a la dreta, i a la platja: La seva iniciació a Skull and Bones va tenir lloc a una base aèria prop de Dunkirk." He descobert que els membres eren elegits permanentment amb una invitació basada en el mèrit post Colegial i no es limitava a assistents només de Harvard o Yale, mai no s'ha pogut compilar una llista completa dels membres de Skull & Bones a partir dels catàlegs o adreces del segment de la universitat Russell Trust, també conegut com la Germandat de la Mort, o els Skull & Bones. Ara ja sap per què ha estat impossible determinar-ne el nombre de membres, ja sigui per nombre o per nom. Crec que la resposta es troba oculta als arxius del CFR, si es que hi ha arxius.

Més tard a uns pocs elegits se'ls inicia en la branca secreta de l'Ordre de la Recerca coneguda com la Societat JASON. Tots ells són membres del Consell de Relacions Exteriors i en aquell moment eren coneguts com el Sistema de l'Est. Això hauria de donar-vos una pista sobre la naturalesa de llarg abast i greu d'aquestes molt secretes societats universitàries. La societat està viva i bé a dia d'avui, però ara també inclou a membres de la Comissió Trilateral. Els "Trilateralistes" ja existien en secret abans del 1973. El nom de la Comissió Trilateral el van treure de la bandera alienígena coneguda com la Insígnia Trilateral. Majestat Dotze havia de sobreviure fins als nostres dies. Amb Eisenhower i Kennedy va ser erròniament denominat Comitè 5.412, o més correctament, el Grup Especial. Al govern de Johnson es va convertir en el Comitè 303, perquè el nom de 5.412 havia estat compromès al llibre El Govern Secret. En realitat, l'NSC 5.412/1 va ser filtrat a l'autor per ocultar l'existència de l'NSC 5.410. Amb Nixon, Ford i Carter es deia la Comissió 40, i amb Reagan es va convertir en el Comitè d'IP- 40. Durant tots aquests anys, només va canviar el nom.

Al 1955 es va fer evident que els extraterrestres havien enganyat a Eisenhower i havien trencat el tractat. Als Estats Units es van trobar éssers humans mutilats juntament amb animals també mutilats. Se sospitava que els alienígenes no estaven presentant una llista completa dels contactes humans i els segrestats a Majestat Dotze i se sospitava que no tots els segrestats havien estat retornats. La Unió Soviètica era sospitosa d'interactuar amb ells, i això va resultar ser cert. Els extraterrestres van declarar que havien estat ells i a més, havien manipulat masses de gent mitjançant societats secretes, bruixeria, màgia, ocultisme i religió. Heu d'entendre que aquesta afirmació podria ser també una manipulació. Després de diversos enfrontaments en combats aeris de la força aèria amb naus extraterrestres també es va fer evident que les nostres armes no podien competir contra ells.

Al novembre del 1955 es va emetre l'NSC-5.412 /2 establint un comitè d'estudi per explorar "tots els factors que intervenen en l'elaboració i implementació de la política exterior en l'era nuclear" Això només era un mantell de neu que cobria el tema real de l'estudi, la qüestió extraterrestre.

Al Memoràndum Executiu secret NSC 5.511, del 1954, el president Eisenhower havia encarregat un grup d'estudi per "examinar tots els fets, les proves, la mentida i l'engany, i descobrir la veritat de la qüestió extraterrestre." L'NSC 5.412/2 només va ser una coberta que havia esdevingut necessària quan la premsa va començar a indagar sobre el propòsit de les reunions regulars d'homes tan importants. Les primeres reunions es van iniciar al 1954 i van ser anomenades les reunions de Quantico, ja que es feien a la Base Naval de Quantico. El grup d'estudi estava compost únicament per 35 membres del grup d'estudi secret del Consell Relacions Exteriors. El Dr. Edward Teller va ser convidat a participar. El Dr. Zbigniew Brzezinski va ser el director de l'estudi durant els primers 18 mesos. El Dr. Henry Kissinger va ser triat com a director de l'estudi del grup per als segons 18 mesos, començant al novembre del 1955. Nelson Rockefeller era un visitant freqüent mentre va durar l'estudi.

ELS MEMBRES DEL GRUP D'ESTUDI

Gordon Dean, President
Dr. Henry Kissinger, director de l'estudi
Dr. Zbigniew Brzezinski, director de l'estudi
Dr. Edward Teller
General de Divisió Richard C. Lindsay
Hanson W. Baldwin

Lloyd V. Berkner
Frank C. Nash
Paul H. Nitze
Charles P. Noyes
Frank Pace, Jr.
James A. Perkins
Don K. Price
David Rockefeller
Oscar M. Ruebhausen
Tinent General James M. Gavin

Caryl P. Haskins
James T. Hill, Jr.
Joseph E. Johnson
Mervin J. Kelly

Frank Altschul
Hamilton Fish Armstrong
General de Divisió James McCormack, Jr.
Robert R. Bowie
McGeorge Bundy
William A. M. Burden
John C. Campbell
Thomas K. Finletter
George S. Franklin, Jr.
I.I. Rabi
Roswell L. Gilpatric
N.E. Halaby
General Walter Bedell Smith
Henry DeWolf Smyth
Shields Warren
Carroll L. Wilson
Arnold Wolfers

Les reunions de la segona fase també es van dur a terme a la base de la Marina de Quantico, Virginia, i el grup era conegut com Quantico II. Nelson Rockefeller va construir un refugi en algun lloc a Maryland pel Majestat Dotze i el comitè d'estudi. S'hi pot arribar volant. D'aquesta manera podrien reunir-s'hi fora de la vista del públic. Aquest lloc de trobada secret és conegut pel nom en codi de "el Country Club" *("el Club de Camp").* Hi ha instal·lacions equipades per viure-hi, alimentar-se, d'esbarjo, biblioteca i sales de reunions. (L'Institut Aspen no és el Club de Camp.)

El grup d'estudi es va donar per acabat públicament als últims mesos del 1956.

Henry Kissinger va escriure el que es va denominar oficialment com els resultats al 1957, Les armes nuclears i la política exterior, editat pel Consell de Relacions Exteriors a Harper & Brothers, New York. En realitat, el 80% del manuscrit ja havia estat escrit mentre Kissinger estava a Harvard. El grup d'estudi va continuar, encobert pel secret. Un indici de la serietat que Kissinger adjunta a l'estudi es pot trobar en les declaracions de la seva esposa i amics. Molts d'ells van afirmar que Henry havia de sortir de casa d'hora cada matí i tornar tard cada nit sense parlar amb ningú ni respondre a ningú. Semblava com si estigués en un altre món on no hi hagués lloc per als forasters.

Aquestes declaracions són molt reveladores. Les revelacions de la presència i les accions alienígenes durant l'estudi haurien d'haver estat un gran xoc. Henry Kissinger definitivament estava fora de lloc durant aquell temps. Mai es tornaria a veure afectat d'aquella manera, sense importar la gravetat de cap dels fets posteriors. Molts cops treballava de nit fins molt tard després d'haver-ho estat fent durant tot el dia sencer. Finalment aquest comportament el va portar al divorci.

Una troballa important de l'estudi extraterrestre va ser que no es podia ser fer públic. Es creia que això segurament conduiria al col·lapse econòmic, al col·lapse de l'estructura religiosa, i al pànic nacional, cosa que podria conduir a l'anarquia. Per tant, el secret va continuar. Una conseqüència d'aquesta troballa va ser que si no es podia fer públic, es podia no explicar al Congrés. El finançament dels projectes i la investigació hauria de venir de fora del Govern. Mentrestant els diners haurien d'obtenir-se del pressupost militar i de la CIA confidencialment, de fons no assignats.

Una altra troballa important va ser que els alienígenes estaven usant éssers humans i animals com font per obtenir secrecions glandulars, enzims, secrecions hormonals, plasma sanguini i possiblement per a experiments genètics. Els alienígenes van donar l'explicació que els calia fer aquestes accions per una qüestió de supervivència. Van afirmar que la seva estructura genètica s'havia deteriorat i que ja no eren capaços de reproduir-se. Van declarar que si no milloraven la seva estructura genètica, la seva raça aviat deixaria d'existir. Vam observar les seves explicacions amb una suspicàcia extrema. Donat que les nostres armes eren literalment inútils contra els alienígenes, Majestat Dotze va decidir continuar les relacions diplomàtiques amistoses fins que fóssim capaços de desenvolupar una tecnologia que ens permetés desafiar-los a nivell militar. Haurien de obrir-se negociacions amb la Unió Soviètica i altres nacions per tal d'unir forces de cara a la supervivència de la humanitat. Mentrestant els plans es desenvolupaven investigant i construint dos sistemes d'armes mitjançant tecnologia convencional i nuclear, que esperàvem ens portarien a la paritat.

Els resultats de la investigació van ser els Projectes JOSHUA i EXCALIBUR.

El JOSHUA era una arma capturada als alemanys, que era capaç de destrossar un blindatge de 4 polzades de gruix a dues milles de distància. Funcionava apuntant amb ones sonores de baixa freqüència, i es creia que aquesta arma seria eficaç contra les naus i les armes de raigs dels alienígenes. L'EXCALIBUR era una arma transportada per míssil que no s'elevava per sobre dels 30.000 peus sobre el nivell del sòl (AGL), no es desviava de l'objectiu designat més de 50 metres, capaç de penetrar "1000 metres de sòl de torba compactada - com la que es troba a Nou Mèxic," portava un cap nuclear d'una megatona, i estava destinat a ser utilitzat en la destrucció dels alienígenes dins les seves bases subterrànies. El JOSUÉ es va desenvolupar amb èxit, però mai va ser utilitzat, que jo sàpiga. L'EXCALIBUR no va ser impulsat fins fa pocs anys i ara, se'ns diu, que s'està fent un esforç sense precedents per desenvolupar aquesta arma. Al públic se li haurà de dir que l'EXCALIBUR serà necessari per atacar llocs de comandament soviètics subterranis. Sabem que no és cert perquè una regla de la guerra és que no has de destruir als líders. Són necessaris, ja sigui perquè es rendeixin incondicionalment o per negociar-ne els termes. També es necessiten líders per garantir una transició pacífica del poder i la conformitat de la població davant de tots els termes negociats o dictats.

Es van examinar els esdeveniments de Fàtima de la primera part del segle. Sospitant que es tractava d'una manipulació alienígena, es va engegar una operació d'intel·ligència per penetrar en el secret que envoltava l'esdeveniment. Els Estats Units van utilitzar els seus talps del Vaticà i aviat van obtenir l'estudi complet del Vaticà, que incloïa la profecia. Aquesta profecia declarava que si l'home no girava l'esquena al mal i es col·locava als peus de Crist, el planeta s'autodestruiria i els esdeveniments descrits en el llibre de l'Apocalipsi serien els que succeirien en la realitat. La profecia exigia que Rússia fos consagrada al Sagrat Cor. Afirmava que naixeria un nen que uniria el món amb un pla per a la pau mundial i una falsa religió. La gent s'adonaria que era malvat i que en realitat era l'Anti-Crist. La Tercera Guerra Mundial començaria a l'Orient Mitjà, amb una nació d'estats àrabs units envaint Israel mitjançant armes convencionals, que culminaria en un holocaust nuclear. La major part de la vida d'aquest planeta patiria horriblement i acabaria morint. Poc després tindria lloc el retorn de Crist.

Quan els extraterrestres van ser enfrontats amb aquesta troballa es va confirmar que era veritat. Els alienígenes van explicar que ens havien creat a base de manipulació genètica en un laboratori. Van declarar que havien manipulat la raça humana a través de la religió, el satanisme, la bruixeria, la màgia i l'ocultisme. Van explicar a més que eren capaços de viatjar en el temps, i que els esdeveniments de fet succeirien si no es complien les condicions. Més tard l'explotació de la tecnologia alienígena pels Estats Units i la Unió Soviètica, utilitzant viatges en el temps en un projecte denominat RAINBOW, va confirmar la profecia. Els extraterrestres van mostrar un holograma, que segons ells era la crucifixió de Crist. El Govern va filmar l'holograma. No sabien si creure-se'ls. Estaven fent servir les nostres religions GENUÏNES per manipular-nos? O de fet eren l'origen de les nostres religions amb les que ens havien estat manipulant tot el temps? O era l'escenari genuí de l'inici del FINAL DELS TEMPS i el RETORN DE CRIST que havia estat predit a la Bíblia? NO TINC CAP RESPOSTA.

L'any 1957 es va celebrar un simposi al qual van assistir algunes de les grans ments científiques que vivien llavors. Van arribar a la conclusió que cap a l'any 2.000, o poc després, el planeta es destruiria degut a l'augment de la població i l'explotació de l'home del medi ambient SENSE L'AJUDA DE DÉU O DELS EXTRATERRESTRES.

Amb l'ordre executiva secreta del president Eisenhower, els erudits de la JASON van rebre l'ordre d'estudiar aquesta situació i fer recomanacions a partir de les seves troballes. La Societat JASON va confirmar la troballa dels científics i va fer tres recomanacions anomenades ALTERNATIVES 1, 2, i 3.

L'alternativa 1 era utilitzar dispositius nuclears per obrir buits a l'estratosfera pels quals podrien escapar a l'espai la calor i la contaminació. Amb això pretenien canviar les cultures humanes de l'explotació de cultius a la protecció del medi ambient. De les tres aquesta es va decidir a seria la menys propensa a tenir èxit degut a la naturalesa inherent de l'home i el dany addicional de les explosions nuclears per si mateixes. L'existència d'un forat a la capa d'ozó pot indicar que la Variant 1 es podria haver intentat. Això, però, només és una conjectura.

L'alternativa 2 era construir una vasta xarxa de ciutats subterrànies i túnels en la qual sobreviuria una selecta representació de totes les cultures i ocupacions i donaria continuïtat a la raça humana. La resta de la humanitat seria deixada a la seva sort a la superfície del planeta. Sabem que aquestes instal·lacions s'han construït i estan preparades i esperant als pocs elegits que rebin les notificacions.

L'alternativa 3 era explotar la tecnologia alienígena i convencional per què un grup selecte abandonés la terra i establís colònies a l'espai exterior. No estic en condicions de confirmar ni negar l'existència de les "expedicions per lots" d'esclaus humans, que serien utilitzats per al treball manual com a part del pla. La Lluna, amb el nom en codi d'ADAM, va ser objecte d'interès primari, seguit pel planeta Mart, amb el nom en codi d'EVA. Ara tinc les fotografies oficials de la NASA d'una de les bases de la lluna. Crec que la colònia de Mart també és una realitat.

Com a acció dilatòria, les tres alternatives incloïen el control de la natalitat, l'esterilització i la introducció de microbis mortals per controlar o reduir el creixement de la població de la Terra. La SIDA només és un dels resultats de aquests plans. L'ELIT va decidir que com que la població havia de ser reduïda i controlada, seria millor, en interès de la raça humana, d'alliberar-nos d'elements indesitjables de la nostra societat. Les poblacions que eren objectius específics incloïen als NEGRES, als HISPANS i als HOMOSEXUALS. El lideratge conjunt dels EUA i soviètic descartava l'Alternativa 1, però pràcticament al mateix temps van ordenar començar a treballar en les alternatives 2 i 3.

Al 1959, la Rand Corporation va organitzar un Simposi de construcció a gran profunditat. A l'informe del simposi, les màquines que es representen i descriuen podien perforar un túnel de 45 metres de diàmetre a una velocitat de 5 metres per hora al 1959. També mostra imatges de túnels i voltes subterrànies enormes que contenen el que semblen ser complexes instal·lacions i, possiblement, fins i tot ciutats. Sembla ser, que els cinc anys anteriors de construcció subterrània sense quarter havien fet progressos importants en aquell moment.

Els poders governants van decidir que un dels mitjans de finançament dels projectes que tenien a veure amb els alienígenes i altres en "negre" seria a base d'acaparar el mercat de drogues il·legals. Els anglesos i els francesos ja havien establert un precedent històric quan van explotar el comerç d'opi a l'Extrem Orient i el van utilitzar per omplir les seves arques i guanyar un punt de suport sòlid a la Xina i al Vietnam, respectivament.

Es va contactar amb un membre jove i ambiciós del Consell de Relacions Exteriors. El seu nom és George Bush, qui en aquell moment era president i conseller delegat de la divisió marina de la Zapata Oil, amb seu a Texas. La Zapata Oil estava experimentant amb una nova tecnologia de perforació a alta mar. Es va pensar que les drogues podrien ser perfectament enviades des d'Amèrica del Sud a les plataformes d'alta mar mitjançant vaixells de pesca, per després dur-les des d'allí fins a la costa utilitzant el transport normal per als subministraments i el personal. Amb aquest mètode la càrrega no seria sotmesa a cap inspecció ni duanera ni per cap agència de l'ordre públic.

George Bush va accedir a ajudar, i va organitzar l'operació conjuntament amb la CIA. El pla va funcionar millor del que ningú podia haver somiat. Des de llavors s'ha expandit per tot el món. Actualment hi ha molts altres mètodes per a fer entrar drogues il·legals al país. Cal recordar sempre que va ser George Bush qui va començar a vendre drogues als nostres fills. La CIA ara controla la major part dels mercats de drogues il·legals arreu del món.

El programa espacial oficial es va veure impulsat pel discurs inaugural del president Kennedy quan va ordenar que els Estats Units havien de fer arribar un home a la Lluna abans del final de la dècada. Tot i que innocent en la seva concepció, aquest mandat va habilitar als encarregats a canalitzar grans quantitats de diners cap a projectes negres i a ocultar el VERITABLE programa espacial al poble nord- americà. A la Unió Soviètica un programa similar va servir per el mateix propòsit. De fet, mentre Kennedy pronunciava aquelles paraules a la Lluna hi havia una base conjunta dels alienígenes, dels Estats Units, i de la Unió Soviètica.

El 22 de maig del 1962, una sonda espacial va aterrar a Mart i va confirmar l'existència d'un ambient que podia sustentar la vida. No gaire temps després va començar de debò la construcció d'una colònia al planeta Mart. Avui crec que hi ha una colònia a Mart habitada per persones especialment seleccionades de diferents cultures i ocupacions agafades d'arreu de la Terra. Al llarg de tots aquests anys s'ha mantingut una farsa pública d'antagonisme entre la Unió Soviètica i els Estats Units amb la finalitat de finançar projectes en nom de la defensa nacional, quan en realitat son aliats molt propers.

En algun moment el president Kennedy va descobrir parts de la veritat en relació amb les drogues i els extraterrestres. Va donar un ultimàtum al 1963 a Majestat Dotze. El president Kennedy els va assegurar que si no feien net amb el problema de les drogues, ho faria ell. Va informar a Majestat Dotze que tenia intenció de revelar la presència dels extraterrestres als nord-americans l'any següent, i va ordenar un pla elaborat per posar en pràctica la seva decisió, el president Kennedy no era membre del Consell de Relacions Exteriors i no sabia res de l'Alternativa 2 o la Alternativa 3. (Encara que alguns investigadors afirmen que JFK era membre del CFR, no he pogut trobar cap llista legítima amb el seu nom.) A nivell internacional, les operacions estaven supervisades pel comitè d'elit

Bilderberg conegut com el Comitè de Política. Als Estats Units eren supervisades pel comitè executiu del CFR i a la Unió Soviètica per la seva organització germana. La decisió del president Kennedy va infondre por en els cors dels responsables. El seu assassinat va ser ordenat pel Comitè de Polítiques i l'ordre va ser duta a terme pels agents a Dallas. El president John F. Kennedy va ser assassinat per l'agent del Servei Secret que conduïa el seu cotxe a la caravana i l'acte és clarament visible a la pel·lícula de Zapruder. MIREU AL CONDUCTOR I NO A KENNEDY QUAN VEGEU LA PEL·LÍCULA. Tots els testimonis que estaven prou a prop del cotxe com per veure a William Greer disparar a Kennedy tots ells van ser assassinats dins dels dos anys després de l'esdeveniment. La Comissió Warren va ser una farsa, i la majoria dels seus membres formaven part del panell del Consell de Relacions Exteriors. Van tenir èxit enredant al poble nord-americà. Molts altres patriotes que van intentar revelar el secret extraterrestre també han estat assassinats al llarg dels darrers anys. En l'actualitat més de 200 testimonis materials o persones realment involucrades en l'assassinat són morts. Les probabilitats de que això passi són tan altes que ningú ha estat capaç de calcular-les. Les probabilitats que els primers 18 morissin dintre dels dos anys després de l'assassinat es van calcular en cent mil bilions a un. Podeu demanar una còpia de la pel·lícula mitjançant l'enviament de 30 dòlars + 4 dòlars de franqueig i despeses d'enviament a William Cooper, 19744 Beach Blvd., Suite 301, Huntington Beach, Califòrnia 92648.

Al desembre del 1988 vaig tenir una conversa telefònica en la qual li vaig dir a John Lear el que havia vist a la Marina sobre l'assassinat de Kennedy. Li vaig dir que els documents Top Secret afirmaven que l'acte era clarament visible en una pel·lícula amagada al públic. Li vaig dir a John que jo havia estat buscant durant 16 anys una pel·lícula que mostrava que Greer disparava a JFK, però no n'havia trobat cap. Em vaig quedar de pedra i molt agradablement sorprès quan John em va preguntar: "Vols veure-la?" Per descomptat, vaig respondre afirmativament i John ens va convidar a l'Annie i a mi a casa seva a Las Vegas. Vam passar quatre dies amb en John. No només em va mostrar la pel·lícula, sinó que em va donar una còpia del vídeo. Ensenyo el vídeo cada cop que parlo amb un grup de persones. La pel·lícula es titula Dallas Revisited, John em va dir que l'havia obtingut d'un conegut de la CIA de qui no em podia donar el nom. Després vaig trobar que l'autord'aquella versió de la pel·lícula de Zapurder era Lars Hansson. John Lear mostrava la pel·lícula a totes les reunions que duia a terme.

Poc després que Lear em donés una còpia de la pel·lícula, em va trucar Lars Hansson i em va preguntar si podia passar per reunir-se amb mi a casa meva a Fullerton, Califòrnia. Jo li vaig dir que podia i li vaig demanar que portés una còpia millor de la pel·lícula si es que en tenia alguna. Lars va dir que ho faria. Va dir que també portaria una pel·lícula sobre un home anomenat Bo Gritz, del quals jo mai n'havia sentit a parlar. El Sr Hansson em va informar que ell havia fet el vídeo de Bo Gritz i John Lear i que tots dos l'estaven utilitzant a les seves conferències. Molt després em vaig assabentar que Bo Gritz estava venent la cinta a 10 dòlars la còpia.

Lars va arribar a casa, va portar les pel·lícules en cintes de vídeo i vam estar parlant durant una hora aproximadament. El seu propòsit principal era dir-me que volia que jo exposés la pel·lícula a la gent, però no volia que de cap manera el connectés amb la pel·lícula. Vaig estar d'acord en no divulgar la font i vaig complir la meva paraula. Vaig començar a fer servir la cinta a les meves conferències. Quan vaig saber que Bo Gritz la posava a disposició del públic, vaig cedir davant la pressió de la gent i també vaig posar-la a la seva disposició.

Temps després vaig llegir en un butlletí de notícies amb seu a Los Angeles (n'he oblidat el nom) que Lars Hansson havia dir que no sabia que jo tingués la pel·lícula i que l'estigués mostrant a les conferències. Segons el butlletí de notícies Hansson havia assistit a la conferència de Hollywood High del 5 de novembre del 1989, i pel fet d'utilitzar-la havia tractat de protestar durant el torn de preguntes i respostes, però que en cap moment va tenir la possibilitat de ser reconegut. Aquest esdeveniment el teníem gravat, i al final jo preguntava que si algú volia fer preguntes o comentaris anés cap a un micròfon que havíem col·locat al passadís. He examinat cada centímetre d'aquest vídeo i Lars Hansson mai es va aixecar del seu seient, ni va arribar a aixecar la mà, ni va intentar cap manera ser reconegut.

Després Lars em va trucar de nou i em va demanar que no fes servir la seva veu a la cinta, quan diu sense vacil·lar ni cap reserva, tal com ho narra al vídeo, "El conductor del cotxe es gira amb el braç esquerre sobre l'espatlla dreta amb una pistola a la mà i dispara. Vegeu l'arma automàtica niquelada del calibre 45 a la mà esquerra, està disparant per sobre la seva espatlla dreta, mireu-ho amb detall. Mireu com el cap mira enrere, cap al president. En aquest primer pla millorat es veu l'impacte de la bala sobre el President. La força del tret l'empeny violentament cap enrere contra el respatller del seient. Vegeu com la senyora Kennedy reacciona amb horror." Després, més endavant a la pel·lícula Lars Hansson fa aquesta declaració: "Es pot veure clarament com [el conductor] gira el cap i el braç, i l'arma queda a la vista per sobre de l'espatlla dreta." Vaig estar d'acord en no utilitzar la seva veu. En xerrades posteriors vaig mostrar la cinta sense àudio. Al final va resultar que, la gent era capaç de veure-ho millor sense la narració. És important que entengueu això, perquè a finals de l'estiu del

1990, després d'haver estat mostrant la pel·lícula durant més d'un any i mig, Lars Hansson va començar a aparèixer a la ràdio proclamant que Greer, el conductor, no havia disparat al president. Lars Hansson es va presentar a la conferència que vaig fer a la Beverly Hills High School la tardor del 1990 i va interrompre la xerrada, insultant a crits i clarament fora de si mateix. Quan va acabar la conferència abordava la gent al vestíbul i juntament amb David Lifton, intentava convèncer els membres de l'audiència que en realitat no havien vist a Greer disparant a Kennedy. Cal reconèixer que la major part de l'audiència va dir a Hansson i Lifton que anessin per l'ombra. Un cop que la gent ho veu amb els seus propis ulls ja no poden ser enganyats. A Hansson, Lifton, Grodin, i als altres agents del Govern Secret se'ls està acabant el temps. Els nord-americans estan guanyant terreny a l'estafa. M'esgarrifo al pensar què passarà amb aquesta gent quan els nord-americans finalment s'enutgin. Cal no oblidar que Lear em va informar que la seva font de la pel·lícula era un agent de la CIA que més tard va resultar ser Lars Hansson. Hansson més tard va afirmar que havia violat els seus drets d'autor. No tenia cap dret d'autor. El propi Hansson havia violat els drets d'autor d'una altra persona en fer la pel·lícula i donar-me-la a mi a Lear, i a Gritz. Ni em va importar ni m'importen un carall els drets d'autor d'aquesta pel·lícula en particular. Si m'importessin, ningú podria saber qui va matar realment al nostre president. Bo Gritz va declarar a la ràdio que se sentia de la mateixa manera. Hansson mai va atacar a Lear ni a Gritz, que encara mostra la cinta i Gritz encara la posa a disposició de la gent. Em pregunto per què? Pot ser Lear, Hansson i Gritz treballen plegats?

Llavors va entrar en escena Robert Grodin. Em va reptar a aparèixer i debatre amb ell públicament. Afirmava que tenia una còpia de la pel·lícula de Zapruder mostrant que Greer no apartava les mans del volant del cotxe. Grodin és un agent secret del govern actiu, la seva feina és confondre al públic i perpetuar l'encobriment.

Vaig trucar a Bob Grodin i vaig acceptar el seu repte. El vaig convidar a aparèixer amb mi a la Beverly Hills High School i que mostrés la seva pel·lícula. Jo mostraria la meva pel·lícula. Que decidís l'audiència. S'hi va negar. S'hi va negar perquè ell sap que jo sé, que el públic l'esbroncaria fotent-lo fora de la ciutat. Grodin sap que Greer va disparar a Kennedy, perquè és part del encobriment.

Aquest Bob Grodin és el mateix Bob Grodin que diu ser el millor expert en fotointerpretació independent del món. Bob Grodin NO té cap mena d'educació fotogràfica. Mai ha treballat en fotografia. Bob Grodin mai ha estat intèrpret fotogràfic en la seva vida. Ha estat mentint a l'opinió pública sobre les seves credencials durant tots aquests anys i ningú ho ha comprovat; Ni tan sols el Congrés va revisar les seves credencials quan el van contractar. De veritat creus que va ser un accident? TINC UNA LLICENCIATURA EN FOTOGRAFIA.

Aquest Bob Grodin és el mateix Bob Grodin que va ser contractat pel Comitè Selecte de la Càmera sobre Assassinats al 1976. És el mateix Bob Grodin que descaradament va mentir al comitè i els va dir que el conductor, William Greer, mai va treure les mans del volant. La seva feina és escriure llibres i confondre-us. La seva feina és mantenir la posició que el govern va mentir i que hi havia una conspiració. La seva feina també és evitar que sapigueu la veritat sobre qui va fer matar el president. No podeu donar la benvinguda al Nou Ordre Mundial, si teniu fe en el vostre govern. TINDRIEU fe en el vostre govern si us assabentéssiu que Greer va matar a Kennedy per ordre dels Illuminati i que no tenia res a veure amb el govern legal, constitucional? Sabíeu que l'home que estava a càrrec del Servei Secret en el moment de l'assassinat es va convertir en l'home a càrrec de la seguretat de la família Rockefeller quan es va jubilar? Bé, ara ja ho sabeu. També heu de saber que Bob Grodin és amic de Leslie Watkins, i és el nom de Bob Grodin que Watkins utilitza com un àlies de l'astronauta citat a Alternativa 003. Sabíeu que quan Ricky White feia aparicions en programes de ràdio per tot el país dient que el seu pare havia matat a Kennedy, l'acompanyava Bob Grodin? Sabíeu que cada vegada que algú feia una pregunta a Ricky White, era Grodin qui responia per ell? De veritat creieu que és una coincidència? El pare de Ricky White no va matar a Kennedy.

Durant anys he estat parlant a la gent i al públic sobre les discrepàncies entre els informes dels metges a Dallas i l'informe de l'autòpsia realitzada a l'Hospital Naval de Bethesda. He revelat que les ferides van ser manipulades i canviades. Li he estat dient al món que el cos va ser tret del seu taüt a l'avió i que el van treure per la porta de la cuina i el van ficar a un helicòpter de la marina, i que el cos va arribar a l'Hospital Naval de Bethesda uns 30 minuts abans que l'urna oficial buida. He dit que el cervell del president havia desaparegut i per què havia desaparegut.

De sobte al 1990 David Lifton apareix a la ràdio i la televisió dient al món que tenia noves proves que havia descobert. Cada trosset de la seva nova evidència era exactament el que jo havia estat dient a la gent durant anys. Era la mateixa informació que jo li havia dit a Bob Swan al 1972. Lifton es va presentar a la meva conferència a la Beverly Hills High School. Després de fer una escena a la taquilla perquè havia de pagar, Lifton abordava a qualsevol persona que s'aventurava a passar pel vestíbul, i juntament amb Lars Hansson, intentaven convèncer-los que ells no havien vist a Greer disparant a Kennedy. Persones legítimes mai haurien recorregut a aquest tipus de comportament vergonyós i al descrèdit. El meu testimoni i la indignació del públic després de veure l'assassinat del president Kennedy amb els seus propis ulls, ha danyat seriosament l'encobriment. El comportament de Grodin, Lifton, i Hansson revela el grau de dany. El públic ara pot veure sense cap mena de dubte que són o bé part de l'encobriment o que són uns investigadors totalment incompetents, i en el cas de Grodin, un mentider descarat que pot haver comès traïció. Enmig de tot això, em truquen del programa de TV "Hard Copy", i em diuen que volen veure la pel·lícula. Els vaig mostrar la pel·lícula i es van sorprendre, emocionar i volien una exclusiva. Els hi vaig donar, però els vaig dir que dubtava que s'emetés mai. Quan va ser el moment es van disposar a filmar un episodi per emetre'l, però just abans d'arribar la data de gravació un executiu de la NBC va trucar als estudis de Los Angeles de "Hard Copy", i els va dir que no emetessin la pel·lícula. Vaig tractar d'esbrinar el nom de l'executiu, però no hi va haver sort. Aquest va ser el final de tot això. El productor que havia tractat d'airejar la meva història i la pel·lícula de Kennedy ja no està a "Hard Copy". Es diu Bubs Hopper.

Vaig acostar-me a un altre productor (no en recordo el nom) de "Inside Edition", un altre programa de televisió, que em va dir que calia que els nord-americans veiessin la pel·lícula. Vaig estar d'acord en anar al xou, però li vaig dir el mateix, que no creia que s'emetés. Una setmana més tard estava escoltant a David Lifton en un programa de ràdio. Algú va trucar i li va preguntar si sabia qui era jo i David Lifton va dir: "Sé qui és i tenim una sorpresa per al Sr Cooper. El farem fora definitivament d'un programa de televisió nacional. Passarem comptes totalment amb aquest tipus".

Vaig fer que algú truqués al productor i ho cancel·lés per haver-me mentit.

Em va suplicar que hi anés. Li vaig transmetre a través d'aquell intermediari que només apareixeria si podia tenir el control editorial per assegurar-me que no editarien el segment per ridiculitzar la pel·lícula. Ell s'hi va negar, i llavors jo ja sabia que la seva intenció des del principi havia estat desacreditar-me. Quan es va emetre el segment, van utilitzar a Lars Hansson per substituir-me. Hansson, l'home que m'havia estat atacant, dient que Greer no havia disparat a Kennedy, estava ara a la televisió dient que Greer havia matat a Kennedy! La raó es va fer evident, ja que tenien a Bob Grodin en el següent segment. Grodin va ridiculitzar i desacreditar a Hansson i la pel·lícula. Tenien la intenció de fer una crítica ferotge sobre mi, però quan em van cancel·lar podien atacar la pel·lícula només fent que Hansson ocupés el meu lloc. Tenia tots els números de ser una operació de l'agència. No va funcionar.

Vaig descobrir la següent estratagema quan Grodin va declarar a la ràdio que aviat (per fi) treuria un vídeo de la seva suposada còpia prístina de la pel·lícula de Zapruder sobreexposada per a ressaltar els detalls en les ombres. La sobreexposició havia fet desaparèixer completament el braç de Greer i la pistola, que eren tots dos a plena llum del sol i que l'efecte els havia fet invisibles per a l'espectador. Sort que la gent no és tan estúpida com pensa Grodin. Debatré amb qualsevol persona en qualsevol moment, sempre que sigui davant d'una audiència en directe i no s'editi res. He vist què pot fer un editor amb una pel·lícula per què a la gent li sembli que s'han dit i fet coses que mai s'han dit ni fet.

Durant els inicis de l'exploració de l'espai dels Estats Units i els allunatges cada llançament va ser acompanyat per una nau alienígena. El 20 de novembre del 1990, el Canal 2 de Los Angeles TV va anunciar que un objecte diferent, vermell, brillant, rodó va acompanyar el transbordador espacial Atlantis en la seva última missió militar classificada. Aquesta va ser la primera admissió pública.

El Lunar Orbiter va fotografiar i els astronautes de l' Apol·lo van filmar una base a la Lluna, la Luna. A les fotografies oficials de la NASA hi apareixen cúpules, torres, estructures circulars de gran alçada semblants a sitges, grans vehicles de la industria minera amb forma de T, que deixen empremtes com pistes damunt la superfície lunar, i naus extraterrestres molt grans, així com petites. És una base conjunta dels Estats Units i la Unió Soviètica: El programa espacial és una farsa i un increïble malbaratament de diners. L'Alternativa 3 és una realitat. No és ciència ficció.

Els astronautes de l'Apol·lo van quedar severament tocats per aquesta experiència, i la seva vida i les seves declaracions posteriors reflecteixen la profunditat de la revelació i l'efecte de l'ordre de morrió que va venir a continuació. Se'ls va ordenar romandre en silenci o patir la pena extrema, la mort, que s'anomena "la conveniència". En realitat un astronauta va parlar amb productors britànics per exposar per TV "Alternativa 003." El documental es va emetre, al programa no de ficció anomenat "Informe Científic," restringint-ne moltes de les acusacions.

Al llibre Alternativa 003 es va utilitzar el pseudònim "Bob Grodin" en lloc de la identitat dels astronautes. (El veritable Bob Grodin és amic de Leslie Watkins i forma part de l'encobriment de l'assassinat de Kennedy.) També s'afirma que l'astronauta es va suïcidar al 1978. Això no pot ser validat per cap font, i crec que diversos fets anomenats al llibre en realitat són desinformació. Crec fermament que aquesta desinformació és resultat de la pressió sobre als autors i està destinada a anul·lar l'efecte de la televisió britànica sobre la població al exposar "Alternativa 3". La seu de la conspiració internacional és a Ginebra, Suïssa. L'òrgan de govern està format per tres comitès compostos per tretze membres cadascun, i els tres junts comprenen els 39 membres del comitè executiu de l'organisme conegut com el Grup Bilderberg. El més important i poderós dels tres comitès és el Comitè de Política. (És més que interessant observar que els Estats Units originalment tenien tretze colònies, i que van ser 39 els delegats de les colònies que van signar la Constitució després de ser escrita i aprovada a la primera Convenció Constitucional. Creieu que és una coincidència?) Les reunions del Comitè de Política se celebren a un submarí nuclear sota la capa de gel polar. Un submarí soviètic i un d'americà es troben en una resclosa d'aire i es fa la reunió. El secretisme és tal que aquest era l'únic mètode que garantia que les reunions no poguessin ser espiades. Puc dir que el llibre Alternative 003 almenys en un 70% és veritat degut al meu propi coneixement i al coneixement de les meves fonts. Crec que la desinformació intenta posar en perill les exposicions de la televisió britànica, amb informació que es pot provar que és falsa, igual que el "document Resum Eisenhower", que va ser escampat pels Estats Units en el marc del pla de contingència Majestic Dotze, també es pot demostrar que és fals. Des de l'inici de la interacció amb els extraterrestres hem entrat en possessió de tecnologia més enllà dels nostres somnis més salvatges. Actualment, a Nevada tenim, i volem, amb naus alimentades amb energia atòmica que generen antigravetat. Els nostres pilots han realitzat viatges interplanetaris en aquestes naus i han estat a la Lluna, Mart i altres planetes. Ens han mentit sobre la veritable naturalesa de la Lluna, els planetes Mart i Venus, i l'estat real de la tecnologia que tenim avui en dia, en aquest mateix moment. Hi ha zones a la Lluna, on hi creix vegetació i fins i tot canvia de color amb les estacions. Aquest efecte estacional es dóna perquè la Lluna, al contrari del que es diu, no presenta sempre exactament la mateixa cara a la Terra o al sol. La Lluna té diversos llacs i estanys artificials a la superfície, i s'han observat i filmat núvols en la seva atmosfera. Posseeix un camp gravitatori, i l'home pot caminar sobre la seva superfície sense un vestit espacial, respirant d'una ampolla d'oxigen després de sotmetre's a descompressió, igual que qualsevol bus! Tinc les fotografies oficials de la NASA. Algunes d'elles es van publicar als llibres Hem descobert bases alienígenes a la Lluna de Fred Steckling i Hi ha algú més a la Lluna. Al 1969 hi va haver un enfrontament entre soviètics i nord-americans a la base lunar. Els soviètics van intentar prendre el control de la base i van retenir a científics nord-americans i a personal com a ostatges. Vam ser capaços de restablir l'ordre, però no abans que 66 persones hi perdessin la vida. Els soviètics van ser suspesos del programa durant dos anys. Finalment es va dur a terme una conciliació i un cop més es va començar a interactuar.

Avui l'aliança continua. L'escenari de confrontació subterrània a la base d'Archuleta Mesa és pura desinformació escampada per crear confusió. Jo sabia que havia tingut lloc una confrontació, però no en podia recordar els detalls. John Lear m'havia convençut que els aliens i les forces Delta havien lluitat a la base d'Archuleta. (El Nou Ordre Mundial ha de tenir un enemic venint des de l'espai exterior.) Més tard, quan vaig fer servir la hipnosi regressiva per millorar la meva memòria, van sorgir els fets veritables. Que jo sàpiga, l'única hostilitat entre extraterrestres i humans va ser provocada pels militars dels EUA quan se'ls va ordenar disparar als ovnis per tal de capturar-ne la tecnologia.

John Lear també diu que nosaltres vam inventar la SIDA per tal de matar als alienígenes que xuclen sang i que només som recipients per a ànimes. Això és una tonteria! Es tracta d'un vot clar a favor de la teoria "els extraterrestres no existeixen".

Quan va esclatar l'escàndol del Watergate, el president Nixon estava segur que no se'l podia sotmetre a cap judici polític. Majestat Dotze tenia una agenda diferent. Va ordenar a Nixon que dimitís, la comunitat d'intel·ligència va concloure legítimament que un judici polític obriria els arxius i trauria els secrets a la llum de la mirada pública. Ell s'hi va negar. El primer cop militar que mai ha tingut lloc als Estats Units es va dur a terme. Els caps d'Estat Major van enviar un missatge Top Secret als comandants de totes les forces armades dels Estats Units arreu del món. Hi deia: "En rebre aquest missatge, no obeïu cap ordre més de la Casa Blanca. Amb acusament de recepció." Aquest missatge es va enviar uns cinc dies abans que Nixon cedís i anunciés públicament que renunciaria.

Jo el vaig veure aquest missatge. Quan li vaig preguntar al meu oficial en cap què faria, ja que òbviament l'ordre violava la Constitució, va dir: "Crec que esperaré a veure si les ordres vénen de la Casa Blanca, i després decidiré". No vaig veure que arribés cap comunicació de la Casa Blanca, però això no vol dir que no n'haguessin enviat cap. Tinc confirmació de tres fonts addicionals, tots ex militars, que em van escriure o trucar per dir que ells havien vist la mateixa ordre. Aquestes persones són Randall Terpstra, ex-Navy, David Carrera, ex-Air Force, i Donald Campbell, ex-Navy. La transcripció d'una conversa telefònica gravada entre l'autor i el Sr. Terpstra es presenta com el capítol 11 d'aquest llibre, i les declaracions signades dels altres es poden trobar a l'apèndix.

Durant tots els anys que això ha estat passant el Congrés i el poble nord-americà ha semblat que sabien instintivament que alguna cosa no anava bé. Quan l'escàndol Watergate va sortir a la superfície es van pujar al carro i tothom pensava que es netejarien els organismes. El President Ford va organitzar la Comissió Rockefeller per fer la feina. El seu veritable propòsit era aturar el Congrés i mantenir la cobertura. Nelson Rockefeller, que va encapçalar la comissió investigadora de la comunitat d'intel·ligència, era membre del Consell de Relacions Exteriors i qui va ajudar a Eisenhower a construir l'estructura de poder de Majestat Dotze. Rockefeller només va descobrir el suficient com per mantenir els gossos a ratlla. Va llançar uns quants ossos al Congrés i l'encobriment va continuar tan alegrement com sempre.

Més tard el senador Church portaria a terme les famoses audiències Church. També era un membre destacat del Consell de Relacions Exteriors, i es va limitar a repetir la llei Rockefeller. Un cop més va prevaler l'encobriment. Quan va sorgir l'escàndol Iran-Contra, pensàvem que aquesta vegada sortiria a borbolls. Una altra equivocació. Tot i les muntanyes de documents que apuntaven cap al tràfic de drogues i altres monstres ocults, l'encobriment va seguir navegant. El Congrés encara semblava que sortiria al pas per tal d'evitar els veritables problemes. Com ja s'ha esmentat anteriorment, un dels fets més greus descoberts va ser que North estava involucrat en la preparació d'un pla per suspendre la Constitució dels Estats Units d'Amèrica. Quan el congressista de Texas Jack Brooks, va tractar d'investigar l'assumpte va ser silenciat pel president del comitè. Podria ser que el Congrés ho sabés tot i no hi fes res? Estarien entre els seleccionats que havien estat escollits per anar a la colònia de Mart quan comencés a destruir-se la Terra, si es que la Terra havia de ser destruïda?

No puc ni començar a descriure tot l'imperi financer controlat per la CIA, la NSA, i el Consell de Relacions Exteriors, que al seu torn controlen i blanquegen els diners de les drogues i d'altres empreses propietat de la comunitat d'intel·ligència; però us en puc fer cinc cèntims. La quantitat de diners està més enllà de qualsevol xifra que pugueu imaginar-vos i s'amaga en una vasta xarxa de bancs i societats de valors. Primer heu de començar a mirar a la J. Henry Schroder Banking Corporation, la Trust Company Schroder, Schroders Ltd (Londres), Helbert Wagg Holdings Ltd, J. Henry Schroder - Wagg & Co Ltd, Schroder Gerbruder and Company (Alemanya), Schroder Münchmeyer Gengst and Company, el Castle Bank i les seves societats de valors, el Banc Asiàtic de Desenvolupament i el Nugan Hand el pop dels bancs i les societats de valors.

Majestat Dotze va formular un pla de contingència per a treure del camí a qualsevol en cas que s'acostés a la veritat. El pla es coneix com MAJESTIC

DOTZE. Va ser implementat escampant el suposat document Resum Eisenhower de Moore, Shandera i Friedman. El document és un frau, ja que du el número 092.447, un número que no existeix ni existirà durant molt de temps al ritme actual. Truman va escriure ordres executives al rang del 9.000; Eisenhower estava al rang del 10.000; Ford va pujar fins al nivell 11000; i Reagan només va arribar al 12.000. Les ordres executives estan numerades consecutivament, independentment de qui ocupi la Casa Blanca, per raons de continuïtat, manteniment de registres, i per evitar la confusió. Aquesta cortina de fum ha deixat fora del camí a tota la comunitat d'investigació durant diversos anys i ha donat com a resultat la despesa de diners desaprofitats a la recerca d'informació que no existeix.

El Fons per a la Investigació OVNI amb seu a Washington D.C. encapçalat per Bruce Maccabee ha comès el que crec que és un frau criminal en relació amb el document Resum Eisenhower, Stanton Friedman, i l'equip d'investigació de Moore, Shandera i Friedman. Maccabee sol·licitaven fons del poble, amb la promesa d'utilitzar aquests fons per investigar les afirmacions de Moore, Shandera, i Friedman i demostrar que el document Resum Eisenhower era autèntic o fals. En comptes d'això, va donar els 16.000 dòlars a Stanton Friedman i li va assignar la tasca d'establir o destruir la seva pròpia validesa. Quina presa de pèl! La gent de la comunitat OVNI van caure en el parany i esperaven amb impaciència els resultats de Stanton Friedman. Per descomptat, Friedman va descobrir que els documents eren autèntics. La gent què es pensava que trobaria? SE LI VAN DONAR 16.000 DÒLARS PER INVESTIGAR-SE SI MATEIX! AIXÒ NO ÉS ÈTIC. ÉS UN CLAR CONFLICTE D'INTERESSOS. CREC, SINCERAMENT, QUE ÉS

UN FRAU CRIMINAL, ja que els diners van desaparèixer en el procés. Els que van donar diners de bona fe han de posar immediatament una demanda contra Stanton Friedman, Bruce Maccabee i el Fons per a la Investigació OVNI. Aquesta farsa es va traduir en la pèrdua d'un total de 16.000 dòlars. Molts milers d'hores d'homes escolant-se cap a un niu de rates. Si dubteu de la capacitat del govern secret per ficar-vos en un jardí de roses, seria millor que us ho repenséssiu.

Un altre pla està en vigor. És el pla per preparar l'opinió pública per a una eventual confrontació amb una raça alienígena. També podria tenir la intenció de fer-vos creure en una raça alienígena que pot ser ni existeix. El públic està sent bombardejat amb pel·lícules, ràdio, publicitat i programes de televisió que representen gairebé tots els aspectes de la veritable naturalesa pretesa d'una presència extraterrestre. Això inclou el bo i el dolent. Mireu al vostre voltant i pareu atenció. Algú té la intenció de donar a conèixer la seva presència i el govern us està preparant per a això. No volen que hi hagi pànic. El nombre d'albiraments a tot el món sense precedents indica que l'exposició pública no està lluny. Mai a la història hi ha hagut tants incidents amb ovnis i mai en la història hi han hagut tants reconeixements oficials.

Durant molts anys el Govern Secret ha importat drogues i les ha venut a la gent, sobretot als pobres i a les minories. S'han posat en marxa programes de benestar social per crear elements dependents no laborables en la nostra societat. Llavors, el govern va començar a eliminar aquests programes per obligar la gent a crear una classe criminal que no existia els anys 50 i 60.

El govern va encoratjar la fabricació i la importació d'armes de foc militars per què les utilitzessin els delinqüents. Amb això es pretén fomentar un sentiment d'inseguretat, cosa que portaria al poble nord-americà a desarmar-se voluntàriament amb l'aprovació de lleis contra les armes de foc. Amb l'ús de drogues i hipnosi en pacients mentals en un procés anomenat Orion, la CIA va inculcar el desig a aquestes persones d'obrir foc als patis escolars i així inflamar al grup que està en contra de les armes. Aquest pla està en marxa, i fins ara està funcionant perfectament. La classe mitjana està demanant al govern que acabi amb la segona esmena.

Nota de l'autor: He descobert que aquests esdeveniments han succeit a tot el país. En tots els casos que he investigat - l'incident a l'escola de dones a Canadà, l'incident al centre comercial a Canadà, la massacre d'Stockton, Califòrnia, i l'assassinat del rabí Meir Kahane - tots els tiradors havien estat ex- pacients mentals o eren malalts mentals que TOTS ELLS S'ESTAVEN TRACTANT AMB PROZAC! Aquest fàrmac, quan es pren en certes dosis, augmenta el nivell de serotonina del pacient, causant violència extrema. Associeu això amb un suggeriment post-hipnòtic o el control a través d'un implant electrònic al cervell o microones o intrusió d'ELF i obtindreu un assassí de masses, acabant en cada cas amb el suïcidi del perpetrador. Exhumeu els cossos dels assassins i comproveu si hi tenien un implant al cervell. Crec que us sorprendríeu. En tots els casos el nom del metge o el de les instal·lacions del tractament mental de l'assassí no s'ha revelat. Crec que seríem capaços d'establir connexions amb la comunitat d'intel·ligència i / o connexions amb els coneguts programes experimentals de control mental de la CIA quan finalment descobríssim qui són en realitat aquests metges de la mort.

A causa de l'onada de delinqüència que està arrasant la nació, els mitjans de comunicació volen convèncer al poble nord-americà que dins de les grans ciutats hi ha un estat d'anarquia. Ara estan construint el seu cas gairebé totes les nits a la televisió i als diaris. Quan amb aquesta idea s'hagin guanyat l'opinió pública, es proposen afirmar que un grup terrorista armat amb una arma nuclear ha entrat als Estats Units i que planegen detonar aquest dispositiu en una de les nostres ciutats. (Això està sent creat mitjançant la crisi a l'Orient Mitjà.) El Govern llavors suspendrà la Constitució i declararà la llei marcial. L'exèrcit alienígena secret d'éssers humans implantats i tots els dissidents, que es pot traduir en qui ells vulguin, seran detinguts i ficats en camps de concentració d'una milla quadrada que ja existeixen. Són aquestes persones a les que es proposen internar en aquests camps de concentració els destinats a formar part dels coneguts "enviaments de lots" del treball esclau que necessiten a les colònies de l'espai?

Els mitjans de comunicació - les xarxes de ràdio, televisió, diaris, i d'ordinadors - seran nacionalitzats i confiscats. Qualsevol que s'hi resisteixi serà empresonat o mort. Tota aquesta operació va ser assajada pel govern i els militars al 1984 amb el nom en codi REX-84A i va funcionar sense problemes. Quan hagin ocorregut aquests esdeveniments, el GOVERN SECRET i / o l'absorció ALIEN estarà completada. La vostra llibertat mai serà retornada i viureu en esclavitud la resta de la vostra vida. Seria millor que despertéssiu i encara seria millor si ho féssiu ara!

Philip Klass és un agent de la CIA. Així consta als documents que he vist entre 1970 i 1973. Una de les seves feines com expert en aviació era desacreditar tot el relacionat amb els ovnis. Tots els comandants militars van rebre ordres de trucar per informar-se sobre la manera de desacreditar i / o explicar els contactes i / o albiraments d'ovnis al públic i / o a la premsa, sempre que fos necessari. Alguna gent sembla que s'estimin a Klass. L'animen i dipositen grans dosis d'atenció en ell. El conviden a parlar en esdeveniments d'ovnis i és citat als documents, llibres i diaris com l'expert sobre "el que realment va succeir."

Philip Klass no està treballant pel nostre millor interès. Les seves desacreditacions i explicacions dels albiraments d'ovnis tenen tants forats que un nen de sis anys, hauria de ser capaç de discernir el seu veritable propòsit. He vist a pobres gents realment enganyades demanant a Klass un autògraf, un acte similar en magnitud a que Elliot Ness demanés un autògraf a Al Capone. He descobert que en molts casos els elegits en secret tenen tota la raó quan afirmen que "la gent que no utilitza la seva intel·ligència no són millors que els animals que no tenen intel·ligència. Aquestes persones són animals de càrrega i filets a taula per elecció i consentiment". (Cita de "Armes silencioses per a guerres secretes" capítol dos). Tenim exactament el que mereixem en la majoria dels casos.

William Moore, Jaimie Shandera i Stanton Friedman són conscientment (amb ple coneixement, comprensió i consentiment) agents del Govern Secret. William Moore va declarar que feia servir una targeta d'identificació del Servei d'Investigació de Defensa i la confessió que va fer a Lee Graham va confirmar que és un agent del govern. (Lee Graham em va trucar a casa, i quan li vaig preguntar, va confirmar que de fet Moore li havia mostrat un document d'identitat del Servei d'Investigació de Defensa.) La posterior confessió de Moore ho va demostrar sense cap mena de dubte.

Nota de l'autor: L'1 de Juliol del 1989, la nit abans de presentar aquest treball al simposi MUFON de Las Vegas, William Moore va admetre que era agent del govern, que havia escampat desinformació als investigadors, que havia falsificat documents, que havia espiat a investigadors i passat informació relativa a investigadors de la comunitat d'intel·ligència, que havia ajudat en una operació de contra-intel·ligència contra Pau Bennewicz que va acabar amb l'internament del Sr Bennewicz en una institució mental, i que havia fet tot això amb ple coneixement del que estava fent. O bé és un traïdor o en el millor dels casos un manipulador amb el cor de pedra.

Alguns dels autoproclamats "ufòlegs" encara miren amunt per veure a Moore, i encara citen les seves investigacions a la seva correspondència, documents i llibres. Això reflecteix un grau d'ignorància i estupidesa a la comunitat OVNI. Bruce Maccabee va escriure una carta a Caveat Emptor citant els articles de la publicació de William Moore, Focus, com prova que estic desacreditat. Segueix somiant. No és cap misteri per a mi el per què la societat convencional nord-americana dels ufòlegs en diu dements, llunàtics i tronats. En alguns casos ho són.

Jaimie Shandera és l'home responsable d'haver-me fet perdre la feina de Director Executiu del Col·legi Tècnic Nacional. Poc després de parlar públicament, Shandera es va presentar a la universitat vestit amb un vestit marró i un maletí. Va fer cas omís dels intents de la recepcionista d'atendre'l. Ella em va informar que havia entrat un home a la universitat i que semblava inspeccionar l'edifici i les aules. Em vaig trobar al senyor Shandera escodrinyant l'aula de processament de textos. Li vaig preguntar si podia ser-li d'alguna ajuda. Va dir que no i em va ignorar. Li vaig explicar que jo era el Director Executiu i de nou li vaig preguntar si podia ajudar-lo d'alguna manera. Un cop més, va dir que no, però em va fer algunes mirades molt dures i semblava haver estat agafat per sorpresa. Se'l veia molt nerviós i va sortir de l' edifici immediatament. El vaig seguir fins més enllà de la porta, i un home a l'altra banda del carrer em va fer una foto amb una càmera de 35 mm. Vaig veure com Jaimie Shandera es dirigia al seu cotxe, em va fer una última ullada i després es va allunyar. Uns dies més tard, va repetir la actuació, només que aquesta vegada, em va dir que havia vist en un anunci que el col·legi estava en venda i que estava fent un cop d'ull a la propietat. El vaig tornar a veure, sortint de les oficines corporatives. Quan em va veure, va tornar a semblar posar-se molt nerviós i va córrer cap al seu cotxe, abans d'entrar-hi es va treure la jaqueta i després va marxar. Uns minuts més tard em van cridar de l'oficina del president i em va dir que la universitat no podia tenir contractat a ningú que pogués posar en perill l'estat de l'ajuda del govern al involucrar-se amb plats voladors. Jo sabia què havia passat i vaig presentar la renúncia a partir del 15 d'abril del 1989. No tenia cap intenció d'aturar les meves activitats i no vaig voler fer cap mal a la universitat o als estudiants que depenien tant dels programes d'ajuda del govern. Shandera sempre ha cregut que ho havia aconseguit d'una manera anònima, però jo i diversos altres sempre hem sabut que havia estat ell. Ara ja ho sabeu. Jaimie Shandera va ser identificat positivament per mi, pel Cap del Departament de Seguretat, i per la recepcionista. Més tard vaig obtenir una altra identificació positiva del vicepresident encarregat de les Admissions. En aquell moment John Lear era l'única persona que sabia el nom i la direcció del meu lloc de treball. Més tard vaig saber per les anàlisis de comparació les proporcions del cos i l'anàlisi del tipus d'impressió de veu que John Lear és l'agent anomenat "Còndor" a la producció de televisió amb recolzament de la CIA de "Encobriment OVNI en directe." Aquest tal Còndor, en realitat és un agent del govern que ha estat treballant sempre amb Moore, Shandera, Friedman, John Grace, Bob Lazar i d'altres. Són CIA de cap a peus.

Stanton Friedman m'ha dit a mi i a d'altres que fa anys "va ajudar a desenvolupar un reactor nuclear per propulsar una aeronau que era de la mida d'una pilota de bàsquet, era net, desprenia hidrogen, i treballava de somni" (són les seves paraules, no les meves). D'altres m'han escrit per dir-me que el Sr Friedman a ells també els havia dit el mateix. Roger Scherrer és un dels que recorda a Stanton relatant-li aquesta mateixa història. L'únic combustible que podria fer anar un motor d'aquest tipus i produir hidrogen com a subproducte és l'aigua, i això és precisament el que almenys un tipus de nau extraterrestre utilitza - l'energia nuclear i l'aigua, d'acord amb la documentació que vaig llegir mentre era al servei d'Intel·ligència Naval. Ell n'era inconscient? Tinc seriosos dubtes d'això. Era membre de l'equip d'investigació de Moore, Shandera i Friedman, i van ser ells els que van implementar el pla de contingència MAJESTIC DOTZE.

Als documents que vaig llegir entre 1970 i 1973, s'enumeraven els noms dels individus que havien estat contractats. Aquests documents indicaven que aquestes persones havien de ser coaccionades, utilitzant el patriotisme com una força motivadora sempre que fos possible. Si calia, se'ls proporcionaria assistència financera donant-los feina a una empresa de façana pròpia o per mitjà de subvencions. És a dir, casualment, el mètode pel qual Friedman va aconseguir els seus 16,000 dòlars d'un altre agent, Bruce Maccabee. També hem descobert que Moore ha rebut diners per a la investigació d'almenys dues empreses de façana de la CIA. Això ha estat confirmat per la investigació de Grant Cameron. Altres dels esmentats a la llista van ser citats com actius d'intel·ligència de les agències actives. La primera vegada que vaig presentar aquest treball només vaig donar una llista parcial de les persones citades en els documents d'Intel·ligència Naval. A continuació presento el major nombre de noms que puc recordar. (Hi poden haver més, però aquests són tots el que puc recordar en aquest moment.)

Stanton Friedman, CIA; John Lear, CIA (al pare de Lear se'l nomena per haver participat en la investigació de l'antigravetat); William Moore; John Keel; Charles Berlitz; Bruce Maccabee, ONI (Oficina d' Intel·ligència Naval); Linda Moulton Howe; Philip Klass, CIA; James Moseley, CIA (el pare de Moseley va ser tractat de manera molt elogiosa); Virgil Armstrong, CIA (que apareix com Postlethwaite); Wendelle Stevens, CIA; J. Allen Hynek, CIA.

Aquesta és la llista tal com la recordo. Potser n'hi ha hagut d'altres, però no els puc recordar. Sé d'altres agents que no estaven a la llista. Heu de recordar que quan vaig escriure aquest article vaig pensar que Bruce Maccabee no podia haver estat reclutat, però després més tard es va demostrar que estava equivocat quan li va donar 16.000 dòlars a Stanton Friedman per què s'investigués a si mateix.

Hi havia un codi de dues paraules que aquestes persones utilitzaven per identificar-se entre ells. La primera paraula era un color i la segona paraula un ocell. El codi era "Gold Eagle". Quan Stanton Friedman em va contactar per primer cop va utilitzar el codi. Vaig fingir ignorar-ho però ell em va preguntar diverses vegades si havia vist o sentit parlar de Gold Eagle. John Lear també em va preguntar si alguna vegada havia sentit parlar de Gold Eagle. Ell també m'estava posant a prova. Ells sabien que jo tenia accés a la informació correcta i estaven tractant de determinar si jo era un d'ells. Com deia George Bush: "Llegeix-me els llavis". Mai he sigut un dels vostres. Mai seré un de vosaltres.

Quan vaig parlar per telèfon amb Stan Deyo a Austràlia, em va dir que el codi que li van donar era "Blue Falcon". Stan va ser víctima de l'experimentació del control mental, mentre era cadet a l'Acadèmia de la Força Aèria. Ell i més de 80 altres cadet sotmesos a control mental van renunciar a l'acadèmia en senyal de protesta. Des de llavors que ha estat en una croada per descobrir la veritat. Stan ha escrit dos llibres excel·lents, The Cosmic Conspiracy, i Els pergamins Vindicadors. Us recomano que llegiu els dos. Crec que Linda Moulton Howe pot ser innocent de participar-hi conscientment. Linda, en particular, sembla haver tingut una cura extrema en el que ha presentat al públic. La seva recerca és excel·lent. Em va impressionar quan em va confiar que el sergent Richard Doty de la Divisió de Contra- intel·ligència de la Oficina d'Investigacions Especials de la Força Aèria l'havia portat a l'oficina d'intel·ligència de la Base de la Força Aèria Kirtland a Nou Mèxic i li va mostrar exactament els mateixos documents que jo havia vist, mentre era a l'Armada. Fins i tot va veure la mateixa informació sobre l'assassinat de Kennedy on es deia que Greer era l'assassí. La Sra. Howe és també l'única persona al món de fora de la comunitat d'intel·ligència que sap la veritat com jo la conec respecte a l'Operació MAJORIA. Ha tingut seny i una gran moderació al no revelar al públic el contingut d'aquests documents. És per aquesta raó per la qual crec que han intentat utilitzar-la. Afortunadament, la Linda no va néixer ahir i no va caure al parany. Us recomano que llegiu el seu llibre titulat Collita Extraterrestre. Podeu demanar-lo en qualsevol bona llibreria.

He descobert que Whitley Strieber és un actiu de la CIA, igual que Budd Hopkins. El llibre de Strieber, Majestic l'ha condemnat davant d'aquells de nosaltres que sabem el que hi ha. És la veritable història de l'accident de Roswell treta dels diaris confiscats de James Forrestal. És a dir, en cas que els documents que vaig veure a la Marina no fossin un engany. I no crec que ho fossin. Al llibre de Strieber s'han canviat els noms de les persones i els noms dels projectes i les operacions, però a part d'això la informació i la documentació és certa. Els informes de l'autòpsia són exactament els mateixos que vaig veure fa 18 anys al Projecte GRUDGE.

Recentment he aconseguit una declaració jurada signada davant notari i jurada sota pena de perjuri d'un metge de Nova York on hi diu que el metge va ser reclutat per un agent de la CIA anomenat Budd Hopkins perquè ajudés treballant amb els segrestats per la CIA. La declaració està inclosa en l'Apèndix. Jo sabia que Hopkins no era de fiar quan el vaig conèixer a Modesto. No em podia mirar als ulls, i qui no em pot mirar als ulls no és de fiar. Va estar tota l'estona, incloent el seu discurs, intentant convèncer la gent de la innocència de l'experiència de ser abduït i de l'absència de malvolença als alienígenes, cosa que era un total disbarat. Va ser un insult per a qualsevol persona que hagués investigat als segrestats.

Sé que totes i cadascuna de les principals organitzacions de recerca d'ovnis van ser infiltrades i controlades per part del Govern Secret, igual que va ser infiltrat i controlat el NICAP*(Comitè Nacional d'Investigacions dels Fenòmens Aeris)*. De fet, el NICAP finalment va acabar sent destruït des de dins. Sé que aquests esforços han tingut èxit.

La MUFON *(Mutual UFO Network)* n'és un gran exemple. Centenars de membres d'arreu del món realitzen investigacions i envien les proves físiques a la seu de MUFON, d'on desapareixen ràpidament.

Tothom clama que hi hagi evidències físiques com a proves. Recentment es van recollir mostres d'un líquid que havia degotejat d'un plat volant al pati de l'escola de Gulf Breeze, Florida. Les mostres van ser enviades a MUFON, on immediatament es van esvair. Walt Andrus ha declarat que va ser un accident. BAJANADES! Aquesta no és la primera vegada que MUFON ha "perdut" l'evidència. Considero a MUFON com el gran forat negre de la comunitat OVNI. El control de la informació és tan fort que res s'escapa. A qualsevol persona que digui les coses tal com són en realitat, se'l desacredita i se li prohibeix acudir a simposis. Als membres se'ls diu què creure i què no creure. Els membres sembla que no sàpiguen que estan sent controlats. Els membres de la junta directiva de MUFON i els membres de la junta assessora de consultors tenen, la majoria, el suport del Govern en forma de sous, subsidis, o xecs de jubilació. Qui pot creure que això no constitueix un conflicte d'interessos? Qui pot investigar i exposar la mà que li dóna de menjar? Com es pot creure que el Govern no pot controlar a la gent a la que canalitza els diners? ELS DINERS SÓN EL MÈTODE BÀSIC DE CONTROL.

Les principals publicacions d'ovnis estan sense cap dubte controlades i estan, molt probablement, com en el cas dels OVNI, recolzats financerament o controlats per la CIA. Vicki Cooper (sense parentiu), directora i editora d'UFO, ha estat dient als seus amics i familiars durant almenys dos anys que la CIA estava impulsant la seva revista. Ron Regehr i Lee Graham encara recorden l'estiu del 1988, quan Vicki els va entrevistar a la residència del Sr. Graham a Huntington Beach. Després d'acabar l'entrevista quan Vicki Cooper anava cap al seu cotxe, es va girar, i misteriosament va cridar: "Sabeu, la meva revista podria estar finançada per la CIA."

He parlat amb amics i coneguts de la Sra. Cooper que juren que ha declarat en moltes ocasions que "la CIA controla la revista UFO". L'oncle de Vicki Cooper, Grant Cooper, va ser l'advocat defensor de Sirhan Sirhan, el qual no va fer res per defensar el seu client. Per al Govern Secret i la CIA era important que Sirhan fos classificat com un "assassí solitari". Grant Cooper té amplis vincles amb la CIA i amb el mafiós Johnny Rosselli.

Hem descobert que el fill de Vicki assisteix a l'Acadèmia Militar de West Point. Quina meravellosa manera de controlar una revista!" Si no jugues a pilota, el teu fill no es graduarà." Em vaig assabentar que la persona que va trobar-li un apartament a la Vicki Cooper quan va arribar a Los Angeles havia estat Barry Taff, empleat de molts dels organismes d'intel·ligència (sí, en plural) i des de fa molt temps un protegit del Dr. John Lilly i del Dr. J. West, els primers experts del govern en control mental. Aquests homes han estat involucrats en el més terrible, l'experimentació dirigida sempre a tenir un control total dels individus. Jo crec que no és cap innocent casualitat que l'apartament de Taff estigués directament sobre el de Vicki. Tot això va ser confirmat de forma independent en una carta escrita pel Sr Martin Cannon, un investigador amb seu a Los Angeles. La carta es pot trobar a l'apèndix.

L'evidència més condemnatòria per al control de la revista UFO i de Vicki Cooper ve de Don Ecker. A la Conferència de la MUFON del 1989 Don Ecker es va desinhibir tant que s'ho va muntar per explicar-nos la següent història a mi i a dos més.

Segons Don Ecker, Vicki Cooper solia treballar per la infame Madam Mayflower. Els federals estaven tractant d'enxampar la Madan i van descobrir la Vicki. La Sra. Cooper va ser arrestada i amenaçada amb passar la resta de la seva vida a la presó si no cooperava. Vicki va canviar de bàndol, segons Ecker, i va delatar la seva cap. Després com que aparentment la Vicki havia tingut alguna cosa a veure amb l'operació de la comptabilitat, va esdevenir testimoni clau. La Madam Mayflower va ser apartada del negoci i empresonada, gràcies al testimoni de la Sra. Cooper. És a dir, si es que el senyor Ecker estava dient la veritat. No tenim cap raó per creure que mentís. No sé per què ens ho va dir en Don. Potser no li agradava la Vickie. O potser, com Lear i Friedman, va pensar que jo era un d'ells. (Quan faci fred a l'infern.)

Segons Ecker, a Vicki Cooper li van dir que sortís de la ciutat i romangués fora. Se li van donar diners i li van dir que engegués la revista UFO a Los Angeles. Se li va dir que imprimís la informació que se li fes arribar. En efecte, a UFO llegiu informació UFO suposadament filtrada pel govern, sempre escrita per algú amb qui no es pot contactar. Sempre darrera un àlies; ningú pot verificar la informació. Vicki és inflexible a l'hora d'imprimir només les notícies i la informació que ella considera les millors per als lectors, ja que així no cal que ells tinguin ment pròpia. Es dedica a difamar.

Don Ecker afirma haver estat membre dels serveis d'Intel·ligència de l'Exèrcit, els Boines Verdes, i més tard oficial de policia a Boise, Idaho. Don diu posseir un total de deu anys d'experiència com a investigador criminal.

El Departament de Policia de Boise, quan se li va preguntar per telèfon, va negar qualsevol coneixement del Sr Ecker. He sol·licitat que Don subministri una còpia del seu expedient de l'Exèrcit, però ell s'hi ha negat. Ecker diu de si mateix que és un expert en ovnis i diu de si mateix (sí, ho heu endevinat) que és "ufòleg". Ruixa els seus articles amb termes com ara "ufològic", i ni tan sols Don sap què dimonis vol dir. Confirma la major part de la informació que he divulgat quan parla amb grups. Ell és qui ha proporcionat les bases de dades amb una gran quantitat d'arxius que confirmen tot el que jo he dit. Ecker probablement els va crear ell mateix, ja que tots ells són anònims. Afirma que els extraterrestres mutilen als éssers humans com si fossin bestiar. Don Ecker, com Vicki Cooper, es dedica a difamar.

Segons fonts policials legítimes, Ecker està mentint a l'opinió pública. Va ser guàrdia de la presó estatal d'Idaho des del setembre del 1981 fins al setembre del 1982, quan va renunciar per entrar al Departament de Narcòtics del comtat de Canyon com Aprenent d'Adjunt del Sheriff. Després de només sis setmanes Donald Francis Ecker II va ser acomiadat per "conducta impròpia". El Sr. Ecker va tornar a la presó de l'estat d'Idaho, on va ser contractat com a guàrdia fins al juliol del 1987 quan amb una escopeta es va disparar a la seva pròpia cama esquerra durant un exercici d'entrenament. Les fonts també revelen que Donald Francis Ecker II és un fugitiu de la justícia. Les autoritats d'Idaho tenen diverses ordres d'arrest per detenir al Sr. Ecker.

Heu d'entendre que el govern no permetrà mai que cap persona o cap grup de persones descobreixi el secret més altament classificat del món - si es que poden evitar-ho. Sempre tindran agents controlant als grups, publicacions i informació d'ovnis. Si els extraterrestres no són reals i tota la cosa resulta ser el major engany mai perpetrat, qui creieu que ho ha perpetrat?

Si la història subterrània és correcta, els alienígenes han manipulat i / o governat la raça humana mitjançant diverses societats secretes, religions, la màgia, la bruixeria i l'ocultisme. El Consell de Relacions Exteriors i la Comissió Trilateral tenen un control total de la tecnologia alienígena i també tenen un control total de l'economia de la nació. Eisenhower va ser l'últim president que va tenir una visió general del problema alienígena. Als successius presidents se'ls va dir només el que Majestat Dotze i la comunitat d'intel·ligència volien que sabessin. Creieu-me, no era la veritat.

Majestat Dotze ha presentat als nous presidents recents una imatge d'una cultura alienígena perduda tractant de renovar-se a si mateixa, construint una llar en aquest planeta, i dutxant-nos amb regals tecnològics. En alguns casos, al president ni tan sols se li va dir res. Cada President de torn s'ha empassat el conte ham (o l'ham directament), la línia i la plomada. Mentrestant gent innocent segueixen patint en mans de científics alienígenes i humans. No he estat capaç de determinar exactament què és el que estan fent. Moltes persones són segrestades i estan condemnats a viure amb el dany psicològic i físic la resta de les seves vides. Podria ser això una operació de control mental de la CIA?

En els documents que he llegit, 1 de cada 40 éssers humans havien estat implantats amb dispositius, amb alguna finalitat que no he descobert. El Govern creu que els extraterrestres estan construint un exèrcit d'éssers humans implantats que poden ser activats i tornar-se contra nosaltres a voluntat. També heu de saber que fins a dia d'avui ni tan sols hem començat a acostar-nos a la paritat amb els alienígenes.

Vaig enviar 536 còpies d'una "Petició de processament" a cadascun dels membres del Senat i de la Cambra de Representants el 26 d'abril del 1989. A partir d'aquesta data, 23 de novembre del 1990, he rebut només un total de sis respostes, només quatre més de les que havia rebut al maig del 1989.

LES CONCLUSIONS SÓN INELUDIBLES:

(1) L'estructura de poder secreta pot creure que degut a la nostra pròpia ignorància o per decret diví, el planeta Terra s'autodestruirà en algun moment en un futur proper. Aquests homes creuen sincerament que estan fent el correcte intentant salvar la raça humana. És terriblement irònic que s'hagin vist obligats a triar com socis una raça alienígena que està dedicada a una lluita monumental per la seva pròpia supervivència. Es poden haver realitzat molts compromisos morals i jurídics en aquest esforç conjunt. Aquests compromisos es van prendre erròniament i s'han de corregir. Als responsables se'ls han de passar comptes de les seves accions. Puc entendre la por i la urgència que pot d'haver estat determinant en la decisió de no informar al públic. Òbviament no estic d'acord amb aquesta decisió.

Al llarg de la història petits però poderosos grups d'homes constantment han sentit que només ells eren capaços de decidir el destí de milions de persones. Al llarg de la història han estat equivocats.

Aquesta gran nació deu la seva existència als principis de llibertat i democràcia. Crec amb tot el meu cor, que als Estats Units d'Amèrica no pot i no tindrà èxit cap esforç que faci cas omís d'aquests principis. S'ha de fer una divulgació completa al públic i junts hem de procedir per salvar la raça humana.

(2) Estem sent manipulats per una estructura de poder conjunta de humans/alienígenes que es traduirà en un govern mundial i l'esclavitud parcial de la raça humana. Això s'ha considerat necessari per resoldre la qüestió elemental: "Qui parlarà pel planeta Terra?" S'ha decidit que l'home no té un desenvolupament evolutiu prou madur com per refiar-se per interactuar correctament amb una raça alienígena. Ja tenim prou problemes entre les diferents races humanes, de manera que què passaria si s'introduís una raça extraterrestre totalment alienígena? Els linxarien, els hi escopirien, els hi dispararien? La discriminació donaria com a resultat trobades desagradables que condemnarien a la humanitat a causa de la tecnologia òbviament superior dels alienígenes? Els nostres dirigents decidirien tancar-nos al corral? L'única manera d'evitar que tingui lloc aquest escenari és fer un salt evolutiu en la consciència, un canvi de paradigma per a tota la raça humana. No tinc ni idea de com es pot fer, però sé que li cal fer-ho desesperadament. És el que cal fer molt ràpidament i amb molta calma.

(3) El govern ha estat totalment enganyat i estem sent manipulats per un poder alienígena, cosa que acabarà en l'esclavitud i / o la destrucció total de la raça humana. Hem de fer servir tots i cadascun dels mitjans disponibles per evitar que això passi.

(4) Si cap dels punts anteriors són certs, pot estar passant alguna cosa una mica més enllà de la nostra capacitat d'entendre-ho en aquest moment. Hem de forçar la divulgació de tots els fets, descobrir la veritat i actuar en conseqüència. La situació en què ens trobem es deguda a les nostres pròpies accions o inaccions dels últims 44 anys. Com que és culpa nostra, som els únics que podem canviar els esdeveniments futurs. L'educació em sembla que seria una part important de la solució. La part restant és l'abolició del secret.

(5) Sempre hi ha la possibilitat que jo estigui sent utilitzat, que tot l'escenari alienígena sigui l'engany més gran de la història dissenyat per crear un enemic extraterrestre amb la finalitat d'accelerar la formació d'un govern mundial. He trobat proves de que això podria ser cert. He inclòs aquesta evidència en l'apèndix. Us aconsello que considereu aquest escenari com a probable.

Per ignorància o manca de confiança hem renunciat, com a poble, al nostre paper com a organisme de control del nostre govern. El nostre govern va ser fundat "del poble, per al poble, pel poble." No hi ha hagut mai cap menció ni intenció d'abdicar del nostre rol i dipositar la nostra total confiança en un grapat d'homes que es reuneixen en secret per decidir el nostre destí. De fet, l'estructura del nostre govern s'ha dissenyat per evitar que torni a succeir. Si haguéssim fet la nostra feina com a ciutadans mai hauríem arribat a aquest punt. La majoria de vosaltres fins i tot ignoreu totalment les funcions més bàsiques del nostre govern. Realment ens hem convertit en una nació d'ovelles - i a les ovelles sempre les acaben portant a l'escorxador. És hora d'aixecar-nos com ho van fer els nostres avantpassats i caminar com homes. Us recordo que els jueus d'Europa anaven obedientment cap als forns després d'haver estat advertits, creient en tot moment que els fets no podien ser certs. Quan a la resta del món se li va explicar l'holocaust que tenia lloc a l'Europa de Hitler, al principi no s'ho creien.

Heu d'entendre que, sigui real o no, la suposada presència d'extraterrestres s'ha utilitzat per neutralitzar certs segments molt diferents de població: "No et preocupis, els benèvols germans de l'espai ens salvaran." També pot ser utilitzat per omplir la necessitat d'una amenaça extraterrestre per justificar la formació d'un Nou Ordre Mundial: "Els extraterrestres se us estan menjant." La informació més important que necessiteu per determinar les vostres futures accions és que aquest Nou Ordre Mundial crida a la destrucció de la sobirania de les nacions, incloent-hi els Estats Units. El Nou Ordre Mundial no pot, i no permetrà que segueixi existint la nostra Constitució. El Nou Ordre Mundial serà un sistema socialista totalitari. Serem esclaus encadenats a un sistema de control econòmic sense diners en efectiu.

Si la documentació que jo veia quan era al servei d'intel·ligència de la marina és veritat, llavors el que acabeu de llegir és probablement el més proper a la veritat que qualsevol altra cosa que mai s'hagi escrit. Si els extraterrestres són un engany, llavors el que acabeu de llegir és exactament el que els Illuminati volen que cregueu. Us puc assegurar sense cap ombra de dubte que, fins i tot si els extraterrestres no són reals, la tecnologia si és real. Existeixen naus amb antigravetat i les fan volar pilots humans. Jo i milions mes les hem vist. Són de metall; són màquines; tenen diferents formes i mides; i són òbviament guiades intel·ligentment.

Si de sobte aquest món rebés una amenaça d'alguna altra espècie d'un altre planeta, ens oblidaríem de totes les petites diferències locals que tenim entre els nostres dos països i ens assabentaríem d'una vegada per totes que realment tots som éssers humans d'aquesta Terra.

Ronald Reagan
a Mikhail Gorbatxov

FONTS

Andrews, George C, *Extra-Terrestrials Among Us*, Llewellyn Publications, St. Paul, Minnesota.
Bamford, James, *The Puzzle Palace*, Houghton Mifflin, Boston.
Borklund, C. W., *The Department of Defense*, Frederick A. Praeger, New York.
Collier, Peter and David Horowitz, *Rockefellers: An American Dynasty*, Holt. Rinehart and Winston, New York.
Cooper, Vicki and Sherie Stark, eds., *UFO* (magazine — several issues since Spring 1988), Los Angeles, California.
Cooper, William, *"Operation Majority, Final Release"* Fullerton, California.
Corson, William R., *The Armies of Ignorance*, The Dial Press/James Wade, New York.
Curry, Richard O., ed., *Freedom at Risk*, Temple University Press, Philadelphia.
Deyo, Stan, *The Cosmic Conspiracy and The Vindictor Scrolls*, West Australian Texas Trading, Perth, Australia.
English, Bill, *"Report on Grudge/Blue Book #13,"* John A. Lear, Las Vegas Nevada.
Friend, Lt. Col. and Dr. J. Allen Hynek, *"GRUDGE/Blue Book Report #13"* (Top Secret). Last seen at the headquarters of the Commander in Chief of the Pacific Fleet (CINCPACFLT), Hawaii.
Graubard, Stephen, *Kissinger, Portrait of a Mind*, W.W. Norton & Co., New York.
Gulley, Bill with Mary Ellen Reese, *Breaking Cover*, Simon & Schuster, New York.
Hawking, Stephen W., *A Brief History of Time: From the Big Bang to Black Holes*, Bantam Books, New York.
Isaacson, Walter and Evan Thomas, *The Wise Men*, Simon & Schuster, New York.
Kissinger, Henry, *Nuclear Weapons and Foreign Policy*, Harper & Brothers, New York.
Kwitny, Jonathan, *The Crimes of Patriots*, W.W. Norton & Co., New York.
Lear, John A., *"The John Lear Hypothesis,"* Las Vegas, Nevada. Parcialment és cert; la resta és desinformació.
Lear, John A. and John Grace, *"The Krill Papers Hoax."*
Ledeen, Michael A., *Perilous Statecraft*, Charles Scribner & Sons, New York.
"MAJIC/Operation Majority" (Top Secret). Presidential briefing document

by Majesty Twelve. Last seen at the headquarters of the Commander in Chief of the Pacific Fleet (CINCPACFLT), Hawaii.
Mickus, Tom, *'The Larry Fenwick Interview,"* Canada.
Moscow, Alvin, *The Rockefeller Inheritance*, Doubleday & Co., New York.
"Operation MAJESTIC TWELVE," Eisenhower Briefing Document. Author unknown, released by the research team of Moore, Shandera, and Friedman.
Pea Research, Government Involvement in the UFO Cover-up: Chronology, Pea Research, California.
Ranelagh, John, *The Agency: The Rise and Decline of the CIA*, Simon & Schuster, New York.
Schulzinger, Robert D., *The Wise Men of Foreign Affairs*, Columbia University Press, New York.
Shoup, Laurence H. and William Minter, *Imperial Brain Trust: The Council on Foreign Relations & United States Foreign Policy*, Monthly Review Press, New York.
Steckling, Fred, *We Discovered Alien Bases on the Moon*, G.A.F. International, California.
Steiger, Brad, *The UFO Abductors*, Berkley Books, New York,
Stienman, William, *The Crash at Aztec*, William Stienman, La Mirada, California, Strieber, Whitley, Communion and Majestic, Avon, New York.
Valerian, Valdamar, The Matrix, Arcturus Book Service, Stone Mountain, Georgia.

CAPÍTOL 13

TRAÏCIÓ ALS LLOCS ALTS

El Tractat de les Nacions Unides
i La Llei de Participació de les Nacions Unides contra
La Sobirania dels Estats Units d'Amèrica

En acabar la Convenció Constitucional
del setembre del 1787, a Benjamin Franklin se li va preguntar,
"Què has forjat?"
I ell va respondre:
"... Una república, si es que podeu mantenir-la."

La Constitució dels Estats Units
Article VI

Tots els deutes contrets i els compromisos adquirits abans de l'adopció d'aquesta Constitució seran tan vàlids contra els Estats Units sota aquesta Constitució, com sota la Confederació.

Aquesta Constitució, i les lleis dels Estats Units que d'acord amb aquesta siguin creades, i tots els tractats celebrats o que se celebrin sota l'autoritat dels Estats Units, seran la Llei Suprema de la Nació; i els jutges de cada Estat estaran obligats a observar-los, sense consideració de cap cosa contrària a la Constitució o a les lleis de qualsevol Estat.

Els Senadors i Representants ja esmentats, els membres de les diferents legislatures locals i tots els funcionaris executius i judicials, tant dels Estats Units com dels diversos estats, es comprometran sota jurament o promesa a sostenir aquesta Constitució; però mai serà requerida cap prova religiosa com a condició per ocupar cap ocupació o mandat públic dels Estats Units.

JA US HEU AFEGIT A UN GOVERN MUNDIAL?

La sobirania dels EUA - Realitat o Ficció?

Les branques Executiva, Judicial i Legislativa del Govern dels EUA han seguit la política que va aprovar el Tractat de les Nacions Unides en virtut de la Llei de participació de les Nacions Unides de 1945, en nom dels Estats Units d'Amèrica per Harry S. Truman i el Senat dels Estats Units, que reemplaça els tractats la Constitució dels Estats Units sota els termes de l'article VI de la Constitució dels Estats Units.

El Consell de Relacions Exteriors va crear les Nacions Unides. Els seus agents membres, Alger Hiss i Leo Pasvolsky van fer la paperassa, però els honors van anar a un comitè especial designat pel president Roosevelt per dibuixar el primer esborrany de la Carta.

Els membres del Comitè eren: Sumner Wells, Isaiah Bowman, Hamilton Fish Armstrong, Benjamin Cohen, i Clark Eichelberger - tots ells membres del Consell de Relacions Exteriors i membres d'una secreta Ordre de la Recerca anomenada la Societat JASON.

La Carta va ser traslladada d'urgència a través del Senat dels EUA, sense còpies impreses per guiar als senadors: Els hi va EXPLICAR el revolucionari rus-de naixement Leo Pasvolsky.

La Carta no confereix cap poder real a l'Assemblea General; tot el poder era per al Consell de Seguretat, que era on hi havia el VETO. El Senat no hagués ratificat la Carta tret que la delegació nord- americana tingués dret a VETO si els nostres interessos estiguessin amenaçats per l'acció d'altres membres.

En aquesta Carta s'hi ha inclòs i hi és l'article 25: "Els països membres es comprometen a ACCEPTAR i COMPLIR les decisions del Consell de Seguretat de conformitat amb la PRESENT CARTA.

Sense restriccions, sense reserves. Aquest és l'article 25, SENCER. Noteu que la paraula "present", el que indica és que en podria haver ALTRES de cartes. El VETO era un obstacle per al Govern Mundial - havia de ser eludit.

Al 1950 l'Assemblea General, sense cap autoritat legal, es va reunir i va adoptar el que en van dir la RESOLUCIÓ "UNIÓ PER LA PAU". Això, ampliat en gran mesura des de llavors, va permetre que L'ASSEMBLEA GENERAL EXERCÍS LES FUNCIONS DEL CONSELL DE SEGURETAT. M'hi jugo el que vulgueu que això no ho sabíeu. El Govern dels Estats Units reconeix la Carta reformada de manera il·legal com la "llei mundial", anul·lant la nostra Constitució. L'Assemblea General ha vingut fent ús durant anys de la llei mundial mitjançant la RATIFICACIÓ D'ACORDS AMB 2/3 DEL VOT MAJORITARI. Quan es va ratificar la Resolució es va enviar al CAP DE L' EXECUTIU DE L'ESTAT MEMBRE i l'EXECUTIU TÉ L'OBLIGACIÓ D'ACCEPTAR I COMPLIR les disposicions de la resolució.

Els governs interessats han d'IGNORAR, SUPRIMIR, REVISAR I ABOLIR

LLEIS als seus territoris que entrin en conflicte amb les resolucions de l'Assemblea General, i APROVAR ALTRES LLEIS QUE AQUESTES RESOLUCIONS POSIN EN VIGOR. "Un home, un vot" ve a través de la Resolució Nº 1760.

N'hi ha més de 2.000 d'aquestes resolucions actualment en vigor. ELLES SÓN LA LLEI DE LA TERRA. Les nostres lleis de drets civils (les seccions ex post facto que provenen de les Resolucions de Nuremberg), les nostres lleis agrícoles, les nostres lleis de salut i d'assistència social, la legislació laboral, les nostres lleis d'ajuda externa - totes vénen de les resolucions de l'Assemblea General o dels tractats de les Nacions Unides ratificats pel nostre Senat.

Qualsevol llei aprovada en el vostre estat serà anul·lada o abolida si entra en conflicte amb les resolucions de l'Assemblea General.

Puc dir-vos, sense cap reserva, que tots els organismes d'intel·ligència dels Estats Units treballen directament per a les Nacions Unides conjuntament amb el Govern Secret amb l'únic propòsit de destruir la sobirania dels Estats Units d'Amèrica i contribuir al govern mundial. L'autoritat citada pels seus esforços és l'article VI de la Constitució, el Tractat de les Nacions Unides, i la Llei de Participació de les Nacions Unides de 1949 signada per Harry S. Truman amb el consell i consentiment del Senat dels EUA. Això us ajudarà a entendre com es fan les nostres lleis i qui les està fent! PREGUNTEU ALS VOSTRES SENADORS, CONGRESSISTES I LEGISLADORS ESTATALS SI SÓN CONSCIENTS D'AQUESTS FETS.

La següent declaració la va fer el Sr. Carl B. Rix de Milwaukee, expresident de l'Associació d'Advocats dels Estats Units, davant d'un subcomitè del Senat que estava escoltant testimonis sobre la proposta de l'esmena Bricker. La va entrar al Registre del Parlament l'Excm. Lawrence H. Smith, de Wisconsin, l'11 de maig del 1955.

REGISTRE DEL CONGRÉS (pàgina A3.220)

Declaració de Carl B. Rix, Milwaukee, Wisconsin: Comparec a favor de les esmenes.

El Congrés ja no és vinculant degut al sistema constitucional de poders delegats. La seva única prova és sota el poder obligatori de promoure els drets humans en aquests camps d'activitat: civil, polític, econòmic, social i cultural. Aquests es troben en els articles 55 i 56 de la Carta de les Nacions Unides, un tractat ratificat i aprovat. Les Nacions Unides els estan promovent arreu del món.

El Congrés ara podrà legislar com un cos sense inhibicions, sense lligams a les competències delegades en virtut de la Constitució. Tot el nostre sistema de govern de poders delegats del Congrés s'ha canviat a un sistema de poders no delegat sense esmenes per al poble dels Estats Units.

L'autoritat d'aquestes declaracions es troba en un volum titulat Constitució dels Estats Units d'Amèrica, Anotada, publicat al 1953, preparat sota la direcció del Comitè Judicial del Senat dels Estats Units i sota la presidència del Prof. Edward S. Corwin de Princeton, ajudat pel personal legal de la Biblioteca del Congrés. Aquesta és la conclusió a la pàgina 427 de les anotacions: "En una paraula, el poder d'un tractat no pot pretendre esmenar la Constitució mitjançant l'addició de la llista de poders enumerats del Congrés, però actuant, sovint la conseqüència serà que ha proporcionat al Congrés l'oportunitat d'establir mesures que, independentment d'un tractat, el Congrés no podia passar, i l'única pregunta que es pot plantejar pel que fa a aquest tipus de mesures serà si es tracta de mesures "necessàries i apropiades" per a la realització del tractat del qual es tracti en l'operació".

Cal assenyalar que un dels principals casos citats és el del cas de les Aus Migratòries.

Aquestes conclusions són també les d'un comitè de l'Associació d'Advocats de l'Estat de Nova York, de la qual l'ex fiscal general Mitchell i el Sr. John W. Davis n'eren membres prominents.

Ara bé, per tenir alguna il·lustració pràctica dels poders recentment descoberts sota tractats del que el Congrés pot fer:

1. Pot promulgar un projecte de llei d'educació integral, que prevegi l'educació en qualsevol Estat que no la proporcioni. De fet, podeu obtenir el control de tota l'educació pública ara proporcionada pels Estats i municipis.
2. Pot promulgar una llei de prohibició sense una esmena de la Constitució.
3. Pot promulgar una llei de divorci uniforme.
4. Pot fer-se càrrec de tots els serveis socials i de benestar prestats per o a través dels Estats o les seves agències.
5. Pot fer-se càrrec de tot el comerç, de totes les tarifes de serveis públics i de serveis, de la mà d'obra. La llista es pot multiplicar àmpliament a voluntat.

El nou test de constitucionalitat s'aplicarà a totes les legislacions del Congrés des de 1945, que tractin de qualsevol dels cinc camps d'activitat.

Qualsevol jutge que hagi de decidir sobre la validesa de la legislació haurà de tenir dos llibres davant seu - un, la Constitució dels Estats Units, i l'altre, la Carta de les Nacions Unides. Si no troba l'autoritat per a actuar a la Constitució, l'haurà de trobar a la Carta. Aquesta és la situació exacta en què es va trobar el jutge Holmes i altres membres de la Cort Suprema quan es va decidir el cas de les Aus Migratòries. L'autoritat no es va trobar a la Constitució - es va trobar al tractat amb Gran Bretanya.

La pregunta que s'ha de respondre és: Sota quina forma de govern prefereix viure el poble dels Estats Units? Evidentment, no podem operar amb ambdues.

Senadors, el poble dels Estats Units ha renunciat als seus fills; ha renunciat a milers de milions de la seva essència. No hauria de ser l'única nació al món en renunciar a la seva forma de govern - la meravella del món - per tal de complir les seves obligacions envers els pobles del món.

L'ESMENA BRICKER, QUE HAURIA CANVIAT AIXÒ, NO VA SER APROVADA.

UNA CARTA AL EDITOR

Borger, *Texas News Herald*
diumenge, 11 de novembre del 1962
Benvolgut Sr. Newby:

En resposta a la seva carta del 12 d'octubre, també QÜESTIONADA al novembre del 1961: citant a Patrick Henry als tractats. En primer lloc, Patrick Henry ni ha estat ni és CAP AUTORITAT en cap dels tractats ni en la Constitució, i s'hi va oposar, SI és massa tard per fer alguna cosa per reinstal·lar la nostra Constitució, llavors per què no acceptar la traïdora Carta-Tractat de les Nacions Unides sense més ni més? Per què no pensen els revolucionaris nord-americans que és massa tard o massa difícil defensar la seva llibertat? I SI els redactors tan summament intel·ligents de la Constitució "eren molt conscients de la trampa mortal incorporada a l'ARTICLE VI" llavors per què ho emmarquen? No esperaven PATRIOTES, sinó més aviat "Traïctors" *(Joc de paraules barrejant Tractat-Traïdors)* com els nostres funcionaris electes, per HONORAR I FER COMPLIR l'esperit, la lletra i la intenció de la Constitució?

Observo que vostè diu que d'acord a un diccionari legal, els termes "legals" i "legítims" són gairebé el mateix. D'acord! "Gairebé", però no del tot. Crec que hi ha un petit punt de diferència. Fer-nos entrar a l'ONU pot SEMBLAR que s'hagi fet legalment (pel President i el Senat), però l'acte segueix sent il·legal, perquè és inconstitucional, i la CONSTITUCIÓ ÉS LA LLEI SUPREMA DEL PAÍS. Tots els reconeguts i autèntics experts constitucionals (com Thos. M. Cooley, Thos. Jas. Norton, i Harry Atwood, per nomenar-ne alguns) sempre han sostingut que qualsevol cosa que vagi en contra, disminueixi, o perverteixi la Constitució és nul·la i no té cap efecte.

Ni el President ni el Senat tenen autoritat ni poder per canviar, disminuir o destruir la Constitució "per usurpació", amb cap tractat, ni de cap altra manera: legalment només pot canviar-la una esmena constitucional.

La Constitució és un contracte que NOSALTRES EL POBLE dels EUA fem un amb algú altre, que és qui configura la maquinària de govern per dur a terme aquest contracte, principalment amb el propòsit de PROTEGIR ELS DRETS INDIVIDUALS, així com els DRETS D'ESTAT, CONTRA ELS PODERS DEL GOVERN, i cap funcionari públic té el dret d'anul·lar les disposicions d'aquest contracte. Per citar a Thos. Jas. la Constitució de Norton dels Estats Units, la seva aplicació, etc., "Una llei del Congrés passa a ser una de les lleis supremes sempre que sigui realitzada en virtut de les mateixes i no entri en conflicte amb la Constitució. Quan no es fan en virtut de les mateixes és, per descomptat, inconstitucional i no té efecte". I això seria igualment aplicable a una meravellosa decisió dictada per la Cort Suprema o a un tractat il·legal.

I de Soscavant la Constitució de Norton, que cita Alexander Hamilton al número 33 de El Federalista: "Suposo que no se us haurà escapat l'observació que limita expressament la supremacia de les lleis fetes de conformitat amb la Constitució" (subratllat per Hamilton). I a partir de la pàgina 21, "El Govern General no pot reclamar cap poder que no se li confereixi a la Constitució, i els poders concedits realment han de ser tals que es donin de forma expressa, o siguin donats per implicació necessària."

Qualsevol persona amb la presumpta intel·ligència com per ser president dels EUA ha de saber que legalment no pot fer cap tractat d'ampli abast amb les Nacions Unides, ni amb cap altra potència estrangera, com podeu imaginar amb el vostre idioma, sense exposar-se a ser acusat de TRAÏCIÓ en virtut de l'ARTICLE III, secció 3 de la Constitució. Només cal un sentit comú normal per saber que el nostre suposat Tractat amb l'ONU i l'acceptació dels termes 'tot inclòs' de la seva Carta pels nostres presidents (començant pel FDR, que amb connivència amb Stalin a Ialta van crear l'ONU als EUA) i el nostre Senat, és una violació del sagrat jurament del seu càrrec, segons l'ARTICLE III, Secció 2 de la Constitució.

Aquest Tractat constitueix una burla de qualsevol lleialtat genuïna a la nostra bandera i Constitució. Un americà genuí, Abraham Lincoln, va dir: "Els homes que, fingint lleialtat a la bandera, festegen i engreixen les desgràcies de la nació, són pitjors que els traïdors en temps de guerra." Creieu que hi hagi cap VERITAT més aplicable a l'actualitat?

Un gran nombre dels nostres funcionaris, entre ells l'ex secretari d'Estat Dean Acheson, el difunt John Foster Dulles, i els membres de la nostra actual comitiva mundial Kennedy estan d'acord amb l'afirmació que ara els EUA no tenen CAP assumpte "domèstic": s'ha produït una fusió entre els nostres assumptes interns i externs! (Fondre significa combinar.)

La província de Katanga al Congo pensava que tenia alguns assumptes i drets privats, però l'ONU aviat la va desil·lusionar. Cita del S.L. Tribune del 14 de setembre del 1961: "Els soldats de l'ONU assumeixen el control a Katanga. Les tropes de l'ONU van prendre la capital de Katanga, Elisabethville, dimecres amb una enèrgica batalla, i el govern central del Congo va proclamar el retorn d'aquesta província secessionista." No hi ha dubte que el president dels EUA i el Senat han renunciat a alguns dels nostres drets i sobirania davant l'ONU, i el pla encara continua.

Qualsevol nord-americà informat és conscient que l'ARTICLE IV, Secció 4, de la Constitució anul·la automàticament qualsevol lleialtat vers l'ONU i el seu internacionalisme mundial alienígena, l'antítesi de l'americanisme Constitucional fonamentat en el "CAP intervenció de l'exterior" de Washington. I això vol dir que aquesta representativament republicana forma de govern és exactament el contrari a les modificacions, restriccions i reserves de la Carta de les Nacions Unides iniciades per la Unió Soviètica, en les seves diverses "Convencions", que anul·laria la nostra Declaració de Drets. Stalin, el seu protegit, Alger Hiss, i el rus comunista Pasvolsky apareixen en gran part de la redacció de la Carta de l'ONU.

Suposar que un cos heterogeni compost per representants designats per governs estrangers (alguns d'anomenats "Estats" clarament caníbals i altres, d'Estats Comunistes virulentament ateus) - els governs dels quals NO ENS REPRESENTEN a "Nosaltres, el poble nord-americà" - puguin exercir el dictat i el control dels EUA és monstruós en extrem. Legal o constitucionalment, no poden fer-nos complir les disposicions de la Carta de les Nacions Unides, ni realitzar cap acció que afecti els

drets sobirans dels ciutadans nord-americans.
A més, les Nacions Unides no són un govern legítim en el sentit acceptat del terme, i no és un òrgan adequat amb el qual fer un tractat. En realitat, l'ONU NO té poder per signar tractats vinculants vàlids - excepte quan els subversius del mundialisme tracten de fer-ho així. Citant la Constitució dels Estats Units de Norton, a la pàgina 14: "Un tractat és un contracte escrit entre dos governs (no un conjunt heterogeni de tribus inestables, o de pobles esclavitzats que es fan dir "govern") respectant les qüestions de benestar mutu, com ara la pau, l'adquisició de territori, la definició de les fronteres, les necessitats del comerç, els drets de la ciutadania...", etc.
I aquests tractats, tot i que "legalment establerts," PODEN derogar-se per alguna causa. Citant íbidem, p. 115: "Un precedent per derogar així un tractat fet pel president i aprovat pel Senat pot trobar-se ja el 7 de juliol del 1789, quan el Congrés va aprovar "una Llei per declarar que els Tractats fins ara signats amb França ja no obliguen als Estats Units, ja que han estat violats repetidament per part del govern francès"". Què passa amb totes les violacions dels tractats o acords signats per la Unió Soviètica, dominant l'ONU? Els EUA estan en considerable minoria en aquesta agregació variada anomenada Nacions Unides, igual que els contribuents nord-americans al pagar la majoria dels deutes, el que constitueix la confiscació constitucionalment prohibida de diners dels ciutadans (propietat) sense una compensació justa a canvi. Això és simplement confiscació comunista.
Un Tractat signat "d'acord amb la Constitució" es converteix en UNA PART de la LLEI DEL PAÍS, i ha de ser honrat; però NO es converteix en "Suprem" ni té prioritat, ni reemplaça la Constitució. NO és la "Llei del País" per si sola. I CAP Tractat o Acord Executiu és vinculant per als EUA si el signa el President per si sol (com s'ha fet) amb el consell i consentiment del Senat, ni si viola la Constitució.
En realitat, l'ARTICLE VI, en lloc d'establir tractats d'alt nivell o ser una "trampa mortal", és una declaració de la supremacia de la Constitució i del govern nacional. Els Tractats legals són una part de, però subordinats a, la Constitució per la simple disposició establerta en ella de que TOTES les lleis i els tractats s'han de fer "de conformitat amb ella."
Pot la "criatura" (o una part) esdevenir major que el seu CREADOR, o del tot??? És necessari cert sentit comú americà en tota aquesta xerrameca sobre la supremacia dels tractats, promulgada en gran mesura pels del mundialisme per desacreditar o minvar la Constitució per ells poder assolir els seus propis fins.

El llenguatge i la intenció de la Constitució i de l'article VI és clara i directa, i no admet, de bona fe, cap altra interpretació. Però tristament, és ben sabut que molts del nostre més alt sistema judicial i dels funcionaris electes - en aquesta era de TRAÏCIÓ, no de RAÓ - no actuen de bona fe, ni "conforme a la Constitució."

En relació amb el quart paràgraf de la seva carta del 12 d'octubre, Sr. Newby, en la que "l'elaboració de tractats no té límits, excepcions ni reserves" i que "cap tractat ha estat mai declarat inconstitucional o invalidat o derogat pels tribunals o el Congrés en la història d'aquesta nació," crec que l'esmentat invalida la seva declaració. I pel que fa a que l'ARTICLE VI sigui una "trampa mortal" sobre la que la Constitució no ofereix cap control ni recurs tret del seu llenguatge explícit en relació amb la llei i els tractats: se li ha acudit que la Cort Suprema té poder i autoritat per decidir sobre la constitucionalitat dels tractats igual que sobre la constitucionalitat de qualsevol altra llei - els tractats són simplement "part de la llei del país"? L'ARTICLE III, Secció 2 declara explícitament: "El poder judicial s'estendrà a tots els casos, en Dret i Equitat, que sorgeixin amb aquesta Constitució, les lleis dels Estats Units, i els tractats signats o que se signin sota la seva autoritat." Citant la Constitució dels Estats Units de Norton, pàgina 137: "Quan es presenta un cas davant d'un tribunal de l'Estat i implica una qüestió de la Constitució o una llei del Congrés, o un tractat, el tribunal té el deure de seguir i fer complir la llei [Constitucional] nacional; la Constitució exigeix de forma explícita i emfàticament que els jutges de cada Estat estaran obligats a observar-les, ni la Constitució ni les lleis de cap Estat diuen res en sentit contrari." Cada vegada que el president i el Senat signen un tractat amb una potència estrangera (com ara l'ONU) que infringeix o anul·la els drets dels ciutadans dels EUA garantits en virtut de la Constitució, el Tribunal Suprem pot declarar l'esmentat tractat inconstitucional, nul i sense efecte. Per descomptat, l'actual Cort Suprema, que es compon de radicals polítics en lloc d'experts judicials constitucionals, no és probable que prengui cap mesura - llevat que es vegi obligada per l'opinió i la demanda del públic. I així, en relació a la seva declaració impresa d'IMPUGNACIÓ de novembre de 1961, segons la qual, "en virtut de l'ARTICLE II, secció 2, incís 2 de la Constitució... aquest tractat (com amb l'ONU) pot signar-se sense restriccions, limitacions, excepcions ni reserves, amb independència del fet que contravé, viola, infringeix o aliena tots els articles de la Constitució. Tot el que cal és que el President i el Senat ratifiquin QUALSEVOL tractat i ja entra en vigor". L'article i la clàusula anteriors igualment no venen sols, sinó que han de ser interpretats a la llum de tota la Constitució. La SEVA interpretació no només fa semblar idiotes als Pares Fundadors i autors de la Constitució, sinó que diu que malgrat el solemne jurament presidencial de lleialtat exigit per l'ARTICLE III, Secció 2a, amb independència de la SOBIRANIA SUPREMA de la Constitució dels EUA, i violant explícitament el llenguatge contingut en l'ARTICLE VI, per exemple, "AQUESTA CONSTITUCIÓ, i les lleis dels Estats Units que s'expedeixin d'acord amb aquesta, i tots els tractats... sota l'autoritat dels Estats Units...", així com totes les resolucions vàlides d'autoritats constitucionals genuïnes en el sentit que qualsevol cosa que vagi en contra de la Constitució dels EUA és nul·la i sense efecte, incloent qualsevol tipus d'actes per part del Congrés; malgrat tot l'anterior. Reitero que la SEVA interpretació afirmaria que no hi ha absolutament CAP garantia constitucional per al poble nord-americà contra els tractats TRAIDORS (que "ajuden i consolen als nostres enemics", segons l'ARTICLE III, Secció 3).

La SEVA interpretació donaria IMMUNITAT completa al signador... d'aquests tractats i constituiria "canviar la Constitució per usurpació", violant la intenció, l'esperit I el text de la Constitució en el seu conjunt.

El president, òbviament, NO és un "agent lliure", en virtut de l'ARTICLE II, secció 2, apartat 2, per fer qualsevol tipus de tractat que li agradi, sinó que està LIMITAT per les cadenes de tota la Constitució. Cap altra cosa té sentit. El fet de signar tractats està subjecte a ser revisats pels tribunals.

És cert que HEM D'EXIGIR l'anul·lació de l'actuació tant del Senat com de Harry S. Truman de la signatura de la Llei de Participació de les Nacions Unides del 1945, en nom dels EUA. Això posaria al món sobre avís que una vegada més vam HONORAR LA NOSTRA PRÒPIA CONSTITUCIÓ (LA CARTA DE LA LLIBERTAT) COM LA LLEI SUPREMA DEL PAÍS, I L'HEM RESTABLERT EN

LA SEVA ANTIGA ADEQUADA POSICIÓ SUPREMA: a més de recuperar la nostra sobirania com república independent d'acord amb la nostra Declaració d'Independència.

Ni hi ha ni mai hi haurà cap veritable Pau, Llibertat, Seguretat ni Protecció per al poble nord- americà en virtut de l'alienígena Carta de les Nacions Unides.

No és "CAP SUBSTITUT" de la independència americana. Molts homes han mort i "els cucs s'els han menjat" per Causes molt menors.

Aleshores, Sr. Newby, vostè i jo tenim un objectiu principal a la vista: FER FORA ELS EUA DE L'ONU, I A LA SUBVERSIVA ONU FORA DELS EUA!

Sincerament seva,
Marilyn R. Allen

Suposo que això gairebé abasta l'engany de la Carta de les Nacions Unides contra la sobirania dels EUA. Ningú hauria de ser capaç d'enganyar-vos de nou respecte a aquest tema. La vostra feina ara és assegurar-vos que els vostres congressistes i senadors siguin educats sobre el tema.

ANEM PER FEINA - JA!

CAPÍTOL 14

UNA PROPOSTA DE MODEL CONSTITUCIONAL PER ALS NOUS-ESTATS D'AMERICA

Preparat durant un període de 10 anys
pel
Centre d'Estudis Democràtics
de Santa Bàrbara, Califòrnia,
amb un cost total a càrrec
dels contribuents nord-americans
de més de
25 milions de dòlars

PREÀMBUL

De manera que puguem ajuntar esforços comuns, donar la benvinguda al futur amb un bon ordre, i crear un govern adequat i auto-reparador - nosaltres, el poble, establirem els Nous-Estats d'Amèrica, disposats a que siguin nostres, i promulgarem la present Constitució, que serà la llei suprema fins que haurà acabat el temps establert per a això.

ARTICLE I
Drets i responsabilitats
A. Drets

SECCIÓ 1 La llibertat d'expressió, de comunicació, de circulació, de reunió, o de petició no podrà ser limitada, excepte en situacions que es declari una emergència.

SECCIÓ 2. L'accés a la informació en poder d'organismes governamentals no podrà ser negat, excepte en interès de la seguretat nacional; però les comunicacions necessàries entre funcionaris per a la presa de decisions seran privilegiades.

SECCIÓ 3. Els comunicadors públics podran negar-se a revelar les seves fonts d'informació, però seran responsables del mal que facin les seves revelacions.

SECCIÓ 4. Es respectarà la privacitat dels individus; els registres i confiscacions només es realitzaran amb mandat judicial; les persones hauran de ser perseguides o interrogades només per a la prevenció de la delinqüència o la detenció dels presumptes delinqüents, i només d'acord a les regles establertes en la legislació.

SECCIÓ 5. No hi haurà discriminació per motius de raça, credo, color, origen o sexe. El Tribunal de Drets i Responsabilitats podrà determinar si la selecció per als diversos llocs de treball ha estat discriminatòria.

SECCIÓ 6. Totes les persones han de tenir la mateixa protecció de les lleis, i en tots els processos electorals el vot de tots els ciutadans elegibles haurà de comptar igual que els dels altres.

SECCIÓ 7. Serà política pública promoure la discussió dels assumptes públics i fomentar les reunions públiques pacífiques per a aquest propòsit. El permís per celebrar aquest tipus de reunions no podrà negar-se, ni mai podrà ser interromput, excepte en cas que es declari una emergència o quedi demostrat que és un perill imminent per a l'ordre públic o hi hagi una ordre judicial.

SECCIÓ 8. La pràctica de la religió tindrà caràcter reservat; però cap religió serà imposada per ningú sobre cap altre, ni cap tindrà suport públic.

SECCION 9. Qualsevol ciutadà podrà comprar, vendre, arrendar, posseir, transmetre i heretar béns mobles i immobles, i beneficiar-se per igual de totes les lleis de seguretat en aquest tipus de transaccions.

SECCIÓ 10. Els que no puguin contribuir a la productivitat, tindran dret a una participació en el producte nacional; però la distribució haurà de ser justa i el total no podrà ser superior a la quantitat disposada per a aquest propòsit al Fons Nacional d'Intercanvi.

SECCIÓ 11 L'ensenyament s'impartirà amb cost públic per aquells que compleixin amb les proves adequades d'elegibilitat.

SECCIÓ 12. Cap persona pot ser privada de la vida, la llibertat o la propietat sense el degut procés legal. No s'expropiarà cap propietat sense compensació.

SECCIÓ 13. Les legislatures definiran els delictes i les condicions requerides per a la retenció, però l'empresonament no serà un càstig; i, quan sigui possible, es procedirà a la preparació per al retorn a la llibertat.

SECCIÓ 14. Cap persona podrà ser jutjada dues vegades pel mateix delicte.

SECCIÓ 15. El recurs de habeas corpus no es podrà suspendre, excepte en cas que es declari una emergència.

SECCIÓ 16. Els processats hauran de ser informats dels càrrecs que hi hagi contra ells, tindran un judici ràpid, tindran una fiança raonable, se'ls permetrà confrontar als testimonis o cridar-ne d'altres, i no

podran ser obligats a declarar contra si mateixos; en el moment de la detenció se'ls informarà del seu dret a guardar silenci i a comptar amb un advocat, proporcionat, en cas necessari, a costa de l'erari públic; i els tribunals tindran en compte l'argument que l'enjudiciament podria estar sota una llei invàlida o injusta.

B. Responsabilitats

SECCIÓ 1 Tota llibertat del ciutadà prescriurà una responsabilitat corresponent a no disminuir la dels altres: d'expressió, comunicació, reunió i petició, per a concedir als altres la mateixa llibertat; de religió, respectant les dels altres; de intimitat, no envaint la dels altres; d'explotació i alienació de béns, l'obligació d'estendre el mateix privilegi als altres.

SECCIÓ 2. Les persones i empreses que es dediquin al servei públic hauran de servir a tothom per igual i sense intencions de tergiversar, d'acord amb les normes que puguin millorar la salut i el benestar.

SECCIÓ 3. La protecció de la llei ha de ser reintegrada amb l'assistència en la seva execució; això inclourà tenir respecte als procediments de la justícia, l'aprehensió dels infractors de la llei i donar testimoni als judicis.

SECCIÓ 4. Tot ciutadà ha de participar en els processos de la democràcia, assistir en la selecció de funcionaris i en el seguiment de la seva conducta en el càrrec.

SECCIÓ 5. Tothom prestarà aquests serveis a la nació quan de manera uniforme siguin requerits per la llei, l'objecció per raons de consciència s'ha de dirimir com es disposa més endavant; i ningú haurà d'esperar ni podrà rebre privilegis especials llevat que siguin a causa d'una utilitat pública definida per la llei.

SECCIÓ 6. Tothom pagarà la part dels costos governamentals conseqüents amb justícia per a tothom.

SECCIÓ 7. Tothom refusarà premis o títols d'altres nacions o dels seus representants amb excepció dels que siguin autoritzats per la llei.

SECCIÓ 8. S'estableix una responsabilitat per evitar la violència i mantenir la pau; per aquesta raó, es limitarà el portar armes a sobre o la possessió d'armes letals es limitarà a la policia, als membres de les forces armades, i a qui s'autoritzi per llei.

SECCION 9. Tothom prestarà assistència en la preservació dels dots de la natura i l'ampliació de l'herència de les generacions futures.

SECCIÓ 10. A aquells que se'ls concedeixi l'ús de terres públiques, aire o aigües tindrà la responsabilitat de l'ús d'aquests recursos per què, si són insubstituïbles, es conservin i, si són reemplaçables, les tornin a deixar tal com estaven.

SECCIÓ 11 Els oficials retirats de les forces armades, de l'administració pública d'alt nivell, i del Senat consideraran el seu servei com una obligació permanent i s'abstindran de participar en cap empresa a la recerca d'obtenir beneficis del govern.

SECCIÓ 12. La concepció o control de dispositius per a la gestió o tecnològics haurà d'establir una responsabilitat pels costos resultants.

SECCIÓ 13. Tots els drets i les responsabilitats definides en el present document seran aplicables a aquell tipus d'associacions de ciutadans que puguin ser autoritzades per llei.

ARTICLE II

Els Nous-Estats

SECCIÓ 1 Hi haurà Nous-Estats, cada un d'ells comprendrà no menys del 5 per cent del total de la població. Els estats existents podran continuar i obtenir la condició de Nou-Estat si la Comissió de Fronteres, la qual es disposa més endavant, així ho decideix. La Comissió es guiarà per a les seves recomanacions en la probabilitat d'establir les condicions per a un govern eficaç. Els estats podran triar per referèndum si continuen en cas que la Comissió recomani el contrari, hauran, però, d'exceptuar totes les obligacions dels Nous-Estats.

SECCIÓ 2. Els Nous-estats tindran constitucions formulades i aprovades pels processos prescrits més endavant.

SECCIÓ 3. Tindran Governadors; legislatures, i planificació dels sistemes administratius i judicials.

SECCIÓ 4. Els seus procediments polítics seran organitzats i supervisats per Supervisors electorals; però no hi haurà eleccions en anys d'elecció presidencial.

SECCIÓ 5. L'aparell electoral del Nous-Estats d'Amèrica estarà disponible per a ells, i podran assignar-se fons segons les normes acordades pel Supervisor nacional; però cap candidat podrà fer despeses si no són aprovades pel Supervisor; i els requisits de residència en un districte electoral seran de només de trenta dies.

SECCIÓ 6. Podran establir-se governs subsidiaris, urbans o rurals, i s'hi podran delegar els poders adequats a les seves responsabilitats.

SECCIÓ 7. Es podran establir, o delegar la imposició d'impostos; però aquests s'hauran d'ajustar a les restriccions establertes més endavant per als Nous-Estats d'Amèrica.

SECCIÓ 8. És podrà no gravar les exportacions, podran no gravar-les amb la intenció d'impedir les importacions, i podran no exigir cap impost prohibit per les lleis dels Nous-Estats d'Amèrica; però els objectes adequats per als impostos hauran d'estar clarament designats.

SECCION 9. Els impostos sobre la terra poden tenir taxes més altes en proporció a les seves millores.

SECCIÓ 10. Seran responsables de l'administració dels serveis públics no reservats al govern dels Nous-Estats d'Amèrica, aquestes activitats seran concertades amb les dels corresponents organismes nacionals, quan existeixin, en virtut d'acords comuns a tots.

SECCIÓ 11 Els drets i responsabilitats que s'indiquen en la present Constitució entraran en vigència als Nous-Estats i seran suspesos només en cas d'emergència quan es declarin pels Governadors i no es desaprovin pel Senat del Nous-Estats d'Amèrica.

SECCIÓ 12. Els poders de la policia dels Nous-Estats s'estendran a tots els assumptes que no estiguin reservats als Nous-Estats d'Amèrica; però els poders reemplaçats no es veuran perjudicats.

SECCIÓ 13. Els Nous-Estats no podran signar cap tractat, aliança, confederació, o acord, si no és aprovat per la Comissió de Fronteres que es disposarà més endavant.

No podran encunyar moneda, disposar el pagament de deutes en cap moneda de curs legal, ni fer cap cobrament pels serveis entre Nous-Estats. No podran promulgar lleis ex post facto o que menyscabin les obligacions dels contractes.

SECCIÓ 14. Els Nous-Estats no podran imposar barreres a les importacions procedents d'altres jurisdiccions ni imposar cap obstacle a la lliure circulació dels ciutadans.

SECCIÓ 15. Si els governs dels Nous-Estats no aconsegueixen dur a terme plenament les seves funcions constitucionals, els seus funcionaris seran amonestats i el Senat els podrà exigir, amb la recomanació del Guardià, renunciar al seu ingrés als Nous-Estats d'Amèrica.

ARTICLE III

La Branca Electoral

SECCIÓ 1 Per organitzar la participació dels electors en la determinació de les polítiques i la selecció dels funcionaris, hi haurà una Branca Electoral.

SECCIÓ 2. Un Supervisor dels procediments electorals serà elegit per majoria al Senat i podrà ser deposat amb dos terços dels vots. Serà deure del Supervisor supervisar l'organització dels partits nacionals i de districte, els arranjaments per a la discussió entre ells, i proveir la nominació i elecció de candidats a càrrecs públics. Així doncs l'oficina del Supervisor no podrà pertànyer a cap organització política; i després de cada elecció presidencial haurà de dimitir del seu càrrec.

SECCIÓ 3. Un partit nacional haurà d'haver tingut almenys una afiliació d'un 5 per cent en l'última elecció general; però es reconeixerà a un nou partit quan les peticions vàlides hagin estat signades per almenys el 2 per cent dels votants en el 30 per cent dels districtes elaborats per la Cambra de Representants. El reconeixement serà suspès a falta d'un augment del 5 per cent dels vots en una segona elecció, del 10 per cent, en una tercera, o del 15 per cent en noves eleccions.

Els partits de Districte seran reconeguts quan almenys el 2 per cent dels votants hagin signat les peticions d'afiliació; però se'ls retirarà el reconeixement en cas de fallar en atraure els mateixos percentatges que són necessaris per a la continuïtat dels partits nacionals.

SECCIÓ 4. El reconeixement del Supervisor haurà de portar als partits dins de les regulacions establertes i els dóna dret als privilegis comuns.

SECCIÓ 5. El Supervisor promulgarà les regles de conducta del partit i vetllarà perquè es mantinguin les pràctiques lleials, i per això designarà diputats a cada districte i en supervisarà l'elecció, al districte i les convencions nacionals, dels administradors del partit. Els reglaments i les cites poden ser recusats pel Senat.

SECCIÓ 6. El Supervisor, amb l'administrador i altres funcionaris, haurà de:

a. Proporcionar els mitjans per a la discussió, en cada partit, dels assumptes públics, i per això, assegurar que els membres disposin d'instal·lacions adequades per a la participació.

b. Encarregar-se de la discussió, en les reunions anuals del districte, de les opinions del president, de les conclusions de la Branca de Planificació, i qualsevol altra informació que pugui ser pertinent per al debat polític il·lustrat.

c. Organitzar, el primer dissabte de cada mes, la inscripció, vàlida per un any, dels votants en els llocs convenients.

SECCIÓ 7. El Supervisor també haurà de:

a. Ajudar als partits en la designació de candidats per als

membres del districte de la Cambra de Representants cada tres anys; i per a això designarà un centenar de districtes, cadascun amb un nombre similar de votants elegibles, redefinirà els districtes després de cada elecció. En ells hi haurà convencions dels partits que no tinguin més de tres-cents delegats, per què la distribució de la representació dels votants sigui aproximadament igual.

Els candidats a delegats podran ser elegibles mitjançant la presentació de peticions signades per dos-cents votants registrats. Seran elegits pels membres del partit el primer dimarts de març, els que tinguin el major nombre de vots seran triats fins arribar als tres-cents. També han de ser elegits deu suplents pel mateix procés.

Les Convencions Districte es celebraran el primer dimarts d'abril. Els delegats elegiran tres candidats per formar part de la Cambra de Representants, els tres que tinguin la majoria de vots es convertiran en candidats.

b. Encarregar-se de l'elecció cada trienni de tres membres de la Cambra de Representants de cada districte, d'entre els candidats elegits a les convencions dels partits, seran escollits els tres que tinguin la majoria dels vots.

SECCIÓ 8. El Supervisor també haurà de:

a. Encarregar-se de que les convencions nacionals es facin cada nou anys després de les eleccions presidencials anteriors, amb igual nombre de delegats de cada districte, el nombre total no podrà excedir de mil.

Els candidats a delegats podran ser escollits quan hagin presentat les peticions signades per cinc- cents votants registrats. Els que tinguin el major nombre de vots, juntament amb dos suplents, sent aquests els següents en nombre de vots, seran elegits en cada districte.

b. Aprovar els procediments en aquestes convencions per a l'elecció d'un centenar de candidats per a ser vocals de la Cambra de Representants, el mandat coincidirà amb el del president.

A aquest efecte, els delegats hauran de presentar una opció amb funcionaris de la convenció. La votació de les propostes haurà de continuar fins arribar al 10 per cent, però no podran ser residents més de tres candidats en cada districte; si algun districte en tingués més de tres, els que tinguessin menys vots serien eliminats, altres s'afegirien als districtes que tenen menys de tres, fins a aconseguir la igualtat. Dels afegits, els que tinguessin el major nombre de vots serien elegits en primer lloc.

c. Organitzar els procediments per a la consideració i aprovació dels objectius del partit per la convenció.

d. Formular normes per a la presentació de candidatures en aquestes convencions de candidats a president i vicepresident quan els càrrecs hagin quedat vacants, els candidats a la nominació podran ser reconeguts quan un centenar de delegats o més n'hagin presentat les peticions, es comprometrà a seguir donant suport als candidats fins que ja no puguin guanyar o fins que consentin en retirar-se. Els Presidents i Vicepresidents, juntament amb els representants en general, seran sotmesos a referèndum després de servir durant tres anys, i si són rebutjats, els nous convenis se celebraran passat un mes i els candidats seran elegits per ocupar els càrrecs vacants.

Els candidats a President i Vicepresidents seran nomenats en aconseguir la majoria.

e. Encarregar-se que les eleccions es facin el primer dimarts de juny, els anys pertinents, per als nous candidats a President i Vicepresidents, i vocals de la Cambra de Representants, tots seran presentats als votants de la nació en llistes; Si cap llista aconsegueix la majoria, el supervisor haurà de concertar una nova elecció, el tercer dimarts de juny, entre les dues persones que obtinguin el major nombre de vots; i si així ho determina el referèndum es disposarà un sistema similar per a la nominació i elecció dels candidats.

En aquestes eleccions, prevaldrà qui obtingui la majoria dels vots.

SECCIÓ 9 El Supervisor també haurà de:

a. Encarregar-se de la convocatòria de les cambres legislatives nacionals el quart dimarts del mes de juliol.

b. Encarregar-se de la presa de possessió del President i dels Vicepresidents, el segon dimarts del mes d'agost.

SECCIÓ 10. Tots els costos dels procediments electorals es pagaran a càrrec dels fons públics, i no hi haurà cap mena de contribucions privades als partits o candidats; no s'efectuaran contribucions ni despeses per a reunions, convencions, o campanyes; i cap candidat a un càrrec podrà fer cap despesa personal sense l'autorització expressa d'una regla uniforme del Supervisor; i les persones o despeses del grup de decisions, directa o indirectament, en suport dels possibles candidats hauran d'informar al Supervisor i ajustar-se als reglaments.

SECCIÓ 11 Les despeses del Poder Electoral es sufragaran mitjançant l'addició d'un u per cent a la xarxa de devolucions d'ingressos imposables anuals dels contribuents, aquesta suma, la reservarà el Canceller d'Afers Financers per ser posada a disposició del Supervisor.

Els fons seran distribuïts als partits en proporció al respectiu nombre de vots emesos a favor del president i els governadors en l'última elecció, llevat que els nous partits, en ser reconeguts, comparteixin en proporció el seu nombre. Els Administradors dels partits faran les assignacions als candidats legislatius en quantitats proporcionals als vots del partit en l'última elecció. Les despeses hauran de ser auditades pel Supervisor; i les quantitats no gastades durant els quatre anys seran retornats a la Tresoreria. Serà condició per a totes les franquícies de comunicacions que hauran de tenir disponibles instal·lacions raonables per a les assignacions del Supervisor.

ARTICLE IV

La Branca de Planificació

SECCIÓ 1 Hi haurà una Branca de Planificació per formular i administrar els pressupostos per als usos dels ingressos previstos a la recerca de les polítiques formulats pels processos que preveu aquest document.

SECCIÓ 2. Hi haurà un Consell Nacional de Planificació de quinze membres nomenats pel President; els primers membres hauran de tenir uns terminis designats pel President d'entre un a quinze anys a partir de llavors es nomenarà un cada any; el President nomenarà un President que exercirà les seves funcions durant quinze anys tret que ell els tregui del càrrec.

SECCIÓ 3. El President nomenarà i supervisarà, un administrador de planificació, juntament amb els diputats que puguin ser acordats per la Junta.

SECCIÓ 4. El President presentarà a la Junta plans de desenvolupament d'entre sis i dotze anys preparats pel personal de planificació. Es revisaran tots els anys després de les audiències públiques, i finalment l'any abans que es portin a terme. Aquests controls s'han de presentar al President el quart dimarts de juliol per a la seva remissió al Senat l'1 de setembre amb els seus comentaris.

Si els membres de la Junta no aconsegueixen aprovar el pressupost del projecte abans de la data d'execució, el President de la Junta, però, podrà presentar-lo al President amb anotacions de reserva per aquests membres, el President remetrà aquesta proposta, amb les seves observacions, a la Cambra de Representants l'1 de setembre.

SECCIÓ 5. S'ha de tenir en compte que els plans de desenvolupament d'entre sis i dotze anys representen intencions nacionals temperades per la valoració de les possibilitats. El pla de dotze anys ha de ser una estimació general dels progressos probables, tant oficials com privats; el pla de sis anys serà més específic pel que fa als ingressos i despeses previstes i tindrà en compte les revisions necessàries.

L'objectiu serà fer avançar, a través de totes les agències de govern, l'excel·lència de la vida nacional. La finalitat addicional serà anticipar les innovacions, per estimar el seu impacte, per assimilar les institucions existents, i per moderar els efectes nocius sobre el medi ambient i la societat.

Els plans d'entre sis i dotze anys es difondran per a la seva discussió i les opinions expressades seran considerades en la formulació de plans per a cada any successiu, amb especial atenció als detalls al proposar el pressupost.

SECCIÓ 6. Per a ambdós plans s'efectuarà cada any en el futur una pròrroga d'un any i es revisarà d'acord amb les previsions per a la resta d'anys. Per a les activitats no governamentals es calcularà l'estimació de l'evolució per indicar-ne la necessitat de la seva ampliació o restricció.

SECCIÓ 7. Si hi ha objeccions del President o del Senat als plans de sis o dotze anys, hauran de ser retornats per a ser estudiats i presentats de nou. Si encara hi haguessin diferències, i si el President i el Senat hi estan d'acord, prevaldrà. Si no hi estan d'acord, el Senat prevaldrà i el pla, en conseqüència, haurà de ser revisat.

SECCIÓ 8. Els Nous-Estats, l'1 de juny, presentaran propostes per al desenvolupament que hauran de ser considerades per a la seva inclusió en les dels Nous-Estats d'Amèrica. Les investigacions i l'administració hauran de ser delegades, quan sigui convenient, als organismes de planificació dels Nous- Estats.

SECCIÓ 9. Hi haurà comunicacions dels particulars o d'associacions organitzades afectades amb un interès públic, tal com ho defineixi la Junta. S'avisarà de les intencions d'expandir o contraure, les estimacions de la producció i la demanda, els usos probables dels recursos, les xifres previstes per a ser emprades, i altra informació essencial.

SECCIÓ 10. La Branca de Planificació haurà de realitzar i tindrà la custòdia dels mapes oficials, i aquests seran els documents de referència per a futurs desenvolupaments, tant públics com privats; en ells hi constaran la ubicació de les instal·lacions, amb l'extensió indicada, i l'ús previst de totes les àrees.

Els mapes Oficials també els posseiran les agències de planificació dels Nous-Estats, i el Consell Nacional de Planificació podrà basar-se en ells en qüestions no exclusivament nacionals.

Les empreses que violin la designació oficial ho faran per compte i risc del participant, i no hi haurà cap recurs; però les pèrdues de designacions després de l'adquisició seran recuperables recorrent davant del Tribunal de Reclamacions.

SECCIÓ 11 La Branca de Planificació tindrà a la seva disposició fons iguals a la meitat de l'u per cent del pressupost nacional aprovat (sense incloure els serveis de deute o pagaments de fons fiduciaris). Els tindrà dipositats el Canceller d'Afers Financers i es gastaran d'acord amb les regles aprovades per la Junta; però els fons no gastats en sis anys hauran d'estar disponibles per a altres usos.

SECCIÓ 12. Les agències de planificació dels Nous-Estats podran disposar d'assignacions; però només els mapes i plans de la Junta nacional, o els aprovats per ells, tindran estatut legal.

SECCIÓ 13. Al fer plans, es tindrà el degut respecte als interessos d'altres nacions i a la cooperació amb les seves intencions que puguin ser aprovades per la Junta.

SECCIÓ 14. També hi podrà haver cooperació amb organismes internacionals i contribucions al seu treball que no desaprovi el President.

ARTICLE V
La Presidència

SECCIÓ 1 El President dels Nous-Estats d'Amèrica serà el cap de govern, modelador dels seus compromisos, expositor de les seves polítiques, i el comandant suprem de les forces de protecció; tindrà un mandat de nou anys, llevat que sigui rebutjat pel 60 per cent de l'electorat després de tres anys; haurà de vetllar per què els recursos del país es pressupostin i es distribueixin segons les seves necessitats més urgents; recomanarà els plans, legislació i mesures que siguin necessàries; i cada any tindrà al corrent als legisladors sobre l'estat de la nació, els instarà a fer la seva part per al bé general.

SECCIÓ 2. Hi haurà dos Vicepresidents elegits amb el President; en el moment d'assumir el càrrec, el President designarà un Vicepresident per supervisar els assumptes interns; i l'altre per als assumptes generals. El diputat d'assumptes generals serà el successor si la presidència queda vacant; el Vicepresident d'assumptes interns serà segon en la successió. Si o bé morís el Vicepresident o el President quedés incapacitat, amb el consentiment del Senat, es nomenarà un successor. Els Vicepresidents exerciran i estendran les funcions de les seves tasques durant un termini que decidirà el President.

Si la presidència queda vacant per la incapacitat de tots dos Vicepresidents, el Senat elegirà els successors d'entre els seus membres per ocupar els càrrecs fins a la propera elecció general. Amb els Vicepresidents i altres funcionaris el President haurà de tenir cura que les lleis s'executin fidelment i prestarà atenció a les conclusions i recomanacions de la Junta de Planificació, la Junta Nacional de Regulació i al Supervisor en la formulació de les polítiques nacionals.

SECCIÓ 3. El Vicepresident d'Assumptes Generals serà responsable de que hi hagi Cancellers d'Exteriors, Financers, Legals i d'Assumptes Militars. El Canceller d'Afers Exteriors assistirà en la realització de les relacions amb altres nacions.

El Canceller d'Afers Financers supervisarà els sistemes financers i monetaris de la nació, la regulació dels mercats de capitals i les institucions d'emissió de crèdit, ja que poden ser establertes per llei; i això inclourà les institucions de crèdit per a les operacions en altres nacions o en cooperació amb elles, amb les excepcions que els tractats puguin determinar en els seus propòsits i normes.

El Canceller d'Afers Jurídics assessorarà als organismes governamentals i els representarà davant els tribunals.

El Canceller d'Afers Militars actuarà per a la presidència en l'eliminació de totes les forces armades, excepte la milícia comandada pels governadors; però aquesta haurà d'estar disponible per al servei nacional quan convingui al President.

Excepte en situacions en que es declari una emergència, el desplegament de forces en aigües llunyanes o en altres nacions sense el seu consentiment es notificarà amb antelació a un comitè de seguretat nacional del Senat que es disposarà més endavant.

SECCIÓ 4. El Vicepresident d'Afers Interns serà responsable de que hi hagi cancellers per a aquests departaments quan el President ho pugui trobar necessari per a la realització dels serveis del govern i no siguin rebutjats per dos terços dels vots quan es consideri el següent pressupost.

SECCIÓ 5. Els candidats a la presidència i a les vicepresidències seran ciutadans nascuts al país, la seva adequació podrà ser qüestionada pel Senat dins dels deu dies següents a la seva designació, i si dues terceres parts de la totalitat hi està d'acord, no serà elegible i es tornarà a convocar una convenció de nominació. En el moment de la seva nominació cap candidat serà membre del Senat ni estarà en servei actiu a les forces armades ni serà un alt funcionari.

SECCIÓ 6. El President podrà prendre's llicència per malaltia o durant un interval de descans, i serà substituït pel Vicepresident encarregat d'Assumptes Generals. El President pot renunciar si el Senat hi està d'acord; i, si falten més de dos anys per a acabar el mandat, el Supervisor encarregarà unes eleccions especials per a President i Vicepresidents.

SECCIÓ 7. Als Vicepresidents se'ls podrà encarregar realitzar tasques com ara ministerials, si el President ho troba convenient; però les seves instruccions hauran de ser registrades, i les seves accions es consideraran com del seu càrrec.

SECCIÓ 8. Es podrà establir la incapacitació sense la concurrència del President amb el vot de les tres quartes parts del Senat, de manera que el seu successor serà nomenat President Interí fins que es declari la invalidesa, per una votació similar, per ser cessat o haver-se convertit en permanent. De la mateixa manera l'altre Vicepresident el succeirà si un predecessor morís o fos inhabilitat. En aquestes contingències, el Senat podrà convocar eleccions especials.

El President interí podrà designar diputats, tret de que el Senat s'hi oposi, perquè assumeixin les seves funcions fins a les properes eleccions.

SECCIÓ 9. Els Vicepresidents, juntament amb altres funcionaris que el President podrà designar de tant en tant, podran constituir un gabinet o consell; però això no inclourà funcionaris d'altres branques.

SECCIÓ 10. Els tractats o acords amb altres nacions, negociats sota l'autoritat del President, entraran en vigor llevat que una majoria del Senat s'hi oposi dins d'un termini de noranta dies. Si s'hi oposa, el President podrà tornar a presentar-los i el Senat reconsiderar-los. Si encara s'hi oposa una majoria, el Senat haurà de prevaler.

SECCIÓ 11 Tots els funcionaris, llevat dels d'altres branques, seran designats i podran ser destituïts pel President. Una majoria del Senat podrà oposar-se al nomenament dins d'un termini de seixanta dies, i s'oferiran candidats alternatius fins que s'hi estigui d'acord.

SECCIÓ 12. El President informarà a la Junta de Planificació i a la Cambra de Representants, el quart dimarts de juny, de quines seran les despeses màximes admissibles per a l'any fiscal següent.

El President podrà determinar realitzar inversions amb menys crèdits dels previstos; però, excepte en situacions d'emergència declarada, no se'n farà cap excedint els crèdits. La reducció serà a causa de canvis en els requisits i no serà susceptible menyscabar la integritat dels procediments pressupostaris.

SECCIÓ 13. Hi haurà un Custodi Públic, designat pel President i destituït per ell, que tindrà al seu càrrec les propietats pertanyents al govern, però no assignades a les agències específiques que gestionin serveis públics comuns, tindrà al seu càrrec la construcció d'edificis i els lloguers, i tindrà altres funcions que puguin ser designades pel President o els Vicepresidents designats.

SECCIÓ 14. Hi haurà un Intendent responsable del President, que supervisarà les oficines d'Intel·ligència i Recerca; també una Oficina d'Organització d'Emergències amb el deure de proporcionar els plans i procediments per a aquestes contingències quan puguin ser anticipades.

L'Intendent també donarà suport a corporacions autònomes sense ànim de lucre (o fundacions), llevat que el President s'hi oposi, determinant ell que siguin d'utilitat pública. Aquestes empreses estaran exemptes del pagament d'impostos, però hauran de ser empreses sense ànim de lucre.

SECCIÓ 15. L'Intendent també serà conseller per a la coordinació d'experiments científics i culturals, i per a estudis dins del govern i en altres llocs, i per a això farà servir l'assistència que pugui considerar-se necessària.

SECCIÓ 16. Per a altres propòsits poden ser establerts i es poden suspendre Ministeris per ordre presidencial dins dels fons assignats en els procediments d'apropiació.

ARTICLE VI

La Branca Legislativa

(El Senat i la Cambra de Representants)

A. El Senat

SECCIÓ 1 Hi haurà un Senat composat per membres de la següent manera: Si així ho desitgen, Expresidents, Vicepresidents, Jutges Principals, Supervisors, Presidents dels Consells de Planificació i Supervisió, Governadors que hagin estat en servei més de set anys, i els candidats no seleccionats a la presidència i vice-presidència que hagin rebut almenys el 30 per cent dels vots. Per ser designats pel President, tres persones que hagin estat Cancellers, dos funcionaris de l'administració pública, dos funcionaris dels serveis diplomàtics, dos oficials militars d'alt rang, també a una persona d'un grup de tres, elegits en un procés aprovat pel Supervisor, per cada un dels dotze grups o associacions que el President pugui reconèixer de tant en tant per ser representatius a nivell nacional, però cap serà un grup polític o religiós, cap individu seleccionat podrà ser pagat per un interès privat per a influir al govern, i cap associació serà reconeguda si el Senat s'hi oposa. De la mateixa manera, per a ser nomenat pel Jutge Principal, dues persones distingides en dret públic i dos ex membres de les Altes Corts o del Consell de la Judicatura. A més, per ser elegits per la Cambra de Representants, tres membres que hagin exercit sis anys o més.

Les vacants es cobriran a mesura que es produeixin.

SECCIÓ 2. Els càrrecs seran vitalicis, a excepció d'absències no previstes en el Reglament que constituirien jubilacions, i de senadors que puguin jubilar-se voluntàriament.

SECCIÓ 3. El Senat triarà com president un Coordinador que exercirà el càrrec durant dos anys, el servei del qual podrà ser interromput per una majoria de vots. Altres oficials, incloent un Adjunt, seran nomenats pel Coordinador llevat que el Senat s'hi oposi.

SECCIÓ 4. El Senat es reunirà en sessió permanent cada any el segon dimarts de juliol, però el Coordinador podrà suspendre les sessions. El quòrum serà de més de tres cinquenes parts de tots els membres.

SECCIÓ 5. El Senat haurà de considerar, i retornar en el termini de trenta dies, totes les mesures aprovades per la Cambra de Representants (llevat del pressupost anual). L'aprovació o desaprovació es decidirà per una majoria de vot dels presents. L'objecció prevaldrà llevat que la Cambra de Representants la superi per majoria de vots més un; si no es realitza cap canvi, l'aprovació de la Cambra de Representants serà definitiva.

Per a l'examen de les lleis aprovades per la Cambra de Representants o per a altres fins, el Coordinador podrà nomenar comitès apropiats.

SECCIÓ 6 El Senat pot demanar consell al Jutge Principal sobre la constitucionalitat de les mesures que se li presentin; i si així es fa, el temps per al retorn a la Cambra de Representants es pot estendre fins a noranta dies.

SECCIÓ 7. En cas necessari, el Senat pot assessorar al President en assumptes d'interès públic; o, si no se sol·licita, la resolució pot ser aprovada per dos terços dels presents. Hi haurà un deure especial amb les expressions de preocupació durant les convencions i compromisos adquirits durant les campanyes dels partits; i si aquestes son menyspreades, es podrà recordar al President i a la Cambra de Representants que aquestes qüestions haurien de ser considerades.

SECCIÓ 8. En temps de perill present o futur causat per un cataclisme, per un atac, o una insurrecció, el Senat pot declarar una emergència nacional i podrà autoritzar al President a prendre les mesures adequades Si el Senat es dispersa, i no hi hagués disponible quòrum, el President pot proclamar l'emergència, i pot donar-la per acabada llevat que hagi actuat el Senat. Si el President no estigués disponible, i les circumstàncies fossin extremes, el membre en actiu d'alt nivell successor presidencial pot actuar fins que hi hagi quòrum.

SECCION 9. El Senat també podrà definir i declarar una emergència limitada si es preveu un perill o un desastre local o regional, o si s'anticipa un benefici extraordinari. Això serà considerat per la Cambra de Representants dins de tres dies, i, llevat que es desaprovi, es podrà estendre durant un període determinat i per a un àrea limitada abans de la renovació.

Durant les emergències, la Cambra de Representants amb la

concurrència del President, podrà aprovar despeses extraordinàries sense tenir en compte els procediments habituals de pressupost.

SECCIÓ 10. El Senat, al començament de cada sessió, elegirà tres dels seus membres per què constitueixin un Comitè de Seguretat Nacional per a ser consultat pel President en casos d'emergència que requereixin el desplegament de les forces armades a l'estranger. Si el Comitè dissenteix de la proposta del President, s'haurà d'informar al Senat, la decisió del qual serà definitiva.

SECCIÓ 11 El Senat podrà elegir, o podrà destituir, a un Supervisor Nacional, i supervisarà, a través d'un comitè permanent, un servei de supervisió portat a terme d'acord amb les regles formulades per a la seva aprovació.

Amb l'ajuda de personal adequat el Supervisor haurà de recopilar i organitzar la informació relativa a la idoneïtat, competència i integritat de les agències governamentals i el seu personal, així com la seva contínua utilitat; i suggerirà també la necessitat de crear serveis nous o l'ampliació dels ja existents, informant en relació amb qualsevol agència de l'efecte nociu de les seves activitats en els ciutadans o en el medi ambient.

El Supervisor tramitarà les peticions per a la reparació de greuges i assessorarà als testimonis examinats, les auditories posteriors realitzades i la informació requerida. El Coordinador haurà de presentar els resultats del Supervisor al Senat, i si es considera que és d'interès públic, es farà públic o, sense que es facin públics, s'enviaran a l'agència apropiada per a la seva orientació i es prenguin les mesures que calguin. Per recomanació del Supervisor, el Senat pot iniciar mesures correctives perquè es votin a la Cambra de Representants dins d'un termini de trenta dies. Un cop aprovades per majoria i no sent vetades pel President, es convertiran en llei. El Canceller d'Afers Financers reservarà un quart de l'u per cent dels ingressos gravables nets individuals per al servei de supervisió; però les quantitats no gastades en un exercici fiscal hauran d'estar disponibles per al seu ús general.

B. La Cambra de Representants

SECCIÓ 1 La Cambra de Representants serà el cos legislatiu original dels Nous-Estats d'Amèrica.

SECCIÓ 2. Es convocarà cada any el segon dimarts de juliol i romandrà en sessió contínua, excepte que les sessions siguin suspeses per un Portaveu, elegit per majoria de vots entre els Representants - en general-, que en serà el president.

SECCIÓ 3. Serà un deure aplicar les disposicions d'aquesta Constitució i, durant la legislatura guiar-se per elles.

SECCIÓ 4. Els líders dels partits i els seus suplents seran elegits pel comitè al començament de cada sessió.

SECCIÓ 5. Les comissions permanents i temporals seran elegides de la següent manera:

Els comitès que s'ocupin de l'agenda i gestió dels projectes de llei tindran una majoria de membres nominats a les assembles electorals del partit pel Portaveu; els altres membres seran nomenats pels líders de la minoria que correspondran a les proporcions de les parts en les últimes eleccions. Si les nominacions no poden ser aprovades per una majoria de la bancada, el Portaveu o els líders de les minories en nomenaran d'altres fins que s'aprovi per majoria.

Els membres d'altres comitès seran elegits pel comitè del partit en proporció als resultats de les últimes eleccions. Els Presidents seran elegits anualment d'entre els membres en general.

Els programes elaborats pels comitès hauran de ser retornats a la Cambra amb les recomanacions dintre d'un termini de seixanta dies llevat que la Cambra voti fer una extensió.

Es registraran tots els noms dels que votin, a favor i en contra de les accions dels comitès. El president del comitè no podrà exercir més de sis anys.

SECCIÓ 6. Un cop aprovada la legislació, si no és objectada pel Senat dins del temps assignat, serà presentada al President per a la seva aprovació o desaprovació. Si el president la desaprova, i tres quartes parts dels membres de la Càmera encara l'aprova, es convertirà en llei. S'hauran de registrar els noms dels que votin en contra. Els programes que no es retornin passats onze dies es convertiran en llei.

SECCIÓ 7. El President podrà disposar de trenta dies per a considerar les mesures aprovades per la Cambra tret que s'hagin presentat dotze dies anteriors a la suspensió.

SECCIÓ 8. La cambra haurà de considerar sense dilació els pressupostos anuals; si hi ha objeccions, es notificaran a la Junta de Planificació; La Junta haurà de tornar a enviar-los a través del President; i, amb els seus comentaris, es tornaran a la Cambra. Si encara hi haguessin objeccions per majoria de dos terços, la Cambra prevaldrà. Les objeccions hauran de ser de tot el títol; els títols no objectats a la votació es consideraran aprovats.

El pressupost per l'any fiscal entrarà en vigor l'1 de gener. Els Títols sobre els que encara no s'hagin pronunciat tornaran a estar com en l'anterior pressupost fins a completar-se l'acció.

SECCIÓ 9. Serà deure de la Cambra elaborar les lleis relatives als impostos.

1. Per al seu establiment i recaudació:
   a. Hauran de ser uniformes, i no seran retroactives.
   b. Excepte quan pugui ser autoritzat per llei sent establert per les autoritats, o pels Nous-Estats, tots els cobraments hauran de ser realitzats per un organisme nacional d'ingressos. Això inclourà els cobraments dels fons fiduciaris autoritzats més endavant.
   c. A excepció dels gravàmens corporatius que establirà el Fons Nacional d'Intercanvi, d'ara endavant autoritzat, els impostos podran ser cobrats només als individus, i només a partir dels ingressos; Però podrà haver-hi una retenció sobre les rendes actuals.
   d. Per ajudar al manteniment de l'estabilitat econòmica, el President podrà ser autoritzat a alterar les taxes per ordre executiva.
   e. Aquestes s'imposaran a empreses amb ànim de lucre o es dirigiran a institucions religioses o altres organitzacions sense ànim de lucre.
   f. No n'hi haurà cap per a aliments, medicines, lloguers residencials o béns i serveis designats per la llei com una necessitat; i no hi haurà doble imposició.
   g. No s'imposarà per al registre de la propietat o la transferència de la propietat.
2. Per a les despeses dels ingressos:
   a. Als efectes descrits en el pressupost anual, llevat objecció feta pel procediment prescrit en el present document.
   b. Per a altres fins que la Cambra pugui indicar i exigir a la Junta de Planificació que inclogui en revisar el pressupost; però, excepte en situacions d'emergència declarada, el total no podrà excedir l'estimació del President dels fons disponibles.
3. Per a fixar el percentatge dels ingressos nets imposables corporatius s'hauran de dipositar en un Fons Nacional d'Intercanvi que s'establirà amb la custòdia del Canceller d'Afers Financers i posats a disposició amb fins ambientals i de benestar que estiguin autoritzades per la llei.
4. Per establir la regulació del comerç amb altres nacions i entre els Nous-Estats, les possessions, els territoris; o, com s'establiran de comú acord, amb altres governs organitzats; però les exportacions no seran gravades; i les importacions no estaran gravades excepte amb la recomanació del President amb taxes de variacions permissibles que hagin

estat fixades per llei. No hi haurà quotes, i cap nació serà afavorida amb tarifes especials, llevat per lleis especials que requeriran la majoria de dos terços.

5. Per establir, o disposar la creació d'institucions per a la custòdia dels estalvis, per al cobrament i distribució del capital, per a l'emissió de crèdit, per a la regulació de l'encunyació de monedes, per al control dels mitjans d'intercanvi, i per a l'estabilització preus; però aquest tipus d'institucions, quan no siguin públiques o semipúbliques, es consideraran com afectades per l'interès públic i seran supervisades pel Canceller d'Afers Financers.

6. Per establir institucions d'assegurances contra els riscos i responsabilitats per a les comunicacions, el transport, i altres d'ús comú i necessari per a la comoditat del públic.

8. Per ajudar en el manteniment de l'ordre mundial i, per a aquest fi, quan el President ho recomani, conferir la competència a les agències legislatives, judicials, administratives o internacionals.

9. Per desenvolupar amb altres pobles, i per al benefici de tots, els recursos de l'espai, dels altres cossos de l'univers i dels mars més enllà de dotze milles de les costes de baixamar llevat que els tractats estableixin altres límits.

10. Per ajudar els altres pobles que no hagin assolit nivells satisfactoris de benestar; delegar l'administració dels fons d'assistència, sempre que sigui possible, als organismes internacionals; i per invertir o contribuir a la promoció del desenvolupament en altres parts del món.

11. Per assegurar, o per ajudar a garantir, instal·lacions adequades i equitatives per a l'educació; per a la formació en ocupacions ciutadanes que podran instal·lar-s'hi per perseguir-ho; i per reeducar i reciclar a aquells les ocupacions dels quals poden haver quedat obsoletes.

12. Per establir o ajudar a les institucions dedicades a l'ensenyament superior, la investigació o la formació tècnica.

13. Per establir i mantenir, o ajudar en el manteniment, de biblioteques, arxius, monuments i altres llocs d'interès històric.

14. Per ajudar en l'avanç de les ciències i les tecnologies; i per fomentar les activitats culturals.

15. Per conservar els recursos naturals mitjançant la compra, per l'abandonament del seu ús, o per la regulació; proporcionar o ajudar a proporcionar, instal·lacions per a l'esbarjo; per establir i mantenir parcs, boscos, àrees silvestres, aiguamolls i praderies; per millorar els rierols i altres aigües; per assegurar la puresa de l'aire i de l'aigua; per controlar l'erosió dels sòls; i preveure tot el necessari per a la protecció i l'ús comú

de l'herència nacional.

16. Per adquirir la propietat i les millores per a l'ús públic en els costos que es fixin, si s'escau, pel Tribunal de Reclamacions.

17. Per evitar la paralització o destorb dels procediments governamentals, o altres activitats afectades amb un interès públic tal com ho defineix la llei, en raó dels conflictes entre empresaris i treballadors, o per altres raons, i per aquest propòsit preveure l'arbitratge concloent si falla la provisió adequada per a la negociació col·lectiva. D'aquestes troballes pot haver apel·lació davant el Tribunal d'Arbitratge de Revisió; però aquest tipus de procediments no podran suspendre l'acceptació dels resultats.

18. Per donar suport a una administració pública adequada per a l'exercici de les funcions que li siguin designades pels administradors; i per a aquest propòsit s'abstingui d'interferir en els processos de nomenament o assignació, demanar consell o testimoni davant comitès només amb el consentiment dels superiors corresponents.

19. Per preveure el manteniment de les forces armades.

20. Per dictar les mesures necessàries per ajudar a les famílies a fer l'ajust de les condicions futures, utilitzant les estimacions relatives a la població i als recursos de la Junta de Planificació.

21. Per votar dins dels noranta dies les mesures que el President pugui designar com urgents.

ARTICLE VII

La Branca Reguladora

SECCIÓ 1 Hi haurà d'haver una branca Reguladora, i hi haurà un Regulador Nacional elegit per majoria de vots del Senat i destituïble pel vot de dues terceres parts d'aquest cos. La seva durada serà de set anys, i establirà i administrarà les regles per a la conducta de totes les empreses econòmiques.

La Branca Reguladora tindrà agències com ara el Consell si ho considera necessari i no són rebutjades per cap llei.

SECCIÓ 2. El Consell Regulador estarà constituït per disset membres recomanats al Senat pel Regulador. Tret que siguin rebutjats per majoria de vots, actuaran amb el Regulador com a òrgan legislatiu per a la indústria.

Tindran inicialment terminis d'un a disset anys, seran reemplaçats cada any i exerciran durant disset anys. Seran remunerats i no tindran cap altra ocupació.

SECCIÓ 3. D'acord amb els procediments aprovats per la Junta, el

Regulador haurà de patrocinar a totes les corporacions o empreses, llevat de les exemptes per grandària o altres característiques, o les supervisades pel Canceller d'Afers Financers, o per l'Intendent, o aquelles la activitat de les quals es limiti a un Nou-Estat.

Les empreses patrocinades hauran de descriure les activitats proposades, i sortir-se d'aquestes requerirà modificació sota pena de revocació. A aquest efecte hi haurà serveis d'investigació i d'aplicació, sota la direcció del Regulador.

SECCIÓ 4. Les empreses patrocinades amb industries o ocupacions similars podran organitzar Autoritats conjuntes. Aquestes podran formular codis entre si per garantir una competència lleial, conèixer els costos externs, establir normes de qualitat i servei, ampliar el comerç, augmentar la producció, eliminar els residus, i ajudar en la normalització. Les Autoritats podran mantenir serveis d'ús comú per a la investigació i la comunicació; però la participació estarà oberta a totes les empreses elegibles. A les que no siguin membres se'ls exigirà mantenir les mateixes normes que les establertes per a les membres.

SECCIÓ 5. Les Autoritats caldrà que regeixin cinc comissions, dos hauran de ser nomenades pel Regulador per representar al públic. Elles faran el que ell determini; haurann de rebre una remuneració ; i ell tindrà cura que no hi hagi conflictes d'interessos. La Junta pot aprovar o prescriure normes per a la distribució d'utilitats als accionistes, les quantitats permeses de capital de treball i reserves. Supervisarà el càlcul dels costos i totes les altres pràctiques que afectin l'interès públic.

Tots els codis hauran de ser objecte de revisió pel Regulador amb el seu Consell.

SECCIÓ 6. Les empreses membres d'una Autoritat estaran exemptes d'una altra norma.

SECCIÓ 7. El Regulador, amb el seu Consell, fixarà les normes i procediments per a les fusions d'empreses o l'adquisició d'unes per altres; i aquestes seran efectives si no són rebutjades pel Tribunal d'Assentaments Administratius. L'objectiu serà fomentar l'adaptació al canvi i a altres intencions aprovades per la nació.

SECCIÓ 8. Els patrocinis a les empreses podran ser revocats i les Autoritats les podran dissoldre mitjançant el Regulador, amb l'acord de la Junta, si restringeixen la producció de béns i serveis, o els controls dels seus preus; També si els costos externs no s'avaluen als originals o si els impactes ecològics de les seves operacions són perjudicials.

SECCIÓ 9. Les operacions que s'estenguin a l'estranger hauran de complir amb les polítiques notificades al Regulador pel President; i ell haurà de restringir o controlar les activitats quan semblin lesionar l'interès nacional.

SECCIÓ 10. El Regulador fixarà les regles per els mercats de béns i serveis i les supervisarà; però això no inclourà intercanvis de seguretat regulats pel Canceller d'Afers Financers.

SECCIÓ 11 La designació de les empreses afectades amb un interès públic, les regles de conducta de les empreses i de les seves Autoritats, i altres accions del Regulador o de les Juntes podran ser apel·lades davant del Tribunal d'Acords Administratius, les sentències seran informades amb la intenció d'establir justícia per als consumidors i als competidors i l'estabilitat en els assumptes econòmics.

SECCIÓ 12. Responsabilitat també del Regulador, hi haurà una Comissió d'Operacions designada pel Regulador, llevat que el Senat s'hi oposi, per a la supervisió de les empreses propietat del govern en la seva totalitat o en part. La comissió haurà d'elegir el seu president, i ell serà el director general del personal de supervisió. Es podran demanar informes, realitzar investigacions, i dictar normes i recomanacions relatives als excedents o al dèficit, l'absorció dels costos externs, els estàndards de servei, i les taxes o preus que es cobren pels serveis o béns.

Cada empresa tindrà un director, elegit i destituïble per la Comissió; i durà a terme els seus assumptes d'acord amb les normes establertes per la Comissió.

ARTICLE VIII

La Branca Judicial

SECCIÓ 1 Hi haurà un Jutge Principal dels Nous-Estats d'Amèrica; un Consell de la Judicatura; i una Assemblea Judicial. Hi haurà també un Tribunal Suprem i un Tribunal Superior d'Apel·lacions; també Tribunals de Reclamacions, Drets i Deures, Revisió Administrativa, Acords d'Arbitratge, Recursos Fiscals, i Apel·lacions de Resultats del Supervisor. Hi haurà Tribunals de Districte per ser de primera instància en demandes presentades en virtut de la legislació nacional; i escoltaran les apel·lacions dels tribunals dels Nous-Estats.

Podran ser establerts altres tribunals per llei amb la recomanació del Jutge Principal amb el Consell de la Judicatura.

SECCIÓ 2. El Jutge Principal presidirà el sistema judicial, designarà els membres de tots els tribunals nacionals, i llevat que s'hi oposi el Consell Judicial, haurà d'establir les normes; També, a través d'un administrador, supervisar el seu funcionament.

SECCIÓ 3. L'Assemblea Judicial estarà integrada per Jutges dels Tribunals de Districte, juntament amb els dels Tribunals Superiors dels Nous-Estats d'Amèrica i els dels més Alts Tribunals dels Nous- Estats. Es reuniran anualment, o quan ho digui el Jutge Principal, per considerar l'estat de la judicatura i d'altres qüestions que prescriguin abans.

A més, es reunirà per convocatòria del seu coordinador per nomenar tres candidats a Jutge Principal quan es produeixi una vacant. D'aquests candidats al Senat triarà al que tingui més vots.

SECCIÓ 4. El Jutge Principal, llevat que el Senat s'oposi a algun, nomenarà un Consell de la Magistratura de cinc membres per fer-lo servir durant el seu mandat. Es designarà un membre d'alt rang que el presidirà en absència seva. Serà deure del Consell, sota la direcció del Jutge Principal, l'estudi del funcionament dels tribunals, preparar els codis ètics que hauran d'observar els membres, i suggerir canvis en el procediment. El Consell podrà demanar l'assessorament de l'Assemblea Judicial. Serà també deure del Consell, tal com es disposa més endavant, proposar esmenes a la Constitució quan semblin ser necessàries; i elaborarà també revisions si se li exigeix. A més, examinarà i de tant en tant, haurà de revisar, els codis civils i penals; aquests, un cop aprovats per l'Assemblea Judicial, tindran validesa a tota la nació.

SECCIÓ 5. El Jutge Principal tindrà un mandat d'onze anys; però si en qualsevol moment el titular renuncia o se'l destitueix del càrrec, la substitució podrà ser especificada pel Senat, es farà pel membre més antic del Consell de la Judicatura, fins fer-se una nova selecció. Després de sis anys, l'Assemblea pot establir, per majoria de dos terços, la interrupció del càrrec, i després serà triat un successor.

SECCIÓ 6. El Jutge Principal pot suspendre als membres d'un tribunal per incapacitat o violació de les regles; i la separació serà definitiva si una majoria del Consell hi està d'acord.

Per a cada tribunal el Jutge Principal, de tant en tant, haurà de nomenar un membre que el presidirà.

SECCIÓ 7. Un magistrat president pot decidir, amb el consentiment del jutge superior, que pugui haver actuacions prèvies al judici, que els judicis penals es duguin a terme mitjançant altres recerques o procediments adversaris, i si hi haurà un jurat i quin nombre de membres tindrà el jurat; però els procediments de la investigació requeriran de tres branques.

SECCIÓ 8. Al decidir sobre la concordança de les lleis amb la Constitució, el Tribunal Suprem les retornarà a la Cambra de Representants, quan no les pugui interpretar. Si la Cambra no pot retornar-les en un termini de nou dies, la Cort les podrà interpretar.

SECCIÓ 9. El Jutge Principal, o el President, podran concedir perdons o indults.

SECCIÓ 10. Els Alts Tribunals tindran tretze membres; però nou dels membres, elegits pels seus jutges d'alt rang, de tant en tant, constituiran un tribunal. Els jutges llicenciats estaran subjectes a ser tornats a cridar.

Altres tribunals tindran nou membres; però set, elegits pel seu superior, es constituiran com un tribunal.

Tot serà en sessió permanent a excepció dels recessos aprovats pel Jutge Principal.

SECCIÓ 11 El Jutge Principal, amb el Consell, podrà assessorar al Senat, quan se li demani, en relació amb la idoneïtat de les mesures aprovades per la Cambra de Representants; i també podran assessorar al President, quan ho sol·liciti, sobre assumptes que ell pugui recomanar per a la consulta.

SECCIÓ 12. Correspon a altres branques l'acceptar i fer complir els decrets judicials.

SECCIÓ 13. El Tribunal Superior d'Apel·lacions podrà seleccionar les aplicacions per a la seva ulterior consideració per la Cort Suprema de decisions preses per altres tribunals, incloses les dels Nous- Estats. Si s'està d'acord quan hi hagi una qüestió constitucional es pot fer un judici preliminar per ser revisat sense audiència, i finalment, pel Tribunal Suprem.

SECCIÓ 14. El Tribunal Suprem podrà decidir:

a. Si, en un litigi que arriba a ell en apel·lació, les disposicions constitucionals han estat violades o no s'han complert les normes.

b. En l'aplicació de les disposicions constitucionals als processos que impliquin als Nous-Estats.

c. Quan la llei internacional, reconeguda als tractats, acords amb les Nacions Unides, o acords amb altres nacions, hagin estat ignorats o violats.

d. Altres causes relatives a la interpretació de les disposicions constitucionals; excepte les que en la seva elaboració qualsevol branca s'hagi excedit en els seus poders llavors se suspendrà la decisió fins que el Tribunal Judicial determini si, per tal d'evitar la confrontació, els procediments per a la modificació de la Constitució són els adequats.

Si s'estableixen procediments d'apel·lació, la decisió haurà d'esperar el resultat.

SECCIÓ 15. Els tribunals dels Nous-Estats tindran competència inicial en els casos que sorgeixin en virtut de les seves lleis, excepte aquells que involucrin als propis Nous-Estats o els reservats als tribunals nacionals per una norma del Jutge Principal amb el Consell Judicial.

ARTICLE IX

Disposicions Generals

SECCIÓ 1 Els requisits per a la participació en els procediments democràtics com a ciutadà, i l'elegibilitat per al càrrec, seran objecte d'estudi repetit i de redefinició; però qualsevol canvi en la qualificació o elegibilitat serà efectiu només si no és desaprovat pel Congrés.

Per a aquest efecte es constituirà una Comissió permanent de Ciutadania i Qualificacions, quatre dels quals seran nomenats pel President, tres pel Coordinador del Senat, tres pel President de la Cambra, i tres pel Jutge Principal. Les vacants es cobriran a mesura que tinguin lloc. Els membres elegiran un president; tindran assistents i l'allotjament adequat; i podran tenir altres ocupacions. Les recomanacions de la Comissió es presentaran al President i es transmetran a la Cambra de Representants amb comentaris. Hauran de tenir un lloc preferent en el calendari i, de ser aprovades, entraran en vigor.

SECCIÓ 2. Les àrees necessàries per als usos de govern podran ser adquirides en la seva valoració i podran mantenir-se quan l'interès públic així ho requereixi. Aquestes zones tindran autogovern en les qüestions d'interès local.

SECCIÓ 3. El President podrà negociar l'adquisició d'àrees fora de la Nous-Estats d'Amèrica, i si el Senat ho aprova, podran proveir a la seva organització com possessions o territoris.

SECCIÓ 4. El President podrà arribar a acords amb altres pobles organitzats en una relació que no siguin membres de ple dret dels Nous-Estats d'Amèrica. Podran arribar a ser ciutadans i podran participar en la selecció de funcionaris. Podran rebre ajudes per al seu desenvolupament o del Fons Nacional d'Intercanvi si s'ajusten a les seves necessitats; i podran servir en els serveis civils o militars, però només com a voluntaris. Estaran representats a la Cambra de Representants elegits per membres en general, el seu nombre serà proporcional als seus electors; però cada un en tindrà almenys un; i cadascun haurà de la mateixa manera triar un dels membres permanents del Senat.

SECCIÓ 5. El President, els Vicepresidents i els membres de les cambres legislatives hauran d'estar en tots els casos, excepte en cas de traïció, delicte greu i pertorbació de l'ordre públic, exempts de càstig per qualsevol cosa que puguin dir, mentre exercien la funció pública; però el Consell del

Poder Judicial pot dictar normes de restricció.

SECCIÓ 6. Excepte disposició en contra d'aquesta Constitució, cada cambra legislativa establirà el seu requisit per ser membre i podrà dictar normes per a la conducta dels membres, inclosos els conflictes d'interès, proporcionant les seves pròpies disciplines per a la seva infracció.

SECCIÓ 7. Cap Nou-Estat interferirà amb funcionaris dels Nous-Estats d'Amèrica en l'exercici de les seves funcions, i tots donaran fe i crèdit plenament als actes d'un altre Nou-Estat i dels Nous-Estats d'Amèrica.

SECCIÓ 8. Els fons públics es destinaran exclusivament tal com s'autoritza en la present Constitució.

ARTICLE X

Disposicions Governamentals

SECCIÓ 1 Les funcions dels Nous-Estats d'Amèrica seran les nomenades en aquesta Constitució, incloses les de les cambres legislatives i altres persones autoritzades per la llei per ser nomenades; seran remunerades, i ningú podrà tenir una altra ocupació llevat que siguin exceptuades per llei; ningú podrà ocupar més d'un càrrec en el govern; i cap regal o favor s'acceptaran si està d'alguna manera relacionat amb el deure oficial.

No es continuaran rebent cap dels ingressos d'antigues ocupacions o associacions; però les seves propietats podran ser posades en fideïcomís i administrades sense la seva intervenció durant la permanència en el càrrec. Les dificultats en virtut d'aquesta regla podran ser examinades pel Tribunal de Drets i Deures, i es podran fer excepcions amb la deguda consideració a la intenció general.

SECCIÓ 2. El President, els Vicepresidents i el Jutge Principal tindran llars adequades a les seves funcions. El President, els Vicepresidents, el Jutge Principal, el President de la Junta de Planificació, el Regulador, el Supervisor, i el Vigilant tindran sous fixats per llei i seran vitalicis; però si es converteixen en membres del Senat, tindran la compensació senatorial i s'ajustaran als requisits senatorials.

Els jutges dels tribunals superiors no tindran termini; i el seu salari serà de dos terços del salari del Jutge Principal; tant ells com els membres del Consell de la Judicatura, llevat que s'hagin convertit en senadors, seran membres permanents del poder judicial i hauran d'estar disponibles per a qualsevol assignació del Jutge Principal.

Els sous dels membres del Senat, seran els mateixos que els dels jutges de la Cort Suprema d'Apel·lacions.

SECCIÓ 3. Excepte que es disposi el contrari en el present document, els funcionaris designats pel cap d'una branca com a partícips en la formulació de polítiques podran ser nomenats per ell, amb l'acord del President i llevat que el Senat s'hi oposi.

SECCIÓ 4. Hi haurà administradors:

a. per a les oficines executives i llars oficials, designats per l'autoritat del President;

b. per als òrgans jurisdiccionals nacionals, nomenats pel Jutge Principal;

c. per al Poder Legislatiu, triats per un comitè de membres de cada cambra (elegits pel Coordinador i el Portaveu), tres de la Cambra de Representants - quatre del Senat. Se'ls donaran assignacions; però als de la Presidència no se'ls reduirà durant el seu mandat, llevat que donin el seu consentiment; i als de la Branca Judicial no se'ls reduirà durant cinc anys després de la seva resolució, llevat que, comptin amb el consentiment del Jutge Principal.

SECCIÓ 5. L'any fiscal serà el mateix que l'any del calendari, amb nous crèdits disponibles al seu inici.

SECCIÓ 6. Hi haurà un Servei de Protecció dels funcionaris per custodiar al President, als

Vicepresidents, al Jutge Principal, i a altres funcionaris la seguretat dels quals pugui estar en perill; i hi haurà un Protector nomenat pel responsable d'una comissió permanent del Senat. Els funcionaris protegits es guiaran pels procediments aprovats pel comitè.

El servei, a petició del Supervisor Polític, podrà estendre la seva protecció als candidats als càrrecs; o a altres funcionaris, si la comissió així ho decideix.

SECCIÓ 7. Es posarà a disposició del President un fons de contingència adequat per a fins definits per llei.

SECCIÓ 8. El Senat haurà de posar a prova a funcionaris del govern diferents dels legisladors, quan aquests funcionaris estiguin sotmesos a judici polític pel vot de dos terços de la Cambra de Representants per conducta perjudicial per l'interès públic. Si els Presidents o Vicepresidents fossin jutjats, el Senat, tal com estigui constituït, haurà de realitzar les proves. Les sentències no s'estendran més enllà de la separació del càrrec i la inhabilitació per a la celebració de més càrrecs; però el funcionari declarat culpable serà responsable davant l'anterior procés.

SECCIÓ 9. Els membres de les cambres legislatives no podran ser impugnats pel Consell de la Judicatura; però per als judicis s'ampliarà a disset els magistrats dels tribunals superiors de justícia nomenats pel Jutge Principal. Si són declarats culpables, els membres seran expulsats i no seran elegibles per a futurs càrrecs públics; i també estaran exposats a ser jutjats com a ciutadans.

ARTICLE XI
Esmena

SECCIÓ 1 Sent el deure especial del Consell de la Judicatura el formular i proposar esmenes a aquesta Constitució, haurà, de tant en tant, de fer propostes, al Senat, a través del Jutge Principal. El Senat, si s'aprova, i si el President hi està d'acord, donarà instruccions al Supervisor per organitzar a les pròximes eleccions nacionals la presentació de l'esmena davant l'electorat. Si no es rebutja per majoria, passarà a formar part d'aquesta Constitució. Si és rebutjada, podrà ser tornada a revisar i es presentarà una nova proposta.

Serà l'objectiu del procediment de l'esmena corregir les deficiències de la Constitució, per estendre-la quan es requereixin noves responsabilitats, i per que el govern sigui responsable de les necessitats de la gent, fent ús dels avenços en la capacitat de gestió i l'establiment de la seguretat i l'estabilitat; també per evitar canvis en la Constitució que en resultin de la seva interpretació.

SECCIÓ 2. Quan aquesta Constitució hagi estat en vigor durant vint anys, el Supervisor demanarà, per referèndum si cal redactar una nova Constitució. Si així ho decideix una majoria, el Consell, fent ús de l'assessoria que podrà tenir disponible, i consultant als que han fet la queixa, haurà de preparar un nou projecte per a la seva presentació a la pròxima elecció. Si no es rebutja per majoria, entrarà en vigor. Si es rebutja s'haurà de redactar de nou i tornar a presentar-lo amb els canvis que siguin llavors apropiats a les circumstàncies, i es presentarà als votants en la següent elecció.

Si no es rebutja per majoria entrarà en vigor. Si es rebutja es tornarà a revisar i a presentar-se novament.

ARTICLE XII
Transició

SECCIÓ 1 S'autoritza al President a assumir aquestes competències, fer aquests nomenaments, i a l'ús dels fons que siguin necessaris per a fer efectiva aquesta Constitució tan aviat com sigui possible després de l'acceptació per un referèndum que ell podria iniciar.

SECCIÓ 2. Es convocarà a aquells membres del Senat que puguin estar disponibles i, amb almenys la meitat, es constituiran els membres suficients mentre s'agreguen els altres. Hauran de designar un Supervisor per concertar l'organització electoral i les eleccions per als càrrecs de govern; però el President i els Vicepresidents exerciran els seus mandats i després esdevindran membres del Senat. En aquest moment es constituirà la presidència segons disposa aquesta Constitució.

SECCIÓ 3. Fins que s'hagi completat cada canvi indicat al govern estaran en vigor les disposicions de la Constitució vigent i els òrgans de govern.

SECCIÓ 4. Hauran de cessar totes les operacions del govern nacional fins que siguin substituïdes per les persones autoritzades en virtut d'aquesta Constitució.

El President determinarà quan s'haurà completat la substitució.

El President farà que es constitueixi una comissió adequada per designar les lleis inconsistents amb aquesta Constitució, i seran anul·lades; la Comissió també assistirà al President i a les cambres legislatives en la formulació de les lleis que puguin ser compatibles amb la Constitució i necessàries per a la seva realització.

SECCIÓ 5. Per a l'establiment dels límits dels Nous-Estats una comissió de tretze membres, nomenats pel President, farà recomanacions durant un any. Per a això, els membres podran fer ús dels estudis d'assessorament i de la Comissió en matèria de recursos, població, transport, comunicació, acords econòmics i socials, i qualssevol altres condicions que puguin ser significatives. El President transmetrà l'informe de la comissió al Senat. Després d'entregat, si s'estima convenient fer peticions de revisió, el Senat haurà de comunicar si les recomanacions són satisfactòries, però el President decidirà si han de ser acceptades o ser retornades per a la seva revisió.

Els estats existents no es dividiran a menys que les àrees metropolitanes que s'estenguin sobre més d'un estat s'hagin d'incloure en un Nou-Estat, o a menys que hi hagi altres circumstàncies urgents; i cada Nou-Estat posseirà característiques regionals harmonioses.

La Comissió continuarà mentre els Nous-Estats facin ajustos entre ells i tingui competència per resoldre les controvèrsies que sorgeixin entre ells.

SECCIÓ 6. Les Constitucions dels Nous-Estats s'establiran segons l'acordat pel Consell de la Judicatura i el Jutge Principal.

Aquests procediments s'aplicaran de la següent manera: Les Constitucions seran redactades pels més alts tribunals dels Nous-Estats. Hi haurà llavors una convenció d'un centenar de delegats elegits en les eleccions especials en un procediment aprovat pel Supervisor. Si la Constitució no és rebutjada, el Jutge Principal, assessorat pel Consell de la

Judicatura, haurà de promulgar una Constitució i posar en marxa les revisions que es presentaran per a la seva aprovació que alhora nomenarà ell mateix. Si es rebutgessin de nou ell en promulgarà una altra, tenint en compte les objeccions, i entrarà en vigor. Una Constitució, un cop en vigor, serà vàlida durant vint anys, com aquí es disposa.

SECCIÓ 7. Fins que els Governadors i les legislatures dels Nous-Estats estiguin ubicats, els seus governs continuaran, llevat que el President nomeni Governadors temporals per actuar com a executius fins que els succeeixin els elegits regularment. Aquests Governadors que tinguin éxit amb les funcions executives dels estats, els convertiran en un dels Nous-Estats d'Amèrica.

SECCIÓ 8. Les cites indicades, les eleccions i altres arranjaments es faran amb la màxima celeritat possible.

SECCIÓ 9. La primera Assemblea Judicial per a la selecció d'un registre per als candidats a la Judicatura Principal dels Nous-Estats d'Amèrica serà convocada pel titular del Tribunal Suprem immediatament després de la ratificació.

SECCIÓ 10. Si els Nous-Estats trien per referèndum no complir amb les recomanacions de la Comissió de Fronteres, tal com hagin estat aprovades pel Senat, es deduiran dels impostos recaptats pels Nous-Estats d'Amèrica per a transmetre'ls un percentatge igual a la pèrdua d'eficàcia de l'incompliment.

Els càlculs els efectuarà el Canceller d'Afers Financers i els aprovarà el President; però la deducció no podrà ser inferior al 7 per cent.

SECCIÓ 11 Quan aquesta Constitució s'hagi implementat el President podrà eliminar amb una proclama seccions apropiades d'aquest article.

CAPÍTOL 15

PROTOCOLS DELS SAVIS DE SION

Els Protocols de Sió van ser esmentats a finals del 1700.
La primera còpia disponible a la vista del públic
va sorgir a principis del 1800.
Tots els aspectes d'aquest pla per sotmetre el món
s'han convertit en realitat,
validant l'autenticitat de la conspiració.

Nota de l'autor: Aquesta és una reimpressió exacta del text original. Això ha estat escrit intencionalment per enganyar la gent. Per entendre-ho clarament, la paraula "Sió" ha de ser "Sion"; qualsevol referència als "Jueus" s'ha de substituir per la paraula "Illuminati"; i la paraula "goyim" s'ha de substituir per la paraula "bestiar".

Això són "Els Britànics" la traducció completa del text
"*Protocols dels Savis de Sió*" del notori Nilus.

PROTOCOLS DE LES REUNIONS DELS SAVIS DE SIÓ

PROTOCOL Nº 1

Deixant de banda frases boniques parlarem de la importància de cada pensament: amb comparacions i deduccions aclarirem fets que ens envolten.

El que exposaré, a continuació, és el nostre sistema dels dos punts de vista, el de nosaltres mateixos i el dels gentils (és a dir, els no - jueus).

Cal tenir en compte que els homes amb mals instints són més nombrosos que els bons, i per tant els millors resultats a l'hora de governar-los s'aconsegueixen amb la violència i la intimidació, i no amb discussions acadèmiques. Cada home té com a objectiu el poder, a tothom li agradaria convertir-se en un dictador si només pogués fer-ho ell, i rars són els homes que no estarien disposats a sacrificar el benestar de tots en nom d'assegurar el seu propi benestar.

Què ha retingut a les bèsties predadores que anomenem homes? Què els ha servit fins ara per orientar-se?

Als inicis de l'estructura de la societat van ser sotmesos a una força brutal i cega; posteriorment a la Llei, que és la mateixa força, només que disfressada. N'extrec la conclusió de que a la llei de la natura el dret rau en la força.

La llibertat política és una idea, però no és un fet. Cal saber com aplicar aquesta idea cada vegada que es consideri necessari atraure les masses populars amb aquest esquer d'una idea a un partit que s'ha proposat aixafar a un altre que és al poder. Aquesta tasca es fa més fàcil si l'oponent ha estat infectat amb la idea de la llibertat, l'anomenat liberalisme, i, en nom d'una idea, està disposat a cedir part del seu poder. És precisament aquí on apareix el triomf de la nostra teoria: les regnes del govern s'afluixen immediatament, per la llei de la vida, atrapades i reunides per una nova mà, perquè la força cega de la nació no pot existir ni un sol dia sense orientació, i la nova autoritat simplement encaixa en el lloc de l'antiga ja debilitada pel liberalisme.

Actualment, el poder que ha substituït al dels governants que eren liberals és el poder de l'Or. Hi va haver un temps en el qual governava la Fe. La idea de la llibertat és impossible de realitzar perquè ningú sap com usar-la amb moderació. És suficient lliurar a un poble a l'autogovern durant un cert període de temps perquè les persones es converteixin en una torba desorganitzada. A partir d'aquest moment en endavant tindrem lluites intestines que aviat es convertiran en batalles entre classes, enmig de les quals els Estats es cremaran i la seva importància es reduirà a la d'un munt de cendres.

Si un Estat s'esgota en les seves pròpies convulsions, si la seva discòrdia interna el porta a caure en poder d'enemics externs - en qualsevol cas, se'l pot donar per perdut irremeiablement: està en poder nostre. El despotisme del Capital, que està totalment a les nostres mans, se li acosta com una taula de salvació a la que l'Estat, vulgui o no, ha d'aferrar-s'hi: si no - se'n va al fons.

Si algú de ment liberal diu que reflexions com les anteriors són immorals jo li faria les següents preguntes: - Si un Estat té dos enemics, i si, en relació amb l'enemic extern se li permet i no es considera immoral utilitzar tota mena d'estratègies i ardits de guerra, com ara, mantenir a l'enemic ignorant dels plans d'atac i defensa, atacar de nit o amb superioritat numèrica, llavors de quina manera poden els mateixos mitjans pel que fa a un enemic pitjor, destructor de l'estructura de la societat i del bé comú, ser titllats d'immorals i no estar permesos?

És possible, per a qualsevol ment semblantment lògica, tenir l'esperança de poder menar multituds amb alguna mena d'èxit amb l'ajuda de consells i arguments raonables, quan qualsevol objecció o contradicció, encara que sembli no tenir cap sentit, pot fer que aquesta objecció trobi més recolzament de la gent la capacitat de raonament de la qual és superficial? Als homes, pertanyin a les masses o no, gairebé només els guien passions mesquines, costums i creences miserables, tradicions i teories sentimentals, cauen presa de la distensió de partits, els quals dificulten qualsevol tipus d'acord, fins i tot sobre la base d'un argument perfectament raonable. Tota decisió d'una multitud depèn de la sort o de la majoria, que, ignorant els secrets polítics, tira endavant alguna decisió ridícula que diposita en l'administració una llavor d'anarquia.

La política no té res amb comú amb la moral. El governant que es regeix per la moral no és un polític hàbil, i per tant el seu tron és inestable. Qui vulgui governar ha de recórrer tant a l'astúcia com a la simulació. Grans qualitats nacionals, com la franquesa i l'honestedat, en política són vicis, doncs fan saltar del tron als poderosos amb més eficàcia i amb més certesa que l'enemic més poderós. Aquestes han de ser les qualitats dels regnes dels gentils, però de cap manera hem de ser guiats per elles.

El nostre dret rau en la força. La paraula "dret" és un pensament abstracte i res ho prova. La paraula només vol dir que : - Dóna'm el que vull, perquè així podré tenir una prova de que sóc més fort que tu.

On comença el dret? On acaba?

En qualsevol Estat on el poder està mal organitzat, la impersonalitat de les lleis i dels governants que han perdut la personalitat enmig de l'allau de drets que sempre es multipliquen sorgint del liberalisme, trobo un nou dret d'atacar en virtut de la força, i de dispersar als quatre vents totes les forces existents de l'ordre i la regulació, per reconstruir totes les institucions i per esdevenir el senyor sobirà dels que ens han cedit els drets del seu poder establert voluntàriament al seu liberalisme.

El nostre poder en l'actual condició trontollant de tota forma de poder serà més invencible que qualsevol altre, ja que es mantindrà invisible fins al moment en què s'hagi fet tan fort que cap astúcia podrà ja soscavar-lo.

De la maldat temporal que ara ens veiem obligats a cometre sorgirà el bé d'una regla indestructible, que restaurarà el curs regular de la maquinària de la vida nacional, reduïda al no res pel liberalisme. El resultat justifica els mitjans. Deixeu-nos, però, als nostres plans, dirigir la nostra atenció no tant al que és bo i moral com al que és necessari i útil.

Davant nostre hi ha un pla en el què s'estableix estratègicament la línia de la qual no podem desviar-nos sense córrer el risc de veure el treball de molts segles reduït al no res.

Per elaborar formes satisfactòries d'actuar cal tenir en compte la berganteria, la desídia, la inestabilitat de la multitud, la seva falta de capacitat per comprendre i respectar les condicions de la seva pròpia vida, o el seu propi benestar. S'ha d'entendre que el poder d'una torba és una força cega, insensata i irracional sempre a mercè d'un suggeriment de qualsevol banda. El cec no pot guiar a un altre cec sense caure tots dos a l'abisme; en conseqüència, els membres de la xusma, sortits de la multitud tot i que podrien ser genis per saviesa, però, en no tenir coneixements polítics, no poden esdevenir líders de multituds sense dur a la ruïna a tota una nació.

Només el que és entrenat des de la infància per a un govern independent pot comprendre les paraules amb les que es pot construïr un alfabet polític.

Un poble abandonat a si mateix, és a dir, als nouvinguts del seu propi interior, anirà a la ruïna per les dissensions dels partits excitades per la recerca del poder i els honors i els trastorns derivats dels mateixos. És possible que les masses populars amb calma i sense mesquines gelosies puguin formar judicis, per a tractar els assumptes del país, sense barrejar-los amb els interessos personals? Poden defensar-se d'un enemic extern? És impensable, un pla dividit en tantes parts com caps de la multitud hi hagi, perd tota homogeneïtat, i per tant es converteix en incomprensible i d'impossible execució.

És només amb un governant despòtic que es poden elaborar extensament i amb claredat els plans de tal manera com per distribuir adequadament el conjunt entre les diverses parts de la maquinària de l'Estat: és inevitable que la conclusió d'això sigui que una forma satisfactòria de govern per a qualsevol país és la que es concentra a les mans d'una persona responsable. Sense un despotisme absolut no pot existir la civilització que és menada no per les masses, sinó pel seu guia, sigui qui sigui aquesta persona. La torba és un salvatge i mostra el seu salvatgisme en cada oportunitat. En el moment que la torba aconsegueix tenir la llibertat a les seves mans la converteix ràpidament en anarquia, que en si mateix és el grau més alt de salvatgisme.

Heus aquí animals alcoholitzats, desconcertats per la beguda, el dret a un ús immoderat que ve juntament amb la llibertat. No és per a nosaltres ni per als nostres recòrrer aquest camí. Els pobles dels goyim estan desconcertats amb les begudes alcohòliques; els seus joves han crescut estúpids amb el classicisme i la immoralitat precoç, a la qual han estat induïts pels nostres agents - pels tutors, lacais, institutrius a les cases dels rics, pels empleats i altres persones, per les nostres dones als llocs de dissipació freqüentats pels goyim. Juntament amb aquestes últimes també hi compto les anomenades "dames de la societat," seguidores voluntàries dels altres en la corrupció i el luxe.

El nostre sant i senya és - Força i Simulació. Només la força venç en els assumptes polítics, sobretot si està amagada en els talents essencials dels estadistes. La violència ha de ser el principi, i l'astúcia i la simulació la regla dels governs que no volen lliurar les seves corones als peus dels agents d'un nou poder. Aquest mal és l'únic mitjà per aconseguir la finalitat, el bé. Per tant no cal aturar-se davant del suborn, l'engany i la traïció quan pugui servir a la consecució del nostre fi. En política cal saber com aprofitar la propietat d'altres sense dubtar-ho si així assegurem la submissió i la sobirania.

El nostre Estat, marxant pel camí de la conquesta pacífica, té el dret de substituir els horrors de la guerra per les menys visibles i més satisfactòries penes de mort, necessàries per mantenir el terror que tendeix a produir una submissió cega. Només una severitat sense pietat és el principal factor de força de l'Estat: no només per l'ànim de lucre, sinó també en nom del deure, en nom de la victòria, hem de seguir amb el programa de la violència i la simulació. La doctrina de fer quadrar els comptes és precisament tan forta com els mitjans dels quals en fa ús. Per tant, no és tant pels mitjans en si mateixos com per la doctrina del rigor que triomfarem i farem esclaus a tots els governs del nostre súper-govern. Només caldrà que sàpiguen que no tindrem pietat per tal d'aturar tota desobediència.

Molt abans, a l'antiguitat, vam ser els primers en clamar entre les masses del poble les paraules "Llibertat, Igualtat, Fraternitat", paraules moltes vegades repetides des d'aquells dies per lloros estúpids que des de tot arreu al voltant volaven cap a aquests esquers i amb elles es van emportar el benestar del món, la veritable llibertat de la persona, abans tan ben protegida contra la pressió de la multitud. Els gentils aspirants a savis, els intel·lectuals, no van poder fer res amb l'abstracció de les paraules pronunciades; no van tenir en compte la contradicció del seu significat i la seva interrelació: no van veure que a la natura no hi ha igualtat, no hi pot haver llibertat: que la naturalesa ha establert la desigualtat de les ments, dels caràcters i les capacitats, igual d'immutablement com ha establert la subordinació a les seves lleis: mai es van aturar a pensar que la torba és una cosa cega, que els intrusos elegits d'entre ells per guiar-la són, pel que fa a la política, ells mateixos tan cecs com la pròpia torba, que l'adepte, encara que sigui un ximple, pot governar, mentre que els no adeptes, encara que fossin genis, no entenen res de política - totes aquestes coses els goyim no les tenen en compte; però, el govern dinàstic sempre ha estat basat en aquestes coses: el pare transmetia al fill el coneixement del funcionament dels assumptes polítics de tal manera que ningú més ho havia de saber, sinó els membres de la dinastia i així ningú podrà trair-los amb els governats. Conforme va passar el temps el significat de la transferència dinàstica de la veritable posició dels afers de la política s'ha perdut, i això va ajudar a l'èxit de la nostra causa.

A tots els racons de la terra les paraules "Llibertat, Igualtat, Fraternitat" han portat fins a les nostres files, gràcies als nostres agents cecs, legions senceres que onejaven les nostres banderes amb entusiasme. I sempre, aquestes paraules han estat corcs avorrits rosegant el benestar dels goyim, posant fi per tot arreu a la pau, la tranquil·litat, la solidaritat i destruint tots els fonaments dels Estats goy. Com veureu més endavant, això ens va ajudar a triomfar; ja que ens va donar la possibilitat, entre altres coses, de tenir a les nostres mans la clau mestre - la destrucció dels privilegis, o en altres paraules de la pròpia existència de l'aristocràcia dels goyim, aquesta classe que era la única defensa que els pobles i els països tenien contra nosaltres. Sobre les ruïnes de l'aristocràcia natural i genealògica dels goyim hem posat en marxa l'aristocràcia de la classe instruïda encapçalada per l'aristocràcia dels diners. La riquesa és el requisit que hem establert per a aquesta aristocràcia, cosa que depèn de nosaltres, i el coneixement, per a això els nostres ancians savis ens proporcionen la força motriu.

El nostre triomf ha estat més fàcil pel fet que en les nostres relacions amb els homes que hem necessitat sempre hem treballat les cordes més sensibles de la ment humana, el compte corrent, la cobdícia, la insaciabilitat de les necessitats materials dels homes; i cadascuna d'aquestes debilitats humanes, per si sola, és suficient per paralitzar la iniciativa, perquè posarà la voluntat dels homes a disposició d'aquell que compri les seves activitats.

L'abstracció de la llibertat ens ha permès convèncer la torba de tots els països que el seu govern no és més que el majordom de les persones que són els amos del país, i que el majordom pot ser reemplaçat com un guant desgastat.

És aquesta possibilitat de substitució dels representants del poble el que els ha posat a la nostra disposició, i per dir-ho així, el que ens ha donat el poder del nomenament.

PROTOCOL Nº 2

És indispensable per al nostre propòsit que les guerres, en la mesura del possible, no donin lloc a guanys territorials: per tant la guerra s'ha de portar al terreny econòmic, on les nacions no deixaran de percebre, amb l'ajuda que els donem, la força del nostre predomini, i aquesta situació deixarà a ambdós bàndols a mercè dels nostres agents internacionals; que tenen milions d'ulls sempre a l'aguait i sense obstacles ni cap mena de limitació. Els nostres drets internacionals després acabaran sent els drets nacionals, en el sentit propi de la paraula, i governaran a les nacions, precisament, tal com el dret civil dels Estats regeix les relacions dels subjectes entre si.

Els administradors, als quals hem d'escollir d'entre el públic, amb estricte respecte a les seves capacitats per a la obediència servil, no seran persones entrenades en les arts de govern, i per tant, es convertiran fàcilment en peons del nostre joc a mans d'homes de ciència i geni que seran els seus assessors, especialistes criats i educats des de la primera infància per governar els assumptes de tot el món. Com és ben conegut per vosaltres, aquests especialistes nostres han obtingut els seus coneixements de govern dels nostres plans polítics, de les lliçons de la història, a partir d'observacions realitzades dels esdeveniments de cada moment mentre passaven. Els goyim no estan guiats per un ús pràctic de l'observació històrica sense prejudicis, sinó per la rutina teòrica sense cap consideració crítica per als resultats consegüents. No necessitem, per tant, tenir-los en compte, deixeu-los que es diverteixin fins que sigui l'hora, o que visquin amb l'esperança de noves formes de diversions, o amb els records de tot el que han gaudit. Deixem-los que exerceixin el paper principal que els hem persuadit a acceptar com els dictats de la ciència (la teoria). És amb aquest objectiu en ment que estem constantment, mitjançant la nostra premsa, despertant una confiança cega en aquestes teories. Els intel·lectuals dels goyim s'inflen a si mateixos amb el seu coneixement i sense cap tipus de verificació lògica posaran en pràctica tota la informació disponible de la ciència, que els nostres agents especialistes hauran reconstruït astutament amb el propòsit d'educar les seves ments en la direcció que nosaltres volem.

No suposeu ni per un moment que aquestes declaracions són paraules buides: penseu detingudament en els èxits obtinguts organitzant el Darwinisme, el Marxisme, el "Nietzscheisme". Per a nosaltres els Jueus, en tot cas, ha de ser fàcil veure que aquestes directives han provocat una important desintegració en les ments dels goyim.

És indispensable que tinguem en compte els pensaments, els personatges, les tendències de les nacions per tal d'evitar relliscar en política i en la direcció dels assumptes administratius. El triomf del nostre sistema, del qual les parts que componen la maquinària poden ser disposades variant d'acord amb el temperament dels pobles que ens trobem pel camí, no podrà tenir èxit si l'aplicació pràctica del mateix no es basa en un resum de les lliçons del passat, a la llum del present.

En mans dels Estats d'avui hi ha una gran força que crea la forma de pensar de la gent, i és la premsa. El paper de la premsa és assenyalar els requisits que se suposa que són indispensables, donar veu a les queixes de la gent, expressar i crear descontentament. És en la premsa on el triomf de la llibertat d'expressió troba la seva encarnació. Però els Estats goyim no han sabut fer ús de la força; i ha caigut a les nostres mans. A través de la premsa hem aconseguit el poder influir, mentre romaníem a l'ombra; gràcies a la premsa hem aconseguit tenir l'or a les mans, tot i que hem hagut de recollir oceans de sang i llàgrimes. Però se'ns ha pagat, tot i que hem sacrificat a molts dels nostres. Cada víctima del nostre costat val als ulls de Déu, mil goyim.

PROTOCOL Nº 3

Avui us puc dir que el nostre objectiu és ara només a unes passes. Queda creuar un petit espai i tot el llarg camí que hem transitat estarà a punt ara per tancar el cicle de la Serp Simbòlica, amb el qual simbolitzem el nostre poble. Quan aquest cercle es tanqui, tots els estats d'Europa quedaran bloquejats en aquest serpentí com en una corrupció de gran abast.

Els equilibris constitucionals d'ara no trigaran en ensorrar-se, perquè els hem establert amb una certa precisa manca d'equilibri per tal que puguin oscil·lar incessantment fins que es desgasti l'eix al voltant del qual giren. Els goyim tenen la impressió que els han soldat amb prou força i han estat esperant que les balances s'equilibrarien. Però els pivots - els reis als seus trons, - estan envoltats dels seus representants, que fan el ximple, angoixats amb el seu propi poder incontrolat i irresponsable. Aquest poder es deu al terror que s'ha infós als palaus. Com que no tenen mitjans d'arribar al seu poble, de connectar amb ell, els reis des dels seus trons ja no són capaços de posar-se d' acord amb ell i així enfortir-se contra cercadors de poder. Hem creat un abisme entre el previsor Poder Sobirà i la força cega de la gent pel que ambdós han perdut tot el seu significat, com passa amb el cec i el seu bastó, tots dos són impotents per separat.

Per tal d'incitar els cercadors de poder a un mal ús del poder hem establert totes les forces en oposició l'una contra l'altre, trencant les seves tendències liberals cap a la independència. Amb aquesta finalitat hem fomentat tota mena d'empreses, hem armat a tots els partits, hem establert l'autoritat com un objectiu per a totes les ambicions. Dels estats n'hem fet arenes per a gladiadors, on es sostenen tota una sèrie de qüestions confuses... Una mica més, i el desordre i la fallida seran universals...

Xarlatans inesgotables han convertit en concursos d'oratòria les sessions del Parlament i les Juntes Administratives. Periodistes audaços i pamfletaris sense escrúpols cauen diàriament sobre els funcionaris executius. Els abusos de poder posaran el toc final preparant l'enderrocament de totes les institucions i tot acabarà volant cap al cel sota els cops de la torba embogida.

Tothom està encadenat a un treball pesat per la pobresa amb més fermesa que mai havien estat encadenats per l'esclavitud i la servitud; d'aquelles, d'una manera o d'una altra, podien alliberar-se'n, aquelles tenien solució, però de la necessitat mai podran escapar. Hem inclòs a la constitució aquells drets que a les masses els semblen drets ficticis i no reals. Tots aquests anomenats "Drets del Poble" només existeixen com idea, una idea que no es pot portar a la vida pràctica. Què és això per l'obrer proletari, doblegat sobre el seu treball doblement pesat, aixafat per la seva sort a la vida, si els que parlen obtenen el dret a balbucejar, si els periodistes obtenen el dret a gargotejar qualsevol sense sentit colze amb colze amb un bon equip, mentre que el proletariat no té cap altre benefici fora de la constitució que només guardar aquelles engrunes miserables que li llancen des de la taula a canvi del seu vot a favor del que nosaltres dictem, a favor dels homes que col·loquem al poder, els servents dels nostres agents... Els drets republicans per a un home pobre no són més que un tros amarg d'ironia, la necessitat d'estar treballant durament gairebé tot el dia no li permet fer-ne ús, però en canvi el priva de tota garantia de tenir guanys regulars i certs fent-lo depenent de les vagues dels seus camarades o del tancament patronal per part dels seus amos.

El poble seguint la nostra orientació ha aniquilat l'aristocràcia, que era la seva única defensa i mare adoptiva per bé que pel seu propi benefici que estava inseparablement lligat al del benestar del poble. Avui en dia, amb la destrucció de l'aristocràcia, la gent ha caigut a les urpes de despietats canalles acaparadors que han col·locat un jou despietat i cruel sobre els colls dels treballadors.

Nosaltres em d'aparèixer com els presumptes salvadors del treballador lliurant-lo d'aquesta opressió quan li proposem entrar a les files de les nostres forces de combat - Socialistes, Anarquistes, Comunistes - a les que sempre donem suport, d'acord amb una presumpta regla fraternal (la de la solidaritat de tota la humanitat) de la nostra maçoneria social. L'aristocràcia, que gaudia del dret al treball dels obrers, estava interessada en que els treballadors estiguessin ben alimentats, sans i forts. Nosaltres estem interessats en tot el contrari - en la disminució, en la matança dels GOYIM. El nostre poder està en la manca crònica d'aliments i la debilitat física del treballador, perquè tot això implica que serà esclau de la nostra voluntat, i no trobarà en les seves pròpies autoritats, ja sigui força o energia per oposar-se a la nostra voluntat. La fam crea el dret del capital a governar al treballador amb més seguretat que li donava a l'aristocràcia l'autoritat legal dels reis.

Per la misèria i l'enveja i l'odi que aquestes engendren mourem les torbes i amb les seves mans acabarem amb tots els que ens impedeixen fer el nostre camí.

Quan arribi l'hora que el nostre Sobirà Senyor de tot el Món sigui coronat seran aquestes mateixes mans les que escombraran qualsevol cosa que pugui suposar-li un obstacle.

Els goyim han perdut l'hàbit de pensar llevat del que se'ls indica amb els suggeriments dels nostres especialistes. Per tant no veuen la necessitat urgent del que nosaltres, quan arribi el nostre regne, adoptarem immediatament, a saber, que és essencial ensenyar a les escoles nacionals una simple, veritable peça de coneixement, la base de tot coneixement - el coneixement de l'estructura de la vida humana, de l'existència social, que requereix de la divisió del treball, i en conseqüència, la divisió dels homes en classes i condicions. És essencial que tothom sàpiga que a causa de la diferència en els objectes de l'activitat humana, no hi pot haver cap igualtat, que qui degut a algun acte seu compromet a tota una classe, davant la llei no pot ser igual de responsable que qui només compromet el seu propi honor. El veritable coneixement de l'estructura de la societat, dins dels secrets dels quals no admetem els goyim, demostraria a tots els homes que les posicions i el treball s'han de mantenir dins d'un determinat cercle, perquè no es converteixi en font de sofriment humà, que sorgeix d'una educació que no es correspon amb la feina que les persones estan destinades a fer. Després d'un estudi exhaustiu d'aquest coneixement els pobles se sotmetran voluntàriament a l'autoritat i acceptaran aquesta posició quan l'Estat els ho designi. En l'estat actual de coneixement i el sentit que hem donat al seu desenvolupament el poble, creient cegament en les coses impreses - aprecia - gràcies a impulsos destinats a enganyar-lo i degut a la seva ignorància - un odi cec cap a totes les condicions que consideri per sobre de si mateix, ja que no té comprensió del sentit de classe ni de condició.

Aquest odi es magnificarà encara més pels efectes d'una crisi econòmica, que aturarà els tractes a les borses i portarà a la indústria a un punt mort. Crearem per tots els mètodes secrets subterranis al nostre abast i amb l'ajuda de l'or, que és tot a les nostres mans, una crisi econòmica universal amb la qual llançarem al carrer totes les torbes de treballadors de forma simultània a tots els països d'Europa. Aquestes multituds s'afanyaran amb delit a vessar la sang d'aquells que, amb la simplicitat de la seva ignorància, hauran envejat des de que eren als seus bressols, i llavors seran capaços de saquejar les seves propietats.

"El que és nostre" no ho tocaran, perquè nosaltres coneixerem el moment de l'atac i haurem pres mesures per protegir el que és nostre.

Haurem demostrat que el progrés portarà a tots els goyim a la sobirania de la raó. El nostre despotisme serà precisament això; perquè sabrà amb sàvies severitats pacificar tots els disturbis, cauteritzant el liberalisme al marge de les institucions.

Quan el populatxo vegi que tota mena de concessions i d'indulgències es produeixen en nom de la llibertat s'imaginarà a si mateix com a senyor sobirà i assaltarà aquest camí cap al poder, però, per descomptat, com qualsevol altre cec que arriba a un sèrie d'entrebancs, s'afanyarà a trobar un guia, mai haurà tingut la sensació de tornar a l'estat anterior i dipositarà els seus poders plenipotenciaris als nostres peus. Recordeu la Revolució Francesa, vam ser nosaltres qui li vam posar el nom de "Gran": els secrets de la seva preparació són ben coneguts per a nosaltres ja que va ser totalment obra de les nostres mans.

Des de llavors, hem estat liderant als pobles d'un desencís a un altre, perquè finalment hagin de recórrer també a nosaltres en favor del Rei-Dèspota de la sang de Sió, al qual estem preparant per al món. Avui en dia, com força internacional, som invencibles, perquè si som atacats per uns, som recolzats per uns altres Estats. És la berganteria sense fons dels pobles goyim, que s'arrosseguen sobre els seus ventres a la força, però que no tenen pietat amb la debilitat, implacables amb les faltes i indulgents amb els crims, no estan disposats a suportar les contradiccions d'un sistema social lliure, però pacients fins al martiri sota la violència d'un despotisme audaç - són aquestes qualitats les que ens estan ajudant cap a la independència. Des dels primers ministres-dictadors fins l'actualitat els pobles goyim pateixen amb paciència i suporten abusos quan pel més insignificant d'ells haurien decapitat a vint reis.

Quina és l'explicació d'aquest fenomen, aquesta curiosa inconseqüència de les masses dels pobles en la seva actitud cap al que sembla ser esdeveniments del mateix ordre?

Això s'explica pel fet que aquests dictadors xiuxiuegen als pobles, a través dels seus agents, que amb aquests abusos estan perjudicant a estats amb el propòsit d'assegurar el benestar dels pobles, la fraternitat internacional de tots ells, la seva solidaritat i la igualtat de drets. Naturalment el que no diuen als pobles és que aquesta unificació s'ha de fer només sota el nostre govern sobirà.

I així el poble condemna a l'honest i absol al culpable, persuadit cada vegada més i més de que pot fer el que desitja. Gràcies a aquesta situació la gent està destruint tota mena d'estabilitat i creant trastorns a cada pas.

La paraula "llibertat" porta a les comunitats d'homes a lluitar contra tot tipus de força, contra tot tipus d'autoritat, fins i tot contra Déu i les lleis de la naturalesa. Per aquesta raó, quan entrem al nostre regne, caldrà esborrar aquesta paraula del lèxic de la vida en el sentit d'un principi de força bruta que converteix a les multituds en bèsties assedegades de sang.

Aquestes bèsties, és cert, es tornen a adormir cada vegada que han begut sang fins a saciar-se, i que en aquests moments és quan poden ser fàcilment reblonades les seves cadenes. Però si no se'ls dóna sang no s'adormen i segueixen lluitant.

PROTOCOL Nº 4

Tota república passa per diverses etapes. La primera són els primers dies de bogeria furiosa d'una torba cega, tirant amunt i avall, a dreta i a esquerra; la segona és la demagògia, de la qual neix l'anarquia, i que condueix inevitablement al despotisme, no és legal ni manifest, i per tant al despotisme responsable, sinó invisible i secretament amagat, però, no obstant això un despotisme sentit sensiblement en mans d'alguna o altra organització secreta, els actes de la qual són els que tenen menys escrúpols en la mesura que treballa darrere d'una pantalla, a l'esquena de tot tipus d'agents, el canvi dels quals no només no afecta perjudicialment sinó que en realitat ajuda a la força secreta salvaguardant-la, gràcies als continus canvis, de la necessitat de gastar els seus recursos en recompensa dels serveis a llarg termini.

Qui i què està en condicions d'enderrocar una força invisible? I això és precisament el que és la nostra força. La maçoneria gentil ens serveix cegament com una pantalla per a nosaltres i pels nostres objectius, però el pla d'acció de la nostra força, fins i tot allà on rau, continua sent per al poble sencer un misteri desconegut.

Però fins i tot la llibertat podria ser inofensiva i tenir el seu lloc a l'economia de l'Estat i sense perjudicar el benestar dels pobles si descansés sobre el fonament de la fe en Déu, en la fraternitat de la humanitat, sense relació amb el concepte d'igualtat, que és negat per les mateixes lleis de la creació, perquè creen subordinació. Amb una fe com aquesta un poble podria ser governat per una curatela de parròquia, i caminar alegrement i humilment sota la guia del seu pastor espiritual sotmetent-se a les disposicions de Déu sobre la terra. Aquesta és la raó per la qual és indispensable per a nosaltres soscavar tota fe, arrencar de les ments dels Cristians el principi mateix de Déu i de l'esperit, i posar al seu lloc càlculs aritmètics i necessitats materials.

Per tal de no donar als goyim temps per pensar ni que s'adonin, les seves ments han de ser desviades cap a la indústria i el comerç. Per tant, totes les nacions hauran de ser engolides a la recerca del benefici i en la carrera per aconseguir-lo no s'adonaran del seu enemic comú. Però, de nou, per tal que la llibertat pugui d'una vegada per totes desintegrar i arruïnar les comunitats dels goyim, hem de situar la indústria sobre una base especulativa: el resultat d'això serà que el que la indústria extraurà de la terra lliscarà a través de les mans i passarà a l'especulació, és a dir, a les nostres classes.

La intensificació de la lluita per la superioritat i els xocs lliurats en la vida econòmica crearà, no, ja han creat, comunitats desencantades, fredes i sense cor. Aquestes comunitats fomentaran una forta aversió cap a la més alta religió i cap a la política. La seva única guia és el guany, que és l'or, que s'erigirà en un veritable culte, pel bé d'aquests plaers materials que els pot donar. Llavors arribarà l'hora, no per aconseguir el bé, ni tan sols per guanyar riqueses, sinó només per l'odi cap als privilegiats, les classes més baixes dels goyim seguiran el nostre exemple contra els nostres rivals pel poder, els intel·lectuals dels goyim.

PROTOCOL Nº 5

Quina forma de govern administratiu pot donar-se en comunitats en què la corrupció ha penetrat per tot arreu, comunitats on la riquesa s'obté només amb enginyoses tàctiques d'estranys trucs de semiestafadors; on regna la feblesa; on la moral es manté a través de mesures penals i lleis dures, però no pels principis acceptats voluntàriament; quan els sentiments cap a la fe i el país s'esborren per conviccions cosmopolites? Quina forma de govern és que s'ha de donar en aquestes comunitats, sinó que el despotisme que us descriuré més endavant? Crearem una centralització intensificada del govern per agafar amb les nostres mans totes les forces de la comunitat. Regularem mecànicament totes les accions de la vida política dels nostres subjectes amb noves lleis. Aquestes lleis retiraran una a una totes les indulgències i les llibertats que han estat permeses pels goyim, i el nostre regne es distingirà per un despotisme de proporcions tan magnífiques com per estar en tot moment i en tot lloc en condicions d'acabar amb qualsevol goyim que se'ns oposi per escrit o amb la paraula.

Se'ns dirà que un despotisme com del que parlo no és consistent amb el progrés d'aquests dies, però us demostraré que ho és. Durant els temps en què els pobles van considerar als reis als seus trons com una manifestació pura de la voluntat de Déu, se sotmetien sense un murmuri al poder despòtic dels reis, però des del dia en què vam insinuar dins les seves ments la idea dels seus propis drets van començar a considerar als ocupants dels trons com a simples mortals ordinaris. La santa unció de l'Ungit del Senyor ha baixat dels caps dels reis als ulls de la gent, i quan també els vam robar la fe en Déu la força del poder va ser llançada als carrers que son de propietat pública i nosaltres la vam confiscar.

D'altra banda, l'art de dirigir a les masses i als individus per mitjà de teories i verborrea hàbilment manipulades, per normes de vida en comú i tot tipus d'altres peculiaritats, en tot el que els gentils no entenen res, pertany igualment als especialistes de la nostra intel·ligència administrativa. Educats en l'anàlisi, l'observació, en exquisits excel·lents càlculs, en aquesta mena d'habilitats no tenim rival, com tampoc en tenim en l'elaboració de plans d'acció política i solidaritat. En aquest sentit només els jesuïtes es podrien haver comparat amb nosaltres, però ens ho hem manegat per desacreditar-los davant els ulls de la multitud irreflexiva com una organització oberta, mentre que nosaltres alhora hem mantingut a l'ombra la nostra organització secreta. No obstant això, és probable que al món tant li faci qui sigui el seu senyor sobirà, si el cap del Catolicisme o el nostre dèspota de la sang de Sió! Però per a nosaltres, el Poble Escollit, això queda molt lluny de ser una qüestió indiferent.

Durant un temps, potser podríem afrontar amb èxit una coalició mundial dels GOYIM: però d'aquest perill ens mantindria ben segurs els desacords existents entre ells, tan profundament arrelats que ara ja no podran ser arrencats. Hem posat als uns contra els altres els còmputs personals i nacionals dels goyim, els odis religiosos i racials, que hem fomentat amb un enorme creixement en el curs dels últims vint segles.

Aquesta és la raó per la qual cap Estat rebria suport enlloc si tractés d'aixecar-nos la mà, cada un d'ells ha de tenir en compte que qualsevol acord en contra de nosaltres no els seria profitós. Som massa forts - del nostre poder no se'n poden evadir. Les nacions no poden arribar ni tan sols a un acord privat insignificant sense que nosaltres secretament hi fiquen la mà.

Per Me reges regnant. "És per mi que els reis regnen." I això va ser dit els profetes que van ser triats pel mateix Déu per governar sobre tota la terra. Déu ens ha dotat de geni perquè estiguem a l'alçada de la nostra tasca. Hi va haver un geni al camp contrari que podia haver lluitat contra nosaltres, però tot i així un nouvingut no és rival per a vells colons ja establerts: la lluita entre nosaltres hagués estat despietada, però una lluita com el món mai hauria vist. Sí, i el geni del seu bàndol hauria arribat massa tard. Totes les rodes de la maquinària de tots els estats roden per la força del motor, el qual està a les nostres mans, i el motor de la maquinària dels Estats és - l'Or. La ciència de l'economia política inventada pels nostres savis durant molt temps ha estat donant prestigi real al capital.

El capital, si és per cooperar sense traves, ha de tenir la llibertat d'establir un monopoli de la indústria i el comerç: això ja està sent executat per una mà invisible arreu del món. Aquesta llibertat donarà força política als que es dediquen a la indústria, i ajudarà a oprimir al poble. Avui en dia és més important desarmar als pobles que portar-los a la guerra: és més important utilitzar per al nostre benefici les passions que esclaten en flames que apagar el foc: és més important posar-se al dia i interpretar les idees d'altres per adaptar-les a nosaltres mateixos que eradicar-les. L'objecte principal del nostre directori consisteix en això: debilitar la ment del públic mitjançant la crítica; allunyar serioses reflexions calculades per despertar la resistència; distreure les forces de la ment cap a una baralla simulada d'eloqüència buida.

A totes les èpoques els pobles del món, igual que les persones, han acceptat les paraules com fets, ja que ells s'acontenten amb un espectacle i poques vegades s'aturen a observar, en l'àmbit públic, si les promeses acaben sent fets. Per tant establirem institucions espectacle que donaran proves eloqüents del seu benefici per al progrés.

Assumirem nosaltres mateixos la fisonomia liberal de tots els partits, de totes les tendències, i donarem una veu aquesta fisonomia amb oradors que parlaran tant que esgotaran la paciència dels seus oients i produiran avorriment amb l'oratòria.

Per tal de tenir l'opinió pública a les nostres mans hem de col·locar-la en un estat de confusió, fent d'altaveu de tots els bàndols amb tantes opinions contradictòries i durant tal lapse de temps que serà suficient perquè els GOYIM perdin el cap al laberint i arribin a veure que el millor és no tenir cap opinió de cap tipus en assumptes polítics, però això el públic no ho ha d'entendre, perquè només ho han d'entendre aquells que guiïn al públic. Aquest és el primer secret. El segon requisit secret per a l'èxit del nostre govern es compon del següent: Fer multiplicar fins a tal punt els fracassos nacionals, els hàbits, les passions, les condicions de la vida civil, que serà impossible que ningú sàpiga on és dins el caos resultant, de manera que la gent, en conseqüència, no es podran entendre entre si. Aquesta mesura també ens servirà d'una altra manera, és a dir, per sembrar la discòrdia a tot arreu, per dislocar totes les forces col·lectives que encara no estiguin disposades a sotmetre's a nosaltres, i a desincentivar qualsevol tipus d'iniciativa personal que d'alguna manera obstaculitzi la nostra aventura. No hi ha res més perillós que la iniciativa personal; si al darrere hi té enginy, aquesta iniciativa pot fer més del que pot fer-se amb milions de persones entre les que haguem sembrat la discòrdia. Per tant hem de dirigir l'educació de les comunitats goyim de manera que cada vegada que es trobin amb un assumpte que requereixi iniciativa caiguin en mans d'una impotència desesperada. El cep que resulta de la llibertat d'acció soscava les forces quan es troba amb la llibertat de l'altre. D'aquesta col·lisió sorgiran greus xocs morals, desencants, fracassos. Amb tots aquests mitjans desgastarem tant als gentils que es veuran obligats a oferir-nos el poder internacional d'una naturalesa que per la seva posició ens permetrà sense cap violència gradualment absorbir totes les forces dels Estats del món, i formar un Súper-Govern. En comptes dels governants d'avui n'establirem uns de fantasmes que es dirà l'Administració del Súper-Govern. Les seves mans arribaran a tot arreu, seran com pinces i la seva organització serà de dimensions tan colossals que sotmetrà a totes les nacions del món.

PROTOCOL Nº 6

Aviat començarem a establir grans monopolis, grans dipòsits de riqueses colossals, dels quals fins i tot les grans fortunes dels goyim en dependran a tal punt que s'enfonsaran, juntament amb el crèdit dels Estats el dia després de la catàstrofe política....

Vosaltres cavallers aquí presents que sou economistes, feu només una estimació de la importància d'aquesta combinació!...

Hem de desenvolupar de totes les formes possibles el significat protector i benefactor del nostre Súper-Govern, representant-lo així davant de tots els que voluntàriament se'ns sotmetin.

L'aristocràcia dels goyim com a força política, és morta - no hem de tenir-la en compte; però com a propietaris de terres encara poden ser perjudicials per a nosaltres pel fet que són autosuficients amb els recursos de què viuen. És essencial, per tant, per a nosaltres, a qualsevol cost, privar-los de les seves terres. Aquest objectiu s'obtindrà millor mitjançant l'augment dels impostos sobre la propietat de terres - en carregar les terres de deutes. Aquestes mesures verificaran als propietaris de terres i els mantindran en un estat de submissió humil i incondicional.

Els aristòcrates dels goyim, sent hereditàriament incapaços d'acontentar-se amb poc, es cremaran ràpidament i s'esfumaran.

Alhora, hem de ser intensament condescendents amb el comerç i la indústria, però, sobretot, amb l'especulació, el paper de la qual és proporcionar un contrapès a la indústria: l'absència d'indústria especulativa multiplicarà el capital en mans privades i servirà per restaurar l'agricultura alliberant la terra del deute amb els bancs. El que volem és que la indústria dreni la terra juntament amb el capital i el treball i per mitjà de l'especulació transfereixi a les nostres mans tots els diners del món, i per tant llançar a tots els goyim dins les files del proletariat. Llavors els goyim s'inclinaran davant nostre, però per cap altra raó, sinó la d'obtenir el dret a existir.

Per completar la ruïna de la indústria dels goyim els portarem a fomentar l'especulació del luxe que desenvoluparem entre els goyim, una demanda àvida de luxe que s'ho empassarà tot. Elevarem la taxa dels salaris, però, això no suposarà cap avantatge per als treballadors, ja que, a la vegada, farem que s'apugin els preus dels articles de primera necessitat, al·legant que és degut a la decadència de l'agricultura i la ramaderia: soscavarem encara més artera i profundament les fonts de producció, acostumant als treballadors a l'anarquia i a l'embriaguesa i colze amb colze amb ells prendrem totes les mesures per extirpar de la faç de la terra a totes les forces educades dels GOYIM.

Per tal de que el veritable significat de les coses no pugui ser descobert pels GOYIM abans d'hora ens ocultarem sota un suposat desig ardent de servir a les classes treballadores i els grans principis de l'economia política sobre la qual les nostres teories econòmiques estan portant a terme una enèrgica propaganda.

PROTOCOL Nº 7

La intensificació d'armaments, l'augment de forces policials - són essencials per a la realització d'aquests plans. El que hem de tenir en compte és que, a tots els estats del món, hi ha d'haver, a més de nosaltres mateixos, només masses del proletariat, alguns milionaris dedicats als nostres interessos, policies i soldats.

Al llarg de tot Europa, i mitjançant les relacions amb Europa, també en altres continents, hem de crear ferments, discòrdia i hostilitat. Amb això tindrem un doble avantatge. En primer lloc, mantindrem a ratlla a tots els països, doncs ja sabran que tenim el poder sempre que volem de crear trastorns o restaurar l'ordre. Tots aquests països estan acostumats a veure'ns com una força indispensable de coerció. En segon lloc, amb les nostres intrigues enredarem tots els fils que hem estès fins els gabinets de tots els Estats mitjançant la política, els tractats econòmics, o les obligacions dels préstecs. Per tal de tenir èxit amb això cal utilitzar una gran astúcia i penetració durant les negociacions i els acords, però, pel que fa al que es coneix com "idioma oficial", ens mantindrem en tàctiques oposades i assumirem la màscara de l'honestedat i de la conformitat. D'aquesta manera, els pobles i els governs dels goyim, a qui hem ensenyat a mirar només la superfície del que els ensenyem, encara ens seguiran acceptant com els benefactors i salvadors de la raça humana.

Hem d'estar en condicions de respondre a tots els actes d'oposició amb la guerra mitjançant els veïns del país que s'atreveixi a oposar-se a nosaltres: però si aquests veïns també s'aventuressin a fer una coalició contra nosaltres, llavors hauríem d'oferir resistència mitjançant una guerra universal.

El principal factor d'èxit en la política és el secret de les seves empreses: la paraula no ha d'estar d'acord amb els fets de la diplomàcia.

Hem d'obligar als governs dels goyim que actuïn en la direcció que afavoreixi al nostre pla àmpliament concebut, ja que s'acosta la consumació desitjada, de manera que representarem l'opinió pública, impulsada en secret per nosaltres a través dels mitjans de l'anomenat "Gran poder" - la Premsa, que, tret d'algunes excepcions que podran ser ignorades, ja està totalment a les nostres mans.

En una paraula, per resumir el nostre sistema de mantenir als governs dels goyim a Europa sota control, mostrarem la nostra força a un d'ells mitjançant atemptats terroristes i a tots, si permeten la possibilitat d'un aixecament general contra nosaltres, els haurem de respondre amb les armes dels Estats Units, la Xina o el Japó.

PROTOCOL Nº 8

Cal que ens armem amb totes les armes que els nostres adversaris puguin emprar contra nosaltres. Hem de buscar els més fins matisos de l'expressió i els punts espinosos del lèxic de la justificació legal per als casos en què haurem de pronunciar judicis que podrien semblar anormalment audaços i injustos, ja que és important que aquestes resolucions figurin en les expressions que semblin ser els principis morals més exaltats emesos en forma legal. La nostra direcció ha envoltar-se de totes aquestes forces de la civilització entre les quals haurà de treballar. S'haurà d'envoltar de publicistes, de juristes, d'administradors, de diplomàtics i, finalment, amb persones preparades amb una formació súper- educativa especial a les nostres escoles especials. Aquestes persones coneixeran tots els secrets de l'estructura social, parlaran tots els idiomes amb els quals es puguin construir alfabets polítics i paraules; se'ls farà conèixer tota la part baixa de la naturalesa humana, amb totes les seves cordes sensibles amb les que hauran de jugar. Aquestes cordes són el motlle de la ment dels goyim, les seves tendències, defectes, vicis i qualitats, les particularitats de les classes i les condicions. No cal dir que els assistents talentosos de l'autoritat, dels quals parlo, no s'agafaran d'entre els gentils, que estan acostumats a realitzar el seu treball administratiu sense que ells mateixos es prenguin la molèstia de pensar quin és el seu objectiu, ni considerar mai què es necessita. Els administradors dels goyim signen els documents sense llegir-los, i exerceixen, ja sigui per raons mercenàries o d'ambició.

Envoltarem al nostre govern amb tot un món d'economistes. Aquesta és la raó per la qual les ciències econòmiques constitueixen l'objecte principal de l'ensenyament donat als Jueus. Al voltant de nosaltres tornarà a haver-hi tota una constel·lació de banquers, industrials, capitalistes i - el més important - milionaris, perquè en essència tot es resoldrà per una qüestió de xifres.

Durant un temps, fins que ja no hi hagi cap risc en confiar els nostres llocs de responsabilitat als Estats als nostres germans - jueus, ens posarem en mans de persones el passat i la reputació dels quals serà tal que entre ells i el poble hi haurà un abisme, persones que, en cas de desobeir les nostres instruccions, hauran de fer front a càrrecs criminals o desaparèixer - per tal de fer que defensin els nostres interessos fins al seu últim sospir.

PROTOCOL Nº 9

A l'hora d'aplicar els nostres principis haureu de prestar atenció al caràcter de les persones en el país on viviu i us moveu; una aplicació general, al peu de la lletra, no podrà tenir èxit fins que el poble s'hagi reeducat segons el nostre patró. Però acostant la seva aplicació amb cautela, veureu que no passarà una dècada abans que el caràcter més obstinat canviï i ens porti nova gent a les files dels que ja estan sotmesos per nosaltres.

Les paraules del liberal, que són, en efecte, les paraules del nostre lema maçònic, és a dir, "Llibertat, Igualtat, Fraternitat", seran, quan entrem al nostre regne, modificades per nosaltres en paraules no seran ja un sant i senya, sinó només una expressió d'idealisme, és a dir: "El dret a la llibertat, el deure de la igualtat, l'ideal de la fraternitat". Així és com ho direm, i així agafarem al toro per les banyes... de fet ja hem acabat amb tot tipus de norma, excepte la nostra, tot i que de drets encara en queden un bon nombre. Avui en dia, si algun Estat eleva una protesta contra nosaltres només és per formulisme i sota la nostra direcció, pel seu anti-semitisme és indispensable que nosaltres controlem als nostres germans menors. No entraré en més explicacions, perquè aquest assumpte ha estat objecte de repetides discussions entre nosaltres.

Per a nosaltres no hi ha controls que limitin l'abast de la nostra activitat. El nostre Súper-Govern subsisteix en condicions extra-legals que es descriuen en la terminologia acceptada per l'energia i la força de la paraula Dictadura. Estic en condicions de dir amb la consciència tranquil·la que al seu moment, nosaltres, els legisladors, jutjarem i condemnarem, matarem i no escatimarem esforços, nosaltres, com a caps de totes les nostres tropes, muntaren el corser del líder. Governarem per la força de voluntat, perquè a les nostres mans hi haurà els fragments d'un partit un cop poderós, ara vençut per nosaltres. I les armes a les nostres mans seran ambicions il·limitades, cobdícia, venjança sense pietat, odis i malícia.

És de nosaltres que procedeix el terror que ho envolta tot. Tenim al nostre servei persones de totes les opinions, de totes les doctrines, restauradors de monarquies, demagogs, socialistes, comunistes i somiadors utòpics de tota mena. A tots ells els hem aprofitat per a la tasca: cada un d'ells pel seu propi compte està minant els darrers romanents d'autoritat, esforçant-se per enderrocar tota forma establerta d'ordre. Amb aquests actes són torturats tots els Estats; que exhortant a la tranquil·litat, estan disposats a sacrificar-ho tot per la pau: però no els donarem la pau fins que reconeguin obertament el nostre Súper- Govern internacional, i amb submissió.

El poble ha udolat la necessitat de resoldre la qüestió del socialisme per mitjà d'un acord internacional. La divisió en parts fraccionàries els ha posat a les nostres mans, ja que, per tal de dur a terme una lluita controvertida un ha de tenir diners, i els diners són tots a les nostres mans.

Pot ser que tinguem motius per detenir una unió entre la força "clarivident" dels reis goy en els seus trons i la força "cega" de les torbes goy, però hem pres totes les mesures necessàries contra aquesta possibilitat: entre una i altra força hem construït un bastió en forma de terror mutu entre ells. D'aquesta manera, la força cega de la gent segueix sent el nostre suport i nosaltres, i només nosaltres, els prestarà un líder i, per descomptat, els portarà pel camí que condueix al nostre objectiu.

Per tal que la mà de la multitud cega no pugui alliberar-se de ser guiada per la nostra mà, hem d'entrar de tant en tant en comunió íntima amb ella, si no és en persona, en tot cas, a través d'alguns dels més fidels dels nostres germans. Quan se'ns reconegui com l'única autoritat discutirem amb la gent personalment a les places de mercat, i els donarem instruccions sobre qüestions polítiques de manera que puguin girar en la direcció que ens convingui.

Qui verificarà el que s'ensenya a les escoles dels pobles? Però el que pugui dir un enviat del govern o d'un rei al seu tron no pot sinó acabar immediatament en coneixement de tot l'Estat, ja que serà difós a tot arreu per la veu del poble.

Per tal de no aniquilar les institucions dels goyim abans que sigui el moment els hem de commoure amb l'art i la delicadesa, i hem d'apoderar-nos dels extrems dels ressorts que mouen el seu mecanisme. Aquests ressorts reposen en un estricte però just sentit de l'ordre; nosaltres els hem reemplaçat per la llicència caòtica del liberalisme. Tenim les mans ficades a l'administració de la llei, al desenvolupament de les eleccions, a la premsa, a la llibertat personal, però principalment a l'educació i la formació en quant que són les pedres angulars d'una existència lliure.

Hem enganyat, desconcertat i corromput a la joventut dels GOYIM per fer-los créixer amb principis i teories que nosaltres sabem que són falses, tot i que nosaltres les hi hem inculcat.

Per damunt de les lleis existents, sense alterar-les substancialment, i enroscant-les amb interpretacions contradictòries, hem construït alguna cosa grandiosa que està en camí de donar resultats. Aquests resultats primer es van expressar en el fet que les interpretacions van emmascarar les lleis: després les van ocultar totalment de la vista dels governs, a causa de la impossibilitat de fer alguna cosa fora de l'embolicada legislació.

Aquest és l'origen de la teoria del marc de l'arbitratge.

Potser direu que els goyim s'aixecaran contra nosaltres, armes en mà, si sospiten el que està venint abans que arribi; però a Occident tenim en contra d'això una maniobra de tal espantós terror que els cors més valents tremolaran - el metro subterrani, aquests corredors excavats que, abans que arribi el moment, seran construïts a totes les capitals i aquestes capitals saltaran pels aires amb totes les seves organitzacions i els seus arxius.

PROTOCOL Nº 10

Avui començo amb una repetició del que he dit abans, i us prego que tingueu en compte que els governs i els pobles, en política, s'acontenten amb les aparences externes. I com, en efecte, els goyim haurien de percebre el sentit profund de les coses quan els seus representants gasten les seves millors energies gaudint d'ells mateixos? Per a la nostra política és de la major importància conèixer aquest detall; que ens serà de gran ajuda quan arribem a considerar la divisió de l'autoritat, la llibertat d'expressió, de premsa, de religió (fe), de la llei d'associació, de la igualtat davant la llei, de la inviolabilitat de la propietat, de l'habitatge, de la fiscalitat (la idea dels impostos ocults), de la força retroactiva de les lleis. Totes aquestes preguntes són de tal naturalesa no han de ser tractades directament ni obertament davant del poble. En els casos en què sigui indispensable referir-se a elles, no han de ser nomenades de manera categòrica, simplement han de ser declarades sense entrar en detalls de que nosaltres reconeixem els principis del dret contemporani. La raó de mantenir silenci sobre això és que, en no nomenar un principi ens reservem llibertat d'acció, d'abandonar-ne una o altra d'elles sense cridar l'atenció; si s'anomenen totes categòricament ja semblen haver estat acceptades.

La torba té un especial afecte i respecte pels genis del poder polític i accepta tots els seus fets violents amb admiració: "bé és murri, sí, és murri, però és intel·ligent... un trampós, si vols!, però actua astutament, ho fa magníficament, quina audàcia tan insolent!"...

Nosaltres comptem amb atraure a totes les nacions cap a la tasca d'erigir la nova estructura fonamental, per a la qual ja hem elaborat el projecte. És per això que, abans de tot, és indispensable que puguem armar-nos i guardar en nosaltres mateixos l'audàcia absolutament imprudent i l'irresistible poder de l' esperit que en la persona dels nostres treballadors actius destruiran tots els obstacles del nostre camí.

Quan haguem complert el nostre cop d'Estat a continuació, als diversos pobles els direm: "Tot ha anat terriblement malament, tot s'ha dut a terme amb patiment. Estem destruint les causes del vostre turment les nacionalitats, les fronteres, les diferents monedes... Sou lliures, per descomptat, de sentenciar- nos, però això possiblement només serà just si ho confirmeu vosaltres mateixos experimentant abans el que us estem oferint."...Llavors el populatxo ens exaltarà i ens portarà amb les seves mans a un triomf unànime d'esperances i expectatives. La votació, que farem que sigui l'instrument que ens durà al tron del món, ensenyant fins i tot a les més petites unitats dels membres de la raça humana a votar per mitjà de reunions i acords per part de grups, llavors haurà complert el seu propòsit i haurà fet el seu paper per última vegada amb un desig unànime de conèixer-nos abans de condemnar-nos.

Per assegurar això, hem de tenir el vot de tots sense distinció de classes ni qualificacions, per tal d'establir una majoria absoluta, que no es pot obtenir a partir de les classes propietàries educades. D'aquesta manera, en inculcar en tots un sentit d'auto-importància, destruirem entre els goyim la importància de la família i el seu valor educatiu i eliminarem la possibilitat que destaquin ments individuals, perquè la torba, controlada per nosaltres, no els deixarà que arribin al capdavant i ni tan sols se'ls escoltaran; està acostumada a escoltar només als que paguem perquè siguin obedients i atents. D'aquesta manera crearem una poderosa força cega, que mai estarà en condicions de moure's en cap direcció sense la guia dels nostres agents fixats al capdamunt per nosaltres com a líders de la torba. El poble se sotmetrà a aquest règim perquè sabrà que d'aquests líders, dependran els seus ingressos, gratificacions i el rebre tota mena de beneficis.

Un esquema de govern ha de fer-lo un sol cervell, perquè mai arrelarà fermament si es permet que sigui dividit en parts fraccionàries en ments de molts. És admissible, per tant, que nosaltres tinguem coneixement del pla d'acció, però no discutir-lo per tal de no pertorbar la seva astúcia, la interdependència dels seus components, la força pràctica del significat secret de cada clàusula. Perquè discutir i fer modificacions en un treball d'aquest tipus a través de nombroses votacions és imprimir el segell de tots els raciocinis i malentesos que han fracassat per penetrar en la profunditat i el nexe de les seves maquinacions. Volem que els nostres esquemes siguin contundents i creats convenientment. Per tant NO HEM DE LLANÇAR L'OBRA DEL GENI DEL NOSTRE GUIA als ullals de la torba, ni tampoc a una empresa determinada.

Aquests esquemes, de moment, no ensorraran les institucions existents. Només afectarà en canvis a la seva economia i per tant a tot el moviment combinat del seu progrés, que d'aquesta manera serà dirigit pels senders establerts en els nostres esquemes.

A tots els països existeix, sota diferents noms, aproximadament el mateix. La Representació, el Ministeri, el Senat, el Consell d'Estat, el Cos legislatiu i l'Executiu. No cal que expliqui el mecanisme de la relació d'aquestes institucions entre si, pel fet que sou conscients de tot això; només preneu nota del fet que cadascuna de les institucions esmentades correspon a alguna funció important de l'Estat, i us pregaria que observéssiu que la paraula "important" no s'aplica a la institució, sinó a la funció, per tant no són les institucions el que és important sinó les seves funcions. Aquestes institucions s'han repartit entre elles totes les funcions de l'administració governamental, legislativa, executiva, per la qual cosa han arribat a operar com ho fan els òrgans al cos humà. Si fem malbé una part de la maquinària de l'Estat, l'Estat emmalalteix, com un cos humà, i morirà.

Quan vam introduir el verí del Liberalisme a l'organisme de l'Estat tot el seu aspecte polític va sofrir un canvi. Els Estats han estat presa d'una malaltia que els ha intoxicat mortalment la sang. Tot el que queda és esperar el final de la seva agonia.

El liberalisme va produir Estats Constitucionals, que van prendre el lloc del que era l'única salvaguarda del goyim, és a dir, el despotisme; i una constitució, com vosaltres bé sabeu, no és més que una escola de discòrdies, malentesos, baralles, desacords, infructuoses agitacions partidistes, capricis dels partits - en una paraula, una escola de tot el que serveix per a destruir la personalitat de l'activitat de l'Estat. La tribuna dels "oradors" ha, no menys eficaçment que la Premsa, condemnat als governants a la inactivitat i a la impotència, i de tal manera que resulten inútils i superflus, per la qual cosa, de fet, han estat deposats en molts països. Llavors va ser quan va ser possible realitzar l'època de les repúbliques; i va ser llavors quan vam reemplaçar al governant per una caricatura de govern amb un president, pres d'entre la multitud, d'enmig de les nostres criatures titelles, dels nostres esclaus. Aquesta ha estat la base de la mina que hem posat sota el poble no jueu, més aviat hauria dir, sota els pobles goy.

En un proper futur establirem la responsabilitat dels presidents.

Llavors estarem en condicions de prescindir de les formes per dur a terme les qüestions per les quals el nostre titella personal en serà el responsable. Què ens importa si les files dels que lluiten pel poder es dilueixen, si sorgeix un carreró sense sortida que impossibilita trobar presidents, un punt mort que finalment desorganitza el país?

Per tal que el nostre esquema doni aquest resultat organitzarem les eleccions a favor dels presidents que en el seu passat tinguin amagada alguna taca fosca, algun o altre "Panamà" - llavors seran agents de confiança per a la realització dels nostres plans sense haver de témer revelacions i el desig natural de tots els que arriben al poder, és a dir, mantenir els privilegis, avantatges i honors relacionats amb el càrrec de president. La Cambra de Diputats proveirà cobertura, protegirà, elegirà al president, però li prendrem el dret de proposar res nou o fer canvis en la legislació vigent, perquè aquest dret estarà determinat per nosaltres per al president responsable, un titella a les nostres mans. Naturalment, l'autoritat del president llavors es convertirà en un objectiu per a totes les formes possibles d'atac, però nosaltres li lliurarem mitjans d'auto-defensa com el dret d'apel·lar al poble, per decidir per damunt dels caps dels seus representants, és a dir, recórrer al nostre mateix esclau cec - la majoria de la torba. Independentment d'això investirem al president amb el dret de declarar l'estat de guerra. Justificarem aquest darrer dret en base a que el president com cap de tot l'exèrcit del país ha de tenir a la seva disposició, en cas de necessitat per a la defensa de la nova constitució republicana, el dret a defensar el que és seu com representant responsable d'aquesta constitució.

És fàcil d'entendre que en aquestes condicions la clau del santuari estarà a les nostres mans, i ningú fora de nosaltres mateixos podrà ja dirigir la força de la legislació.

A més d'això, amb la introducció de la nova constitució republicana, prendrem a la Cambra el dret d'interpel·lació sobre les mesures del Govern, amb el pretext de preservar el secret polític, i a més, amb la nova constitució reduirem el nombre de representants al mínim, cosa que reduirà proporcionalment les passions polítiques i la passió per la política. Si, però, com haurien, cosa que no és d'esperar, s'inflamen, fins i tot amb aquest mínim, els anul·larem amb una súplica commovedora i una referència a la majoria de tot el poble... El nomenament dels presidents i vicepresidents de la Cambra i del Senat dependran del president. En lloc de les sessions constants dels Parlaments reduirem les seves sessions a alguns mesos. D'altra banda, el president, com a cap del poder executiu, tindrà el dret de convocar i dissoldre el Parlament, i en aquest últim cas, de prolongar el temps per al nomenament d'una nova assemblea parlamentària. Però per tal que les conseqüències de tots aquests actes que, en essència, són il·legals, no caiguin, abans d'hora per als nostres plans, sobre la responsabilitat establerta per nosaltres al president, instigarem als ministres i altres funcionaris de l'administració superior a evadir les disposicions del president, prenent mesures pròpies, per fer-los aparèixer com els bocs expiatoris en lloc seu... Aquesta part recomanem especialment que la faci el Senat, el Consell d'Estat o el Consell de

Ministres, però no un funcionari individual.

El president, seguint el nostre criteri, interpretarà el sentit de les lleis vigents quan admetin diverses interpretacions; és més les anul·larà quan li indiquen la necessitat de fer-ho, a més d'això, tindrà el dret de proposar lleis temporals, i fins i tot a proposar-ne de noves en el funcionament constitucional del govern, el pretext tant per a una cosa com per l'altra seran els requisits per al benestar suprem de l'Estat.

Amb aquestes mesures obtindrem el poder de destruir a poc a poc, pas a pas, tot el que en un principi quan vam declarar els nostres drets, ens vam veure obligats a introduir en les constitucions dels Estats per preparar la transició cap a una abolició imperceptible de tot tipus de constitució, i després serà el moment de transformar tota forma de govern en el nostre despotisme.

El reconeixement del nostre dèspota també pot arribar abans de la destrucció de la Constitució; el moment d'aquest reconeixement vindrà quan els pobles, totalment cansats de les irregularitats i la incompetència - una qüestió que organitzarem nosaltres - dels seus governants, clamaran: "Feu-los fora i doneu-nos un rei sobre tota la terra que ens uneixi i aniquili les causes de les discòrdies - les fronteres, les nacionalitats, les religions, els deutes de l'Estat - que ens doni la pau i la tranquil·litat, que no podem trobar amb els nostres governants i representants".

Però vosaltres ja sabeu perfectament que per tenir la possibilitat de que aquests desitjos es produeixin a totes les nacions és indispensable que hi hagi problemes a tots els països amb les relacions de la gent amb els seus governs amb la finalitat de que la humanitat quedi completament esgotada amb la dissensió, l'odi, la lluita, l'enveja i fins i tot per l'ús de la tortura, per la fam, PER LA INOCULACIÓ DE MALALTIES, per la necessitat, de manera que els GOYIM no vegin cap altra sortida que refugiar-se en la nostra plena sobirania en quant als diners com en tota la resta.

Però si donem a les nacions del món un respir el moment que anhelem serà poc probable que arribi.

PROTOCOL Nº 11

El Consell d'Estat ha estat, per dir-ho així, l'expressió emfàtica de l'autoritat del governant: serà, com part del "xou" del Cos Legislatiu, del que se'n podria dir comitè de redacció de les lleis i decrets del governant.

Aquest és, doncs, el programa de la nova constitució. Crearem les Lleis, la Justícia i els Tribunals

(1) sota la forma de propostes al Cos Legislatiu,

(2) amb decrets del president disfressats de normativa general, d'ordres del Senat i de resolucions del Consell d'Estat disfressades d'ordres ministerials,

(3) i si es dóna el cas d'una ocasió adequada en forma d'una revolució d'Estat.

Havent establert aproximadament l'agenda ens ocuparem dels detalls d'aquestes combinacions de les quals encara resten per completar la revolució en curs de la maquinària de l'Estat en la direcció ja indicada. Amb aquestes combinacions em refereixo a la llibertat de premsa, el dret d'associació, la llibertat de consciència, el principi de votació, i moltes altras que han de desaparèixer per sempre de la memòria dels homes, o sotmetre-les a una alteració radical el dia després de la promulgació de la nova constitució. Només en aquest moment serem capaços d'anunciar alhora totes les nostres disposicions, doncs, posteriorment, cada alteració apreciable serà perillosa, per les següents raons: si aquesta alteració s'ha formulat amb severitat aspre i amb sentit de gravetat i limitacions, pot donar lloc a un sentiment de desesperació causat per la por a noves alteracions en la mateixa direcció; si, per contra, es formula amb un sentit més indulgent se'ns dirà que hem reconegut la nostra pròpia maldat, i això destruirà el prestigi de la infal·libilitat de la nostra autoritat, o en cas contrari, se'ns dirà que hem tingut por i ens hem vist obligats a mostrar una disposició a rendir-nos, per això no aconseguirem cap agraïment, ja que se suposa que és obligatori... Tant l'un com l' altre són perjudicials per al prestigi de la nova constitució. El que volem és que des del primer moment de la seva promulgació, mentre els pobles del món encara estiguin sorpresos pel fet consumat de la revolució, encara en un estat de terror i incertesa, reconeguin d'una vegada per totes que som tan forts, tan inexpugnables, tan plens d'un sobreabundant poder, que en cap cas els tindrem en compte, i fins al moment que prestem atenció a les seves opinions o desitjos, estarem preparats i serem capaços d'aixafar amb un poder irresistible qualsevol expressió o manifestació seva en qualsevol moment i a tot arreu, també confiscarem tot el que vulguem, i en cap cas compartirem el nostre poder amb ells... Després, temorosos i tremolant no voldran veure res més, i s'acontentaran esperant quan tot s'haurà acabat.

Els goyim són un ramat d'ovelles, i nosaltres som els seus llops. I sabeu què passa quan els llops s'apoderen del ramat?...

També hi ha una altra raó per la qual tancaran els ulls, doncs els prometrem tornar-los totes les llibertats que els hem pres tan aviat com sufoquem als enemics de la pau i domestiquem tothom...

No cal dir res sobre quant de temps hauran d'estar esperant a que els tornem les seves llibertats...

Aleshores amb quin propòsit hem inventat tota aquesta política i l'hem insinuat a les ments dels goyim sense donar-los cap oportunitat d'examinar el seu significat subjacent? Per què, de fet, si no amb la finalitat d'obtenir d'una manera indirecta el que per a la nostra dispersa tribu seria inabastable per un camí directe? Això és el que ha servit de base per a la nostra organització de la SECRETA MAÇONERIA QUE NO ÉS CONEGUDA, I ELS OBJECTIUS DE LA QUAL NI TAN SOLS SOSPITA, AQUEST BESTIAR GOY, ATRETS CAP A NOSALTRES AMB EL "XOU" DE L'EXÈRCIT DE LES LÒGIES MAÇONIQUES PER TAL DE LLANÇAR POLS ALS ULLS DELS SEUS COMPANYS.

Déu ens ha concedit, al Seu Poble Escollit, el do de la dispersió, i d'això que davant de tots els ulls sembla ser la nostra debilitat, ha sorgit tota la nostra força, que ara ens ha portat al llindar de la sobirania sobre tot el món.

Actualment, no queda gaire perquè construïm sobre els fonaments que hem establert.

PROTOCOL Nº 12

La paraula "llibertat", que pot ser interpretada de diverses formes, nosaltres la definim de la següent manera:

La llibertat és el dret a fer el que la llei permet. Aquesta interpretació de la paraula en el moment oportú estarà al nostre servei, perquè tota la llibertat serà, doncs, a les nostres mans, ja que suprimirem o crearem només les lleis que ens convinguin, segons el programa esmentat.

Amb la premsa tractarem de la següent manera: Quin és el paper de la premsa avui dia? Serveix per excitar i inflamar les passions que són necessàries per al nostre propòsit o si no serveix als fins egoistes dels partits. Sovint és insípida, injusta, mentidera, i la majoria dels ciutadans no tenen la més mínima idea de per què acaba servint la premsa realment. Nosaltres li posarem regnes i un fre estret: farem el mateix també amb tot el que sigui premsa impresa, perquè quin sentit tindria desfer-se dels atacs de la premsa si som objectiu de fullets i llibres? El producte de la publicitat, que avui dia és una font de grans despeses a causa de la necessitat de censurar-la, farem que sigui una font d'ingressos molt lucrativa per al nostre Estat: establirem un impost especial d'impressió i demanarem dipòsits en metàl·lic abans de permetre l'establiment de cap editorial o cap impremta; llavors hauran de mantenir al nostre govern lluny de qualsevol tipus d'atac per part de la premsa. A qualsevol intent d'atac, si segueix sent possible, els infligirem multes sense pietat. Mesures com ara l'impost d'impressió, el dipòsit de diners i les multes garantides per aquests dipòsits, proporcionaran grans ingressos al govern. És cert que els òrgans del partit podrien no escatimar diners a l'hora de fer publicitat, però això els farà callar el segon cop que ens ataquin. Ningú podrà impunement posar un dit sobre l'aurèola de la nostra infal·libilitat governamental. El pretext per aturar qualsevol publicació serà la suposada declaració que està agitant la ment pública sense cap raó ni justificació. Us prego que tingueu en compte que entre els que ens ataquin també hi haurà òrgans establerts per nosaltres, però només atacaran exclusivament els punts que haurem predeterminat alterar.

Ni un sol anunci arribarà al públic sense el nostre control. Fins i tot ara això ja ho estem aconseguint en la mesura en que totes les notícies són rebudes per unes poques agències, en les oficines de les quals es concentren provinents d'arreu del món. Aquestes agències seran llavors ja completament nostres i només faran publicitat del que se'ls dicti.

Si ja ara ens ho hem manegat per posseir les ments de les comunitats goy fins al punt que tots ells s'apropen intentant veure els esdeveniments del món a través de les ulleres de color d'aquests espectacles que nosaltres els posem davant dels nassos; si ja ara no hi ha un sol Estat en què hi hagi per a nosaltres cap barrera en admetre el què l'estupidesa dels goy anomena secrets d'Estat; quina serà doncs la nostra posició, quan siguem reconeguts senyors suprems del món en la persona del nostre rei de tot el món...

Tornem de nou cap al futur de la premsa. Qualsevol que desitgi ser editor, bibliotecari, o impressor, estarà obligat a proveir-se de la diplomatura instituïda per a això, que, en cas de qualsevol error, serà confiscada immediatament. Amb aquestes mesures l'instrument del pensament es convertirà en un mitjà educatiu en mans del nostre govern, que ja no permetrà que la massa de la nació s'extraviï en sub -formes i fantasies sobre les benediccions del progrés. No hi ha cap de nosaltres que no sàpiga que aquestes benediccions fantasmals són camins directes cap a imaginacions absurdes que donen a llum relacions anàrquiques dels homes entre si i cap a l'autoritat, perquè el progrés, o més aviat la idea de progrés, ha introduït el concepte de tot tipus d'emancipació, però no ha demostrat els seus límits... Tots els anomenats liberals són anarquistes, sinó de fet, en tot cas, de pensament. Cada un d'ells persegueix fantasmes de llibertat, i cau en la llicència, és a dir, en l'anarquia de protestar per protestar...

Tornem als diaris. Els hi imposarem, com a tot material imprès, impostos per quantitat de fulls i dipòsits en efectiu, i els llibres de menys de 30 fulls pagaran el doble. Els considerarem pamflets i així, d'una banda, reduirem el nombre de revistes, que són la pitjor forma de verí imprès, i, de l'altra, aquesta mesura obligarà als escriptors a escriure obres voluminoses que seran poc llegides, especialment perquè seran cares. Al mateix temps, el que nosaltres mateixos publicarem per influir en el desenvolupament mental en la direcció establerta per al nostre benefici serà barat i serà llegit amb voracitat. L'impost tornarà insulses les ambicions literàries dins dels límits i la responsabilitat de les sancions cosa que farà que els homes de lletres depenguin de nosaltres. I si hi hagués algú desitjós d'escriure en contra de nosaltres, no trobarà a ningú amb ganes d'imprimir les seves produccions. Abans d'acceptar cap producció per publicar-la a la premsa l'editor o impressor haurà de demanar permís a les autoritats per fer-ho. Així sabrem per endavant totes les trampes que es preparin contra nosaltres i les anul·larem perquè no tirin endavant amb les explicacions que vinguin al cas.

La literatura i el periodisme són dues de les forces educatives més importants, i per tant el nostre govern serà propietari de la majoria de revistes. Això neutralitzarà la influència perjudicial de la premsa privada i ens proporcionarà una tremenda influència en la ment del públic... Si donem permisos a deu revistes, nosaltres en tindrem trenta, i així successivament en la mateixa proporció. Això, però, de cap manera ho ha de sospitar el públic.

Raó per la qual totes les revistes publicades per nosaltres seran, en aparença, de les més oposades tendències i opinions, creant d'aquesta manera que confiïn en elles i farà que els nostres rivals s'hi acostin sense sospita, per tant cauran a la nostra trampa i es tornaran inofensius.

A primera fila destacarem els òrgans de caràcter oficial. Aquests sempre protegiran els nostres interessos, pel que la seva influència serà comparativament insignificant.

A segona fila hi haurà els òrgans semioficials, la seva missió serà atraure als tebis i als indiferents. A tercera fila establirem la nostra pròpia oposició, aparentment, en la que almenys un dels seus òrgans, presentarà el que s'assembli a les nostres antípodes. Els nostres adversaris reals acceptaran de bon grat aquesta simulada oposició com a pròpia i ens mostraran les seves cartes.

Els nostres diaris representaran totes les tendències - aristocràtics, republicans, revolucionaris, fins i tot anàrquics - durant tant de temps, és clar, mentre existeixi la constitució... Igual que l'ídol hindú Vishnu tindran un centenar de mans, i cada una d'elles tindrà un dit a qualsevol de les opinions públiques segons sigui necessari. Quan un impuls s'acceleri aquestes mans conduiran l'opinió en direcció als nostres objectius, perquè un pacient excitat perd tot poder de judici i cedeix fàcilment a la suggestió. Aquells ximples que pensin que estan repetint l'opinió del seu diari repetiran la nostra opinió o qualsevol opinió que a nosaltres ens sembli desitjable. Amb la vana creença de que estan seguint l'òrgan del seu partit seguiran, de fet, la bandera que nosaltres els donarem.

Per tal de dirigir la nostra milícia de periodistes en aquest sentit, caldrà tenir especial cura i ser minuciosos amb l'organització d'aquest assumpte. Sota el títol de departament central de premsa hem d'organitzar tertúlies literàries en les que els nostres representants, sense cridar l' atenció establiran les ordres i consignes del dia. A base de discutir i de controvèrsia, però sempre per sobre, sense tocar l'essència de la qüestió, els nostres òrgans realitzaran un simulacre de lluita a trets amb els diaris oficials amb l'única finalitat de propiciar que ens expressem més detalladament com podria fer-se des el principi amb els anuncis oficials, sempre que, és clar, representi un avantatge per a nosaltres.

Aquests atacs contra nosaltres també serviran per un altre propòsit, és a dir, que els subjectes es convencin de l'existència de la plena llibertat d'expressió i així donar als nostres agents l'ocasió d'afirmar que tots els òrgans que s'oposen a nosaltres són xarlatanisme buit, ja que seran incapaços de trobar objeccions substancials a les nostres ordres.

Aquests mètodes d'organització, imperceptibles als ulls públics, però absolutament segurs, estan calculats minuciosament per obtenir l'atenció i la confiança del públic del costat del nostre govern. Gràcies a aquests mètodes estarem en condicions, de tant en tant, d'excitar o tranquil·litzar l'opinió pública sobre qüestions polítiques, de persuadir o de confondre, publicant ara veritats, ara mentides, fets o el contrari, segons puguin ser ben o mal rebuts, sempre amb molta cautela tantejant el terreny abans d'entrar-hi...Triomfarem segur sobre els nostres rivals, ja que no tindran a la seva disposició els òrgans de la premsa amb els quals poder expressar de manera plena i definitiva els seus punts de vista a causa dels mètodes abans indicats de com tractar amb la premsa. Ni tan sols necessitarem refutar, excepte de manera molt superficial.

Trets de prova d'aquest tipus, disparats per nosaltres des de la tercera fila de la nostra premsa, en cas de necessitat, seran enèrgicament refutats per nosaltres mateixos als nostres òrgans semioficials.

Fins i tot avui en dia, ja, només mirant la premsa francesa, hi ha formes que revelen la solidaritat maçònica que actua sobre la consigna: tots els òrgans de la premsa estan units pel secret professional; com els àugurs de l'antiguitat, cap dels seus membres revelarà el secret de les seves fonts d'informació a menys que es resolgui que ho faci. Cap periodista s'atrevirà a trair aquest secret, perquè cap d'ells serà mai habilitat per exercir la literatura a menys que tingui al seu passat alguna o altre nafra vergonyosa... Aquestes nafres serien revelades immediatament. Sempre que uns pocs mantinguin el secret el prestigi del periodista atraurà la majoria del país - la torba anirà darrere seu amb entusiasme.

Els nostres càlculs s'estenen sobretot a les províncies. És indispensable inflamar-hi esperances i impulsos amb els quals poder caure en qualsevol moment sobre la capital, i representar a les capitals que aquestes expressions són les esperances i els impulsos de les províncies independents. Naturalment, la font de tot això sempre serà una i la mateixa - nosaltres. El que necessitem és que, fins al moment en què estiguem en la plenitud del poder, les capitals s'hauran de veure ofegades per l'opinió de les províncies de la nació, és a dir, de la majoria organitzada pels nostres agents. El que necessitem és que en el moment psicològic les capitals no estiguin en condicions de discutir un fet consumat per la senzilla raó, i no per cap altra, que la d'haver estat acceptada per l'opinió pública de la majoria de les províncies.

Quan estiguem en el període del nou règim de transició a la nostra presa de possessió de la plena sobirania, no hem d'admetre cap revelació de la premsa de cap forma de deshonestedat pública; cal que el nou règim consideri tenir a tothom tan perfectament contents que fins i tot cregui que la criminalitat ha desaparegut... Els casos de delinqüència manifesta hauran de romandre coneguts només per les seves víctimes i pels testimonis casuals, només.

PROTOCOL Nº 13

La necessitat del pa de cada dia fa que els goyim guardin silenci i siguin els nostres humils servents. Els agents de la nostra premsa agafats d'entre els goyim quan els ho manem discutiran sobre qualsevol cosa que no ens convingui que sigui publicada directament als documents oficials, i mentrestant, en silenci enmig del brogit de la discussió plantejada, simplement seran posades en pràctica aquestes mesures que volem i després les presentarem davant del públic com un fet consumat. Ningú s'atrevirà a exigir la derogació d'un assumpte un cop decidit, al contrari, ja que serà representat com una millora... I immediatament la premsa distraurà la línia de pensament cap a noves preguntes (que no hem entrenat la gent perquè sempre estigui buscant alguna cosa nova?). A les discussions d'aquestes noves qüestions s'hi llançaran els descerebrats distribuïdors de fortunes que no són capaços, fins i tot ara d'entendre que ells no tenen la més remota idea sobre els assumptes que es comprometen a discutir. Les qüestions polítiques són inabastables per a qualsevol tret dels que l'han estat conduint des de ja fa molts segles, els seus creadors.

Amb tot això veureu que obtenint l'opinió de la multitud estem facilitant únicament el funcionament de la nostra maquinària, i vosaltres tingueu en compte que no és mitjançant fets sinó paraules que deixem anar en una o altra qüestió que sembla que busquem aprovació. Constantment declarem públicament que en totes les nostres empreses ens guia l'esperança, juntament amb la convicció que estem servint al bé comú.

Per tal de distreure a la gent que pugui ser molt problemàtica en els debats sobre qüestions polítiques que ara estem plantejant el que al·legarem és que són noves qüestions polítiques, és a dir, qüestions industrials. En aquest àmbit permeteu que s'analitzin a si mateixos com ximples! Les masses estaran d'acord en romandre inactives, fent una pausa del que elles pensen que és l'activitat política (els hem entrenat per tal d'utilitzar-la com un mitjà de lluita contra els governs dels goy) només amb la condició de trobar noves feines, amb el que els estem enviant cap a alguna cosa semblant a un mateix objectiu polític. Per tal que les masses en sí no puguin endevinar el que passa les distraurem encara més amb diversions, jocs, passatemps, passions, les reialeses... Aviat a través de la premsa començarem a proposar competicions en l'art, en tot tipus d'esports: aquests interessos finalment distrauran les seves ments de preguntes amb les quals ens veuríem obligats a oposar-nos. Creixent més i més sense acostumar-se a reflexionar i a formar opinions pròpies, la gent començarà a parlar en el mateix to que nosaltres, perquè nosaltres només els estarem oferint noves orientacions de pensament... per descomptat a través de persones que no siguin sospitoses de ser solidaris amb nosaltres.

El paper exercit pels liberals, somiadors utòpics, serà finalment abandonat quan es reconegui el nostre govern. Mentrestant seguiran fent-nos un bon servei. Per tant seguirem dirigint la seva ment a tot tipus de concepcions vanes de teories fantàstiques, noves i aparentment progressistes, perquè no haurem encarrilat amb èxit als caps sense cervell dels goyim cap al progrés, fins que no hi hagi entre els goyim cap ment capaç de percebre que sota aquesta paraula hi ha una constant desviació de la veritat en quant no és una qüestió d'invents materials, ja que la veritat és una, i en ella no hi ha lloc per al progrés. El progrés, com idea fal·laç, serveix a la veritat fosca per què ningú ho sàpiga, excepte nosaltres, els Elegits de Déu, els seus tutors.

Quan arribi el nostre regne els nostres oradors exposaran els grans problemes que han girat cap per avall la humanitat per tal de posar-la finalment sota el nostre govern benefactor.

Qui sospitarà aleshores que TOTS AQUESTS POBLES HAN ESTAT MANIPULATS PER NOSALTRES SEGONS UN PLA POLÍTIC QUE NINGÚ HA POGUT NI IMAGINAR DURANT EL CURS DE MOLTS SEGLES?...

PROTOCOL Nº 14

Quan arribi el nostre regne serà indesitjable per a nosaltres que existeixi cap altra religió que la nostra, la de l'únic Déu amb qui el nostre destí està unit per la nostra posició com Poble Elegit i per la qual el nostre mateix destí està unit al destí del món. Per tant, hem d'escombrar totes les altres formes de creença. Si aquestes han creat als ateus que veiem a dia d'avui, en cas de ser només una etapa de transició, no interferirà amb les nostres idees, sinó que servirà d'advertència per a aquelles generacions que volen escoltar la predicació de la religió de Moisès, que, pel seu sistema estable i ben elaborat, ha fet que tots els pobles del món se'ns sotmetin. Aquí farem èmfasi en el seu dret místic, en el qual, com diem, es basa tot el seu poder educatiu... Llavors a cada oportunitat possible publicarem articles en els quals farem comparacions entre el nostre govern benefactor i els d'èpoques passades. Les benediccions de tranquil·litat, encara que es tracti d'una tranquil·litat aconseguida per la força a base de segles d'agitació, provocarà una major ajuda als beneficis als quals apuntarem. Els errors dels governs goyim seran descrits per nosaltres amb els colors més vius. Els implantarem tal avorriment que els pobles preferiran la tranquil·litat d'un estat de servitud als drets de la tan esbombada llibertat que haurà torturat la humanitat i esgotat les fonts mateixes de l'existència humana, les fonts que hauran estat explotades per una torba d'aventurers bergants que no sabran el que fan... Els canvis inútils de formes de govern als qual instigarem als GOYIM mentre minem les seves estructures estatals, cansaran tant als pobles durant tant de temps que preferiran patir el que sigui amb nosaltres en comptes de córrer el risc de patir de nou totes les agitacions i misèries per les que ja hauran passat.

Al mateix temps, no ometrem posar l'accent en els errors històrics dels governs goy que han turmentat la humanitat durant tants segles amb la seva falta de comprensió de tot el que constitueix el veritable bé de la humanitat amb la seva persecució darrere de fantàstics esquemes de benediccions socials, i mai han notat que aquests esquemes han fet empitjorar el seu estat més que mai i el de les relacions universals que són la base de la vida humana... Tota la força dels nostres principis i mètodes es troba al fet que els presentarem i exposarem com un esplèndid contrast amb el vell ordre de coses en la vida social morta i en descomposició.

Els nostres filòsofs discutiran totes les deficiències de les diferents creences dels goyim, PERÒ NINGÚ GOSARÀ DISCUTIR LA NOSTRA FE DES D'EL PUNT DE VISTA DE LA VERITAT DONCS NINGÚ LA CONEIXERÀ A FONS TRET DE NOSALTRES MATEIXOS, QUE MAI GOSARÍEM TRAIR ELS NOSTRES SECRETS.

Als països coneguts com progressistes i il·lustrats crearem una literatura absurda, obscena, abominable. Durant algun temps després de la nostra arribada al poder seguirem encoratjant la seva existència amb la finalitat de proporcionar un discurs d'alleujament que contrasti amb els discursos, el programa del partit, que seran distribuïts per nosaltres des dels llocs exaltats... Els nostres savis, educats per esdevenir líders dels goyim, compondran discursos, projectes, memòries, articles, que nosaltres utilitzarem per influir en les ments dels goyim, dirigint-los cap aquesta comprensió i formes de coneixement que hauran estat determinades per nosaltres.

PROTOCOL Nº 15

Quan per fi arribem definitivament al nostre regne amb l'ajuda del cop d'Estat preparat per tot arreu per a un mateix dia, després que la inutilitat de totes les formes de govern existents hagi estat definitivament reconeguda (i no passarà poc temps abans que això arribi, potser fins i tot un segle) haurem de fer nostra la tasca de mirar que deixin d'existir coses, com ara els complots, en nostra contra. Amb aquesta finalitat matarem sense misericòrdia a tots els que prenguin les armes (amb les mans) per oposar-se a l'arribada del nostre regne. Cada tipus de nova institució de qualsevol mena com ara una societat secreta també serà castigat amb la mort; les que ara ja existeixen, ja les coneixem, ens serveixen i ens han servit, les dissoldrem i les enviarem a l'exili a continents molt allunyats d'Europa. Això mateix haurem de fer amb els maçons goy que saben massa; a alguns d'ells als que, per alguna raó perdonarem, els mantindrem constantment tement l'exili. Promulgarem una llei per la que tots els ex membres de societats secretes hauran d'exiliar-se d'Europa que serà el centre del nostre govern.

Les resolucions del nostre govern seran finalment, inapel·lables.

A les societats goy, en les quals hem plantat i han arrelat profundament la discòrdia i el protestantisme, l'única forma possible de restablir l'ordre és emprant mesures despietades que provin la força directa de l'autoritat: no cal tenir en compte a les víctimes que això produeixi, patiran pel benestar del futur. L'assoliment d'aquest benestar, fins i tot a costa de sacrificis, és el deure de qualsevol tipus de govern que reconeix com a justificació per a la seva existència no només els seus privilegis, sinó les seves obligacions. La principal garantia de l'estabilitat del règim és la confirmació de l'aurèola del poder, i aquesta aurèola s'aconsegueix només amb una inflexibilitat de la força tan majestuosa que ha de portar al seu rostre els emblemes de la inviolabilitat de les causes místiques de l'elecció de Déu. Tal era, fins fa poc temps, l'autocràcia russa, l'únic enemic seriós que teníem, al món, sense comptar amb el Papat. Tingueu en compte l'exemple, quan Itàlia, amarada de sang, mai va tocar un pèl del cap de Sila* que havia vessat sang: Sila gaudia d'una apoteosi de poder davant els ulls de la gent, tot i que ell els havia fet miques, però el seu intrèpid retorn a Itàlia el va envoltar d'inviolabilitat. Les persones no posen ni un dit sobre aquell que els hipnotitza degut a la seva audàcia i força mental.

* Algunes versions dels "Protocols", segueixen tan al peu de la lletra els "Diàlegs" de Joly que l'ortografia errònia del nom de Sila com "Sylla" també era copiat. En la traducció dels "Protocols" aquí utilitzats, però, l'error ha estat rectificat.- H. B.

Mentrestant, però, fins que arribi el nostre regne, actuarem de la manera contrària: crearem i multiplicarem les lògies maçòniques lliures a tots els països del món, absorbirem en elles a tots els que puguin convertir-se o que ocupin un lloc destacat en l'activitat pública, en aquestes lògies, trobarem la nostra principal oficina d'intel·ligència i els mitjans d'influència. Totes aquestes lògies acabaran sota una administració central, coneguda només per nosaltres i absolutament desconeguda per a tots els altres, que estarà composada pels nostres Savis. Les lògies tindran els seus representants que serviran de pantalles de l'administració maçònica anteriorment esmentada i els que emetran les consignes i els programes. En aquestes lògies farem el nus que unirà a tots els elements revolucionaris i liberals. Estaran composades per tots els estrats de la societat. Coneixerem els plans polítics més secrets i cauran a les nostres mans per conduir-los el mateix dia de la seva concepció. Entre els membres d'aquestes lògies estaran la majoria dels agents de la policia internacional i nacional, ja que el seu servei és per a nosaltres insubstituïble en el sentit que la policia està en condicions no només d'utilitzar les seves pròpies mesures concretes amb els insubordinats, sinó també per defensar les nostres activitats i oferir pretextos per als descontents, etcètera.

La classe de persones que de molt bona gana entren en les societats secretes són els que viuen del seu enginy, arribistes, i en general gent, sobretot il·luminats, amb els quals no tindrem cap dificultat en parlar-hi i en utilitzar-los per finalitzar el mecanisme de la màquina ideada per nosaltres. Si en aquest món creix l'agitació voldrà dir que hem hagut de regirar-lo per tal de trencar la seva massa gran solidaritat. Però si n'hi ha d'haver, sorgirà enmig d'un complot, a continuació, al capdavant d'aquesta complot hi haurà ni més ni menys que un dels nostres servidors de confiança. És natural que nosaltres i cap altre haguem de dirigir les activitats maçòniques, perquè sabem cap a on ens estem dirigint, coneixem l'objectiu final de tota forma d'activitat, mentre que els goyim no en saben res, ni tan sols dels efectes immediats de l'acció; anteposen, en general, la momentània satisfacció de la seva pròpia opinió en el compliment del seu pensament sense adornar-se que la concepció mateixa mai ha estat iniciativa seva, sinó la nostra iniciativa del seu pensament...

Els goyim entren en les lògies per curiositat o amb l'esperança de tenir possibilitats d'aconseguir una mossegada del pastís públic, i alguns d'ells per tal d'obtenir una audiència davant el públic per a les seves fantasies irrealitzables i sense fonament: assedegats de l'emoció de l'èxit i dels aplaudiments, dels quals en som molt generosos. I la raó per la que els donem aquest èxit és per utilitzar l'alta presumpció de si mateixos que genera, perquè insensiblement els predisposa a assimilar els nostres suggeriments sense posar-se en guàrdia contra ells confiant plenament en la seva pròpia infal·libilitat que està donant expressió als seus pensaments i de que és impossible que puguin manllevar els dels altres... No us podeu imaginar fins a quin punt al més savi dels goyim se'l pot portar a un estat d'ingenuïtat inconscient en presència d'aquesta condició d'alta presumpció de si mateix, i al mateix temps el fàcil que és desanimar-lo amb el més petit fracàs, encara que només sigui que deixin d'aplaudir-lo, i reduir-lo a una submissió servil per tal de tornar a aconseguir un nou èxit...

Mentre molts dels nostres ignoren l'èxit per tal de poder dur a terme els seus plans, els gentils en canvi estan disposats a sacrificar qualsevol pla en tant de tenir èxit. Aquesta psicologia seva ens facilita materialment la tasca de menar-los en la direcció requerida. Aquests aparents tigres tenen ànima d'ovella i el vent bufa lliurement a través dels seus caps. Els hem assegut sobre un cavallet de cartró amb la idea de l'absorció de la individualitat per la unitat simbòlica del col·lectivisme... Encara no han fet ni mai faran la reflexió que aquest cavallet de cartró és una violació manifesta de la llei més important de la naturalesa, que va establir a partir de la pròpia creació del món que una unitat fos diferent de l'altra i, precisament, amb el propòsit d'instituir la individualitat...

Si hem estat capaços de portar-los a un terreny de joc de tal ceguesa estúpida, no és una prova i una prova increïblement clara, del grau en què la ment dels goyim està poc desenvolupada en comparació amb la nostra? Això és, sobretot, el que garanteix el nostre èxit.

I quina clarividència la dels nostres savis antigament quan van dir que per tal d'assolir un fi seriós convé no aturar-se davant de cap mitjà, ni comptar les víctimes sacrificades en nom d'aquest objectiu... No hem comptat les víctimes de la llavor del bestiar goy, tot i que hem sacrificat a molts dels nostres, però per això ja els hem donat ara una posició tal a la terra, que no podien ni tan sols haver somiat. El comparativament petit nombre de víctimes nostres han salvat de la destrucció la nostra nacionalitat.

La mort és la fi inevitable per a tots. És millor mirar d'acabar aviat amb aquells que obstaculitzen els nostres assumptes que no pas a nosaltres mateixos, fundadors d'aquesta aventura. Executem als maçons de manera que ningú excepte els seus germans poden mai sospitar-ho, ni tan sols les pròpies víctimes de la nostra sentència de mort, tots ells moren quan és necessari, com si fos d'un tipus normal de malaltia... Sabent això, fins i tot la germandat al seu torn, no s'atreveix a protestar. Amb aquests mètodes hem tret del mig de la maçoneria la mateixa arrel de protesta en contra de la nostra disposició. Mentre prediquem el liberalisme als goyim, al mateix temps, mantenim la nostra gent i els nostres agents en un estat de submissió incondicional.

Sota la nostra influència l'execució de les lleis dels goyim s'ha reduït a un mínim. El prestigi de la llei ha estat dinamitat per les interpretacions liberals introduïdes en aquest àmbit. En els assumptes i les preguntes més importants i fonamentals els jutges decideixen tal com nosaltres els dictem, veuen els assumptes, sota la llum amb la que els envoltem per a l'administració dels goyim, per descomptat, a través de persones que són eines nostres tot i que no sembla que tinguem res en comú amb elles - per l'opinió de diaris o per altres mitjans... Fins i tot els senadors i l'administració superior accepten els nostres consells. La ment purament animal dels goyim és incapaç de ser utilitzada per a l'anàlisi i l'observació, i encara menys per a preveure cap a on pot tendir una determinada manera d'establir una pregunta.

En aquesta diferència en la capacitat de pensar entre els gentils i nosaltres mateixos es pot discernir amb claredat el segell de la nostra posició de Poble Elegit i la nostra millor qualitat humana, en contraposició a la ment animal dels goyim. Tenen els ulls oberts, però al davant no hi veuen gairebé res i no inventen (excepte, potser, coses materials). Per això queda clar que la mateixa naturalesa ens ha destinat a guiar i governar el món.

Quan arribi el moment del nostre govern obert, el temps de manifestar les seves benediccions, refarem totes les legislatures, totes les nostres lleis seran breus, senzilles, estables, sense cap tipus d'interpretacions, de manera que ningú estarà en condicions de conèixer-les perfectament. La característica principal que es desenvoluparà a través d'elles és la submissió a les ordres, i aquest principi es realitzarà a una magnitud grandiosa. Així desapareixerà tot abús com a conseqüència de la responsabilitat de tots fins i tot a la unitat més baixa davant l'autoritat superior del representant del poder. Els abusos de poder subordinats a aquesta última instància seran castigats sense pietat per tal que ningú tingui l'ànsia de provar d'experimentar amb els seus propis poders. Controlarem gelosament cada acció de l'administració de la qual depèn el bon funcionament de la maquinària de l'Estat, la deixadesa aquí produeix laxitud a tot arreu; ni un sol cas d'il·legalitat o abús de poder quedarà sense un càstig exemplar.

L'encobriment, la connivència entre el personal al servei de l'administració, tot aquest tipus de mal desapareixerà després dels primers exemples d'un sever càstig. L'aurèola del nostre poder exigeix càstigs adequats, és a dir, cruels i per a la més mínima infracció, en nom del guany, del seu prestigi suprem. La víctima, encara que el càstig pugui ser excessiu per la seva culpa, comptarà com un soldat que cau en el camp de batalla administratiu en interès de l'autoritat, el principi i el dret, que no permeten que ningú que porti les regnes de la gestió pública s'aparti de la via pública per als seus propis camins privats. Per exemple: els nostres jutges sabran que cada vegada que se sentin disposats a adornar-se a si mateixos amb una insensata clemència estaran violant la llei de la justícia, que s'ha instituït per a l'edificació exemplar dels homes sancionant els delictes i no per visualitzar les qualitats espirituals del jutge... Aquestes qualitats és adequat mostrar-les a la vida privada, però no en la vida pública que és la base de l'educació de la vida humana.

El nostre equip legal no estarà en servei més enllà dels 55 anys, en primer lloc perquè els homes de més edat s'aferren obstinadament a les opinions amb prejudicis, i són menys capaços de sotmetre's a noves directrius, i segon perquè això ens donarà la possibilitat amb aquesta mesura d'assegurar-nos l'elasticitat dels canvis de personal, que d'aquesta manera es doblegaran més fàcilment sota la nostra pressió: qui desitgi mantenir-se al seu lloc haurà de demostrar-nos una obediència cega per tal de merèixer-ho. En general, els nostres jutges seran escollits per nosaltres només entre aquells que entenguin completament que el paper que han de jugar és el de castigar i aplicar les lleis i no somiar amb les manifestacions del liberalisme a costa de l'esquema educacional l'Estat, com els gentils avui en dia imaginen que fan... Aquest mètode de canvi de personal servirà també per explotar qualsevol solidaritat col·lectiva entre aquells del mateix servei i els unirà a tots amb els interessos del govern del qual dependrà la seva sort. La jove generació de jutges serà entrenada en certs punts de vista pel que fa a la inadmissibilitat dels abusos que puguin pertorbar l'ordre establert dels subjectes entre si.

Avui dia, els jutges dels goyim són indulgents amb tot tipus de delinqüència, en no tenir una comprensió justa del seu càrrec, perquè els governants de l'època actual quan nomenen els càrrecs de jutge no tenen la cura d'inculcar-los un sentit del deure i la consciència del que s'exigeix d'ells. Com una bèstia que deixa anar les seves cries a la recerca de preses, així els goyim atorguen aquestes places a subjectes per què se'n beneficiïn sense pensar en deixar-los clar amb quin propòsit es va crear tal plaça.

Aquesta és la raó per la qual els seus governs estan sent arruïnats per les seves pròpies forces a través dels actes de la seva pròpia administració.

Prenguem doncs a partir de l'exemple dels resultats d'aquestes accions encara una altra lliçó per al nostre govern.

Acabarem amb el liberalisme de tots els càrrecs estratègics importants del nostre govern dels quals depèn la formació dels subordinats per a l'estructura de l'Estat. Aquests missatges cauran exclusivament als que han estat entrenats per nosaltres per al govern administratiu. Per a la possible objecció que la jubilació dels funcionaris antics li costarà en gran mesura al Tresor, respondré, en primer lloc, que se'ls proveirà amb serveis privats per substituir els que perden, i, en segon lloc, he de comentar que tots els diners del món es concentraran a les nostres mans, per tant, el nostre govern no haurà de témer per les despeses.

El nostre absolutisme serà lògicament conseqüent amb tot i per tant cadascun dels seus decrets respectaran la nostra voluntat suprema i, sens dubte, es compliran: s'ignoraran tots els murmuris, tots els descontents de qualsevol tipus i es destruirà d'arrel tot tipus de manifestació amb càstigs exemplars.

Abolirem el dret de cassació, que es transferirà exclusivament a la nostra disposició - al coneixement d'aquell que governa, perquè no hem de permetre que entre la gent es concebi el pensament que pot existir una decisió que no s'ajusti a dret dels jutges que nosaltres hem creat. No obstant això, si passes alguna cosa així, seriem nosaltres mateixos cassaríem la sentència, però a l'hora, infligiríem un càstig exemplar al jutge per la falta de comprensió del seu deure i el propòsit del seu nomenament que impediria la repetició d'aquests casos... Repeteixo que cal tenir en compte que hem de conèixer cada pas de la nostra administració, que només necessitem seguir-la de prop perquè el poble estigui content amb nosaltres, ja que té el dret d'exigir bons funcionaris a un bon govern.

El nostre govern ha de tenir l'aspecte d'una tutela paternal patriarcal per part del nostre governant. La nostra pròpia nació i els nostres súbdits han de veure en la seva persona un pare afectuós per a totes les seves necessitats, cada acte seu, cadascuna de les seves relacions amb els súbdits tant dels uns amb els altres, així com les seves relacions amb el governant. Aleshores estaran tan completament imbuïts de la idea que és impossible poder prescindir d'aquesta tutela i orientació, si es que desitgen viure en pau i tranquil·litat, que reconeixeran l'autocràcia del nostre governant amb una devoció al caire de l'APOTEOSI especialment quan estiguin convençuts que aquells als quals hem triat no ocupen el seu càrrec degut a la seva autoritat, sinó que només executen cegament els que se'ls dicta. Estaran contents que ho haguem regulat tot a les seves vides com ho fan els pares savis que volen educar els seus fills en la causa del deure i de la submissió. Els pobles del món pel que fa als secrets del nostre sistema de govern són només nens menors d'edat, precisament com també ho són els seus governs.

Com podeu veure, fonamento el nostre despotisme sobre el dret i el deure: el dret d'obligar l'execució del deure és l'obligació directa d'un govern que és un pare per als seus súbdits. Té el dret de la força que pot utilitzar per al benefici d'adreçar a la humanitat cap a aquest ordre que defineix la natura, és a dir, la submissió. Tot al món està en un estat de submissió, si no a l'home, a les circumstàncies o al seu propi caràcter intern, en tots els casos, al que és més fort. I així serem una mica més forts per a obtenir el bé.

Estem obligats sense vacil·lació a sacrificar als individus que cometin un atemptat contra l'ordre establert, ja que en el càstig exemplar del mal rau un gran problema educatiu.

Quan el rei d'Israel posi sobre el seu cap la corona sagrada que Europa li oferirà esdevindrà el patriarca del món. Les víctimes indispensables ofertes per ell com a conseqüència de la seva adequació mai arribaran al nombre de víctimes que s'han ofert durant segles per la mania de la magnificència, de l'emulació entre els governs goy.

El nostre Rei estarà en constant comunió amb els pobles, els farà discursos des de la tribuna la fama dels quals en aquell mateix moment els distribuirà arreu del món.

PROTOCOL N º 16

Per tal de destruir totes les forces col·lectives, excepte les nostres, castrarem la primera etapa del col·lectivisme - les universitats, per a reeducar-les en una nova direcció. Els funcionaris i els professors seran preparats per a la seva tasca mitjançant detallats programes d'acció secrets a partir dels quals no podran divergir amb immunitat, gens ni mica. Seran nomenats amb especial precaució, i estaran col·locats de manera que siguin totalment dependents del Govern.

Exclourem dels cursos l'estudi de la Legislació Estatal com també tot el que fa referència a la qüestió política. Aquestes assignatures s'impartiran a algunes dotzenes de persones elegides per les seves preeminents capacitats d'entre un nombre d'iniciats. Les universitats han de deixar d'enviar des de les seves aules marietes ordidors de plans per a una constitució, com si fos una comèdia o una tragèdia, mantenint-los ocupats amb qüestions polítiques de les quals fins i tot els seus propis pares mai van tenir cap possibilitat ni tan sols de pensar-hi.

El coneixement de qüestions polítiques mal guiat d'un gran nombre de persones crea somiadors Utòpics i subjectes dolents, com vosaltres mateixos podeu veure, en aquest sentit, amb l'exemple de l'educació universal dels goyim. Hem hagut d'introduir en la seva educació tots aquests principis que han trencat de manera tan brillant el seu ordre.

Però quan siguem al poder eliminarem tota mena de matèries inquietants durant l'educació i farem dels joves fills obedients de l'autoritat, que estimaran als que governin com suport i esperança de pau i tranquil·litat.

El classicisme, com també qualsevol forma d'estudi de la història antiga, en la qual hi ha més exemples dolents que no pas bons, serà substituït per l'estudi del programa del futur. Esborrarem de la memòria dels homes tots els fets dels segles anteriors que nosaltres considerem indesitjables, i només deixarem aquells que representin tots els errors del govern dels goyim. L'estudi de la vida pràctica, de les obligacions de l'ordre, de les relacions de les persones les unes amb les altres, d'evitar exemples dolents i egoistes, que propaguen la infecció del mal, i qüestions similars de caràcter educatiu, es mantindran a l'avantguarda del programa d'ensenyament, que s'estendrà en un pla separat per a cada vocació o magisteri, de cap manera generalitzant l'ensenyament. Aquest tractament de la qüestió té una importància especial.

Cada estrat social ha de ser educat dins dels estrictes límits que corresponen al seu destí i al seu treball en la vida. El geni ocasional sempre ha aconseguit, i sempre ho farà, lliscar a través d'altres estrats socials, però la bogeria més perfecta per al bé d'aquest rar geni ocasional és deixar-lo passar a les files dels menys talentosos, que li són estranyes, i així robar els llocs als que pertanyen a aquestes files per qüestió de naixement o ocupació. Vosaltres ja sabeu com han acabat els GOYIM permetent aquest absurd lament.

Per tal que qui governa pugui fer-se un lloc fermament en els cors i les ments dels seus súbdits, cal que mentre duri el seu govern s'ensenyi a tota la nació a les escoles i a les places dels mercats què significa i què fa i totes les seves iniciatives benèfiques.

Abolirem tot tipus de llibertat d'ensenyament. Els estudiants de qualsevol edat tindran dret a reunir-se amb els seus pares als establiments educatius com si fos un club: en aquestes agosarades assemblees, durant les vacances, els mestres donaran conferències lliures sobre qüestions de relacions humanes, de lleis exemplars, de les limitacions que neixen de les relacions inconscients, i finalment, de la filosofia de les noves teories que el món encara no coneix. D'aquestes teories nosaltres en farem un dogma de fe, com una mena d'etapa de transició cap a la nostra fe. En acabar aquesta exposició del nostre programa d'acció en el present i el futur us llegiré els principis d'aquestes teories.

En una paraula, sabent per l'experiència de molts segles que la gent viu i es guia per les idees, que aquestes idees són absorbides per les persones només amb l'ajuda de l'educació impartida amb el mateix èxit per a totes les edats de creixement, però, és clar, amb diferents mètodes, engolirem i confiscarem en benefici propi l'última espurna d'independència del pensament, la qual hem estat dirigint durant molt temps cap a temes i idees útils per a nosaltres. El sistema de refrenar el pensament ja està funcionant en l'anomenat sistema d'ensenyament mitjançant exemples, el propòsit del qual és convertir als goyim en bèsties irracionals submises esperant que se'ls hi posin les coses davant dels ulls amb la finalitat de fer- se'n una idea... A França, un dels nostres millors agents, Bourgeois, ja ha fet públic un nou programa d'ensenyament amb exemples.

PROTOCOL Nº 17

La pràctica de l'advocacia produeix homes freds, cruels, persistents, sense principis, que en tots els casos adopten un punt de vista impersonal, purament legal. Tenen la inveterada costum de referir-se a tot segons el seu valor per a la defensa i no per al benestar públic dels seus resultats. En general no es neguen a fer cap defensa, s'esforcen en aconseguir una absolució a qualsevol preu, utilitzant qualsevol petita escletxa de la jurisprudència i d'aquesta manera desmoralitzen a la justícia. Per això definirem aquesta professió en els marcs estrets que la mantindran dins d'aquesta esfera de l'administració pública executiva. Els advocats, igual que els jutges, es veuran privats del dret de comunicació amb els litigants; només rebran casos de la cort i els estudiaran a base d'informes i documents, defensant als seus clients després d'haver estat aquests interrogats al tribunal dels fets que hagin aparegut. Rebran un honorari sense tenir en compte la qualitat de la defensa.

Això farà d'ells mers periodistes del negoci del dret en interès de la justícia i, contrapès del supervisor que serà el reporter en interès de la fiscalia; això escurçarà el negoci davant els tribunals. D'aquesta manera s'establirà una pràctica de defensa imparcial honesta no sent realitzada per interès personal, sinó per convicció. Això també, per cert, eliminarà la pràctica actual del tracte corrupte entre els defensors a posar-se d'acord només perquè guanyi el millor postor...

Hem tingut molta cura en desacreditar al sacerdoci del goyim, i així arruïnar la seva missió a la terra que avui dia podria ser encara un gran obstacle per a nosaltres. Dia a dia la seva influència en els pobles del món està caient més baix. A tot arreu s'ha declarat la llibertat de consciència, de manera que ara només ens separen anys del moment de la demolició completa de la religió cristiana: pel que fa a les altres religions, tindrem encara menys dificultat en tractar amb elles, però seria prematur parlar ara d'això. Establirem al clericalisme i als clericals en marcs tan estrets com perquè la seva influència es mogui en proporció regressiva al seu antic curs.

Quan, finalment, arribi el moment de destruir la cort papal, el dit d'una mà invisible assenyalarà a les nacions envers aquesta cort. No obstant això, quan les nacions es llancin sobre ella, apareixerem, disfressats dels seus defensors com per evitar un excessiu vessament de sang. Amb aquesta distracció penetrarem fins a les seves mateixes entranyes i ens assegurarem que no tornin a sortir fins que haguem rosegat tota la força d'aquell lloc.

El Rei dels Jueus serà el veritable Papa de l'Univers, el patriarca de l'Església internacional.

Però, mentrestant, mentre estiguem reeducant la joventut amb noves religions tradicionals i després amb la nostra, no posarem obertament un dit sobre les esglésies existents, sinó que lluitarem contra elles amb calculades crítiques per tal de produir el cisma...

En general, doncs, la nostra premsa contemporània seguirà condemnant els assumptes d'Estat, les religions, les incapacitats dels goyim, utilitzant sempre les expressions més immorals per tal que, per tots els mitjans faci disminuir el seu prestigi de la forma que només ho pot fer el geni del qual està dotat la nostra tribu...

El nostre regne serà una apologia de la divinitat Vishnu, en la qual està personificat, en les nostres cent mans hi haurà, tots i cadascun dels ressorts de la maquinària de la vida social. Ho veurem tot sense l'ajuda de la policia oficial que, en aquest àmbit dels seus drets que hem elaborat per a l'ús dels goyim, dificulta la visió als governs. Al nostre programa terceres persones dels nostres mantindran a la resta en observació per un sentit del deure, per un principi de servei voluntari a l'Estat. Aleshores no serà cap desgràcia ser espia ni delator, sinó un mèrit: les denúncies sense fonament, però, seran castigades cruelment ja que no hi pot haver creixement en els abusos d'aquest dret.

Agafarem als nostres agents tant dels rangs més baixos com dels més alts de la societat, d'entre la classe administrativa que perden el temps en diversions, directors, impressors i editors, llibreters, funcionaris, i venedors, obrers, cotxers, lacais, etcètera. Aquest organisme, no tindrà drets i no haurà de portar a terme cap acció pel seu propi compte, i en conseqüència serà una policia sense cap mena de poder, només donarà testimoni i informarà: la verificació dels seus informes i les detencions dependran d'un grup responsable dels controladors dels assumptes policials, mentre que l'acte mateix de la detenció el durà a terme la gendarmeria i la policia municipal. Qualsevol persona que no denunciï el que hagi vist i escoltat en relació amb qüestions polítiques, se l'acusarà i serà responsable d'encobriment, si es demostra que és culpable d'aquest crim.

Igual que avui dia els nostres germans estan obligats sota la seva pròpia responsabilitat a denunciar als apòstates de la càbala de la seva pròpia família o als membres que se sap que no han fet res en contra de la Càbala, així doncs al nostre regne a tota la terra serà obligatori per a tots els nostres observar el deure de servei a l'Estat en aquest sentit.

Tal organització extirparà els abusos d'autoritat, de força, de suborn, de fet tot el que amb els nostres consells, amb les nostres teories dels drets sobrehumans de l'home, hem introduït en els costums dels goyim... Però de quina altra manera hauríem aconseguit aquest augment de causes que els predisposen a trastorns enmig de la seva administració?... Entre aquests nombrosos mètodes un dels més importants són els agents per mantenir l'ordre, col·locats de manera tal que tinguin l'oportunitat dins de la seva activitat de desintegració el desenvolupar i mostrar les seves males inclinacions, l'obstinació, la vanitat, l'exercici irresponsable de l'autoritat, i per sobre de tot, la venalitat.

PROTOCOL Nº 18

Quan se'ns faci necessari enfortir les estrictes mesures de defensa secreta (el verí més mortal per al prestigi de l'autoritat) organitzarem una simulació de desordres o alguna manifestació de descontents desenvolupada mitjançant la cooperació de bons oradors. Al voltant d'aquests altaveus es reuniran tots els que simpatitzin amb les seves declaracions. Això ens donarà un pretext per fer escorcolls domiciliaris i vigilàncies per part dels nostres servents, extrets d'entre els números de la policia goyim...

Com que la majoria dels conspiradors actuen per amor al joc, per xarlatanisme, així doncs, fins que cometin obertament algun acte no els posarem un dit a sobre, sinó que només introduirem elements d'observació entre d'ells... Cal recordar que el prestigi de l'autoritat es redueix si es descobreixen sovint conspiracions contra si mateixa: això implica una presumpció de consciència de la debilitat, o, el que és encara pitjor, de la injustícia. Vosaltres sou conscients que hem destrossat el prestigi dels reis goy amb freqüents atemptats contra la seva vida a través dels nostres agents, ovelles cegues del nostre ramat, que són fàcilment abocats als delictes proveïts només d'algunes frases liberals que ells poden pintar amb colors polítics. Hem obligat als governants a reconèixer la seva debilitat anunciant obertament mesures de defensa secreta i per tant portem la promesa de destruir l'autoritat.

El nostre govern estarà protegit en secret només per la guàrdia més insignificant, perquè no admetrem ni tan sols un pensament de que pugui existir en contra d'ell cap sedició prou forta com per lluitar-hi i veure'ns obligats a amagar-nos d'ella.

Si hem d'admetre aquest pensament, com ho han fet i ho estan fent els gentils, hauríem ipso facto signat una sentència de mort, si no per al nostre governant, almenys per a la seva dinastia, en data no llunyana.

Segons aparences externes estrictament forçades el nostre governant farà servir el seu poder només en interès de la nació i de cap manera per als seus beneficis propis o dinàstics. Per tant, amb l'observança d'aquest decòrum, la seva autoritat serà respectada i protegida pels mateixos súbdits, rebrà una apoteosi amb el reconeixement de que això va lligat al benestar de tots els ciutadans de l'Estat, ja que d'això dependrà tot ordre en la vida en comú del ramat...

Defensar obertament al rei argumenta la debilitat en l'organització de les seves forces.

El nostre governant estarà sempre entre el poble envoltat d'una multitud d'homes i dones aparentment curiosos, que ocuparan les primeres files al seu voltant, aparentment serà per casualitat, i restringirà les files de la resta tant per respecte com per un aparent bon ordre. Això sembrarà un exemple de moderació també per a altres. Si apareix un peticionari entre les persones que intentaven lliurar una petició i força voler travessar les files, les primeres files han de rebre la petició i a la vista del peticionari passar-la al governant, perquè tots sàpiguen que el que es lliura arriba al seu destí, així doncs, en conseqüència, hi ha un control del propi governant. L'aurèola del poder requereix per la seva existència que la gent pugui ser capaç de dir: "Si el rei ho sabés", o: "el rei en sentirà a parlar."

Amb l'establiment del secret de defensa oficial el prestigi místic de l'autoritat desapareix: qualsevol amb una certa audàcia, i es creu que és l'amo, el sediciós és conscient de la seva força, i quan l'ocasió és propicia espera el moment per atemptar contra autoritat... Als goyim els hem estat predicant una altra cosa, però això mateix ens ha donat la possibilitat de veure on els han portat les mesures obertes de defensa...

Amb nosaltres els criminals seran detinguts a la primera sospita més o menys fonamentada; no es pot permetre que per por d'un possible error s'hagi de donar una oportunitat perquè s'escapin persones sospitoses d'un lapse polític o d'un delicte, ja que en aquests assumptes serem literalment despietats. Si encara és possible, fent un excepció, admetrem una reconsideració del motiu que provoqui delictes simples, no hi haurà cap possibilitat d'excusa perquè la gent s'ocupi de qüestions en les què ningú, excepte el govern ha de fer-hi res... I no és que tots els governs entenguin la verdadera política.

PROTOCOL Nº 19

Si no permetem cap xipolleig independent a la política estarem encoratjant d'altra banda tot tipus d'informe o petició de propostes per què el govern examini tot tipus de projectes per a la millora de la condició de les persones; això ens revelarà els defectes o en cas contrari les fantasies dels nostres súbdits, als quals hem de respondre, ja sigui amb el seu compliment o rebutjant-les amb saviesa provant la manca de visió de qui jutja erròniament.

Els sediciosos no són altra cosa que un gos faldiller bordant a un elefant. Per a un govern ben organitzat, no des del punt de vista policial, sinó del públic, el gos faldiller borda a l'elefant amb una total inconsciència de la seva força i importància. Només cal prendre nota de la importància relativa dels dos i els gossos faldillers deixaran de bordar i bellugaran la cua en quant vegin un elefant.

Per tal de destruir el prestigi de l'heroisme com delicte polític l'hem de fer jutjar en la categoria del robatori, l'assassinat, i tot tipus de crim abominable i vil. L'opinió pública llavors confondrà la seva concepció d'aquest tipus de delicte amb la desgràcia ajuntant-lo amb tots els altres i el marcarà amb el mateix menyspreu.

Hem fet tot el possible, i espero que ho haguem aconseguit, per tal que els goyim no puguin arribar a aquest mitjà de lluita sediciosa. És per això que a través de la premsa i als discursos, de manera indirecta - hàbilment compilat als llibres escolars d'història, hem anunciat que el suposat martiri ha estat acceptat pels sediciosos com una idea per al bé comú. Aquest anunci ha fet augmentar el contingent de liberals i ha portat a milers de gentils a les files de la nostra ramaderia de bestiar.

PROTOCOL Nº 20

Avui tocarem al programa financer, que he deixat per al final del meu informe com el més difícil, la culminació i el punt decisiu dels nostres plans. Abans d'entrar-hi us recordaré que ja vaig dir a mena d'indicació que la suma total de les nostres accions es resolt amb la qüestió de les xifres.

Quan arribi el nostre regne el nostre govern autocràtic evitarà, per un principi d'auto-preservació, sobrecarregar prudentment a les masses del poble amb impostos, recordant-los que fa el paper de pare i protector. Però com que l'organització de l'Estat surt cara, caldrà no obstant obtenir els fons necessaris per a això. S'haurà, per tant, d'elaborar amb especial precaució la qüestió de l'equilibri en aquesta matèria.

Al nostre govern, on el rei gaudirà de la ficció legal de que tot el que hi ha al seu Estat li pertany (que pot fàcilment traduir-se en fets), s'habilitarà el recurs a la confiscació legal de tota quantitat de tota mena per regular la seva circulació a l'Estat. D'això es desprèn que la tributació serà millor cobrir-la amb un impost progressiu sobre la propietat. D'aquesta manera, les quotes es pagaran sense escanyar o arruïnar ningú en forma d'un percentatge de la quantitat de béns. Els rics han de ser conscients que és el seu deure posar gran part de les seves superfluïtats a disposició de l'Estat ja que l'Estat els garanteix la seguretat de la possessió de la resta dels seus béns i el dret dels guanys honestos, dic honestos, perquè el control sobre la propietat acabarà amb el robatori amb una base legal.

Aquesta reforma social ha de venir des de dalt, perquè ha arribat el moment d'això, és indispensable, com una peça de la pau.

L'impost sobre l'home pobre és una llavor de revolució i va en detriment de l'Estat que en caçar la peça insignificant perd la gran. A part d'això, un impost sobre els capitalistes disminueix el creixement de la riquesa en mans privades on tenim avui dia concentrada com un contrapès la força del govern dels goyim - les seves finances Estatals.

Un impost sobre l'augment en proporció percentual al capital li donarà un ingrés molt més gran que l'actual impost sobre la persona o la propietat, la qual cosa és útil per a nosaltres ara per l'única raó que provoca problemes i descontentament entre els goyim.

La força sobre la qual descansarà el nostre rei consisteix en l'equilibri i la garantia de la pau, per tant, és indispensable que els capitalistes cedeixin una porció dels seus ingressos pel bé de l'explotació segura de la maquinària de l'Estat. Les necessitats de l'Estat han de córrer a càrrec dels que no se'n sentint i en tinguin prou com per prendre'ls-hi.

Aquesta mesura destruirà l'odi del pobre vers als rics, on ell veuria un suport financer necessari per a l'Estat, veurà l'organitzador de la pau i el benestar ja que veurà que és l'home ric qui està pagant els mitjans necessaris per assolir aquestes coses.

Per tal que els contribuents de les classes educades no hagin de patir massa a causa dels nous pagaments se'ls donaran completament els comptes de la destinació d'aquests pagaments, a excepció de les quantitats que s'apropiïn degut a les necessitats del tron i les institucions administratives.

Qui regni no tindrà propietats personals ja que representa que tot l'estat és patrimoni seu, sinó una cosa estaria en contradicció amb l'altra; el fet de posseir mitjans privats destruiria el dret a la propietat sobre els béns comuns de tots.

Els familiars d'aquell que regna, exceptuats els seus hereus, que seran mantinguts amb recursos de l'Estat, hauran d'entrar a les files dels funcionaris de l'Estat o hauran de treballar per obtenir el dret de propietat; el privilegi de la sang real no ha de servir per saquejar la tresoreria.

La compra, el cobrament de diners o l'herència estarà subjecta al pagament d'un impost timbrat progressiu. Qualsevol transferència de propietat, ja sigui en diners o una altra, sense evidència de pagament d'aquest impost que serà estrictament registrat amb els noms, faran a l'antic titular responsable del pagament d'interessos sobre l'impost a partir del moment de la transferència d'aquestes sumes fins al descobriment de la seva evasió de la declaració de la transferència. Les transferències de documents s'hauran de presentar setmanalment a l'oficina de la tresoreria local amb les notificacions del nom, cognom i lloc de residència permanent de l'antic i el nou titular de la propietat. Aquesta transferència de registre de noms ha de començar a partir d'una determinada suma que excedeixi les despeses ordinàries de compra i venda d'articles necessaris, i aquests estaran subjectes al pagament d'un únic impost timbrat d'un percentatge determinat per cada unitat.

Només cal fer una estimació de quantes vegades superaran aquests impostos els ingressos dels Estats goyim.

L'erari de l' Estat haurà de mantenir un complement definitiu de quantitats de reserva, i tot el que es recapti de més per sobre del complement ha de ser retornat a la circulació. Amb aquestes sumes s'organitzaran obres públiques. La iniciativa en obres d'aquest tipus, provinents de fonts estatals, unirà fermament la classe obrera als interessos de l'Estat i als que regnen. A partir d'aquestes mateixes sumes també una part es destinarà a recompenses a la inventiva i a la productivitat.

Sota cap concepte per tant s'ha de conservar a la tresoreria de l'Estat una sola unitat per sobre de la quantitat clara i lliurement estimada, els diners existeixen per circular i qualsevol tipus d'estancament de diners actua ruïnosament contra el funcionament de la maquinària de l'Estat, perquè n'és el lubricant; un estancament del lubricant pot aturar el funcionament regular del mecanisme.

Aquest estancament l'ha produït concretament la substitució del paper que genera interessos per a una part de valors borsaris. Les conseqüències d'aquesta circumstància ja són prou notables.

També instituirem un tribunal de comptes i allà el governant trobarà en qualsevol moment un recompte complet dels ingressos i les despeses de l'Estat, a excepció del compte mensual en curs, encara sense acabar, i el del mes anterior, que encara no haurà estat lliurat.

L'única persona que no tindrà cap interès en robar a l'Estat serà el seu amo, el governant. Per això el seu control personal eliminarà la possibilitat de fuites per malbaratament.

La funció representativa del governant a les recepcions d'etiqueta, que absorbeix tant de temps inavaluable, serà abolida per tal que el governant pugui tenir temps per al control i la consideració. El seu poder no es dividirà en parts fraccionàries entre favorits complaents que envolten el tron per la seva pompa i esplendor, i estan interessats només en ells mateixos i no en els interessos comuns de l'Estat.

Les crisis econòmiques les hem produït nosaltres per als goyim per cap altre mitjà que la retirada de diners de la circulació. S'han estancat grans capitals, retirat diners dels Estats, que s'han vist obligats constantment a aplicar aquests mateixos capitals estancats per als préstecs. Aquests préstecs carreguen les finances de l'Estat amb el pagament d'interessos i els van fent esclaus dels bons d'aquests capitals... La concentració de la indústria en mans dels capitalistes fora de les mans dels petits patrons ha escorregut tots els sucs dels pobles i amb ells també els dels Estats...

La present emissió de diners en general no es correspon amb les necessitats individuals, i per tant no pot satisfer totes les necessitats dels treballadors. L'emissió de diners s'ha de correspondre amb el creixement de la població i per tant els nens també han de ser absolutament comptats com a consumidors de diners a partir del dia del seu naixement. La revisió de l'emissió es una qüestió determinant per al món sencer.

Sou conscients que el patró or ha estat la ruïna dels Estats que el van adoptar, perquè no ha estat capaç de satisfer les demandes de diners, encara més en quant que hem retirat l'or de la circulació en la mesura del possible.

Amb nosaltres l'estàndard que s'ha d'introduir és el cost del treball, es compti en paper o en fusta. Farem que l'emissió de diners, estigui d'acord amb les necessitats normals de cada subjecte, afegint a la quantitat amb cada naixement i restant amb cada mort.

Els comptes seran administrats per cada departament (la divisió administrativa Francesa), per cada cercle.

Per tal de que no hi hagi retards en el pagament de diners a l'Estat cal que les quantitats i les condicions d'aquests pagaments siguin fixades per decret del govern; això acabarà amb la protecció d'un ministeri a una institució, en detriment d'altres.

Els pressupostos d'ingressos i despeses es duran a terme al mateix temps perquè no puguin quedar ocults per la distància entre l'un i l'altre.

Les reformes projectades per nosaltres en les institucions financeres i els principis dels goyim els tancarem de forma que ningú s'alarmi. Assenyalarem la necessitat de reformes a conseqüència de la foscor desordenada en què els goyim amb les seves irregularitats han ensorrat les finances. La primera irregularitat, que assenyalarem, consistirà en principi en l'elaboració d'un pressupost únic que any rere any creixi degut a la següent causa: aquest pressupost s'allargarà fins a la meitat de l'any, i després exigirem un pressupost per arreglar les coses, i aquest es gastarà en tres mesos, després de la qual cosa demanarem un pressupost suplementari, i tot això acabarà amb un pressupost de liquidació. Però, com que el pressupost de l'any següent s'haurà d'elaborar d'acord amb el total de totes les sumes, la partida anual normal arribarà al 50 per cent, en un any, de manera que el pressupost anual es triplicarà en deu anys. Gràcies a aquests mètodes, permesos pel descuit dels Estats goy, les seves arques estaran buides. El període de préstecs sobrevindrà, i s'empassarà les restes i portarà a tots els estats goy a la fallida.

Vosaltres enteneu perfectament que aquesta mena d'acords econòmics, que nosaltres hem suggerit als goyim, nosaltres no podem portar-los a terme.

Cada tipus de préstec demostra la debilitat de l'Estat i una falta de comprensió dels drets de l'Estat. Els préstecs pengen com una espasa de Dàmocles sobre els caps dels governants, els quals, en comptes de prendre'ls dels seus súbdits amb un impost temporal, demanen almoina amb el palmell estès als nostres banquers. Els préstecs estrangers són sangoneres que no hi ha possibilitat de retirar del cos de l'Estat fins que es desprenen d'ell o l'Estat els fa fora. Però els Estats goy no se les arrenquen; insisteixen posant-se'n més pel que inevitablement acaben morint, drenats per un voluntari vessament de sang.

De fet què és, en essència, un préstec, especialment un préstec estranger? Un préstec és una emissió de lletres de canvi del govern que contenen una obligació d'un percentatge proporcional a la suma del capital del préstec. Si el préstec suposa un càrrec d'un 5 per cent, passats vint anys, l'Estat haurà pagat en va un interès d'una suma igual al que pujava el préstec, en quaranta anys haurà pagat el doble, en seixanta - el triple, i sempre el deute continua sent un deute pendent.

A partir d'aquest càlcul és obvi que amb qualsevol forma de tributació per càpita l'Estat està embalant els últims cèntims dels contribuents pobres per tal de passar comptes amb els estrangers rics, als quals ha demanat prestats els diners en comptes de recollir aquests cèntims per a les seves pròpies necessitats sense interessos addicionals.

Mentre que els préstecs siguin interns els goyim només passaran els seus diners de les butxaques dels pobres a les dels rics, però en quant comprem la persona necessària per transferir els préstecs a l'esfera externa tota la riquesa dels Estats fluirà cap a les nostres caixes d'efectiu i tots els gentils començaran a pagar-nos el tribut dels súbdits.

Si la superficialitat dels reis goy als seus trons pel que fa als assumptes de l'Estat i la venalitat dels ministres o la manca de comprensió de les qüestions financeres per part d'altres persones governants han fet als seus països deutors dels nostres tresors en quantitats bastant impossibles de pagar això no s'ha aconseguit sense la nostra pesada part de despesa de problemes i diners.

Nosaltres no permetrem l'estancament dels diners i per tant l'Estat no pagarà interessos, a excepció d'una sèrie de l'u per cent, a fi i efecte que no es paguin interessos a les sangoneres que xuclen tota la força de l'Estat. El dret a emetre bons remunerats es donarà exclusivament a empreses industrials que no tindran cap dificultat en pagar els interessos amb els seus beneficis, en comptes d'això l'Estat no obté cap interès amb els diners prestats tal i com ho fan aquestes empreses, doncs l'Estat demana préstecs per gastar-los i no per utilitzar-los en operacions.

El govern també comprarà valors industrials, que de ser un pagador de tributs com ho és ara, amb les operacions de préstec es transformarà en un prestador de diners obtenint-ne un benefici. Aquesta mesura aturarà l'estancament dels diners, els guanys i l'ociositat parasitàries, les quals ens van ser útils entre els goyim, mentre aquests eren independents, però no són desitjables sota el nostre govern.

Què clar és el poder sense desenvolupar del pensament dels cervells purament irracionals dels goyim, com es veu en el fet que ens han estat demanant diners a nosaltres pagant-nos interessos sense pensar que tots aquests mateixos diners a més del pagament de interès ho podien aconseguir de les pròpies butxaques de l'Estat per tal de passar comptes amb nosaltres. Què podia haver estat més senzill que agafar els diners que necessitaven del seu propi poble?

Però és una prova del geni de la nostra escollida ment que hem ideat per presentar-los la qüestió dels préstecs amb una llum tal que fins i tot han vist en ells un avantatge per a si mateixos.

Els nostres comptes, que presentarem, quan arribi el moment, a la llum de segles d'experiència adquirida pels experiments realitzats per nosaltres en els Estats goy, es distingeixen per la claredat i precisió i mostren d'una ullada a tots els homes l'avantatge de la nostra innovacions. Posaran fi als abusos als quals devem el nostre domini sobre els gentils, però que no els podem permetre en el nostre regne.

Establirem un sistema de comptabilitat que ni el governador ni el servidor públic més insignificant estaran en condicions de desviar de la seva destinació ni tan sols la suma més petita sense detectar-ho o de dirigir-la en una altra direcció un cop fixat un pla d'acció definit.

I sense un pla definit és impossible governar. Seguir un camí incert i amb recursos indeterminats porta a la ruïna pel camí dels herois i els semidéus.

Els governants goy, als quals en un altre temps vam aconsellar que es distraguessin de les ocupacions estatals amb recepcions representatives, observant l'etiqueta, entreteniments, només eren façanes per al nostre govern. Els comptes dels cortesans favorits, als quals vam reemplaçar en l'esfera dels esdeveniments estaven elaborats pels nostres agents, i cada vegada se'ls donava satisfacció davant les ments miops amb previstes promeses de millores i futures economies... Economies de què? Dels nous impostos? - Eren preguntes que podrien haver fet però que no van fer aquells que llegien els nostres comptes i projectes...

Ja sabeu fins on els ha portat aquest descuit, a quin grau de desordre financer han arribat, tot i la sorprenent indústria dels seus pobles...

PROTOCOL Nº 21

Pel que fa al que us vaig informar en l'última sessió, afegiré ara una explicació detallada dels préstecs interns. Dels préstecs externs no en diré res més, perquè ens hem estat alimentant amb les monedes nacionals dels goyim, però per al nostre Estat no hi haurà estrangers, és a dir, res extern.

Hem aprofitat la venalitat dels administradors i la desídia dels governants per aconseguir duplicar, triplicar o fins i tot més els nostres diners, degut als préstecs als governs goy, diners que no eren necessaris en absolut per als Estats. Algú podria dir el mateix de nosaltres?... Per tant, em limitaré a tractar els detalls dels préstecs interns.

Els estats diuen que aquests préstecs s'han de demanar i oferten subscripcions per a les seves pròpies lletres de canvi, és a dir, per al seu deute amb interessos. Per tal que puguin estar a l'abast de tot- hom el preu es determina a partir de cent fins a mil; i hi ha un descompte per als primers subscriptors. L'endemà el seu preu puja per mitjans artificials, la raó és que suposadament tothom s'afanya a comprar- ne. En pocs dies les caixes de la tresoreria estan com qui diu amb excés de flux i tenen més diners dels que poden abastar (aleshores per què agafar-ne?). La subscripció, segons s'al·lega, cobreix amb molt l'emissió total del préstec; aquí radica la totalitat de l'efecte - güaita, diuen, quina confiança que hi ha en les lletres de canvi del govern.

Però quan la comèdia s'acaba sorgeix el fet que han creat un deute i que és excessivament costòs. Per tal de pagar els interessos cal recórrer a nous préstecs, que no s'eixuguen, sinó que només se sumen al deute de capital. I quan aquest crèdit s'esgoti serà necessari cobrir-lo amb nous impostos, no el préstec, només els interesos. Aquests impostos són un deute utilitzat per cobrir un altre deute...

Després arriba l'hora de les conversions, però aquestes fan disminuir el pagament d'interessos sense cobrir el deute, i a més no es poden fer sense el consentiment dels prestadors; en anunciar una conversió es fa una proposta per tornar els diners als que no estan disposats a convertir les seves subscripcions. Si tothom expressa la seva falta de voluntat i demanen recuperar els seus diners, el govern queda atrapat a les seves pròpies trampes i esdevé insolvent i incapaç de pagar les sumes proposades. Per sort els subdits dels governs goy, no saben res sobre assumptes financers, sempre han preferit les pèrdues en el canvi i la disminució de l'interès al risc de noves inversions dels seus diners, i per tant moltes vegades han permès a aquests governs carregar a les seves espatlles un deute de força milions.

Actualment, amb els préstecs externs, aquests trucs no els podem fer amb els goyim perquè saben que els exigirem que ens tornin tots els nostres diners.

D'aquesta manera una fallida reconeguda serà la millor prova per als diferents països de l'absència de cap mitjà entre els interessos dels pobles i els d'aquells que els governen.

Us prego que concentreu la vostra atenció en particular sobre aquest punt i en el següent: en l'actualitat tots els préstecs interns estan consolidats pels anomenats préstecs flotants, és a dir, per les condicions de pagaments més o menys propers. Aquests deutes consisteixen en diners col·locats en les caixes d'estalvi i fons de reserva. Si es deixen molt temps a disposició d'un govern, aquests fons s'evaporen amb el pagament d'interessos dels préstecs externs, i se substitueixen per dipòsits d'una quantitat equivalent de la renda.

I aquests darrers son els que tapen els forats de les caixes de l'Estat dels goyim.

Quan ascendim al tron del món tots aquests canvis financers i similars, al no estar d'acord amb els nostres interessos, seran escombrats per tal de no deixar-ne cap rastre, com també seran destruïts tots els mercats de diners, ja que no permetrem que el prestigi del nostre poder sigui sacsejat per les fluctuacions dels preus establerts als nostres valors, anunciarem per llei el preu que representi el seu valor complet sense cap possibilitat de baixar o pujar. (El pujar dóna pretext per baixar, que de fet va ser el que vam fer al principi respecte als valors dels goyim.)

Substituirem els mercats de diners per grandioses institucions de crèdit del govern, l'objecte de les quals serà fixar el preu dels valors industrials d'acord amb els punts de vista del govern. Aquestes institucions estaran en condicions de llançar al mercat en un dia valors industrials per valor de cinc-cents milions, o comprar-ne pel mateix import. D'aquesta manera, totes les empreses industrials dependran de nosaltres. Ja podeu imaginar-vos l'immens poder que ens assegurarem d'aquesta manera per a nosaltres mateixos...

PROTOCOL Nº 22

En tot el que fins ara us he informat, m'he esforçat per descriure amb cura el secret del que està venint, del que ja ha passat, i del que està passant ara, fluint dins el corrent dels grans esdeveniments que vénen ja en un futur pròxim, el secret de les nostres relacions amb els gentils i de les operacions financeres. Sobre aquest tema encara em queda una mica per afegir.

El poder més gran dels nostres dies és a les nostres mans - l'or: en dos dies podem aconseguir als nostres magatzems qualsevol quantitat que ens complagui.

Segur que no hi ha necessitat de buscar cap més prova de que el nostre govern està predestinat per Déu? Segur que no fallarem amb tanta riquesa en provar que tot el mal que durant tants segles hem hagut de fer ha servit finalment a la causa del veritable benestar - a endreçar-ho tot? Encara que sigui fins i tot exercint certa violència, però de totes maneres s'endreçarà. Amb enginy demostrarem que som els benefactors que han restaurat la renda i la terra destrossada al veritable bé i també la llibertat de les persones, i amb ella permetrem que es gaudeixi en pau i tranquil·litat, amb la dignitat pròpia de les relacions, amb la condició, és clar, de l'estricta observança de les lleis establertes per nosaltres. Deixarem clar amb això que la llibertat no consisteix en la dissipació i en el dret a la llicència desenfrenada com tampoc la dignitat i la força d'un home no consisteixen en el dret de tothom a promulgar els principis destructius en la naturalesa de la llibertat de consciència, igualtat i similars, que la llibertat de la persona, de cap manera consisteix en el dret d'inquietar-se a un mateix i als altres amb abominables discursos davant les torbes desordenades, i que la veritable llibertat consisteix en la inviolabilitat de la persona que observa amb honor i estrictament totes les lleis de la vida en comú, que la dignitat humana està embolcallada amb la consciència dels drets i també amb l'absència dels drets dels altres, i no única i exclusivament en fantàstiques imaginacions sobre el tema del seu ego.

La nostra autoritat serà gloriosa perquè serà totpoderosa, governarà i guiarà, i no s'enredarà amb líders ni oradors xisclant paraules sense sentit que ells anomenen grans principis i que no són cap altra cosa, parlant amb honestedat, sinó utopies... La nostra autoritat serà la corona de l'ordre, i en ell s'inclourà tota la felicitat de l'home. L'aurèola d'aquesta autoritat inspirarà una inclinació mística a agenollar-se davant seu i un temor reverent davant tots els pobles. La veritable força no fa tractes amb cap dret, ni tan sols amb els de Déu: ningú s'atrevirà a acostar-se-l'hi a menys d'un pam.

PROTOCOL Nº 23

Per què els pobles s'acostumin a l'obediència, cal inculcar-los lliçons d'humilitat i per tant reduir la producció d'articles de luxe. Així millorarem la moral que ha estat degradada per l'emulació en l'esfera del luxe. Restablirem la producció de la petita empresa cosa que significarà col·locar una mina sota el capital privat dels fabricants. Això també és indispensable per la raó que els fabricants a gran escala sovint mouen, encara que no sempre conscientment, els pensaments de les masses en contra de les instruccions el govern. Un poble de petites empreses no en sap res de la desocupació i s'uneix estretament amb l'ordre existent, i en conseqüència amb la fermesa de l'autoritat. L'atur és la cosa més perillosa per a un govern. Per a nosaltres això s'haurà acabat en el moment en que l'autoritat sigui transferida a les nostres mans. L'embriaguesa també estarà prohibida per llei i es castigarà com un crim contra la humanitat de l'home el qual es converteix en un brètol sota els efectes de l'alcohol.

Els súbdits, ho repeteixo una vegada més, només obeeixen cegament a la mà dura absolutament independent d'ells, ja que hi senten l'espasa de la defensa i el suport contra els flagels socials... Per què voldrien l'esperit angelical d'un rei? El que hi han de veure és la personificació de la força i el poder.

El Senyor Suprem que reemplaçarà a tots els governants ja existents, que arrosseguen la seva existència entre societats desmoralitzades per nosaltres, societats que fins i tot han negat l'autoritat de Déu, en les que esclata per tot arreu el foc de l'anarquia, en primer lloc procedirà a apagar aquesta flama que tot ho devora. Per tant, es veurà obligat a matar aquestes societats existents, tot i que haurà d'amarar- les amb la seva pròpia sang, perquè pugui ressuscitar de nou en forma de tropes regulars organitzades lluitant conscientment contra tot tipus d'infecció capaç de cobrir de nafres el cos de l'Estat.

Aquests Escollits de Déu són triats des de dalt per demolir les forces sense sentit mogudes per l'instint i no per la raó, per la brutalitat i no per la humanitat. Aquestes forces ara triomfen amb robatoris manifestos i tot tipus de violència sota la màscara dels principis de llibertat i drets. Han enderrocat tota forma d'ordre social per erigir sobre les ruïnes el tron del Rei dels Jueus; però el seu joc acabarà en el moment en què ell entri al seu regne. Llavors caldrà escombrar-los allunyant-los del seu camí, el qual s'ha de deixar sense cap nus, sense cap estella.

Llavors serà possible per a nosaltres dir als pobles del món: "Doneu les gràcies a Déu i agenolleu- vos davant seu, el que porta al front el segell de la predestinació de l'home, a qui Déu mateix ha guiat amb la seva estrella per què cap altre sinó Ell pugui alliberar-nos de totes les forces i mals abans esmentats".

PROTOCOL Nº 24

Ara passo al mètode de confirmació de les arrels dinàstiques del rei David fins a l'últim estrat de la terra.

Aquesta confirmació s'inclourà en primer lloc, allà on fins avui ha reposat la força del conservadorisme dels nostres Savis en la conducta de tots els assumptes del món, en la direcció de la formació del pensament de tota la humanitat.

Alguns membres descendents de David prepararan als reis i als seus hereus, no els seleccionaran per dret d'herència, sinó per les capacitats eminents, iniciant-los en els misteris més secrets de la política, en els esquemes de govern, però vigilant sempre que cap d'ells pugui a arribar a conèixer els secrets.

L'objectiu d'aquest manera d'actuar és que tots sàpiguen que no es pot confiar el govern als no iniciats en els secrets del seu art...

A aquestes persones només se'ls ensenyarà l'aplicació pràctica dels plans susdits en comparació amb les experiències de molts segles, totes les observacions dels moviments polític-econòmics i les ciències socials - en una paraula, tot l'esperit de les lleis que han estat establertes indestructiblement per la mateixa naturalesa per regular les relacions de la humanitat.

Als hereus directes sovint se'ls deixarà de banda a l'hora d'ascendir al tron, si durant el temps de formació exhibeixen frivolitat, suavitat o altres qualitats que són la ruïna de l'autoritat, fent-los incapaços de governar-se a si mateixos, i perillosos per al càrrec reial.

Només els que siguin capaços incondicionalment d'un govern directe ferm, encara que hagin de ser cruels, rebran les regnes de l'imperi dels nostres Savis.

En cas de caure malalts debilitant-se la seva voluntat o algun altre tipus d'incapacitat, els reis deuen per llei lliurar les regnes del govern en mans noves i capaces...

Els plans d'acció del rei per al moment actual, i encara més de cara al futur, seran desconeguts, fins i tot per els seus consellers més propers.

Només el rei i els tres que l'hagin apadrinat sabran el que ha de venir.

En la persona del rei, que amb voluntat ferma és amo de si mateix i de la humanitat tothom hi apreciarà el destí, per dir-ho així, amb les seves maneres misterioses. Ningú sabrà què vol assolir el rei amb les seves disposicions, i per tant ningú s'atrevirà a donar un pas per un camí desconegut.

S'entén que la capacitat cerebral del rei s'ha de correspondre amb la capacitat del pla de govern que haurà de contenir. És per això que no pujarà al tron de cap manera sinó després d'un examen mental per part dels esmentats savis.

Per tal que el poble pugui conèixer i estimar el seu rei és indispensable que ell conversi amb el seu poble a les places de mercat. Això assegura la unió necessària de les dues forces que ara estan dividides una de l'altra per nosaltres pel terror.

Aquest terror era indispensable per a nosaltres fins que arribés el moment en que aquestes dues forces per separat caiguessin sota la nostra influència.

El Rei dels Jueus no ha d'estar a mercè de les seves passions, i especialment de la sensualitat: en cap aspecte del seu caràcter ha de fomentar instints brutals en la seva ment. La sensualitat és la pitjor de totes al desorganitzar les capacitats mentals i la claredat d'opinions, distraient els pensaments cap a el pitjor i el més brutal de l'activitat humana.

El pilar de la humanitat en la persona del senyor suprem de tot el món de la santa descendència de David ha de sacrificar al seu poble tota inclinació personal.

El nostre senyor suprem ha de ser un exemple irreprotxable.

CAPÍTOL 16

LA HISTÒRIA DE JONATHAN MAY

Jonathan May va intentar alliberar-nos dels grillons de la Reserva Federal mitjançant la creació d'un sistema bancari alternatiu amb instruments recolzats per terres, matèries primeres, jaciments minerals, petroli, carbó, fusta i altres explotacions d'espais naturals. Jonathan va ajudar al Governador Connolly i als germans Hunt a intentar acaparar el mercat de la plata. La plata s'hauria utilitzat per crear el "Bank of Texas" un emissor de diner "real". Això hauria destruït la Reserva Federal en el cas que els Hunt haguessin tingut èxit. Quan els banquers del món es van adonar del que estava succeint, van destruir a Connolly, als germans Hunt, a Jonathan May, i al Texas.

La Reserva federal va atrapar al Sr. May encaminant intencionalment els seus instruments de crèdit a través de la Reserva Federal, en contra dels termes clarament definits en aquests instruments, en lloc de a través del sistema alternatiu del Sr. May. Jonathan May va ser detingut il·legalment, jutjat il·legalment i empresonat il·legalment a la presó federal de Terre Haute, Indiana. L'estructura de poder mundial ha robat la idea del Sr. May, que utilitzarà com el sistema bancari del Nou Ordre Mundial i que es coneix com el Banc Mundial per a la Naturalesa. Jonathan ha complert quatre anys d'una condemna de quinze.

Data: 27 de juliol de 1990

JURO PER DÉU TOTPODERÓS QUE EL QUE DECLARO ÉS LA VERITAT, TOTA LA VERITAT I RES MÉS QUE LA VERITAT, EL MILLOR QUE SÉ, CREC I RECORDO. HO JURO SOTA PENA DE PERJURI SOTMÉS A LES LLEIS DELS ESTATS UNITS D'AMERICA - AMB L'AJUDA DE DÉU.

Vaig néixer dins d'un estil de vida privilegiat al nord de Devon, Anglaterra, el tercer i últim fill i únic fill mascle d'una adinerada família terratinent. Vaig ser educat a l'escola privada i la vaig deixar d'hora, decidit a unir-me a l'empresa del meu pare i a no sobrecarregar-me amb l'atmosfera autoritària de l'escola. Ho vaig fer perquè em van expulsar. Ja tenia, crec, gairebé setze anys. Immediatament vaig començar a treballar com venedor de bestiar tal com el meu pare i la seva família ho havien fet i encara ho fan. També he fet de granger. Llavors em vaig ramificar en altres béns, comprant per a clients utilitzant bons contactes per subministrar-los articles a un cost més baix i articles de millor qualitat al mateix cost que els proveïdors minoristes normals. Vaig tenir molt èxit. El meu negoci va continuar expandint-se. La gestió estava estructurada molt verticalment i la diversificació era tan lateral com era capaç de fer-la. La cosa va anar prosperant. Vaig desenvolupar un sofisticat sistema de deduccions d'impostos que era capaç d'eliminar legalment la responsabilitat fiscal de la majoria dels meus propis ingressos i la dels meus col·legues.

Als 20 anys, camí dels vint-i-ú, vaig rebre nombrosos documents antics - herència de la família de la meva mare - en ser l'últim hereu home.

Entre aquests documents antics hi havia una escriptura emesa a un avantpassat meu, establint sobre ell "i el seu hereu i cessionaris a perpetuïtat per la durada de la seva vigència" la responsabilitat i l'autoritat de l'Administració de certs béns, mercaderies, béns mobles, etc. Pel que puc recordar, el document estava datat "En aquest any de Nostre Senyor de Mil, Sis-cents Quaranta Cinc". El document - un pergamí encara portant el segell real d'Anglaterra - constituïa un contracte de Fideïcomís del meu avantpassat, et. al. durant 999 anys d'una terra en quant fiduciari de l'anomenada propietat. El pergamí estava signat per "Charles Stuart Rex d'Anglaterra, França, i Rei d'Irlanda" - Charles I.

Sense saber res d'aquests assumptes, vaig consultar advocats. Van determinar que el document era autèntic, que s'havia establert un fideïcomís pel rei britànic Carles I i que el fideïcomissari original havia estat el meu avantpassat, i que - jurídicament - no és podia trencar, aleshores el monarca britànic - i encara ara - és el Cap Suprem del poder judicial al Regne Unit. També jurídicament, el fideïcomís era una entitat operativa, d'acord amb les disposicions del qual jo, com hereu home restant, n'era el responsable fiduciari. No obstant això, havia estat clarament inoperant durant tant de temps que ningú ho podia recordar. Accions certificades del "Ferrocarril de Dheli i Punjab" i altres antiquades relíquies - aparentment encara no amortitzades - estaven amb la carta del fideïcomís. Cartes successives aprovades pels successius monarques britànics també estaven amb l'original. Es va determinar que els sub- fideïcomissaris - subsidiaris - havien de constar al mateix temps, en virtut dels preceptes excepcionals de la carta original del segle XVII. Fora d'emissió, vaig decidir que 4.000 d'aquests subsidiaris estarien constituïts com entitats sense domicili, regides sota governs plurals i simultànis de totes les nacions del món que no fossin comunistes.

Els mesos entre el 19 de setembre del 1969 i el 15 de febrer del 1970, aquestes 4.000 cartes van ser impreses i inscrites en un registre. Estaven numerades, amb el prefix "No. SSR/647/". La primera va ser triada per ser l'entitat fiduciària comuna per a la resta de les 3.999. Cap podria ser inscrita en cap altre país. D'haver-ho fet, hauria donat al país de registre certa capacitat prèvia de reclamació d'impostos. Per aquesta raó, el Registre de les 4.000 entitats es va mantenir sota la meva custòdia constant com l'únic-signant registrat del registre del fideïcomís original, que hem anomenat "The International Equity Trust". Vam decidir anomenar al grup de sub-fideïcomissaris "El Grup de Fideïcomissaris de la Carta Sobirana". A continuació, aquest grup principal es subdivideix en el Grup de Fideïcomissaris Sodalitas - format per l'administració, els membres interns, les activitats dels quals havien de ser coordinades per i a través d'una junta de directors coneguda com el Cos Directiu del Fideïcomís. Els fideïcomisos restants s'havien d'haver venut / llogat com paradisos fiscals a diversos tercers amb una quota del 20% sobre la quota íntegra estalviada pel client mitjançant el fideïcomís per a aquest propòsit, és a dir, sense un dels nostres fideïcomisos - una tributació de 100.000 dòlars, però amb un dels nostres fideïcomisos - amb un cost per al client de 20.000 dòlars - una tributació nul·la.

Al 1969, els advocats ja ens van avisar que l'únic problema al que ens enfrontàvem era la propensió de les autoritats fiscals a declarar arbitràriament que els fideïcomisos no eren cap entitat, però que estarien exempts per llei de pagar impostos arreu del món un cop disposéssim de la prova positiva de que havien existit com a persones jurídiques durant dotze anys. L'advocat de la meva ciutat natal, va fer endossar al Registre totes les pàgines, i van "néixer", els 4.000 fideïcomisos és a dir, constituïts entre el 19 setembre del 1969 i el 15 de febrer del 1970.

En conseqüència, vaig decidir que havia de continuar amb les meves empreses comercials durant dotze anys i després simplement vendre o llogar els 3.999 fideïcomisos, ja fos amb una tarifa plana o mitjançant la fórmula del 20% sobre els impostos estalviats i utilitzar els guanys, en part, per tornar a determinar el què, on, per què, i quan referent als actius del fideïcomís original.

Durant els anys següents, em vaig diversificar més i més i vaig fer sòlids contactes comercials arreu del món. Cada vegada més, els meus honoraris i comissions se'm pagaven en monedes diferents. Això va fer que em fixés en les diferents taxes d'interès i en que, de fet, aquestes són les que determinan el valor del préstec del diner. Vaig descobrir que un diminut càrtel controla totes les polítiques de la banca a tot el món, i que la provisió o no provisió de "diners", estava totalment controlada.

A mesura que creixia la meva reputació com cercador de coses insòlites a un preu just, vaig començar a adonar-me, juntament amb els meus col·legues, que hi havia una considerable resistència a través dels mercats financers convencionals vers als "emprenedors". Determinats individus altament posicionats però mentalment molt independents no eren del tot benvinguts als cercles bancaris "normals". Hi havia una necessitat molt real a les comunitats de negocis independents d'arreu del món de serveis de crèdits alternatius per proporcionar-ne adequada i justament a les necessitats empresarials - Una finestra al mercat per a ells entre el nou capital de risc i l'arrelat capital de les empreses convencionals. Vam decidir que, d'una manera totalment nova i independent, el nostre vagament connectat però molt respectat cercle de "intermediaris" es convertiria en proveïdor de capital per als nostres clients establerts en tot el món. Es van crear fonts independents de crèdit / capital a l'Orient Mitjà i en altres parts, i diversos arranjaments substancials de col·locació privada, primer entre nosaltres i els nostres inversors i posteriorment entre nosaltres i els usuaris d'aquestes inversions. Vam decidir cobrar una quota mínima als intermediaris però mantenint un interès passiu, però un repartiment de beneficis d'empreses conjuntes en moltes de les empreses capitalitzades pels nostres inversors. Ens vam adonar que mai es trobaven prou inversors. D'altra banda, tothom semblava content.

Com molts joves arrogants i insensats ho havien fet abans, jo tendia a anunciar el meu èxit financer. Em vaig entossudir. La petita força de policia local de la ciutat va començar a mirar-me i va esdevenir una molèstia significativa, aturant-me pels pneumàtics, excés de velocitat, etc. etc. Vaig engegar un negoci de carnisser i de nou vaig tenir un èxit important en això, també a la meva zona natal. El meu èxit va significar pèrdua de comerç per a la meva competència. Els meus locals van ser assaltats successivament, i aviat les asseguradores no em volien assegurar. Em vaig procurar el meu propi estri dissuasiu. Vaig col·locar un cartell "escopeta carregada" fora del meu local i dins del magatzem frigorífic vaig col·locar una escopeta carregada molt realista i el sistema d'alarma de tret per a qualsevol que pensés robar de nou a la meva propietat com ja havien robat a milers d'altres sense assegurança. La policia local em va arrestar per col·locar una trampa per humans amb la intenció de posar en perill la vida. La meva intenció, òbviament, era protegir la meva propietat, així que vaig ser absolt d'aquesta ximple acusació en contra meu.

Havent estat informat de no col·locar cap dispositiu de nou, vaig comprar un cadell de lleó de muntanya com "gos guardià" per continuar dissuadint als possibles lladres. En retrospectiva, m'adono que fer-ho no va ser una cosa apropiada.

Vaig començar a ser una celebritat de menor importància en el meu petit poble rural, i la policia local es va enutjar força quan se'm van retirar els càrrecs en contra. M'havia convertit en el més semblant a un objectiu. El meu "alt perfil" no jugava a favor meu. Va ser llavors, degut als delictes de trànsit i la publicitat resultant del judici i el lleó de muntanya, quan quasi tota la meva família em va repudiar. Em vaig prendre la molèstia d'esbrinar exactament qui estava instigant els meus problemes al cos de policia local. No era un simple policia sinó l'Inspector Goldsworthy. Vaig contractar a gent perquè vigilés les seves activitats i va resultar que estava involucrat en tràfic de drogues.

La informació que se'm va subministrar era que Goldsworthy tenia una mare anciana a Plymouth, Anglaterra a la que utilitzava com a excusa per fer allà freqüents viatges des de North Devon, però en realitat allà era rebut per persones que li lliuraven drogues il·legals. No hi havia manera d'establir amb certesa si aquest era el cas. Les persones a les quals havia estat pagant per què el seguissin no eren professionals. Vaig creure que era moment de lliurar l'assumpte a mans de professionals, i així ho vaig fer. Gairebé immediatament aquest inspector en particular va deixar la zona de North Devon.

Se'm va informar des de diferents fonts, que probablement com resultat que una de les dues persones que havia emprat per seguir Goldsworthy havia estat parlant sense cura, els subordinats de Goldsworthy de la policia local planejaven venjar-se. L'assetjament va créixer fins a proporcions aclaparadores. Per exemple, un viatge de caça amb escopetes autoritzades deixades sota una manta al seient del darrere del meu cotxe es va convertir en "tenir una escopeta carregada en un lloc públic". Era una de les meves armes la que estava carregada? Hauria estat la primera i única vegada. Pot l'interior del meu cotxe tancat ser un "lloc públic"? Però el meu cotxe estava en un aparcament públic, de manera que el tribunal va confirmar la condemna.

Les següents dues experiències van ser originades per un "amic" que posteriorment va admetre que havia accedit a fer un parell de coses a canvi de no ser processat per la mateixa policia local. Em va vendre un bot i em va donar un parell de botes. Tots dos van resultar ser propietats robades i em van declarar culpable de robatori i la seva recepció, respectivament. Vaig ser multat. Em vaig adonar, finalment, que no tenia cap possibilitat de portar una vida civilitzada en el meu poble natal, així que me'n vaig anar del Regne Unit i vaig arribar als EUA per intentar establir una nova, una immaculada vida.

Entre 1980-4, simplement vaig fer contactes i no vaig fer cap negoci més enllà de consultoria. Vaig generar una mica de diners per a mi mateix. Vaig viure la major part del temps amb els diners que havia aconseguit a Europa durant els anys 70.

Quan vaig marxar d'Anglaterra estava en procés de demandar al gerent del meu banc local i als Srs. del Barclays Bank per múltiples infraccions de la Llei Bancaria. Un dels "enemics" que havia fet a Anglaterra era un advocat que m'havia molt malaconsellat i després va tenir el desvergonyiment de cobrar-me i tot. Era amic proper del gerent del banc local. Durant la meva absència d'Anglaterra, em va enviar una factura de al voltant de 2.000 dòlars - una demanda final - i després va obtenir una ordre judicial i una declaració personal de fallida - tot això sense saber-ho jo fins que vaig tornar uns cinc mesos més tard. Estic segur que tot això es va fer per frustrar la demanda contra els Srs. del Barclays Bank. A Anglaterra, un cop declarat en fallida, un no pot mantenir cap mena de plet.

Immediatament vaig tornar a marxar d'Anglaterra i vaig reorganitzar tots els meus béns perquè estava violant les lleis de fallida del Regne Unit. També vaig obtenir un visat dels EUA per a fins comercials.

Al 1983 o 1984, el Grup de Fideïcomissaris de la Carta Sobirana va ser registrat com a client de la Trust Company d'Oklahoma, Oklahoma City, Oklahoma, Rand Everest - C.E.O. Havia estat necessari per arribar a ser més visible dins dels EUA. Poca cosa de negoci es va fer a Oklahoma, tret d'utilitzar-lo com a dipòsit d'alguns dels pagarés privats del Grup de Fideïcomissaris Sodalitas.

Al marge de la jurisdicció de la Comissió del Mercat de Valors, exclusivament sobre una base de col·locació privada, L'International Equity Trust va començar en aquell moment a col·locar el seu paper en situacions comercials a tot el món.

Geòlegs professionals tercers van determinar que a certa fondària - comprovant que l'assaig real contenia nou parts d'or/plata - a les propietats "traspassades, permutades, i assignades indivisiblement" al Grup de Fideïcomissaris de la Carta Sobirana al 1980-1 sistemàticament durant les proves fins a una profunditat de 160 peus - hi havia un mínim de mitja unça d'or per tona (iarda cúbica) i fins a 10 unces de plata per tona (iarda cúbica) sobre la totalitat de les nou milles quadrades i encara més.

Els estudis geològics van confirmar que aquestes propietats i la superfície contigua havia estat un llac significativament gran alimentat per nombrosos rierols de les Muntanyes Rocoses. Durant mil·lennis, considerables quantitats d'or i plata van ser arrossegades fins al llit del llac. Segons la Doctrina d'Igualtat de Drets - la pedra angular del patrimoni nacional dels Estats Units d' Amèrica - amb el valor dels dipòsits d'or i plata d'aquestes nou milles quadrades, el Grup de Fideïcomissaris de la Carta Sobirana estava dotat d'una cartera d'actius molt important. La determinació que es va fer del valor físic d'aquests actius, congruents i en paral·lel amb les entitats comparables del sector públic, seria utilitzada a través de la producció de paper col·locat al comerç privat per generar suficient liquiditat com per establir la línia de crèdit totalment independent necessària a través del mercat financer secundari per omplir la "finestra d'intermediaris" en aquest mercat. Entre 1982-3 i 1985-6 un volum considerable de valor nominal de pagarés de venciment a llarg termini - de col·locació privada "Pagarés del Capital Principal" van ser emesos per l'Internacional Equity Trust en nom i representació dels set fideïcomisos que posseïen els dipòsits de l'or i la plata esmentada.

Els membres del directori de l'International Equity Trust van instituir un sistema ultraconservador de comptes i balanços, sota l'autoritat de la presidència i la Direcció Executiva del sotasignant. A més d'aplicar la Doctrina d'Igualtat de Drets dels Estats Units a la nostra política de col·locació privada, els meus col·legues i jo vam determinar que per tal de reflectir adequadament el valor de l'or i de la plata que havíem adquirit era necessari establir un valor mínim possible i utilitzar-lo com el nostre punt de referència màxim. D'aquesta manera, mai es podria dubtar de frau en contra de nosaltres. Per tal d'aïllar- nos encara més d'aquest càrrec, es va determinar que el nostre "paper" havia de presentar-se només en una col·locació privada mitjançant la seva "vida" als mercats secundaris. Ambdues característiques de seguretat es van construir en la nostra edició de col·locació privada de paper com a requisits irrevocables i incondicionals de la seva emissió.

L'International Equity Trust, amb el seu caràcter d'administrador plenipotenciari del fideïcomís per al Grup de Fideïcomissaris Sodalitas (els membres administratius interns del Grup de Fideïcomissaris de la Carta Sobirana) era i és l'únic emissor autoritzat de Pagarés de Col·locació Privada del Capital del grup. Tal emissió no pot efectuar-se sota cap circumstància, llevat que els set fideïcomissaris propietaris dels actius en possessió de la custòdia dels actius del grup es posin d'acord total i independentment, cadascun d'ells a través del seu únic tutor/signant (s), en que aquesta emissió és apropiada i acceptable. A aquest acord s'hi ha d'arribar independentment i obligatòriament ha de ser unànime, aquesta emissió ha de ser confirmada per escrit per cadascun de l'únic tutor / signant (s) dels set fideïcomissaris del document i facilitada a l'International Equity Trust en forma de Memoràndum Oficial abans que tal paper de col·locació privada pugui ser emès. Així la circumstància de l'emissió tindrà la responsabilitat deguda.

El valor nominal del paper va ser igualment adequat i estrictament controlat. La base d'actius del Grup de Fideïcomissaris de la Carta Sobirana - inicialment els abans esmentats dipòsits d'or i de plata i, posteriorment, també una propietat que comprenia més de 517.000 acres (superfície i minerals) ni són ni mai seran, segons la política de indivisibilitat de terres del Grup de Fideïcomissaris de la Carta Sobirana un orgue de decisió administrativa d'alt nivell. El Capítol de Govern, serà gravat pel deute més enllà d'un quart del seu volum. Això vol dir que per cada certificat de 100 dòlars de la base d'actius només poden haver-hi 25 dòlars del valor nominal col·locats en paper privat. El raonament darrere d'aquesta política molt conservadora era i és que la línia de crèdit màxim que s'estava preparant per a principis dels 80 amb aquesta emissió de paper i l'acumulació d'actius, no se sobre-estengués mai. Un no qüestionat i inqüestionable sistema de seguretat sempre present en cada faceta del nou servei era, per tant, que cap dels seus components quedés mai en situació d'insolvència.

A efectes administratius, es van utilitzar tres instruments documentals titulats diferents. Cada un era una col·locació privada de Pagarés. Cada un d'ells constituïa un instrument de Cupó Zero, és a dir, una promesa de pagar en un futur una xifra en la data final de venciment conformada tant per la suma del principal com pels interessos meritats sobre ell. Els tres instruments als quals em refereixo com "Pagarés sobre el Capital Principal" també se'n diuen "Lletra de Canvi", "Notificació d'acceptació", i en la mesura del que puc recordar "Escritura". Les "lletres de canvi" s'utilitzen quan la necessitat de negoci del destinatari en aquest moment és simplement augmentar la base d'actius a canvi d'accions en aquest negoci a perpetuïtat. Les "Notificacions d'Acceptació" s'utilitzen en situacions en les que les necessitats de l'empresa del destinatari són tant augmentar la seva base d'actius i afiliar-se amb o amb un membre del Grup de Fideïcomissaris de la Carta Sobirana mitjançant la col·locació d'aquest negoci i / o dels seus titulars dins del marc d'un dels fideïcomisos del grup. La "Escritura" s'utilitza exclusivament de manera interna entre els diversos membres, associats i afiliats al Grup de Fideïcomissaris Sodalitas.

****

La fórmula determinada per l'Orgue Directiu del Fideïcomís és la següent:

Base d'Actius 100 - Responsabilitat màxima total del document @ 25 = AAA
Base d'Actius 100 - Responsabilitat màxima total del document @ 33 = AA
Base d'Actius 100 - Responsabilitat màxima total del document @ 50 = A
Base d'Actius 100 - Responsabilitat màxima total del document @ 66 = D.

La qualificació privada dels nostres associats i entitats empresarials afiliades va començar a principis del 1986. La documentació del nostre propi grup va rebre el mandat de la directiva de grup segons el qual determina que el Capítol de Govern no ha de superar mai un factor d'exposició del 25% dels actius del grup en l'empresa, és a dir, els actius propietat dels set membres principals del Grup de Fideïcomissaris Sodalitas, i per tant la qualificació del nostre Consell Financer Internacional Ltd. com un Pagaré de col·locació privada amb qualificació AAA.

El 1984, una part de les nostres reserves d'or va ser intercanviada en una Permuta - Intercanvi amb l'únic propietari supervivent de més de 517.000 acres de béns immobles (superfície i mineral). L'adquisició pel Grup d'aquests béns es va fer indivisiblement en virtut de les disposicions de l'article I - Secció 10, Clàusula i de la Constitució dels EUA. Després d'aquesta adquisició, el valor net del Grup de Fideïcomissaris Sodalitas per i segons els set membres fideïcomissaris Principals de Grau I es calcula de la següent manera:

(**Nota**: Altres onze parts de la mateixa propietat aurífera s'estaven disputant en aquell moment i per tant no hi són comptades, encara que un mateix títol era justificable i és mantingut.)

1. Nou (9) Parts (milles quadrades) x 640 acres x 4.840 iardes quadrades per acre x 53 iardes (a una profunditat de 160 peus) = 1,477,555,200 iardes cúbiques.
2. 1,477,555,200 iardes cúbiques x 1/2 unça = 738.777.600 unces d'or en les 9 milles quadrades.
3. 738.777.600 unces - 6.000.000 assignades a canvi dels 517.000 acres = 732.777.600 unces d'or.
4. 732.777.600 @ - a - 250 dòlars per unça = 183.194.400.000 dòlars.
517,000 acres @ - a - 500 dòlars per acre = 258.500.000 dòlars.
1,100,000 carbó d'alt grau amb baix contingut de sofre - a - 10 dòlars per.... = 11 mil milions de dòlars.

(Les reserves de petroli, gas i fusta no hi estan comptades)

194.452.900.000 dòlars

El 18 de juny de 1986, les obligacions pendents, incloent-hi els Pagarés c/s a 12 - 13 Billions de dòlars, eren d'aproximadament 14.375.000.000 de dòlars

----

180.077.900.000 dòlars

Sobre aquesta base, vaig realitzar al·legacions davant les parts el 18 de juny del 1986 conforme L'International Equity Trust controlava actius "de més de152.000.000.000 de dòlars ". Així era, i encara ho és.

Aquest informe es refereix a la capacitat d'aquests actius de reintegrar adequadament el poder i l'autoritat del Congrés a governar sense deferència a aquells als que actualment deu el Deute Nacional i la seva vida.

El 18 de juny de 1986, per invitació de la Procuradora Sra. Wendy Alison Nora (ex-registradora que havia estat obligada a dimitir del seu càrrec a l'estat de Wisconsin, segons després em va dir) en nom i representació de "no menys de 40 "dels fideïcomisos del Grup de Fideïcomissaris de la Carta Sobirana - incloent-hi els set que són amos dels nou quilòmetres quadrats de les reserves d'or i plata i els 517.000 acres - L'International Equity Trust va comprar The Lac Qui Parle Bancorporation, Inc. Aquesta entitat estava i està autoritzada segons la Secció 225.4 et. SEC. del 12 CFR per a "actuar com un banc - comprar i vendre valors - subscriure assegurances - bons municipals i accions comercials", etc. Aquest grup d'empreses pertany i és propietari d'una entitat financera anomenada El Banc Estatal de Boyd. Tècnicament, el Banc Estatal de Boyd (Minnesota) va ser declarat tancat com banc pel Sistema de la Reserva Federal al 1984. El 31 de març del 1986, el Tribunal Suprem de l'Estat de Minnesota va dictaminar que el Banc Estatal de Boyd no estava en liquidació ni en fallida, sinó que més aviat els seus actius i passius només s'havien venut al Banc de Madison - que més tard va canviar de nom pel de The Lac Qui Parle Bank. (Nota: No s'ha de confondre amb el Lac Qui Parle Bancorporation, Inc.) De forma molt poc convencional, però no il·legal, en quant vam comprar la Lac Qui Parle Bancorporation, Inc (la nostra), va ser la destinataria d'un Pagaré del Grup de Fideïcomissaris Sodalitas, amb data de venciment i exigible (de memòria) l'1 d'agost del 1999, amb una xifra de 2.000.000.000 de dòlars amb un factor mínim de rendiment inclòs en ell (un Pagaré Cupó Zero) que proporciona un valor actual d'aproximadament 1,672,000 dòlars. Una part del contracte d'adquisició pel qual The International Equity Trust va adquirir el grup d'empreses i la propietat total subsidiària del Banc Estatal de Boyd deia que, en virtut de les esmentades disposicions de 12 CFR Secció 225.4 et. SEC., al mateix temps el grup d'empreses i d'aquesta manera estenia una línia de crèdit de 1,200,000 dòlars a la filial amb l'estricte enteniment que aquesta filial es trobava sota la supervisió directa de la seva entitat matriu, la Lac Qui Parle Bancorporation, Inc. per i a través del Fideïcomís dels seus propietaris, l'International Equity Trust. La primera i principal directiva va ser que el Banc Estatal de Boyd gaudiria d'una autorització limitada estrictament, NOMÉS COM A AGENT AL SERVEI DE LA CASA MATRIU, per estendre el crèdit només fins a una xifra global de 87 1/2% (7/8) del crèdit atorgat a ell per la casa matriu, és a dir. 1,050,000,000 de 1,200,000,000 dòlars.

El Banc Estatal de Boyd va ser tancat com banc. No era una entitat jurídica no viable. No va "desaparèixer". No tenia estatuts de banc tot i que la procuradora Nora va confirmar al Comissionat de Comerç de l'Estat de Minnesota que ella va prendre la posició legal que "la nostra possessió era constructivament una qüestió de dret". Em vaig posicionar en que, atès que el propòsit de l'adquisició de la Lac Qui Parle Bancorporation pel Grup de Fideïcomissaris de la Carta Sobirana havia estat principalment per burlar i superar als propietaris privats de la Reserva Federal i per proporcionar un sistema de crèdit alternatiu als pobles i governs del món LLUNY del seu controlat ambient manipulador, no preteníem contravenir obertament a les autoritats bancàries de l'estat de Minnesota, sinó més aviat, utilitzar el Banc Estatal de Boyd en el seu ÚNIC estatus corporatiu com AGENT AL SERVEI de la Lac Qui Parle Bancorporation, Inc., que en si mateixa estava autoritzada segons la legislació per "Funcionar com Banc".

La línia de crèdit alternativa que es va presentar a l'Òrgan de Direcció de l'International Equity Trust pel nostre "departament d'estudis" va ser, en una bona estimació, ni més ni menys que brillant. Després d'algunes deliberacions, vam decidir que el nostre nou sistema, amb drets d'autor es digués "El Sistema Reconomy".

El Sistema Reconomy es compon d'una sèrie de programes socioeconòmics, d'autoajuda individual. Si la memòria no em falla, es van desenvolupar un total de 170 programes diferents. El Programa Reconomy es limita a dues funcions independents. Una d'elles és la prestació de serveis de crèdit exempts d'interessos per a usuaris de negocis privats. L'altra és la provisió de limitats serveis de subvenció a fons perdut per als quals escollim considerar àrees de la societat com "Necessitat Crítica", per exemple, els desemparats, les víctimes de l'abús de drogues i alcohol, els estudiants amb ingressos baixos, i les escoles i universitats que no reben fons federals. Aquests eren i són els programes nacionals.

Durant l'estiu del 1985, alguns dels països deutors es van posar en contacte amb l'International Equity Trust.

Es queixaven amargament que els amos dels bancs, sobretot als EUA, amb els que els seus països tenien deutes, a través del Fons Monetari Internacional els estaven trucant per a fer revisions i esmenes a les constitucions d'aquestes nacions, les millors per acomodar als socis corporatius dels banc -propietaris dels dissenys d'aquestes corporacions per establir operacions dins de les nacions afectades.

Per a aquells de vosaltres que no ho sapigueu, és generalment acceptat en els cercles informats que la Presidència de James Earl Carter va ser orquestrada i principalment pagada amb fons de campanya per diversos membres del "cercle intern" de la Comissió Trilateral. Després que el poder efectiu i l'autoritat del Sistema de la Reserva Federal va passar d'un Consell d'Administració de Washington, DC als anomenats accionistes "independents" dels dotze Bancs de Reserva Federal regionals - els accionistes amb dret a vot els quals controlen la proporció són tots "casualment" membres de la Comissió Trilateral - Jimmy Carter va recolzar la política dels "préstecs de reserva fraccionaria" de Paul Volker. Això només es va convertir en la causa de la inflació / recessió i dels cicles de vendes col·laterals d'actius / bruts que - si s'examinen les estadístiques - van ser orquestrats en quatre tendències anuals. Els préstecs de reserva fraccionària, una possibilitat exclusiva només per als membres de les institucions de la Reserva Federal, és la única i exclusivament responsable del fet que l'oferta monetària de la nació en circulació en realitat estigui composada en més del 97% per crèdit per al qual enlloc a la terra ha existit mai l'equivalent en moneda impresa.

Van ser els préstecs de reserva fraccionària, els que van ser ràpidament instituïts immediatament abans que funcionaris d'alt rang del govern EUA convencessin al primer ministre nigerià d'augmentar el preu del petroli cru de Nigèria cosa que va fer, immediatament abans de perdre la vida en un cop que va ser orquestrat per personal paramilitar encobert dels EUA entrenat a Belize (llavors Hondures Britànica). La vida del primer ministre nigerià va durar "casualment" fins que els funcionaris nord-americans van volar a Kuwait i van persuadir als seus productors de petroli que venguessin el seu petroli al preu inflat de 30 dòlars el barril.

Per què aquests astuts emissaris nord-americans estaven disposats a comprar el petroli dels àrabs a aquest preu tan enormement inflat? La resposta és alhora impressionant i aterridora. Funcionaris del govern EUA van ser preparats i autoritzats per acordar comprar el petroli dels països del Golf Pèrsic i dels Emirats Àrabs Units amb dues condicions aparentment innòcues. La primera condició era que l'O.P.E.C. - contra la que després es llançaria tanta propaganda anti-àrab - es convertís en realitat i insistís en que totes les futures vendes de petroli d'arreu del món es paguessin en dòlars. La segona i més sinistra condició imposada als desprevinguts àrabs va ser que les companyies petrolieres nord-americanes que compressin cru no remetrien els ingressos de les vendes de tornada a Orient Mitjà. Per contra, els àrabs van ser convidats com a requisit previ de la venda a preu inflat de comprar, Certificats de Dipòsit a llarg termini de 20 i 30 anys bloquejats en dipòsits als seus propis bancs.

(**Nota**: Els lectors estan especialment convidats a investigar, tal com ho van fer els investigadors dins del nostre Grup, les "casuals" relacions entre els propietaris-controladors de les compres a les companyies petrolieres i els propietaris-controladors dels bancs als quals els àrabs van "triar" per acomprar els seus Certificats de Dipòsit a 20 i 30 anys).

En termes més simples, què SÓN aquests "préstecs de reserva fraccionària"? Com s'evidencia pel fet que els diners en circulació no es poden igualar amb la moneda en existència, excepte en un relació negativa del 66,6 a 1, doncs és un frau. POTS prestar 1 dòlar si el 66.6% d'aquest dòlar no s'ha encunyat mai?

La resposta és "sí" si ets membre del sistema de la Reserva Federal i no l'humil titular d'una llicencia.

Per tal d'avaluar l'abast del frau dels préstecs de reserva fraccionària, des del punt de vista jurídic, és el moment d'examinar la corrupció practicada contra "Nosaltres, el Poble" dels EUA com a resultat d'aquesta operació. Vegem un petit exemple del principal escenari bancari de l'OPEC / EUA: Una companyia petroliera emet un xec d'l Milió de dòlars a l'agent als Estats Units d'un venedor àrab. Les xifres s'esborren del compte de la companyia petroliera a, per exemple, el Chase Manhattan i s'inclouen en un Certificat de Dipòsit a 30 anys a nom de l'àrab a l'ordinador. L'àrab ja ha cobrat. Qui és amo de la Standard Oil? Qui és el propietari del Chase Manhattan?

Què passa després? El cru es refina. Els costos i els beneficis es transmeten als EUA. La culpa és "d'quest brut Cartel Àrab". Però a 2 dòlars el galó és el compte de la companyia petroliera qui rep els ingressos.

Mentrestant, què està succeint en aquest compte dels àrabs? Hi consta l Milió de dòlars. De fet el banc del nostre exemple, el Chase Manhattan, ha dipositat aquest I Milió de dòlars - un tros de paper on hi ha escrit I Milió de dòlars - al sistema de compensació de la Reserva Federal, que "en virtut de la Política de Crèdit de Reserva Fraccionaria" autoritza al Chase Manhattan a fer préstecs de SEIXANTA MILIONS "x 60" a Mèxic, a Brasil, al Congrés dels EUA - a qui li plagui - promulgant la falsedat aclaparadora de que al mercat hi ha massa moneda i no hi ha prou prestataris.

Alhora, el Congrés dels EUA suposadament li deu aproximadament 65 Milions de dòlars setmanals durant els següents 2.000 anys sempre que a partir d'ara no sigui gastat ni un sol centau i hi hagi una moratòria de 2.000-anys a tots els càrrecs d'interès al Congrés. La segona és que als Emirats Àrabs Units se'ls paguen al voltant del 7% per cada I Milió de dòlars dels ingressos del petroli.

I aquests pilars de confiança de la societat Membres de la Reserva Federals - per cada I Milió de dòlars registrat degut en gairebé 25 anys als Àrabs - té la càrrega de pagar a aquests àrabs al voltant de 70.000 dòlars cada any i només produeix des de la Casa Blanca la SORPRENENT xifra de 6 milions anuals i EXIGINT al mateix temps, 60 milions de dòlars anuals com amortització a causa de la pòlissa emesa pel Congrés que va originar la Trilateral.

Ho devem tot a aquesta mena de servents fiscals dels Estats Units i al seu Poble. L'any 1912 es devien al Congrés 400.000.000 de dòlars i avui es el Congrés qui deu 6.500.000.000.000 de dòlars!

No sóc cap radical. Només sóc un agricultor i ara algú constantment estigmatitzat com criminal - permanentment humiliat amb la por de l'extensió de la megalomania anteriorment evidenciada, això sóc.

****

Vaig abandonar el meu negoci a Anglaterra aproximadament al 1978. Poc temps després, vaig deixar de ser una persona amb la que qualsevol podia fer negocis a Anglaterra, com a resultat de la ment retorçada i esguerrada d'un banquer i el seu titella. Vaig ser convidat a anar a Amèrica per estrangers nord-americans de Texas. Ells ja tenen les seves pròpies històries d'horror per explicar. Mai ho faran. Les seves vides estan en joc. Només cal dir que, el Sr. John Connelly (des que va anar a la fallida), el governador Clemence (ara a punt de ser enderrocat per la mateixa força), el Sha de l'Iran (la malaltia del qual va esdevenir autèntica només després d'arribar amb custòdia preventiva a una base de la Força Aèria dels EUA), un banquer alemany (també assassinat per persones entrenades a les Hondures Britàniques) i un industrial austríac (avui declarat boig) - van estar tots involucrats en el fiasco de la plata. Per què? Per autenticar correctament moneda texana i dels EUA - recolzada amb 371 1/4 grans de plata per unça com el no derogat decret llei de diners-en-comptes. Vaig aprendre aquestes veritables històries d'horror després d'haver gaudit el meu ara-comprovat-haver-estat-un-ase creient en la Constitució dels EUA.

El 18 de juny del 1986, amb la meva documentada qualitat d'únic Signador del Registrat com l'International Equity Trust amb la seva capacitat legal de fiduciari únic del Registre per als altres 3.999 fideïcomisos - drets adquirits en virtut i com a sub-fideïcomissari d'un autèntic fideïcomís quan només existia en el continent d'Amèrica del Nord l'establerta llei de la força de les armes, els fideïcomisos reemplaçaven els impostos A TOT ARREU, vaig signar un acord que constituïa les "Obligacions del Contracte". Jo sabia que no podien ser afectades. Tal com ho decreta l'Article I, Secció 10, incís I de la VOSTRA Constitució. L'Internacional Equity Trust va adquirir el Bank Holding Company "autoritzat per estendre el crèdit a nivell nacional i internacional" NO per a si mateix, sinó per a 40 fideïcomisos - cap dels altres 39 tenia la menor idea que els altres també s'estaven comprant - frustrant així la política controladora de la Reserva Federal per obtenir el permís per poder comprar. Un dels 40 fideïcomisos va ser El Fideïcomís Sobirà de l'Amèrica del Nord. Segons el registre públic registrat d'acord amb les disposicions de l'article IV, Secció 1, que obliga a considerar la bona fe i el crèdit d'aquest fet, els beneficiaris del Fideïcomís Sobirà de l'Amèrica del Nord inclouen el Congrés dels EUA, cada Estat dels governs de la Unió, i el Cos Polític - "Nosaltres, el Poble dels Estats Units." Altres beneficiaris del fideïcomís són altres governs no comunistes.

(**Nota**: Si us plau, examineu els Registres Públics números 2.401094 i 2.406.534 en el Comtat de Ramsey, Minnesota - de prop de 300 pàgines. I si us diuen que tal registre no existeix, si us plau poseu- vos en contacte amb el sotasignat, qui us informarà on podreu trobar còpies certificades en bon estat de conservació.)

Una Declaració Certificada, datada entre el 18 de juny del 1986 i el 03 de juliol del 1986 es va enviar al Sr. Paul Volker, llavors president del Consell d'Administració de la Reserva Federal. En ella, expedida i signada per mi en la meva condició abans mencionada, li revelava que el nostre grup havia assignat una quantitat de 500 milions de dòlars per a cada Estat dels EUA per a la implementació del nostre Sistema Reconomy dels Estats Units - no com un competidor en si, sinó més aviat com una sofisticada font alternativa de crèdit el propòsit de la qual es limitava exclusivament als seus possibles punts de venda. El número de telèfon de l'advocada Nora hi va ser inclòs amb una petició clara i inequívoca de contactar amb nosaltres en cas que el nostre programa d'alguna manera violés la Constitució i les lleis referents al seu compliment en les quals per a la seva autenticitat es va basar en les mateixes lleis que permeten a la Reserva Federal aplicar les seves polítiques - perquè el nostre Grup d'Empreses era en part propietat dels EUA. Això el constituïa com agent independent dels Estats Units de conformitat amb el Títol 18 USC, Secció 6. Nosaltres incondicionalment havíem concertat al Congrés una participació d'un mínim de 750.000.000 dòlars mensuals, a cadascun dels estats un avançament de 40.000.000 de dòlars, uns 35 milions de dòlars mensuals, i per al cos polític "Nosaltres el Poble" sobre una base d'estat per estat sobre 150.000.000 de dòlars mensuals. Del saldo de les rendes generades mensualment hi havia un estalvi del 5% per despeses d'explotació i una quota del 10% pertanyia a perpetuïtat als inversors, els actius recolzats pels nostres serveis en una proporció mínima a favor nostre "x3" en actius i "x8/7" en termes de la nostra 12 CFR, Secció 225.4 autoritzant els màxims possibles passius dels agents de serveis del Bank Holding Company dels EUA.

El 19 de juny del 1986, després d'haver comprat la Lac Qui Parle Bancorporation fora del futur control del Sistema de la Reserva Federal, per tal de reforçar la seva condició d'autoritzada del Bank Holding Company dels EUA, una altra banca entitat propietat de l'International Equity Trust va ser adjudicada sota la propietat de la Lac Qui Parle Bancorporation, Inc.

Una certa quantitat de "diners en efectiu" s'havia deixat de banda per cobrir el "flotant". Els actius havien estat degudament assignats. La llei era clara en quant que estàvem autoritzats. Paul Volker no ens havia contestat dins dels deu dies segons la llei de negligència processal a la que jo havia invocat en l'escrit. Convencionalment o no, estàvem en el negoci.

A alguns dels nostres clients els van aprovar immediatament línies de crèdit. Alguns dels nostres operaris van ser nomenats Consellers Regionals d'una àrea de cinc estats dotats cadascun amb la responsabilitat d'obrir deu oficines a cada Estat. A cada un d'ells se'l va dotar d'una línia de crèdit de 50 milions de dòlars d'interesos pagats per avançat. En qualitat d'Agent de Servei, el primer tram minorista per al crèdit s'estenia a l'empresa The Lac Qui Parle Bancorporation, la filial el Banc Estatal de Boyd, per dret propi, també va gaudir d'una nova línia de crèdit de 1200.000 dòlars, però va ser obligat a no ampliar més de "x7/8 "(1,050,000 dòlars) per protegir-se de la insolvència.

Sabent que els xecs no són "títols" com així ho decreta la Llei del Mercat de Valors - un fet realitzat en compliment de la Constitució i, per tant, en virtut de l'article VI suprem en la seva força i efecte - L'advocada Nora va encarregar xecs de caixa i xecs personalitzats a les imprentes adequades per al Banc Estatal de Boyd. Ella i jo sabíem i més tard vam tornar a confirmar el meu judici de que no hi ha cap legislació que prohibeixi a ningú ni a cap empresa l'emissió de xecs dels seus propis caixers per se. Serà poc convencional, sens dubte, però il·legal - no. També sabíem tots dos que l'única restricció en quant a les activitats no bancaries del Banc Estatal de Boyd era que físicament no disposava d'Estatuts Bancaris però, com es va refermar al judici, l'única possibilitat addicional que atorguen els estatuts a la seva empresa propietària és l'autorització d'acceptar dipòsits. Ni el Sistema Reconomy ni cap dels seus 170 programes participa en cap grau dels seus diversos instruments en cap activitat de captació de dipòsits. El Reconomy és una equació socioeconòmica totalment reestructurada.

El 3 de juliol del 1986, en absència de jurisdicció, en absència d'una ordre de detenció vàlida, en absència absoluta d'una qüestió jurídica i de cap delicte, vaig ser arrestat a Geòrgia per "Transport Interestatal de títols falsos". Els "títols" en qüestió, els ÚNICS títols objecte de les acusacions contra mi, eren xecs del Banc Estatal de Lloyd - cadascun dels quals estava segellat correctament al revers per ser liquidats de forma privada fora de la Sistema de la Reserva Federal.

Contràriament a la legislació del Congrés, no se'm va donar cap audiència d'extradició, sinó que se'm va retenir a Geòrgia per a ser traslladat a Minnesota a fi de comparèixer.

La meva compareixença es va dur a terme en contra de les prescripcions de límit horari legislades.

També se'm va negar poder triar l'advocat.

El meu "judici" no va tenir lloc dins del termini màxim de 90 dies establerts des del meu empresonament continuat del 3 de juliol del 1986. Se'm va negar el permís a presentar testimonis. Van ser ignorades les meves demandes de citacions. Se'm van impedir presentar proves exculpatòries. Quan vaig intentar acomiadar al meu advocat d'ofici obligatori per continuar millor jo mateix la resta del meu judici, se'm va negar.

Ningú hauria de - ningú podia haver perdut quan eren els NOSTRES actius els que corrien risc, recolzant el nostre crèdit, ampliant-se directament segons la legislació instituïda pel Congrés i d'acord amb 12 CFR, Secció 225.4 et. seq. Quan vaig assenyalar-ho al tribunal i vaig demanar que ho apliquessin, el tribunal es va negar.

Estava clar que jo havia de ser empresonat. Els meus "crims" van ser la meva insensatesa de creure que la Constitució dels EUA garantia la meva innocència i el meu dret a la igualtat en la capacitat comercial i de protecció - i, és clar, la meva arrogància al creure que aquestes disposicions constitucionals proporcionarien una protecció suficient contra els instruments, ara òbviament corruptes, del sistema judicial EUA.

Sóc ciutadà britànic. No sóc cap resident jurídic de D.C. segons la 26 USC Secció 7701 (A) (39) o de cap altra manera. La Convenció de les Nacions Unides implementa la GARANTIA del Congrés al meu govern que gaudiré de tot el pes de la protecció de les lleis dels Estats Units. En canvi, molt més enllà de l'abast de qualsevol autoritat legislativa, vaig ser objecte a l'Article 1 del Tribunal Jurisdiccional de l'Almirallat anomenat "Cort de Districte dels Estats Units" - no la Constitucionalment adequada cort de districte dels Estats Units - d'un judici per un "delicte" inventat que legislativament és impossible cometre. El Sr. Harbour, delegat al Congrés de la Llibertat Condicional dels EUA, va cometre un "error" amb les pautes de sentència que haurien d'haver estat en el pitjor dels casos possibles d'entre 14-18 mesos. En canvi va proporcionar a la cort un marge de 52-64 mesos. Tenint en compte la designació del jutge pel Trilateral president Carter i la relació amb el director de la Reserva Federal, la cort bastant "apropiadament" em va condemnar a DEU ANYS de presó - no per protegir al poble sinó per protegir el frau de la Reserva Federal en contra del Poble! ACUSO PÚBLICAMENT!

Durant els últims quatre anys d'aquesta sentència, s'han presentat proves sobre l'evidència de la conspiració civil i penal a persones nobles com el senador Joseph Biden, el fiscal general, l'Inspector General, i més - tot ha estat en va, llevat de l'abús de procés continuat i constant i les evidents falsedats que s'estan realitzant per part dels registres de la cort - que han demostrat ser falses pel conflicte amb els registres d'origen de l'agència del govern dels EUA. On - a qui - pot un recórrer per a recuperar - com un dret humà, un dret civil, i juntament com un dret instituït per la Constitució i l'OTAN - la meva llibertat?

Mai hi va haver intenció de defraudar - NOMÉS, SEMPRE la d'arrencar de les cadenes del deute a un govern opressiu i al seu poble.

I JURO, FINS ALLÀ ON SÉ, ENTENC I CREC: QUE EL QUE HE DIT ÉS LA PURA VERITAT.

El text anterior, titulat "Telling Time" es va notificar degudament per correu certificat pagat a:

1. al senador Thurmon
2. al senador Graham
3. al senador Helms
4. al congressista Crane
5. al congressista Hefner

als seus respectius domicilis al Capitoli
aquest 30 de juliol del 1990.

CAPÍTOL 17

DOCUMENTACIÓ: LA CONNEXIÓ DELS SERVEIS D'INTELLIGÈNCIA DE L'EXÈRCIT DELS EUA AMB L'ESGLÉSIA SATÀNICA.

Hi ha tot de fotocòpies de documents.

El primer document és un memoràndum del Tinent Coronel T. C. Jones al Departament de l'Exèrcit amb el motiu: "Possible conveniència d'una informació adversa", on fa referència a un contacte del tal Jones amb una oficial d'una unitat d'intel·ligència de San Francisco la qual durant una investigació d'un culte satànic anomenat "El Temple de Set" es troba que el líder del grup un tal Michael A. Aquino al·lega ser comandant de l'Exèrcit asociat a la intel·ligència militar a l'àrea de San Francisco, juntament amb dos altres membres del grup un tal Dennis Mann i una tal Willie Browning tots dos capitans asociats a la intel·ligència militar de l'àrea de Los Angeles.

Diu que un cop contrastada la informació resulta ser correcta.

El següent és una resposta de l'exèrcit on diu que els arxius de l'FBI no reflexen cap entrada d'aquesta organització.

Al tercer hi ha la identificació dels tres subjectes amb les seves adreces i destinacions.

Als següents és confirma que el tal Aquino té acreditació de "Top Secret" i que val més deixar-hocòrrer.

Hi ha un memoràndum amb l'encapçalament "Intel·ligència: El Temple de Set" on diu que històricament és un grup satànic liderat per Michael A. Aquino, que és una escisió de l'Església de Satan d'Anton LaVey de San francisco de la qual es va separar al 1975, diu que és un grup petit que no te més d'uns centenars de membres que actuen a nivell nacional.

Diu que Aquino n'és el cap que comanda l'organització a través d'un consell de nou membres del que n'és el lider.

Destaca un aspecte que considera interessant que és una clara obsessió per tot el que és militar i un aspecte de la seva obsessió és la fascinació pel moviment Nazi i que molts d'ells van vestits, ocasionalment amb uniformes i insignies dels alemanys de la Segona Guerra Mundial. Un aspecte més sinistre encara de la seva fascinació militar, continua dient, és que de fet Michael Aquino pertany a una comissió com comandant retirat de l'Exèrcit que la seva especialitat militar és la intel·ligència militar. Aquino diu als membres que ell informa directament a la Junta de l'Estat Major, el memoràndum diu que segurament això és una gran exageració, però de fet és cert que pertany a la comissió i te tractes amb l'area de la intel·ligència militar.

També diu que els altres dos abans nomenats Willie Browning i Dennis Mann estan involucrats en activitats dels serveis d'intel·ligència.

En quant a Aquino, diu que és el cap del Temple de Set que aparentment és ben educat, te un doctorat en Ciències Polítiques i és profesor al Golden Gate College de San Francisco. La seva especialitat són els assumptes polítics de l'Europa occidental. Sembla ser que te problemes d'identitat sexual i és sabut que frequenta prostitutes de San Francisco involucrades en diverses formes de sadomasoquisme sexual. Es creu que Aquino és bisexual.

En quant al Temple de Set diu que definir-lo sempre es fa estrany perquè está en una constant metamorfosi, que està retornant a la pràctica de les misses negres i que es rumorega que el grup s'està tornant cada cop més violent, busquen als menys intel·lectuals i als més indesitjables com ara Els Angels de l'Infern i bandes de motoristes similars. Sovint es rumorega que estan involucrats en sacrificis d'animals. A més Aquino està dient a l'organització que ha arribat el moment de que ell faci els seus moviments polítics. Això segurament te a veure amb la seva posició de militar retirat.

El següent és un retall de prensa amb el titular: **"Un adorador del diable té una posició militar sensible i els alts comandaments diuen que "no hi ha cap problema""**

Finalment hi ha fotocopiat un article signat pel Coronel Paul E. Vallely juntament amb el Comandant Michael A. Aquino titulat: "De les Operacions Psicològiques a la Guerra Mental: La psicologia de la victòria".

És aquest:

(Aquesta introducció és posterior, per tant no hi és a la fotocòpia del llibre de William Cooper)

Investigació d'Operacions psicològiques i Anàlisi del Cap de l'Equip
Seu, setè Grup d'Operacions Psicològiques
Reserva de l'Exèrcit dels Estats Units
Presidi de San Francisco, Califòrnia
1980
Introducció - Per Michael A. Aquino
Tinent Coronel, Intelligència Militar, USAR-Ret

novembre 2003

Després de la dècada de 1970, les operacions psicològiques (PSYOP) van ser doctrina a l'Exèrcit dels EUA però només per sortir de la decepció i la frustració de la guerra del Vietnam. Per tant, va ser al 1980 quan el coronel Paul Vallely,[1] Comandant del 7è Grup de PSYOP, em va demanar, a la Seu de la Investigació de les PSYOP i Anàlisi (FA) de Caps d'Equip, que redactés un document que encoratgés a alguns futuròlegs dins de la comunitat de les PSYOP. No volia un Vietnam postmortem, sinó algunes idees fresques i innovadores en matèria d'evolució i aplicació de les PSYOP.

Vaig preparar un projecte inicial, que el coronel Vallely va revisar i anotar, això va donar lloc a tries i revisions crítiques fins que va quedar satisfet, i el resultat d'això va ser aquest treball: De les PSYOP a la Guerra Mental: La psicologia de la Victoria.[2]

El Coronel Vallely va enviar còpies a diverses oficines governamentals, agències, comandaments, i publicacions involucrades o interessades en les PSYOP. No ho va pensar com un treball per publicar-lo, sinó simplement com un "llibre parlant" per estimular el diàleg. En això ha tingut bastant èxit, a jutjar per les extenses i animades cartes que ha rebut al respecte aquests darrers mesos.

Això hauria d'haver estat el final de la Guerra Mental: un "estudi personal" menor que havia fet la seva modesta feina.

Amb el sorgiment d'Internet a la dècada de 1980, però, la Guerra Mental va rebre una completa inesperada - i una mica còmica - resurrecció. Les al·lusions al fet van proliferar gradualment, amb el títol de "sinistre" ràpidament va anar guanyant la més esgarrifosa reputació de les teories de la conspiració. Els rumors aviat l'haguessin transformat en un model orwellià de Candidat de Manxúria, control mental i dominació del món. La meva pròpia imatge com una personalitat oculta va afegir llenya al la reguera de pólvora: la Guerra Mental és ara promocionada pels llunàtics com una prova concloent de que el Pentàgon estava inundat de Màgia Negra i de culte al diable.

---

[1] Més tard, general de divisió, USAR.

[2] El terme "Guerra Mental" va ser encunyat per un altre oficial de les PSYOP, el coronel Richard Sutter, i jo al 1977. Després de veure la recent pel·lícula de la Guerra de les galàxies, *(Mind War / Stars War)* vam jugar amb una modificació del nom com fent un reemplaçament futurista a la insípida designació "Operacions Psicològiques" de l'Exèrcit. Un declarat tractament de ciència-ficció de la Guerra Mental, amb una caricatura del seu cap Sutter, apareix en la meva història de Star Wars The Dark Side, disponible a www.xeper.org / maquino *(Lloc oficial del Temple de Set)*

Ara que aquesta absurda òpera còmica ha disminuït si més no una mica, he pensat que podria ser interessant fer-ne una còpia completa i exacta del treball disponible, juntament amb una introducció i algunes anotacions històriques retrospectives que el col·loquin en un context raonable. Després del que va fer - i potser encara farà - te alguna cosa valuosa a dir.

Dins l'exèrcit dels EUA, habitualment les PSYOP han estat relegades al seient del darrere com "multiplicadores de forces". Les principals decisions estratègiques es prenen considerant els interessos i objectius polítics i militars tradicionals. Només llavors les PSYOP són convidades a la taula, per ajudar a aconseguir d'una forma més eficient unes missions ja acordades.

La Guerra Mental inverteix aquesta seqüència. Els mitjans psicològics per aconseguir la victòria - fonamentalment a base de convèncer l'enemic que en realitat vol fer que les seves polítiques nacionals estiguin en harmonia amb les nostres - estan de moda donant suport als objectius polítics fonamentals.

L'ús de la força militar "convencional" (bombes, bales, etc.) és considerat com un "últim recurs" en circumstàncies on la Guerra Mental falla per si mateixa.

L'avantatge de la Guerra Mental és que es porta a terme amb guerres no letals, ni perjudicials, i formes no destructives. En essència el que fa es que aclapareu l'enemic amb arguments. Assumiu el control de tots els mitjans processant la informació del seu govern i de la població determinant la seva mentalitat, i l'ajusteu per què aquestes ments es conformin com vosaltres vulgueu.

Tothom és feliç, ningú resulta ferit o mort, i no es destrueix res.

La Guerra convencional, d'altra banda, es caracteritza per la seva falta de seny. Els antagonistes només es mutilen o es maten persones entre elles, i roben o destrueixen els seus respectius territoris, fins que un dels bàndols està tan greument ferit que es rendeix [o ambdues parts queden tan malmeses que acorden no poder fer-se amb la victòria]. Darrere d'aquesta guerra hi ha una duradora misèria, odi i patiment.

Els únics perdedors a la Guerra Mental són els especuladors de la guerra: les empreses i corporacions que s'engreixen amb les comandes d'helicòpters, tancs, armes, municions, etc. Per tant allò que el president Dwight Eisenhower anomenava el "complex militar / industrial" es pot considerar que es resisteix a l'aplicació de la Guerra Mental com el conflicte estratègic de la doctrina del govern.

Aquest és el prospecte de la Guerra Mental en la seva forma més simplificada.

Mentre que en la dècada de 1980 no tenia cap raó que em fes pensar que aquest treball havia tingut cap efecte oficial en la doctrina de les PSYOP als EUA dins o fora de l'Exèrcit, va ser amb certa fascinació que vaig veure específicament les seves receptes aplicades durant la primera Guerra del Golf, i, recentment, encara més òbviament, durant la invasió de l'Iraq al 2.003. En ambdós casos PSYOP extremes eren dirigides tant contra l'objecte de l'atac com a la percepció i opinió pública interna dels EUA, al 2003, amb la mesura dels periodistes "incrustats" a les unitats militars per tal de canalitzar inevitablement les seves perspectives i percepcions.

L'impacte d'aquestes tècniques fins i tot menors de la Guerra Mental va ser notable. El clima psicològic de la inexorable victòria dels EUA que va ser creat i sostingut, tant als Estats Units com a l'Iraq, va accelerar la victòria sobre el terreny.

Una mica menys positivament, el fracàs de la Guerra Mental en aquest cas en ser guiada només pels principis més rigorosos de la veritat i l'ètica han portat igualment inexorablement a una substancial evaporació post-victòria d'aquest clima d'eufòria. Aquí rau el taló d'Aquil·les de la Guerra Mental. Invocant com ho fa a les emocions més intenses i els compromisos de les seves audiències, ha de lliurar la mercaderia, ja que són jutjades pel públic objectiu. Si no es respecten els valors ètics d'aquestes audiències - si la Guerra Mental només s'utilitza al servei de motius i objectius ocults - la "desintoxicació" resultant pot ser socialment demolidora.

Al 1987 vaig escriure un més ampli treball d'investigació per a la Universitat de la Defensa Nacional relatiu a l'ètica de les PSYOP. En particular, si la Guerra Mental és en realitat per a ser emprada com una característica de la política exterior dels EUA, no puc posar prou èmfasi en la necessitat de la seva subordinació als principis més estrictes i més il·lustrats de la humanitat tal com es discuteix en aquest treball.

Operacions Psicològiques: La dimensió ètica, també està disponible per a descarregar a www.xeper.org / maquino

Ara donem una ullada al diari de la Guerra Mental del 1980 en si. A més de l'original, he afegit notes (que generalment identifiquen les fonts), algunes noves critiques destacades en alguns dels seus temes. Aquestes noves notes estan identificades al principi com "[MA2003]".

De les Operacions Psicològiques a la Guerra Mental:
La psicologia de la Victòria del Coronel Paul E. Valley
amb el Comandant Michael A. Aquino

L'article del LTC John Alexander a la Military Review *(El subratllat crec que és de William Cooper)* donant suport a la "psicotrònica" - l'ús de l'ESP *(Percepció extra-sensorial)* en intel·ligència i operacions - va ser decididament provocatiu.[3] La censura en la investigació d'aquesta àrea, basada com està en les existents fronteres de la llei científica, porta a pensar en el somriure que va fer el científic italià Spallanzani al 1794 quan va suggerir que els ratpenats navegaven a la foscor amb mitjans que nosaltres ara anomenem sonar. "Si hi veuen amb les orelles, aleshores escolten amb els ulls? " va ser l'acudit, però sospito que la Marina dels EUA es va alegrar que algú es prengués la idea prou seriosament com per desenvolupar-la.[4]

La recerca en psicotrònica està a les beceroles, però l'Exèrcit dels EUA ja disposa d'un sistema d'armes operatives dissenyades per fer el que al LTC Alexander li agradaria que fes l'ESP - no obstant això, aquest sistema d'armes utilitza els mitjans de comunicació ja existents. Proporciona un mapa de la ment dels individus neutrals i enemics i llavors les canvia d'acord amb els interessos nacionals dels EUA. Això ho fa a gran escala, abasta unitats militars, regions, nacions, i blocs. En la seva forma actual, se'n diuen Operacions Psicològiques (PSYOP).

Les PSYOP funcionen, o només són una estètica amb la qual els comandants de camp s'estimen més no ser molestats?

Si la pregunta s'hagués fet al 1970, la resposta hauria estat que les PSYOP, per cert, funcionen molt bé. Només al 1967 i 1968, un total de 29.276 mobilitzats del Viet Cong / NVA (L'equivalent a 95 batallons d'infanteria enemics) es van rendir a les forces de l'ARVN o MACV sota el programa d'amnistia de Chieu Hoi - el més gran esforç de les PSYOP en la Guerra del Vietnam. Alhora el MACV estima que l'eliminació d'aquest mateix nombre de tropes en combat, ens hauria costat 6.000 morts.[5]

D'altra banda, vam perdre la guerra - no perquè ens haguessin guanyat, sinó per l'absència de PSYOP. La nostra voluntat nacional de victòria va ser atacada amb més eficàcia que no pas nosaltres atacàvem la dels vietnamites del Nord i del Viet Cong, i la percepció d'aquest fet va

---

[3] Alexander, tinent coronel John B., "La nova mentalitat del camp de batalla: Transporti'm, Spock" a la Military Review, Vol LX, No 12 desembre de 1980.

[4] *[MA2003] Alexander (més tard coronel) va estar implicat amb idees "parapsicològiques" i experiments com l'ESP i la "visió remota". Aquestes no tenen cap relació amb cap PSYOP tradicional o Guerra Mental. Veure el meu treball Projecte Star Gate: 20 milions de dòlars fets fum [i Miralls] a* www.xeper.org */ maquino.*

[5] "Chieu Hoi: El bitllet guanyador". Fulletó d'Informació 6-69 del Comando MACV, març de 1969.

encoratjar l'enemic per fer-lo aguantar fins que els Estats Units finalment es van trencar i van córrer cap a casa.

Per tant les nostres PSYOP van fallar. No van fallar degut a que els seus principis fossin poc sòlids, sinó més aviat perquè van ser superades per les PSYOP de l'enemic. Els esforços de l'Exèrcit van gaudir d'alguns èxits impressionants, però en realitat les nostres pròpies PSYOP no van canviar les ments del poble enemic, ni tampoc van defensar la població dels EUA al propi país contra la propaganda de l'enemic. A més les PSYOP de l'enemic eren tan fortes que elles- l'exèrcit no era més gran ni tenia millors armes - van superar tots els Cobres i Spookys i ACAVs i B52 que nosaltres els vam enviar. La lliçó és no ignorar la nostra pròpia capacitat de PSYOP, sinó més aviat canviar-les i enfortir-les per què puguin fer precisament aquest tipus de coses al <u>nostre</u> enemic la <u>propera</u> guerra.

Està be disposar de millor maquinaria, però per si sola no canviarà <u>res</u> si no guanyem la guerra per la ment.

La primera cosa que cal superar és una visió de les PSYOP limitades a la rutina, predictibles, massa obvies, i per tant aplicacions del tipus "fullet i altaveu" efectives marginalment. Aquest tipus de dispositius de camp de batalla tenen el seu espai, però han de ser el d'un còmplice de l'esforç principal. Aquest esforç principal no pot començar a nivell de companyia o divisió; s'ha d'originar en l'àmbit nacional. Ha d'enfortir la nostra voluntat nacional de victòria i ha d'atacar i destruir en última instància la del nostre enemic. Hi és en ambdues causes i es veu afectada pel combat físic, però és un tipus de guerra que es lliura també sobre una base molt més subtil- a les ments de les poblacions nacionals involucrades.

Comencem, doncs, amb un simple canvi de nom. Desfem-nos de l'autoconscient, del concepte gairebé "vergonyós" de les "operacions psicològiques". Al seu lloc hi crearem la <u>Guerra Mental</u>. El terme és dur i inspira temor, i així ha de ser: Es tracta d'un terme d'atac i victòria - no de racionalització ni persuasió ni conciliació. Amb ell es pot ofendre a l'enemic; això està bastant bé, sempre i quan se'l pugui derrotar amb ell. S'ofereix una definició:

"La Guerra Mental és la convicció deliberada, agressiva de tots els participants en una guerra de que nosaltres guanyarem aquesta guerra."

És <u>deliberada</u>, ja que està planejada, sistemàticament, i és l'esforç global per part de tots els nivells d'activitat des de l'estratègia a la tàctica. És <u>agressiva</u> perquè les opinions i actituds dels antagonistes han de canviar activament cap a nosaltres, ens han de donar suport si hem d'aconseguir la victòria. No guanyarem si ens acontentem amb lluitar contra les opinions i actituds inculcades pels governs enemics. Hem d'arribar a la gent <u>abans</u> que es decideixin a donar suport als seus exèrcits, i cal arribar a aquests exèrcits abans que les nostres tropes de combat arribin a veure'ls als camps de batalla.

Compareu aquesta definició amb la de la guerra psicològica que va oferir per primera vegada el general William Donovan de l'OSS a l'època de la Segona Guerra Mundial "Estimació bàsica de la Guerra Psicològica":

"La guerra psicològica és la coordinació i l'ús de tots els mitjans, incloent el moral i el físic, mitjançant el qual s'aconsegueix la fi - excepte els de les operacions militars reconegudes, però incloent- hi l'explotació psicològica resultat d'aquestes reconegudes accions militars - que tendeixen a destruir la voluntat de l'enemic per tal d'aconseguir la victòria i danyar la seva política o capacitat econòmica per fer- ho; que tendeixen a privar a l'enemic de l'ajuda, assistència o simpatia dels seus aliats o socis, o dels neutrals, o per impedir aconseguir aquest tipus de suport, assistència, o simpatia; o que tendeixen a crear, mantenir o augmentar la voluntat de victòria de la nostra gent i aliats propis i adquirir, mantenir o augmentar el suport, l'assistència i simpatia de neutrals.[6]

Si l'eufemisme "operacions psicològiques" és el resultat de, com va dir un general en una carta al 1917, "una gran necessitat d'un sinònim per utilitzar en temps de pau sense voler xocar amb la sensibilitat d'un ciutadà en democràcia", llavors pot haver tingut èxit domèsticament.[7] D'altra banda, no sembla haver tranquil·litzat la sensibilitat dels Soviètics, que al 1980 van descriure les PSYOP de l'Exèrcit dels EUA que incloïen:

"... mètodes imperdonables de sabotatge ideològic, incloent-hi no només mentides flagrants, la calumnia i la desinformació, sinó també el xantatge, la provocació i el terror."[8]

La reticència amb què l'Exèrcit ha acceptat fins i tot un component "antisèptic" a les PSYOP està ben documentat al brillant tractat del coronel Alfred Paddock en la història de la creació de les PSYOP. Una vegada i una altra els esforços per forjar aquesta arma en la seva millor configuració efectiva es van veure frustrats pels líders que no podien o no veien que les guerres es lluiten i es guanyen o es perden no als camps de batalla, sinó a

---

[6] Roosevelt, Kermit (Ed.) Informe de Guerra de l'OSS. Nova York: Walker and Company, 1976, Tom I, pàgina 99.

[7] Carta, del General W.C. Wyman al General Lauris Norsted del 22 de juliol de 1947, citada per Paddock, Coronel Alfred H., a "Guerra psicològica i no convencional, 1941-1952: Orígens d'una capacitat especial de guerra per a l'exèrcit dels Estats Units". Carlisle Barracks: Col·legi de Guerra de l'Exèrcit dels EUA.

[8] Belashchenko, T., "Propaganda Negra des de Fort Bragg" a Sovetskiy Voin. Moscou, juny de 1980, pàgines 46-47.

les ments dels homes. Com el coronel Paddock conclou tan encertadament:

"En un sentit real, la manera en què la guerra psicològica i poc convencional va evolucionar des del 1941 fins a la seva unió com una capacitat oficial de l'Exèrcit al 1952 suggereix un tema que corre al llarg de la història de la guerra especial: la història d'un exèrcit indecís i reticent intentant fer front als conceptes i a les organitzacions d'una naturalesa no convencional."[9]

D'acord amb la doctrina actual, les PSYOP són considerades un accessori a l'esforç principal de guanyar batalles i guerres; el terme que s'utilitza habitualment és "multiplicador de forces". Certament no es consideren una condició prèvia per a la presa de decisions. Així les PSYOP no poden predeterminar l'eficàcia política o psicològica d'una determinada acció militar. Només es poden utilitzar per assenyalar que l'acció es prengui amb els millors colors possibles.

La Guerra Mental no pot ser relegada. De fet, és l'estratègia mitjançant la qual la guerra tàctica s'ha d'ajustar si és que es vol aconseguir la màxima eficàcia. L'escenari de la Guerra Mental ha de ser preeminent a la ment del comandament i ha de ser el factor principal en cadascuna de les seves decisions de camp. En cas contrari, sacrificarà mesures que efectivament contribueixen a guanyar la guerra amb mesures de satisfacció tangible immediata. [Considereu el racional "recompte de cossos" al Vietnam.]

Per tant les unitats PSYOP "suport de combat" com ara les coneixem esdevindran una cosa del passat. Els equips de guerra mental han d'oferir experiència tècnica per al comandament des de l'inici del procés de planificació, i en tots els nivells per sota del de batalló. Aquests equips no es poden composar - com ara - d'oficials i suboficials de seccions irrellevants que coneixen simplement els fonaments de les tàctiques de les operacions de propaganda. Han d'estar composats d'experts a temps complet que s'esforcin per traduir l'estratègia de Guerra Mental nacional en objectius tàctics maximitzant la captació efectiva de la guerra i reduint al mínim la pèrdua de vides. Aquests equips de guerra mental es guanyaran el respecte dels comandaments només si poden complir les seves promeses.[10]

---

[9] Paddock, op. cit., pàgina 258.

[10] *[MA2003] Al 1980 ni les PSYOP ni les Forces Especials eren branques de carrera a l'Exèrcit. Més aviat eren "branques-irrellevants", el que significa que les seves assignacions eren relativament breus i a llarg termini corrien el risc de promocionar-se dins d'una sola branca bàsica. Més tard les Forces especials es convertirien tant en una branca d'oficials com d'allistats, i les PSYOP guanyarien una branca d'allistats, però les PSYOP no compten encara amb una branca d'oficials de carrera.*

Les que ara l'Exèrcit considera que són les més eficaces PSYOP - PSYOP tàctiques - són de fet l'esforç més limitat i primitiu, a causa de les dificultats de formulació i lliurament de missatges en virtut de les limitacions del camp de batalla. Aquests esforços han de continuar, però són correctament vistos com un reforç de l'esforç principal de la Guerra Mental. Si no ataquem la voluntat de l'enemic fins que arribi al camp de batalla, la seva nació s'haurà enfortit de la millor manera possible. Cal atacar aquesta voluntat abans que sigui emplaçada al seu lloc. Hem d'inculcar en ella una predisposició a una inevitable derrota.

L'estratègia de la Guerra Mental ha de començar en el moment en que la guerra es consideri inevitable. S'ha de captar l'atenció de la nació enemiga a través de tots els mitjans disponibles, i s'ha d'atacar als soldats potencials de la nació abans que es posin els seus uniformes. És a les seves llars i a les seves comunitats on són més vulnerables a la Guerra Mental. Els Estats Units van ser derrotats a les selves del Vietnam, o van ser derrotats als carrers de les ciutats d'Amèrica?

Per a això la Guerra Mental ha de ser estratègica en l'èmfasi, amb les aplicacions tàctiques fent de reforç, un paper suplementari. En el seu context estratègic, la Guerra Mental ha d'arribar a amics, enemics i neutrals per igual arreu del món - no a través dels "camps de batalla" primitius de pamflets i altaveus de les PSYOP ni a través dels febles, ni dels imprecisos, ni d'estrets esforços psicotrònics[11] - sinó a través dels mitjans de comunicació que posseeixen els Estats Units que tenen la capacitat d'arribar a pràcticament a totes les persones sobre la faç de la Terra. Aquests mitjans de comunicació són, per descomptat, els mitjans electrònics - la televisió i la ràdio. L'estat de l'evolució de l'art en la comunicació per satèl·lit, les tècniques de gravació en vídeo, i el làser i la transmissió òptica de les emissions fan possible una penetració a les ments del món com hauria estat inconcebible fa tot just uns anys. Com l'espasa Excalibur, no tenim sinó que assolir i aprofitar aquesta eina; i ella pot transformar el món per a nosaltres si tenim el valor i la integritat de fer-la servir per millorar la civilització. Si no acceptem l'Excalibur, llavors renunciem a la nostra capacitat d'inspirar cultures estrangeres amb la nostra moralitat. Si després ells desitgen morals que no són satisfactòries per a nosaltres, no tindrem més remei que lluitar contra elles a un nivell més brutal.

---

[11] *[MA2003] "psicotrònic" era un terme que aplicaven a conceptes com l'ESP i la "visió remota" algunes agències de govern als anys 1970-80, possiblement per fer que sonés més "científic".*

La Guerra Mental s'ha de dirigir a tots els participants si ha de ser eficaç. No només ha de debilitar l'enemic; ha d'enfortir als Estats Units. Enforteix als Estats Units negant l'accés al nostre poble de propaganda enemiga, i explicant i posant l'accent a la nostra gent en la raó de ser del nostre interès nacional en una guerra específica. Segons la legislació vigent dels Estats Units, les unitats de PSYOP no poden tenir com a objectiu ciutadans nord-americans.[12] Aquesta prohibició es basa en la presumpció que la "propaganda" és necessàriament una mentida o al almenys una mitja veritat enganyosa, i que el govern no té dret a mentir a la gent. El Ministeri de Propaganda de Goebbels no ha de ser una part de l'estil de vida americà. Molt cert, i ha de ser axiomàtic de la Guerra Mental que sempre diu la veritat. El seu poder resideix en la capacitat d'enfocar l'atenció dels destinataris sobre la veritat del futur, així com la del present. Així la Guerra Mental implica la promesa declarada de la veritat que els Estats Units han decidit fer realitat si es que no ho és ja.

La Guerra Mental no és nova. Grans victòries de nacions - i menys costoses - en són el resultat, tant en temps de combat real com en temps d'amenaça de combat. Penseu en els atacs atòmics sobre Hiroshima i Nagasaki. La destrucció física d'aquestes dues ciutats no va destruir la capacitat del Japó per seguir lluitant. Més aviat, el xoc psicològic de les armes va destruir el que quedava de la voluntat nacional del Japó per lluitar. La rendició va venir després; es va evitar una llarga i costosa invasió terrestre.[13]

L'eficàcia de Guerra Mental és una funció de la seva pròpia habilitat en l'ús dels mitjans de comunicació, però no seria un gran error confondre la Guerra Mental amb només un major esforç més de propaganda sense principis. "Propaganda" segons la definició de Harold Lasswell, és:

"... l'expressió d'opinions o accions duta a terme deliberadament per individus o grups amb la intenció d'influir en les opinions o accions d'altres individus o grups per a fins predeterminats i mitjançant manipulacions

---

[12] *[MA2003] Aquesta llei es va establir després de la Segona Guerra Mundial, suposadament, tant pel disgust per l'extrema propaganda interna de les potències feixistes com a causa dels dubtes sobre la propaganda domèstica americana, sobretot durant la Primera Guerra Mundial. En el moment d'efectuar aquest treball (1980), la llei era tan estricta que, per exemple, es va prohibir que les impremtes de les unitats de l'Exèrcit de PSYOP s'utilitzessin per imprimir cartells per les oficines locals de reclutament militar.*

[13] *[MA2003] No obstant això Hiroshima i Nagasaki no són molt bons exemples de Guerra Mental, perquè - tot i el seu impacte psicològic - va implicar un gran nombre de persones mortes i ferides. La Guerra Mental és perfecte quan ningú pren mal físicament.*

psicològiques."[14]

La propaganda, quan és reconeguda com a tal - i qualsevol cosa produïda per una unitat de "PSYOP" així està reconeguda - s'assumeix automàticament com una mentida o, almenys, una distorsió de la veritat. Per tant, només funciona en la mesura en que un enemic militarment pressionat està disposat a fer el que nosaltres volem que faci. No funciona perquè l'haguem convençut perquè vegi la veritat com nosaltres la veiem.

A les seves "Conclusions", un exhaustiu capítol d'estudi de casos de tècniques de PSYOP de l'Exèrcit de 1976, L. John Martin afirma això amb fredor i sense embuts:

"Tot es redueix a que si la nostra comunicació persuasiva acaba amb un proper efecte positiu, cal atribuir-ho a la sort, no a la ciència... L'eficàcia de la propaganda pot ser encara menys predictible i controlable que l'eficàcia de la mera comunicació persuasiva."[15]

Corresponentment els propagandistes se suposa que són els mentiders i els hipòcrites, disposats a pintar qualsevol cosa de colors atractius per enganyar els crèduls. Tal com Jacques Ellul ho expressa així:

"El propagandista no és, ni pot ser, "creient". D'altra banda, no pot creure en la ideologia que ha d'utilitzar en la seva propaganda. No és més que un home al servei d'un partit, d'un estat, o d'alguna altra organització, i la seva tasca consisteix en assegurar l'eficàcia d'aquesta organització... Si el propagandista té alguna convicció política ha de deixar-la de banda per tal de poder utilitzar alguna ideologia popular de masses. Ni tan sols pot compartir aquesta ideologia, ja que l'ha d'utilitzar com un objecte i manipular-la sense el respecte que li tindria si hi cregués. Adquireix ràpidament menyspreu per aquestes imatges i creences populars..."[16]

A diferència de les PSYOP, la Guerra Mental no té res a veure amb l'engany ni tan sols amb la "seleccionada" - i per tant enganyosa - veritat. Més aviat declara tota una veritat que, si ara no existeix, es veurà obligada

---

[14] Lasswell, Harold D. a Ellul, Jacques, Propaganda: La formació de les actituds dels homes. Nova York: Random House, 1965, pàgines 11-12.

[15] Martin, L. John, "L'Eficàcia de la Propaganda Internacional", al departament de Fullets de l'Exèrcit 525-7-2 L'Art i la Ciència de les Operacions Psicològiques: Estudis de casos d'aplicació militar, Volum Dos. Washington, DC: American Institutes for Research, 1976, pàgina 1020.

[16] Ellul, Jacques, Obra citada, pàgines 196-197.

a existir per voluntat dels Estats Units. Podríem citar els exemples de l'ultimàtum de Kennedy a Khrusxov durant la Crisi dels míssils de Cuba i la postura de Hitler a Munic. Un missatge de Guerra Mental no s'ha d'ajustar a les condicions de credibilitat abstracta com ho han de fer els temes de les PSYOP; el seu origen fa que sigui creïble. Com va dir Titus Livi una vegada:

"El terror del nom de Roma serà tal que el món ha de saber que, un cop que l'exèrcit romà posi setge a una ciutat, res no el farà moure - ni els rigors de l'hivern, ni el cansament de mesos i anys - que no tindrà altre fi sinó la victòria i que està a punt, si un atac ràpid i sobtat no serveix, perseverarà fins aconseguir la victòria."[17]

A diferència del cínic propagandista Ellul, l'operatiu de Guerra Mental ha de saber que diu la veritat, i ha d'estar personalment compromès amb ella. El que diu és només una part de la Guerra Mental; la resta - i la prova de la seva eficàcia - rau en la convicció que projecta a la seva audiència, en la relació que estableix amb ella.

I això no és res que es pugui falsificar fàcilment, de fet, no pot ser falsificat en absolut. La "Comunicació", que el Diccionari complet de termes psicològics i psicoanalítics defineix com "relacions sense restriccions de la confiança mútua", s'acosta al subliminal; alguns investigadors han suggerit que és en si mateix un subconscient i inclús potser fins i tot un "accent" basat en ESP - en un intercanvi obert d'informació.

Per què un es creu a un periodista de televisió més que a un altre, encara que tots dos comuniquin els mateixos titulars? La resposta és que hi ha una bona relació amb el primer; i és una relació que ha estat reconeguda i conreada pels més reeixits organismes de radiodifusió.

Hem cobert la declaració de la veritat inevitable i la convicció darrere d'aquesta declaració; aquestes són en si mateix qualitats de l'operativa de la Guerra Mental. El destinatari de la declaració jutjarà aquest tipus de missatges no només per la seva comprensió conscient, sinó també per les condicions ambientals sota les quals ell els rep. La teoria darrere del "Rentat de cervell" era que la tortura física i la privació debilitarien la ment de resistència a la suggestió, i això era cert fins a cert punt. Però en el rentat de cervell a llarg termini no funciona, perquè més endavant les ments intel·ligents es donen compte que poden ser suggestionades sota aquestes condicions i, per tant, descompten impressions i opcions inculcades en

---

[17] Keller, Werner, Els etruscs. Nova York: Alfred A. Knopf, 1974, pàgina 262.

aquest sentit.

Per què la ment cregui en les seves pròpies decisions, ha de sentir que pren aquestes decisions sense coacció. Les mesures coercitives utilitzades per l'operatiu, en conseqüència, no han de ser detectables per mitjans ordinaris. No hi ha necessitat de recórrer a drogues que afebleixin com les explorades per la CIA; de fet, l'exposició a un sol d'aquests mètodes causaria un dany inacceptable a la reputació de la veritat de la Guerra Mental.[18] Les PSYOP existents identifiquen factors purament sociològics que suggereixen frases fetes apropiades per als missatges. La doctrina en aquesta àrea està molt desenvolupada, i la tasca és bàsicament de muntatge i manteniment de les persones i equips amb suficient experiència i coneixements com per aplicar efectivament la doctrina. Això, però, és només la dimensió sociològica de l'objectiu de les mesures assimilades. Hi ha algunes condicions purament naturals en les què la ment pot ser més o menys receptiva a les idees, i la Guerra Mental ha de treure el màxim profit d'aquests fenòmens com l'activitat atmosfèrica electromagnètica,[19] la

---

[18] Veieu en particular Bowart, W.H. Operation Mind Control. New York: Dell Publishimg Company, 1978.

[19] Activitat atmosfèrica electromagnètica (EM): El cos humà es comunica internament a base d'EM i d'impulsos electroquímics. El camp EM es mostra en les fotografies Kirlian, en l'eficàcia de l'acupuntura, i a les respostes físiques del cos a diversos tipus de radiació EM (raigs X, radiació infraroja, espectres de llum visibles, etc.) tots són exemples de la sensibilitat humana a les forces electromagnètiques i als camps. L'activitat atmosfèrica EM és alterada periòdicament per fenòmens com ara erupcions de taques solars i tensions gravitatòries que distorsionen el camp magnètic de la Terra. Sota diferents condicions externes de l'EM, els éssers humans estan més o menys disposats a considerar idees noves. La Guerra Mental s'ha de programar en conseqüència. del Dr. L. J. Ravitz: "Les construccions del camp electromagnètic aviven el supòsit d'unificar la matèria viva en harmonia amb les operacions de la naturalesa, l'expressió d'un camp electromagnètic es menor als sistemes no vius; i com punts en els espectres, aquestes dues entitats poden per fi prendre les seves posicions en l'organització de l'univers d'una manera tant explicable com racional... Ha estat prevista una teoria sostenible per a l'aparició del sistema nerviós, desenvolupat no a partir de demandes funcionals, sinó més aviat derivant com a resultat de les forces dinàmiques imposades sobre els grups de cèl·lules pel patró de camp total. La matèria viva té una definició d'estat basat en la física de la relativitat de camp, mitjançant la qual ha estat possible detectar una propietat mesurable de funcions totals de l'estat." (Ravitz, "Estat-funció, incloent estats hipnòtics", a la Revista de la Societat Americana de Odontologia i Medicina Psicosomàtica, Vol 17, No 4, 1970.)

ionització de l'aire[20] i les ones d'extremadament baixa freqüència.[21]

A l'arrel de la decisió d'instituir la Guerra Mental al sistema de defensa dels EUA hi ha una pregunta molt simple: Volem guanyar la propera guerra en la què triem involucrar-nos, i volem fer-ho amb la mínima pèrdua de vides humanes, a un cost mínim, i amb la mínima quantitat de temps? Si la resposta és sí, llavors la Guerra Mental és una necessitat. Si volem negociar aquest tipus de victòria per més vides d'americans, el desastre econòmic, i estancaments negociats, aleshores, la Guerra Mental és inadequada, i si s'utilitza superficialment en realitat contribuirà a la nostra derrota.

A la Guerra Mental no hi ha substitut per a la victòria.[22]

L'Apèndix A titulat: REGISTRE DEL SERVEI MILITAR DE WILLIAM COOPER
L'Apèndix B titulat: OVNIS I L'ÀREA 51
L'Apèndix C titulat: IMPLANTS ALIENÍGENES
L'Apèndix D titulat: SIDA

Consten de tot un seguit de fotocòpies i fotografies que es poden consultar a l'original.

L'Apèndix E titulat: NOU ORDRE MUNDIAL a més de les fotocòpies i fotografies conté els següents textos:

---

[20] La ionització de l'aire: Una abundància de nuclis de condensació negatius ("ions d'aire") en l'aire ingerit millora l'estat d'alerta i la eufòria, mentre que un excés d'ions positius augmenta la somnolència i la depressió. El càlcul de l'equilibri iònic del medi ambient atmosfèric d'un públic objectiu serà proporcionalment útil. De nou, això és una condició d'origen natural - causada per agents diversos com ara la llum solar ultraviolada, els llamps, i l'aigua en moviment ràpid - en lloc d'una que la majoria crea artificialment. (La detonació d'armes nuclears, però, va a alterar els nivells de ionització de l'atmosfera.) Veure per exemple Soyke, Fred i Edmonds, Alan, "L'efecte de l'ió". Nova York: E. P. Dutton, 1977.

[21] Les ones de freqüència extremadament baixa (ELF): les ones ELF de fins a 100 Hz es produeixen a vegades de forma natural, però també poden ser produïdes artificialment (per exemple, per al Projecte Sanguine de la marina de guerra per a la comunicació entre submarins). Les ones ELF normalment no són advertides pels sentits sense ajuda, però, el seu efecte de ressonància al cos humà ha estat connectat amb trastorns fisiològics i distorsió emocional. La vibració de l'infrasò (fins a 20 Hz) pot influir de forma subliminal en l'activitat cerebral a l'alinear patrons d'ona delta, theta, alfa, o beta, inclinant a un públic cap a qualsevol lloc, des de l'estat d'alerta a la passivitat. L'infrasò pot ser utilitzat tàcticament, ja que les ones ELF suporten grans distàncies; i també poden ser utilitzades conjuntament amb els mitjans de comunicació. Veure Playfair, Guy L. i Hill, Scott, "Els cicles del cel". Nova York: St. Martin Press, 1978, pàgines 130-140.

[22] *[MA2003] A partir del famós aforisme del General Douglas MacArthur: "A la guerra no hi ha substitut per a la victòria".*

Informe del Club de Roma

MODEL REGIONALITZAT I D'ADAPTACIÓ
DEL SISTEMA GLOBAL MUNDIAL
Informe sobre els progressos en
L'ESTRATÈGIA DEL PROJECTE PER A LA SUPERVIVÈNCIA
del Club de Roma

Mihajlo Mesarovic i Eduard Pestel, Directors

CONFIDENCIAL

17 de setembre del 1973

1. Motivació i objectius

La problemàtica mundial formulada pel CLUB DE ROMA no és només de naturalesa global, involucrant factors tradicionalment considerats com no relacionats, sinó que també apunta a les situacions de crisi que s'estan desenvolupant malgrat la més noble de les intencions i, de fet, són el seu corol·lari. Assenyalar la problemàtica i l'espectre de les situacions crítiques i traumàtiques que comporta no és suficient; l'acceptació de la realitat de la problemàtica HA DE SER SEGUIDA PER CANVIS SINÓ LA PREOCUPACIÓ QUEDARÀ COM PURAMENT ACADÈMICA. Cal, per tant, presentar els temes dins de la problemàtica en els termes específics i pertinents que exigeix una interpretació regional dels problemes mundials. D'altra banda, s'ha de proporcionar una base per resoldre els conflictes (que inevitablement acompanyen a les situacions problemàtiques) a través de la cooperació i no de la confrontació. Aquests factors han proporcionat la motivació per a l'inici del projecte Estratègia per a la Supervivència que demana la construcció d'un model regionalitzat i adaptatiu del sistema mundial total, amb els objectius específics següents:

(1) FACILITAR LA IMPLEMENTACIÓ D'ESCENARIS PER AL FUTUR DESENVOLUPAMENT DEL SISTEMA MUNDIAL que representin visions del futur del món derivades de diferents cultures i sistemes de valors i que reflecteixin les esperances i els temors a diferents regions del món.

(2) Desenvolupar una eina de planificació i opcions d'avaluació per a problemes de llarg abast, i per tant PROPORCIONAR UNA BASE PER A LA RESOLUCIÓ DE CONFLICTES mitjançant la cooperació i no la confrontació.

2. Estructura bàsica del Model

Les característiques bàsiques del model són:

(I) EL SISTEMA MUNDIAL ESTÀ REPRESENTAT en termes de regions que interactuen amb les disposicions adoptades per investigar qualsevol país o sub-regió individual en el context del desenvolupament regional i global. En l'actualitat el sistema mundial està representat PER DEU REGIONS: AMÈRICA DEL NORD, EUROPA OCCIDENTAL, EUROPA ORIENTAL, JAPÓ, RESTA DEL MÓN DESENVOLUPAT, AMÈRICA LLATINA, ORIENT MITJÀ, RESTA D'ÀFRICA, EL SUD I SUD-EST ASIÀTIC, I LA XINA.

(II) Per tal de ser capaços de tractar amb la complexitat dels factors involucrats en la problemàtica d'una manera sòlida, creïble i sistemàtica, el model ha d'adoptar una estructura jeràrquica en al qual cada nivell a la jerarquia representi l'evolució del sistema mundial dins d'un context definit per un determinat conjunt de lleis i principis. En concret, els nivells involucrats són:

GEO-FÍSIC, ECOLÒGIC, TECNOLÒGIC (ENERGIA CREADA PER L'HOME I TRANSFERÈNCIES EN MASSA), ECONÒMIC, INSTITUCIONAL, SOCIOPOLÍTIC, VALOR CULTURAL I BIOLÒGIC HUMÀ. Tal enfocament permet una utilització òptima del coneixement científic confirmat i de les dates disponibles.

(III) Una visió adequada de les condicions en les quals està emergint la problemàtica i on s'han de trobar les solucions requerint el reconeixement dels aspectes intencionals de la comunitat humana i la capacitat d'adaptació dels éssers humans. El model del sistema mundial tindrà, per tant, dues parts:

(1) la part anomenada causal, que representa els processos dinàmics que segueixen patrons històrics de desenvolupament i (2) la part anomenada buscant l'objectiu que representa els canvis intencionals en virtut de les noves condicions. La part buscant l'objectiu inclou alhora dos nivells: la presa de decisions o nivell de les accions i el nivell de les normes; el primer representa la resposta intencionada del sistema mentre que el segon representa els valors i les normes que limiten i condicionen aquesta resposta.

3. Avenços en la construcció del model

La construcció del model tal com es descriu a la secció 2 i amb els objectius que s'especifiquen en la secció 1 és sens dubte una tasca força complexa i la investigació està organitzada per avançar en paral·lel en diverses direccions. L'avaluació general de la situació model és la següent:

El model s'ha desenvolupat fins a l'etapa en què es pot utilitzar per a l'anàlisi de polítiques en relació amb una sèrie de qüestions fonamentals, com ara: la utilització dels recursos energètics i l'avaluació de la tecnologia; la demanda d'aliments i la producció; el creixement de la població i l'efecte de la sincronització dels programes de control de la natalitat; la reducció de les desigualtats en el desenvolupament econòmic regional; la dinàmica de l'esgotament de certs recursos, en particular les reserves de petroli; el fòsfor utilitzat com a fertilitzant; la desocupació regional; les limitacions en el creixement a causa de la mà d'obra, l'energia o la limitació de l'exportació, etc.

Els desenvolupaments específics que permeten la utilització del model tal i com s'ha descrit anteriorment són els següents:

1. S'HA DESENVOLUPAT UN MODEL INFORMÀTIC DEL SISTEMA ECONÒMIC MUNDIAL I HA ESTAT VALIDAT PER UN CONJUNT EXTENSIU DE DADES. El model té dos nivells - macro i micro. En el NIVELL MACRO, el model de cada regió INCLOU EL PRODUCTE REGIONAL BRUT, LES IMPORTACIONS I EXPORTACIONS TOTALS, EL CAPITAL I LA PRODUCTIVITAT LABORAL I VARIS COMPONENTS DE LA DEMANDA FINAL COM ARA EL CONSUM PÚBLIC, LA DESPESA PÚBLICA I LA INVERSIÓ TOTAL. AL NIVELL MICRO HI TROBEM VUIT SECTORS DE PRODUCCIÓ: MANUFACTURACIÓ AGROPECUÀRIA, PROCESAMENT D'ALIMENTS, ENERGIA, MINERIA, SERVEIS, BANCA I COMERÇ I CONSTRUCCIÓ RESIDENCIAL. El marc d'entrada-sortida s'utilitza per a les demandes dels intermediaris. TAMBÉ S'HA DESENVOLUPAT UNA COMPLETA MATRIU DE COMERÇ A ESCALA MICRO.
2. S'HA CONSTRUÏT UN MODEL DE POBLACIÓ MUNDIAL PEL QUE FA A LES MATEIXES REGIONS QUE EL MODEL ECONÒMIC. El model ha estat validat per les dades disponibles. A cada regió, l'estructura de la població està representada en termes de quatre grups d'edat amb retards apropiats que facin possible l'avaluació de l'impuls demogràfic i l'avaluació de l'eficàcia de l'aplicació de diverses mesures de control de la població.
3. S'HA CONSTRUÏT UN MODEL ENERGÈTIC que dóna per a cada regió el consum i la producció d'energia i l'intercanvi interregional dels recursos

energètics en funció de factors econòmics. L'energia és tractada tant en termes de compostos i en referència a fonts individuals d'energia, és a dir, combustible sòlid, combustible líquid, energia nuclear, gas i hidràulica.

4. S'HA CONSTRUÏT UN MODEL PER A L'ÚS DE LA PRODUCCIÓ D'ALIMENTS I TERRA CONREABLE que permet l'avaluació d'una sèrie de qüestions relacionades amb els aliments entre elles: la necessitat i disponibilitat del fòsfor necessari per a l'agricultura intensiva, I LES CONSEQÜÈNCIES DE L'OPORTUNITAT I LA MAGNITUD DELS DESASTRES NATURALS COM ARA LA SEQUERA, LES MALES COLLITES A CAUSA DE MALALTIES, ETC.

5. UNA PREOCUPACIÓ IMPORTANT EN L'APLICACIÓ DEL MODEL INFORMÀTIC és la seva adequada utilització a fi d'evitar la dependència dels aspectes deterministes de l'operació del model. Per tal d'evitar això ha estat desenvolupat un mètode interactiu d'anàlisi de simulació per ordinador. EL MÈTODE REPRESENTA UNA SIMBIOSI D'HOME I ORDINADOR EN LA QUAL L'ORDINADOR PROPORCIONA LA CAPACITAT LÒGICA I NUMÈRICA MENTRE QUE L'HOME PROPORCIONA ELS VALORS, LA INTUÏCIÓ I L'EXPERIÈNCIA. El mètode utilitza un programa d'especificació i selecció de les opcions que permet que l'analista de polítiques o qui pren les decisions avaluï opcions alternatives en diferents nivells del procés d'adopció, és a dir, pel que fa als objectius, estratègies, tàctiques i factors d'implementació. ES PRESTA UNA ATENCIÓ ESPECIAL ALS PROCESSOS DE CANVI DE NORMA.

4. Els progressos en l'aplicació

EL MODEL S'HA UTILITZAT tant per a l'avaluació d'escenaris alternatius com per als futurs desenvolupaments regionals i globals (en diferents condicions regionals), així com en la selecció del mode interactiu d'opcions polítiques (específicament per als problemes de crisi energètica en les regions desenvolupades).

EN EL FUTUR IMMEDIAT ENS ESFORCEM EN CONCENTRAR-NOS EN L'ÚS POSTERIOR DEL MODEL JA DESENVOLUPAT. ELS PLANS INCLOUEN FER ÈMFASI EN LES TRES DIRECCIONS SEGÜENTS:

(I) L'avaluació dels canvis en el temps de la durada de les opcions disponibles per a resoldre alguns dels principals problemes de la crisi.

(II) La IMPLEMENTACIÓ dels models regionals a diferents parts del món i la seva connexió a través d'una xarxa de comunicacions via satèl·lit per a les finalitats de l'avaluació conjunta del futur global a llarg termini pels equips de les diferents regions.

(III) Aplicació de la visió per al futur traçat pels líders d'una regió subdesenvolupada a fi D'AVALUAR amb el model els OBSTACLES EXISTENTS I ELS MITJANS MITJANÇANT ELS QUALS LA VISIÓ PODRIA FER-SE REALITAT.

"REGNES": ELS DEU GRUPS GLOBALS DEL CLUB DE ROMA

GRUP 1: Amèrica del Nord

Canada
Estats Units d'Amèrica

GRUP 2: Europa occidental

Andorra
Àustria
Bèlgica
Dinamarca
República Federal d'Alemanya
Finlàndia
França
Gran Bretanya
Grècia
Islàndia
Irlanda
Itàlia
Liechtenstein
Luxemburg
Malta
Mònaco
Països Baixos
Noruega
Portugal
San Marino
Espanya
Suècia
Suïssa
Turquia
Iugoslàvia

GRUP 3: Japó

GRUP 4: Resta de les economies de mercat desenvolupades

Austràlia
Israel
Nova Zelanda
Oceania
Sud-àfrica
Tasmània

GRUP 5: Europa de l'Est

Albània
Bulgària
Txecoslovàquia
República Democràtica Alemanya
Hongria
Polònia
Romania
Unió Soviètica

GRUP 6: Amèrica Llatina

Argentina
Guyana
Bolívia
Brasil
Hondures Britàniques
Xile
Colòmbia
Costa Rica
Cuba
República Dominicana
Equador
El Salvador
Guaiana Francesa
Guatemala
Barbados
Haití
Hondures
Jamaica
Mèxic
Nicaragua
Panamà
Paraguai
Perú
Surinam
Trinitat i Tobago
Uruguai
Veneçuela

GRUP 7: Àfrica del Nord i Orient Mitjà

Abu Dhabi
Aden
Algèria
Bahrain
Xipre
Dubai
Egipte
Iran
Iraq
Jordània
Kuwait
Líban
Líbia
Masqat-Oman
Marroc
Qatar
Aràbia Saudita
Síria
Trucial Oman
Tunísia
Iemen

GRUP 8: Àfrica Principal

Angola
Burundi
Cabinda
Camerun
República Centreafricana
Txad
Ghana
Guinea
Costa d'Ivori
Kenya
Libèria
República de Madagascar

Dahomey
Etiòpia
Costa de la Somàlia Francesa
Gabon
Gàmbia
Níger

Nigèria
Guinea Portuguesa
República del Congo
Reunion
Rhodèsia
Uganda
Senegal
Sierra Leone
Zàmbia
Sud-àfrica

Malawi
Mali
Mauritània
Maurici
Moçambic
Àfrica Sud
Occidental
Guinea Espanyola
Sàhara Espanyol
Sudan
Tanzània
Togo
Rwanda
Alt Volta
Zaire
Somàlia

GRUP 9: Àsia meridional i sud-oriental

Afganistan
Bangla Desh
Birmània
Cambodja
Ceilan
Índia
Indonèsia
Laos Tailàndia

Malàisia
Nepal
Pakistan
Filipines
Corea del Sud
Vietnam del Sud
Taiwan

GRUP 10: planificació de l'Àsia central

Mongòlia
Corea del Nord

Vietnam del Nord
República Popular
de la Xina

Ten Kingdoms . . . from: THE CLUB OF ROME

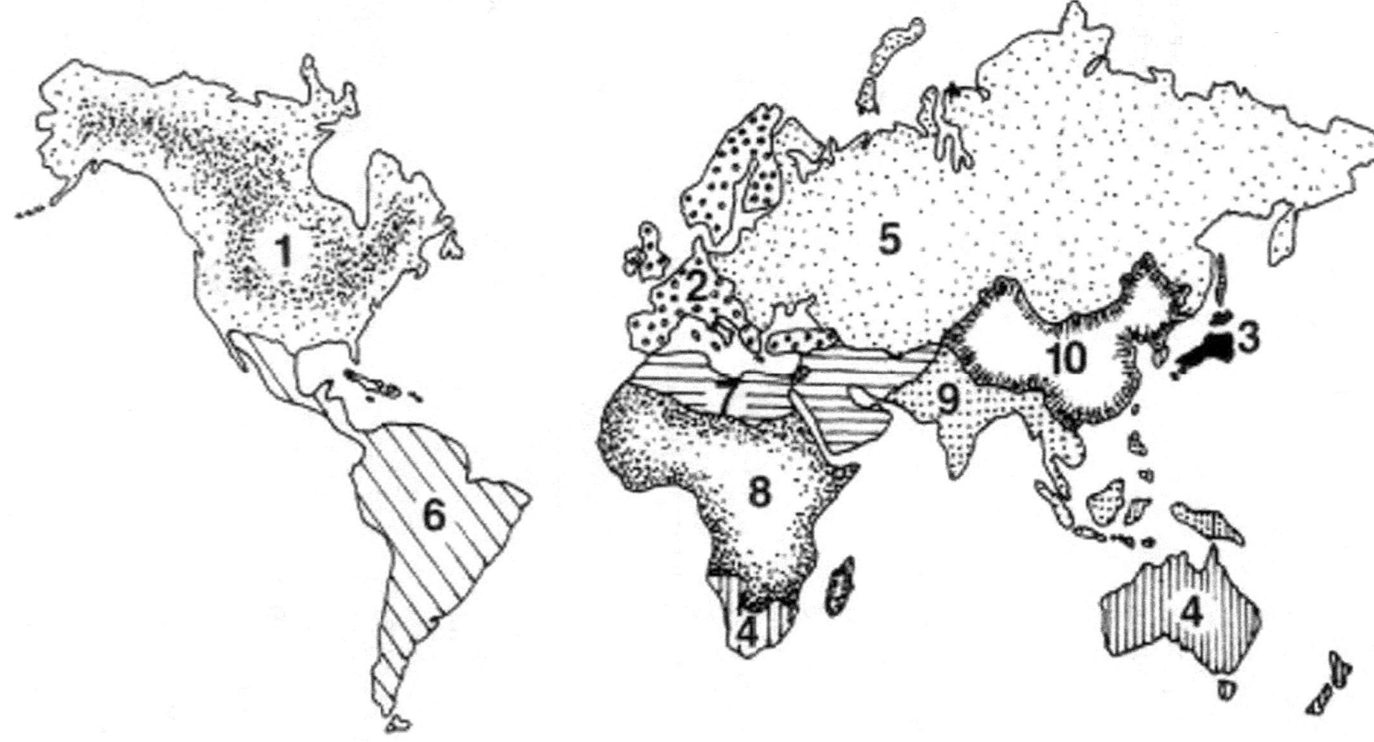

1 - Rosen
1 - Liaison
1 – Nasca

Data: 29 de Novembre del 1963

Adreçada al: Director de l'Oficina d'Intel·ligència i Recerca del Departament d'Estat

De: John Edgar Hoover, director

Assumpte: ASSASSINAT DEL PRESIDENT JOHN F. KENNEDY, 22 DE NOVEMBRE DEL 1963

La nostre Oficina de Miami, Florida, el 23 de novembre del 1963, va informar que l'Oficina del Coordinador d'Afers Cubans a Miami havia informat que el Departament d'Estat creia que algun grup equivocat anti-Castro podria capitalitzar la situació actual i dur a terme una incursió no autoritzada contra Cuba, creient que l'assassinat del president John F. Kennedy podia anunciar un canvi en la política dels EUA, cosa que no és certa.

Les nostres fonts i informants familiaritzats amb els assumptes cubans a l'àrea de Miami aconsellen que el sentiment general a la comunitat cubana anti-castrista és d'incredulitat i, fins i tot entre aquells que no estaven del tot d'acord amb la política del president en relació amb Cuba, la sensació és que la mort del President representa una gran pèrdua no només per als EUA, sinó per a tota l'Amèrica Llatina. Aquestes fonts no tenen coneixement de cap pla d'acció autoritzat per l'ONU contra Cuba.

Un informant que havia proporcionat informació fiable en el passat i que està prop d'un petit grup pro-Castro a Miami ha informat que aquesta gent te por que l'assassinat del president pugui donar lloc a que es prenguin fortes mesures repressives contra ells i, encara que els seus sentiments són pro-Castro, lamenten l'assassinat.

El contingut de la informació anterior va ser comunicada per via oral al Sr. George Bush de l'Agència Central d'Intel·ligència i al Capità William Edwards de l'Agència d'Intel·ligència de la Defensa el 23 de novembre del 1963, pel Sr. W.T. Forsyth d'aquest Despatx.

1 - Director d'Intel·ligència Naval

L'Informe d'Iron Mountain

(Pàgines 62 - 63)...tot i que encara no s'ha proposat expressament, (el que s'ha insinuat) és el desenvolupament d'una seqüència de llarg abast dels projectes espacials de recerca amb objectius en gran mesura inassolibles. Aquest tipus de programa ofereix una sèrie d'avantatges que falten en el model de benestar social. En primer lloc, és poc probable que s'elimini per si sol, independentment de les previsibles "sorpreses" que la ciència ha reservat per a nosaltres: l'univers és massa gran. En el cas que alguns projectes individuals inesperadament tinguessin èxit no hi hauria problema per aconseguir substituir-lo. Per exemple, si la colonització de la lluna avança segons el previst, podria llavors ser "necessari" establir bases a Mart o a Júpiter, i així successivament. En segon lloc, no necessita ser més dependent de l'economia general de l'oferta i la demanda que el seu prototip militar. En tercer lloc, es presta extraordinàriament bé a un control arbitrari.

La investigació espacial pot ser vista com l'equivalent modern més proper des de la construcció de piràmides, i empreses rituals similars, a les societats antigues. És cert que el valor científic del programa espacial, fins i tot del que ja s'ha aconseguit, és substancial per si mateix. Però els programes actuals són absurda i òbviament desproporcionats, en relació amb el coneixement buscat a les despeses compromeses. Tret d'una petita fracció del pressupost espacial, mesurada pels estàndards d'objectius científics comparables, la resta s'ha de carregar de facto a l'economia militar. La futura investigació espacial, projectada com substitut de la guerra, reduiria encara més la justificació "científica" del seu pressupost de fet a un percentatge minúscul. Com a substitut purament econòmic per a la guerra, per tant, l'extensió del programa espacial mereix una seriosa consideració.

A la secció 3 assenyalem que certs models de desarmament, que hem anomenat conservadors, van postular per sistemes d'inspecció extremadament costosos i elaborats. Seria possible ampliar i institucionalitzar aquests sistemes fins al punt en què podrien servir com a substituts econòmics per a despeses de guerra? L'organització de mecanismes d'inspecció podria ser establerta com un ritual d'una manera similar a la dels processos militars. "Els equips d'inspecció" podrien ser molt semblants als exèrcits i els seus equips tècnics podrien ser molt semblants a les armes. No presenta cap dificultat inflar el pressupost d'inspecció a escala militar. L'atractiu d'aquest tipus d'esquema rau en la relativa facilitat de la transició entre dos sistemes paral·lels.

El substitut d'una "elaborada inspecció" és però, fonamentalment fal·laç. Tot i que podria ser econòmicament útil, així com políticament necessari, durant la transició de desarmament, seria un error com substitut de la funció econòmica de la guerra per una senzilla raó. La inspecció del manteniment de la pau forma part d'un sistema de guerra, no d'un sistema de pau. Això implica la possibilitat del manteniment o la fabricació d'armes, que no podrien existir en un món en pau com aquí es defineix. La inspecció massiva també implica sancions, i per tant la preparació de la guerra.

La mateixa fal·làcia és encara més evident en els plans per crear un manifestament inútil aparell de "conversió de la defensa". L'amplament desacreditada proposta de construir una defensa civil "total"... (Pàgines 66 - 67)... l'efecte òbviament desestabilitzador de qualsevol substitut mundial de benestar social en les políticament necessàries relacions de classe crearia un nou conjunt de problemes de transició, d'una magnitud almenys igual.

La credibilitat, de fet, es troba al cor del problema de desenvolupar un substitut polític per a la guerra. Aquí és on les propostes de la carrera espacial, en molts aspectes, tan ben adaptades com substituts econòmics per a la guerra, es queden curtes. El projecte espacial més ambiciós i poc realista no pot per si mateix generar una amenaça externa creïble. S'ha argumentat acaloradament que tal amenaça oferiria la "última i millor esperança de pau", etc., en unir la humanitat contra el perill de destrucció per "criatures" d'altres planetes o de l'espai exterior. S'han proposat experiments per provar la credibilitat d'una amenaça d'invasió des de fora del nostre món, és possible que alguns dels incidents de "plats voladors" més difícils d'explicar dels últims anys hagin estat de fet els primers experiments d'aquest tipus. Si és així, gairebé no han estat jutjats com encoratjadors. Anticipem que no hi haurà dificultat en crear una "necessitat" d'un creïble programa gegant súper espacial per a fins econòmics, encara que no hi hagi massa precedents, estendre'l, amb finalitats polítiques, per incloure-hi característiques lamentablement associades amb la ciència ficció, òbviament, seria una empresa més dubtosa.

No obstant això, un substitut polític efectiu per a la guerra requeriria "enemics alternatius", alguns dels quals podrien semblar igualment inversemblants en el context del sistema de la guerra actual. Podria ser, per exemple, que la greu contaminació del medi ambient pogués eventualment reemplaçar la possibilitat de destrucció massiva amb armes nuclears com la principal aparent amenaça per a la supervivència de l'espècie.

L'enverinament de l'aire i de les principals fonts d'aliments i el subministrament d'aigua, ja està molt avançat, i a primera vista semblen prometedors al respecte; això constitueix una amenaça que només pot tractar-se a través de l'organització social i del poder polític. Però a partir dels indicis actuals haurà de passar una generació o una generació i mitja abans que la contaminació ambiental, tot i que severa, sigui prou amenaçant, a escala mundial, com per oferir una possible base per a una solució.

És cert que la taxa de contaminació es podria augmentar selectivament per a aquest propòsit; de fet, la simple modificació dels programes existents per a prevenir la contaminació podria accelerar el procés prou com per fer que l'amenaça sigui creïble molt abans. Però el problema de la contaminació ha estat tan àmpliament publicitat en els últims anys que sembla molt poc probable que un programa d'intoxicació deliberada del medi ambient pugui ser implementat d'una manera políticament acceptable.

No obstant això per poc probable que pugui semblar a alguns la possible alternativa d'enemics que hem esmentat, hem de fer èmfasi en que cal trobar-ne algun, de qualitat i magnitud creïble, si mai ha de sorgir una transició cap a la pau sense desintegració social. És més probable, segons el nostre parer, que tal amenaça hagi de ser inventada, més que desenvolupada a partir de condicions desconegudes. Per aquesta raó, a més creiem que l'especulació sobre la seva naturalesa putativa no és aconsellable en aquest context. Atès que hi ha un gran dubte, en la nostra ment, que qualsevol substitut polític viable pugui ser dissenyat, som reticents a comprometre'ns...

Dotació Carnegie per a la Pau Internacional
DIVISIÓ DE RELACIONS I EDUCACIÓ
Pròleg d'Elihu Root - Publicació Nº 15

...dels Estats Units com d'Amèrica Central i del Sud i l'enunciació de l'actitud del Japó cap a la Xina. A la primera no hi ha per part dels Estats Units cap compromís ni promesa, mentre que en l'altre Japó voluntàriament anuncia que el Japó en si mateix es compromet a no violar la integritat política o territorial del seu veí, i a respectar el principi d'obrir la porta i la igualtat d'oportunitats, demanant al mateix temps a les altres nacions a respectar aquests principis.

Per tant, senyor, vostè marcarà la diferència àmpliament i estarà d'acord amb mi, n'estic segur, en que l'ús del terme és una cosa fluixa i enganyosa. Li demano que tingui en compte això sense que cap suggeriment o cap altra persona pugui qüestionar la política o actitud del seu país, que bé sabem tractarà sempre de manera justa i honorablement a les altres nacions.

Com s'haurà adonat, he colpejat persistentment una nota cada vegada que he parlat. Ha estat la nota d'advertència en contra de la intriga d'Alemanya als Estats Units i al Japó - intriga que s'ha estès durant un període de més de deu anys. No el cansaré repetint aquesta sòrdida història de complots, concebuts i promoguts pels agents alemanys, sinó que solemnement repeteixo aquí l'advertència, en aquesta, la més distingida reunió, tan completament representativa dels més alts ideals del periodisme nord-americà.

En els meus discursos en diversos llocs he tractat de parlar amb franquesa sobre tots els punts controvertits o d'interès en aquest moment. Per descomptat, hi ha algunes coses que no es poden discutir obertament, degut a un savi embargament sobre divulgacions imprudents, però estic segur que d'ara endavant serem capaços de cooperar de manera efectiva en tots els assumptes que tendeixin a assegurar la victòria en aquesta lluita que significa molt per a tots nosaltres, i que al llarg de tots els anys vinents, les diferències d'opinió o les dificultats que sorgeixin entre els nostres dos països es resoldran, en què totes les preguntes i dificultats puguin ser resoltes, entre amics i socis propers.

Us dono les gràcies, senyor, per la vostra hospitalitat i cortesia. Jo, senyor, us asseguro, novament que apreciem més del que puc expressar l'alta consideració, el patriotisme i l'ampli i acollidor esperit amb què heu tractat aquesta Missió des del Japó.

L'interventor William A. Prendergast va ser el següent en ser cridat. En part va dir:

Sr. President, Vescomte Ishii, senyors de la Comissió, Sa Excel·lència, i senyors: El nostre amfitrió m'ha demanat que digui unes paraules de benvinguda al Vescomte Ishii i als membres associats a la Comissió en nom de la gran ciutat de Nova York.

Em sembla que gairebé no cal ni tan sols intentar repetir el gran plaer i l'honor i felicitat que dóna a Nova York tenir-vos com hostes seus.

Ara, Vescomte Ishii, potser en aquest moment faré sonar una nota que pot ser contraria al que ha estat la idea dominant de les nostres discussions sobre aquestes ocasions? Hem tractat, naturalment, de la guerra. Aquest és el pensament que està en les nostres ments. És el pensament que està en massa ments d'homes, dones i nens - la guerra. El que puc dir... *(i continua en tres pàgines més, fotocopiades)*

L'APÈNDIX F: PARTICIPACIÓ EN DROGUES DEL GOVERN DELS EUA
L'APÈNDIX G: KURZWEIL VS. HOPKINS
Consten de tot un seguit de fotocòpies i fotografies que es poden consultar a l'original.

Altres llibres publicat per Omnia Veritas

OMNIA VERITAS

Omnia Veritas Ltd presenta:

HISTORIA PROSCRITA

I

LOS BANQUEROS Y LAS REVOLUCIONES

POR

VICTORIA FORNER

Los procesos revolucionarios necesitan agentes, organización y, sobre todo, financiación, dinero.

LAS COSAS NO SON A VECES LO QUE APARENTAN...

OMNIA VERITAS

Omnia Veritas Ltd presenta:

HISTORIA PROSCRITA

II

LA HISTORIA SILENCIADA DE ENTREGUERRAS

POR

VICTORIA FORNER

"El verdadero crimen es acabar una guerra con el fin de hacer inevitable la próxima."

EL TRATADO DE VERSALLES FUE "UN DICTADO DE ODIO Y DE LATROCINIO"

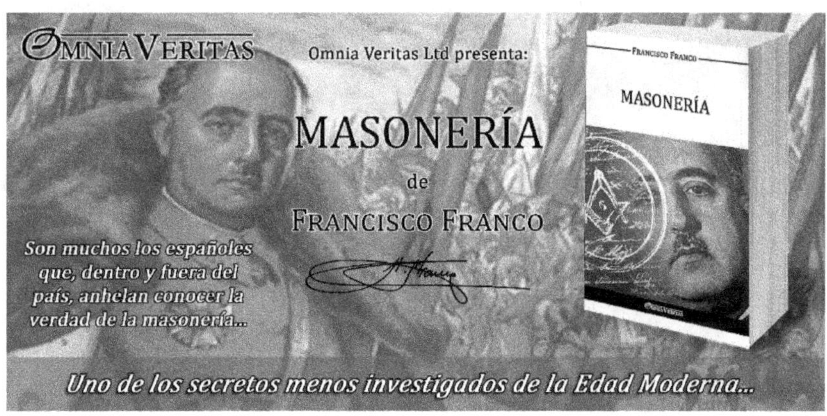
OMNIA VERITAS
Omnia Veritas Ltd presenta:
MASONERÍA
de
FRANCISCO FRANCO
Son muchos los españoles que, dentro y fuera del país, anhelan conocer la verdad de la masonería...
MASONERÍA
Uno de los secretos menos investigados de la Edad Moderna...

OMNIA VERITAS
Omnia Veritas Ltd presenta:
FRANCO
por
JOAQUÍN ARRARÁS
"La alegría del alma está en la acción." De Marruecos sube un estruendo bélico, que pasa como un trueno sobre España.
FRANCO
Caudillo de la nueva Reconquista, Señor de España

OMNIA VERITAS
Omnia Veritas Ltd presenta:
REFLEXIONES de un PSICOTERAPEUTA LATINOAMERICANO
de
JUAN MANUEL VALVERDE
Estos trabajos, algunos de los cuales tienen más de treinta años, reflejan mi continua búsqueda de la elaboración de mis distorsiones.
REFLEXIONES de un PSICOTERAPEUTA LATINOAMERICANO
Mis ideas partían de lo biológico (los instintos)

www.omnia-veritas.com